JUAN ANTONIO FLORES
Arzobispo de Santiago de los Caballeros
(República Dominicana)

COMPENDIO DEL NUEVO CATECISMO
con notas pastorales y ejemplos

Prólogo del Cardenal
NICOLÁS DE JESÚS LÓPEZ RODRÍGUEZ
Arzobispo de Santo Domingo
Primado de América

Segunda edición

EDIBESA
Madre de Dios, 35 bis.
Tel.: 91 345 19 92 - Fax: 91 350 50 99
E-mail: edibesa@planalfa.es
http://www.edibesa.com
28016 MADRID

© EDIBESA
Madre de Dios, 35 bis. 28016 Madrid
Tel.: 91 345 19 92
Fax: 91 350 50 99
E-mail: edibesa@planalfa.es
http://www.edibesa.com

Ref.: 11061
ISBN: 84-8407-357-2
Depósito legal: M. 14.188-2003

Impreso por:
Impresos y Revistas, S. A. - IMPRESA

IMPRESO EN ESPAÑA - PRINTED IN SPAIN

Índice

Prólogo 3
Introducción 5
Oración antes de estudiar el catecismo 10

PRIMERA PARTE

1 EL HOMBRE ES CAPAZ DE DIOS 12
2 DIOS AL ENCUENTRO DEL HOMBRE 15
3 UNA FUENTE COMÚN: LA TRADICIÓN Y LA SAGRADA ESCRITURA ... 19
4 LA RESPUESTA DEL HOMBRE A DIOS 23
5 CREO EN DIOS PADRE 28
6 LA SANTÍSIMA TRINIDAD 33
7 EL TODOPODEROSO 39
8 DIOS CREADOR 42
9 DIOS CREÓ EL CIELO Y LA TIERRA (Los ángeles) 50
10 EL HOMBRE 55
11 LA CAÍDA: LA REALIDAD DEL PECADO 61
12 CREO EN JESUCRISTO, SU ÚNICO HIJO, NUESTRO SEÑOR ... 69
13 EL HIJO DE DIOS SE HIZO HOMBRE 74
14 «FUE CONCEBIDO POR OBRA Y GRACIA DEL ESPÍRITU SANTO, NACIÓ DE SANTA MARÍA VIRGEN» 79
15 LOS MISTERIOS DE LA VIDA DE CRISTO: SU INFANCIA Y VIDA OCULTA ... 84
16 LOS MISTERIOS DE LA VIDA PÚBLICA DE JESÚS 89
17 «JESUCRISTO PADECIÓ BAJO EL PODER DE PONCIO PILATO, FUE CRUCIFICADO, MUERTO Y SEPULTADO» 94
18 JESÚS MURIÓ CRUCIFICADO 101
19 JESUCRISTO FUE SEPULTADO. DESCENDIÓ A LOS INFIERNOS, Y AL TERCER DÍA RESUCITÓ DE ENTRE LOS MUERTOS 111
20 AL TERCER DÍA RESUCITÓ DE ENTRE LOS MUERTOS 114
21 «JESUCRISTO SUBIÓ A LOS CIELOS Y ESTÁ SENTADO A LA DERECHA DE DIOS PADRE TODOPODEROSO» 121
22 DESDE ALLÍ HA DE VENIR A JUZGAR A VIVOS Y MUERTOS ... 124
23 «CREO EN EL ESPÍRITU SANTO» 129
24 EL ESPÍRITU SANTO EN LA PLENITUD DE LOS TIEMPOS 133
25 CREO EN LA SANTA IGLESIA CATÓLICA 139
26 LA IGLESIA ES UNA, SANTA, CATÓLICA Y APOSTÓLICA 145
27 LOS FIELES DE CRISTO: JERARQUÍA, LAICOS, VIDA CONSAGRADA ... 152
28 LA COMUNIÓN DE LOS SANTOS 161
29 MARÍA, MADRE DE CRISTO, MADRE DE LA IGLESIA 166
30 CREO EN EL PERDÓN DE LOS PECADOS 172
31 CREO EN LA RESURRECCIÓN DE LA CARNE 175
32 CREO EN LA VIDA ETERNA 182
32.1 EL JUICIO PARTICULAR 182
32.2 EL CIELO 184
32.3 LA PURIFICACIÓN FINAL O PURGATORIO 187
32.4 EL INFIERNO 189
32.5 EL JUICIO FINAL 193
32.6 LA ESPERANZA DE LOS NUEVOS CIELOS Y DE LA NUEVA TIERRA ... 195

SEGUNDA PARTE

33 LA CELEBRACIÓN DEL MISTERIO CRISTIANO 198
34 EL MISTERIO PASCUAL EN LOS SACRAMENTOS DE LA IGLESIA ... 202
35 QUIÉN, CÓMO, CUÁNDO, DÓNDE CELEBRAR LA LITURGIA ... 206

36	LOS SIETE SACRAMENTOS DE LA IGLESIA	212
36.1	EL SACRAMENTO DEL BAUTISMO	213
37	OTROS ASPECTOS Y DONES DEL BAUTISMO	218
38	POR EL BAUTISMO SOMOS «UNA CRIATURA NUEVA»	225
39	LA CONFIRMACIÓN	230
40	EL SACRAMENTO DE LA EUCARISTÍA	237
41	LA EUCARISTÍA: SACRIFICIO, ACCIÓN DE GRACIAS, PRESENCIA DE CRISTO, COMUNIÓN	244
42	EL SACRAMENTO DE LA PENITENCIA Y DE LA RECONCILIACIÓN	253
43	EL SACRAMENTO DE LA PENITENCIA: ACTOS DEL PENITENTE Y EL MINISTERIO	258
44	LA UNCIÓN DE LOS ENFERMOS	267
45	EL SACRAMENTO DEL ORDEN	274
46	EL SACRAMENTO DEL MATRIMONIO	282
47	EL CONSENTIMIENTO MATRIMONIAL Y LA GRACIA DEL SACRAMENTO	288
48	LOS SACRAMENTALES	297

TERCERA PARTE

49	LA VIDA EN CRISTO	300
50	LA VOCACIÓN DEL HOMBRE: LA VIDA EN EL ESPÍRITU	303
51	LA CONCIENCIA MORAL	305
52	LAS VIRTUDES	310
53	LAS VIRTUDES TEOLOGALES	314
54	EL PECADO	319
55	LA COMUNIDAD HUMANA	328
56	LA LEY NUEVA O LEY EVANGÉLICA	332
57	LA GRACIA Y JUSTIFICACIÓN	334
58	LA IGLESIA MADRE Y EDUCADORA	342
59	LOS DIEZ MANDAMIENTOS	345
60	PRIMER MANDAMIENTO: AMARÁS A DIOS SOBRE TODAS LAS COSAS	350
61	OTRAS OBLIGACIONES QUE SE DERIVAN DEL PRIMER MANDAMIENTO	354
62	SEGUNDO MANDAMIENTO: NO TOMARÁS EL NOMBRE DE DIOS EN VANO (Ex 20, 17; Dt 5, 11)	360
63	TERCER MANDAMIENTO: SANTIFICAR LAS FIESTAS	365
64	CUARTO MANDAMIENTO: HONRA A TU PADRE Y A TU MADRE	370
65	OTROS DERECHOS Y DEBERES CONTENIDOS EN EL CUARTO MANDAMIENTO. DEBERES DE LOS PADRES	375
66	QUINTO MANDAMIENTO: NO MATARÁS (Ex 20, 13)	381
67	SEXTO MANDAMIENTO: NO COMETERÁS ADULTERIO (Ex 20, 14)	390
68	SEXTO MANDAMIENTO: LA FIDELIDAD ENTRE LOS ESPOSOS	397
69	SÉPTIMO MANDAMIENTO: NO ROBARÁS (Ex 20, 15; Mt 19, 18)	404
70	SÉPTIMO MANDAMIENTO: LA DOCTRINA SOCIAL DE LA IGLESIA	410
71	OCTAVO MANDAMIENTO: NO DARÁS FALSO TESTIMONIO CONTRA TU PRÓJIMO (Ex 20, 16, Mt 5, 33)	417
72	NOVENO MANDAMIENTO: NO DESEAR LA MUJER DE TU PRÓJIMO (Ex 20, 17; Mt 5, 28)	424
73	EL DÉCIMO MANDAMIENTO: NO DESEAR LOS BIENES AJENOS (cf Ex 20, 17; Dt 5, 21; Mt 6, 21)	430

CUARTA PARTE

74	LA ORACIÓN CRISTIANA	438
75	(LA ORACIÓN) EN EL TIEMPO DE LA IGLESIA	445
76	FUENTES Y CAMINO DE LA ORACIÓN	450
77	MAESTROS Y LUGARES DE ORACIÓN	456
78	EL COMBATE DE LA ORACIÓN	462
79	LA ORACIÓN DEL SEÑOR: EL PADRE NUESTRO	469
79.1	PADRE NUESTRO QUE ESTÁS EN EL CIELO	471
80	LAS TRES PRIMERAS PETICIONES	475
81	LAS OTRAS CUATRO PETICIONES DEL PADRE NUESTRO	479
	Índice temático	507

Prólogo

El libro que Mons. Juan Antonio Flores, Arzobispo de Santiago de los Caballeros, pone ahora en nuestras manos, es excelente. No sólo es una obra utilísima para todos nuestros catequistas sino que lo es para todos nuestros sacerdotes a la hora de preparar sus prédicas; para todos nuestros religiosos y religiosas que quieran reflexionar sobre el fundamento y exigencias de su hermosa vocación; y para todos los laicos y laicas que deseen profundizar la fe que profesan.

En tiempos de tanta veleidad de mente y corazón es una satisfacción contar con libros como éste, insobornable ante la verdad, que la proclamen sin temor ni rubor, sin ambigüedades, con sencillez, fidelidad y transparencia.

El grueso del libro lo conforma un magnífico compendio del Catecismo de la Iglesia Católica, escrito en orden a la aplicación del Concilio Ecuménico Vaticano II, como dice la Constitución Apostólica "Fidei Depositum" de Su Santidad Juan Pablo II para la publicación del mismo.

No es fácil hacer un compendio. Supone acertar con lo esencial y no suprimir nada de lo conveniente. Además de este mérito tiene el del lenguaje llano y asequible a todos.

Ha sido una feliz idea de Monseñor Flores añadir al compendio esas "notas pastorales" suyas, facilitando de este modo la labor catequística; logrando una lectura suya más jugosa y un mayor provecho espiritual; incitando a convertir esa lectura en meditación; y ofreciendo material y esquemas valiosísimos para todo tipo de reuniones comunitarias.

Toda la materia del Catecismo de la Iglesia Católica la ha dividido él en 81 temas. La andadura de cada tema está marcada, normalmente, por ocho pasos: anuncio, lecturas bíblicas, exposición del tema, preguntas, reflexiones, aclamaciones, posible canto y ejemplos. El compendio del Catecismo de la Iglesia Católica está en el tercer paso. Tal procedimiento facilita mucho el manejo de cada tema.

Tengo plena seguridad de que esta obra, como las otras publicadas por Monseñor Flores, gozará de amplia simpatía y aceptación por parte de todos los que tengan oportunidad de acceder a ella.

Recomendamos, pues, encarecidamente la adquisición de este magnífico libro y felicitamos a Mons. Flores por tan acertada iniciativa y por tan eficaz instrumento de evangelización.

+ NICOLAS DE JESÚS CARDENAL LÓPEZ RODRIGUEZ
Arzobispo Metropolitano de Santo Domingo
Primado de América.

28 de agosto del 2000
Memoria de San Agustín,
Obispo y Doctor de la Iglesia

Introducción

EL ÚLTIMO ENCARGO DE JESÚS: EVANGELIZAR Y CATEQUIZAR

La catequesis es una de las tareas primordiales de la Iglesia. Fue el último encargo que Jesucristo dejó a los Apóstoles antes de ascender a los cielos: "Hagan discípulos míos a todas las gentes enseñándolas a observar todo lo que les he mandado (Mt 28, 19, cf CT.,1).

Obedientes a este mandato de Cristo, el catecismo debe presentar fiel y orgánicamente la enseñanza del Evangelio y de toda la Sagrada Escritura; asimismo, la Tradición viva de la Iglesia.

También debe tener en cuenta las orientaciones del Magisterio auténtico, así como la herencia espiritual de los Santos Padres para mejor conocer el Misterio de Cristo y reavivar la fe del Pueblo de Dios. Ayudan mucho a vivir la fe, las enseñanzas y vivencias de los santos y santas (cf Juan Pablo II: Fidei Depositum,1).

Hay que considerar la catequesis como una **educación en la fe** de niños, jóvenes y adultos.

ES PRECISO RECONCENTRARSE PARA OBTENER LA SABIDURÍA

A nuestra gente le cuesta concentrarse para leer y meditar. Máxime cuando se trata de un libro serio. Pero vale la pena recogerse y hacer ese esfuerzo mental. Los frutos son excelentes. Se saborea la miel de la sabiduría. Hay que habituarse a esto poco a poco; por ejemplo, dedicando una o dos horas diarias, o varias a la semana. Decía el filósofo Séneca: "La paciencia es amarga pero los frutos son dulces". Después que se adquiere ese hábito ennoblecedor de la buena lectura, se hace fácil y se siente gran satisfacción porque el espíritu se ilumina, la voluntad se templa y el corazón se enardece (cf Lc 24,32). Hay que apremiar a los jóvenes, para que no se dejen arrastrar por la ligereza y la disipación de los sentidos adonde lleva el mundo de hoy, y que dejan las mentes y los corazones vacíos.

El hombre moderno necesita de la reflexión y de la sabiduría, incluso para humanizarse más, como el automóvil necesita del aceite para suavizarse.

Lo que nos eleva y engrandece no es la vana "ciencia que hincha" (1 Co 8,1), sino esa sabiduría, sapiencia, que va acompañada de humildad, prudencia y bondad. El Catecismo de la Iglesia Católica, leído y meditado, proporciona esa sabiduría.

TODAS LAS IDEAS FUNDAMENTALES DEL CATECISMO DE LA IGLESIA

Hemos querido hacer un resumen del Catecismo de la Iglesia Católica mucho más breve; y es posible que luego se haga. Pero teniendo en cuenta todo lo que se ha dicho sobre lo que debe ser la catequesis, he sentido la necesidad de exponer todas las ideas fundamentales.

Además, pedían los padres sinodales (obispos participantes del Sínodo sobre la Catequesis), que la presentación de la doctrina fuera bíblica y litúrgica. Y la exhortación de Juan Pablo II sobre la Catequesis Hoy, insiste en que sea centrada en Cristo (cf C.T. 5-9).

También se debe tener en cuenta su aspecto trinitario, o sea, que el proyecto amoroso de salvación en favor de todos los hombres es obra de las Tres Divinas Personas.

En atención a todo esto, hemos preparado este compendio más amplio, deseando ofrecerlo a nuestros apóstoles laicos y a personas que buscan una mayor formación en los misterios de la fe.

En una exposición más directa a la gente hay que tener en cuenta las diversas situaciones y culturas, pero se debe mantener la unidad de la fe y la fidelidad a la doctrina católica (cf Juan Pablo II, o.c. n. 5).

Para lograr eso los padres sinodales pedían que se presentara una doctrina segura (cf Relación final del Sínodo, 7 Dic. 1985).

De ahí que, aunque un predicador, catequista o apóstol laico debe a la vez exponer la doctrina teniendo en cuenta la vida real y la cultura de nuestra gente, debe a la vez tener un conocimiento claro, profundo y coherente de este conjunto de las verdades de nuestra fe. De lo contrario tiene el peligro de soslayar o diluir algunas de ellas. Se debe dedicar algún tiempo largo a conocer y tomar conciencia de estos misterios salvíficos. Sólo así puede hacer una correcta aplicación a la realidad concreta que vivimos.

FIELES AL CATECISMO DE LA IGLESIA CATÓLICA

Al hacer el resumen hemos sido cuidadosos y fieles al contenido del Catecismo de la Iglesia Católica. Rara vez hemos añadido alguna frase que no está expresamente en el texto, y entonces la hemos puesto entre paréntesis.

Al comienzo y al final de cada lección, en letra cursiva, hemos añadido algunas notas pastorales: el anuncio y las lecturas bíblicas a escoger. Luego sigue el resumen del texto del Catecismo de la Iglesia Católica, hasta las preguntas, inclusive, para memorizar; y en adelante, continúan las notas pastorales.

Espiritualmente es muy provechoso proclamar en alta voz nuestra fe, personal y comunitariamente. El Apóstol Pablo nos dice que "la fe entra por el oído, cuando se proclama la palabra de Dios" (Rm 10, 17). Por eso ponemos algunas aclamaciones al final de la exposición de cada tema. Además, ayuda a grabar frases bíblicas en la memoria.

Hay lecciones o temas muy extensos que el catequista o maestro debe exponer en dos o tres charlas. Se entiende que todo el Catecismo no es para enseñarlo de un tirón, sino en diversas etapas o cursos.

LAS FLORES DE LA FE Y DE LA PIEDAD NO BROTAN EN LOS ESPACIOS DESÉRTICOS

Por otra parte, el Papa nos exhorta a ser realistas. Dice que "estas flores de la fe y de la piedad no brotan en los espacios desérticos de una catequesis sin memoria" (C.T. 55). Claro, añade el Papa que esos textos memorizados deben ser interiorizados, es decir, que lleguen y salgan del corazón.

Y sigue instando sobre la necesidad de memorizar: "*Una cierta memorización de las palabras de Jesús, de pasajes bíblicos importantes, de los diez mandamientos, de fórmulas de profesión de fe, de textos litúrgicos, de algunas oraciones esenciales, de nociones-clave de la doctrina..., lejos de ser contraria a la dignidad de los jóvenes cristianos, o de constituir un obstáculo para el diálogo personal con el Señor, es una verdadera necesidad, como lo han recordado con vigor los Padres sinodales*" (cf C.T. pag. 68).

El que escribe, cuando predica a niños, les pregunta al final, algo de lo expuesto, y esto hace que estén más atentos y contentos, pues sienten que participan de la exposición de los misterios de nuestra fe.

TODO SACERDOTE ES CATEQUISTA

"Respetando lo específico y el ritmo propio de cada liturgia, **la homilía** vuelve a recorrer el itinerario de fe propuesto por la catequesis y lo conduce a su perfeccionamiento" (C.T. 48).

A ese respecto decía el Card. Josepf Ratzinger a los obispos dominicanos, en nuestra última visita "Ad limina", en diciembre de 1999, que los sacerdotes en sus homilías dominicales deben ir exponiendo breve y gradualmente las diversas enseñanzas del Catecismo de la Iglesia Católica, en atención, sobre todo, a aquellos fieles que no van a la catequesis, y sólo participan de la misa dominical.

LA EVANGELIZACIÓN Y LA CATEQUESIS

Y para terminar: no olvidemos que evangelización y catequesis deben ir unidas, sobre todo cuando se trata de adolescentes o adultos bautizados que no han sido aún evangelizados.

Para eso es indispensable que el evangelizador y el catequista hagan permanente oración y vivan el amor de Cristo. Si uno, humildemente, no se ha sentido perdonado, salvado, amado por nuestro Señor Jesucristo es difícil hacérselo sentir a otros, es decir, evangelizar.

Todo trabajo de evangelización debe tener contenido, o sea, algo de catequesis, para que esa aceptación gozosa de Jesús Salvador tenga fundamento; y toda explicación catequética debe tener evangelización, en el sentido de que se exponga con gozo la verdad y la experiencia de ese don recibido de Dios.

Toda persona o grupo que logra ser evangelizado debe incorporarse a la catequesis, o sea, a esa larga, escalonada y paciente formación en todos los misterios de la fe, en todo el amoroso proyecto de salvación que el Señor tiene con nosotros. Abarca las cuatro partes del catecismo que deben ser bien explicadas y entendidas.

Al final ponemos un apéndice con las principales oraciones del cristiano.

Santiago de los Caballeros,
Solemnidad de la Inmaculada Concepción de la Virgen María,
8 de diciembre del Año Jubilar 2000.

Juan Antonio Flores Santana
Arzobispo de Santiago de los Caballeros

Nota:
1) Cuando nos referimos al texto original del Catecismo de la Iglesia Católica usamos la sigla: CEC
2) Muchos de los ejemplos, no todos, al final de las lecciones, los hemos tomado del libro "Nuevo Catecismo Español en Ejemplos", de Ramón J. de Muñana, s. j.

ORACIÓN ANTES DE ESTUDIAR EL CATECISMO

Tu palabra, Señor, me da vida.
Dichosos, Señor, los que cumplen tus preceptos,
y los buscan de todo corazón,
Instruido por tus justas decisiones,
te daré gracias de todo corazón.
Señor, no dejes que me desvíe de tus mandatos;
bendíceme para que viva y guarde tu palabra.
Dame tu amor y tu salvación conforme a tu promesa.
Alzo mis manos hacia Tí y medito tus palabras.

(Del Salmo 119)

O ESTA OTRA

Tus manos, Señor, me crearon y me formaron,
instrúyeme para que aprenda todas tus normas.
Tu palabra es lámpara para mis pasos y luz en mi camino.
Tu palabra, Señor, se funda en la verdad,
y tu ternura es inmensa.
Mi corazón se ensancha cuando corro por el camino de tus mandamientos.
Mucha es la paz de los que aman tu ley;
voy a meditar en tu palabra, ilúminame Señor.

(Del Salmo 119)

INVOCACIÓN AL ESPÍRITU SANTO

Ven, Espíritu Santo,
llena los corazones de tus fieles
y enciende en ellos
el fuego de tu amor.
Envía tu Espíritu, Señor,
y renueva la faz de la tierra

OREMOS:

¡Oh Dios, que llenas los corazones de tus fieles con la luz del Espíritu Santo! concédenos que, guiados por el mismo Espíritu, sintamos con rectitud y gocemos siempre de tu consuelo. Por Jesucristo nuestro Señor.

PRIMERA PARTE

La profesión de la Fe "Creemos"

1

EL HOMBRE ES CAPAZ DE DIOS
"Creo" – "Creemos"

Anuncio:
Dios ha engrandecido mucho al ser humano.
Lo que hace más grande al hombre es que Dios le invita a dialogar con Él, a vivir en comunión con Él, con el mismo Dios (cf GS 19,1).

Dios se revela y se entrega al ser humano.

El ser humano le responde a Dios, aceptándolo y confiando en Él. En eso consiste la fe.

Lecturas a escoger:
Sabiduría 13,1-9; Hechos 17,22-31; Romanos 1,18-23.

EL DESEO DE DIOS

En el mismo corazón del ser humano está inscrito el deseo de Dios; porque hemos sido creados por Dios y para Dios.

Dios no cesa de atraer al hombre hacia sí; y sólo en Dios encuentra el hombre la verdad y la dicha (cf GS. 19,1).

En toda su historia el ser humano ha expresado su búsqueda de Dios. Lo ha expresado de muchas maneras: con sus oraciones, sacrificios, cultos, meditaciones. A pesar de las ambiguedades que sus formas puedan entrañar, el hombre se presenta como un **ser religioso** (cf Hch 17,26-28).

Pero "esa unión íntima y vital con Dios" (GS. 19,1), puede ser olvidada, desconocida e incluso rechazada por el hombre. Las causas de esto pueden ser diversas: la rebelión contra el mal en el mundo, la ignorancia o indiferencia religiosa, los afanes del mundo y de las riquezas (cf Mt 13,22); las ideas en el mundo hostiles a la religión; y el mal ejemplo de los creyentes. Y finalmente la actitud del hombre pecador, por miedo, se oculta de Dios (cf Gn 3, 8-10) y huye ante su llamada (cf Jon 1,3).

Pero el Señor sigue llamando al hombre y hace que "se alegre el corazón de los que le buscan" (Sal 105,3).

CAMINOS PARA LLEGAR AL CONOCIMIENTO DE DIOS

A partir de la contingencia (las cosas pueden ser, o no ser); y a partir del orden y de la belleza de las creaturas, el ser humano puede llegar al conocimiento de su Creador (cf Rm 1,19-20; Hch 14,15.17;17, 27-28; Sb 13,1-9).

Si el ser humano está abierto a la verdad y al bien, descubre la voz de su conciencia y su aspiración al infinito y a la dicha. Se interroga sobre la existencia de Dios. Así el hombre percibe signos de su alma espiritual por "la semilla de eternidad que lleva en sí".

Y al ser irreductible a la sola materia (cf GS. 18,1), el ser humano se da cuenta en el fondo de su corazón que su alma no puede tener origen más que en Dios.

El mundo y el hombre atestiguan que no tienen en ellos mismos ni su primer principio, ni su fin último, sino que todo les viene de Aquel que es el Ser en sí, sin origen y sin fin.

Así el hombre, por estas vías, puede llegar al conocimiento de la existencia de un Ser Supremo que es la causa primera de todo, "y que todos llaman Dios". (cf S. Tomás de A., S.th 1,2,3).

¿QUÉ ENSEÑA LA IGLESIA?

"La Iglesia enseña que Dios, principio y fin de todas las cosas, puede ser conocido con certeza, mediante la luz natural de la razón humana, a partir de las cosas creadas" (DV. 6).

Sin embargo, en las condiciones históricas en que se encuentra, el hombre experimenta muchas dificultades para conocer a Dios con la sola luz de la razón. Necesita ser iluminado por la revelación de Dios, no sólo acerca de lo que supera su entendimiento, sino también sobre "las verdades religiosas y morales..." (DV. 6).

PREGUNTAS:

1) ¿Busca el hombre a Dios? Sí, el hombre, por su naturaleza y por vocación, es un ser religioso. Consciente o inconscientemente busca y necesita de Dios. Y no puede ser plenamente feliz si libremente no se une a Dios.

2) ¿Qué medios naturales ha dado Dios al hombre para que le conozca? El mensaje de toda la creación y la voz de la propia conciencia.

3) ¿Puede el ser humano llegar a realizarse plenamente sin Dios? No, "la criatura sin el creador se evapora" (GS 36) porque no tiene consistencia en sí misma. La razón de su ser está sólo en Dios Creador.

REFLEXIÓN:

1) *El Concilio Vaticano II nos pone a pensar cuando dice: "Muchos creyentes han velado más bien que revelado el genuino rostro de Dios y de la religión" cf GS 19,1). Se refiere al mal ejemplo en el actuar de muchos que se tienen por creyentes.*

2) *Ver apéndice I: Los cielos pregonan la gloria de Dios (pág. 488).*

EJEMPLOS:

1) *Se cuenta que un hombre que se tenía por científico, quiso educar a su hijo pequeño sin Dios y sin religión. Pero un día encontró a ese su hijo contemplando el nacimiento del sol y oyó que decía: "¡Qué grande es el sol! ¡Pero es todavía más grande el que lo hizo!"*

2) *Sócrates, filósofo pagano, vivió 71 años en Atenas, del 470 al 399 antes de Jesucristo. En medio de una sociedad idólatra, guiado por la luz de la razón, enseñaba a la juventud que "Hay un sólo Dios verdadero, que todo lo ve, está en todas partes, y cuida a la vez de todo el universo. Dios todo lo trasciende, y no está ligado a ninguna materia (como creen los idólatras). En medio de la corrupción, vivía una moral pura y la defendía. Creía en la inmortalidad del alma. Por eso, cuando sus enemigos le condenaron a muerte porque enseñaba la verdad, Sócrates decía a sus amigos* que lloraban: "¿No me ven contento? Deben participar de mi alegría".

3) El orador francés Lacordaire refiere que un dignatario eclesiástico, mostrando un catecismo en una magna asamblea, exclamó: "Si Sócrates hubiera conocido este catecismo, lo hubiera estudiado de rodillas".

PROCLAMEMOS:

1) "Como busca la sierva corrientes de agua, así mi alma te busca a ti, Dios mío" (Sal 42,2).

2) "Mi alma tiene sed de Dios, del Dios vivo ¿cuándo entraré a ver el rostro de Dios?" (Sal 42,2).

3) "Nos hiciste, Señor, para tí y nuestro corazón está inquieto hasta que descanse en tí" (S Ag.).

También se puede recitar el Salmo 19 (18).

Las oraciones del cristiano, están el apéndice No. 2 de este libro.

Canto: Señor, yo creo, pero aumenta mi fe...

2

DIOS AL ENCUENTRO DEL HOMBRE
Dios se nos revela a sí mismo

Anuncio: Dios revela su designio amoroso con nosotros, enviándonos a su Hijo amado, nuestro Señor Jesucristo, y al Espíritu Santo (cf DV2; 1 Tm 6, 16; Ef 1,4-5).

Lecturas a escoger: Génesis 9,8-17; 12,1-8; Exodo 19,1-9; Isaías 2,1-5; Efesios 1,3-6; Hebreos 1,1-4).

Dios dispuso en su sabiduría revelarse a sí mismo, y darnos a conocer el misterio de su voluntad. O sea, que todos los hombres tengan acceso a Dios Padre, mediante su Hijo Jesucristo, hecho Hombre. Así nos hace partícipes de la naturaleza divina (cf DV2).

El ser humano puede conocer a Dios mediante la **razón natural** (es un medio que podemos llamar ordinario). Pero Dios demuestra más su bondad con nosotros, revelándose a sí mismo, o sea, por medio de la **revelación divina**. (Es una forma extraordinaria o **sobrenatural** de dirigirse Dios a nosotros o de hablarnos).

ETAPAS DE LA REVELACIÓN

a) Una vez rota la unidad del género humano por el pecado, **Dios hace una alianza con Noé**, después del diluvio (cf Gn 9,9). Los hombres son agrupados "según sus países, cada uno según su lengua, y según sus clanes" (Gn 10,5; cf 10,20-31).

b) **Dios elige a Abraham.** Para reunir a la humanidad dispersa, Dios elige a Abram, para hacer de él a "Abraham", es decir, "el padre de una multitud de naciones" (Gn 17, 5). "En ti serán benditas todas las naciones de la tierra" (Gn 12,3; cf Ga 3,8).
El pueblo nacido de Abraham es llamado a preparar un día la reunión de todos los hijos de Dios en la unidad de la Iglesia (cf Jn 11,52;10,16).

c) **Dios forma a su pueblo Israel.** Lo salva de la esclavitud de Egipto. Dios estableció con él la alianza del Sinaí y le dio su Ley por medio de Moisés. Dios quiere que le reconozca como su único Dios vivo y verdadero, Padre Providente y Juez Justo, y para que esperase al Salvador prometido (cf DV 3).
Por medio de los profetas, Dios guía y forma a su pueblo en la esperanza de la salvación (cf Is 2,2-4; Jr 31,31-34; Hb 10,16).

CRISTO JESÚS,
"MEDIADOR Y PLENITUD DE TODA LA REVELACIÓN"
(DV 2; Hb 1,1-2)

En su Hijo Jesús, Dios Padre nos lo ha dicho todo y nos lo da todo. No hay que esperar ya otra Revelación pública por parte de Dios, hasta "la gloriosa manifestación de nuestro Señor Jesucristo" (al final de los tiempos) (DV4).

Por eso, la fe cristiana no puede aceptar "revelaciones" que pretendan superar o corregir la Revelación, de la que Cristo es la plenitud. Es el caso de ciertas religiones no-cristianas y de ciertas sectas recientes que se fundan en semejantes "revelaciones".

¿CÓMO SE NOS TRANSMITE LA REVELACIÓN DIVINA?

Dios *"quiere que todos los hombres se salven y lleguen al conocimiento de la verdad" (1 Tm 2, 4), es decir, al conocimiento de Cristo Jesús (cf Jn 14, 6).*

Es preciso, pues, que Cristo sea anunciado a todos los pueblos y a todos los hombres, y que así la Revelación llegue hasta los confines del mundo (cf DV7)

LA TRADICIÓN APOSTÓLICA

Cristo, plenitud de la Revelación, mandó a los apóstoles a predicar su Evangelio a todos los hombres. Ese Evangelio es fuente de toda la verdad salvadora y de toda norma de conducta, comunicándonos así los bienes divinos (cf DV7).

Los apóstoles nos transmitieron ese Evangelio de Jesucristo: a) **oralmente**, o sea, de viva voz, con sus palabras, sus ejemplos, sus instituciones; y b) **por escrito**. Los mismos apóstoles y otros de su generación pusieron por escrito el mensaje de salvación inspirados por el Espíritu Santo (cf DV7).

CONTINUADA EN LA SUCESIÓN APOSTÓLICA

Los apóstoles continuaron esa predicación apostólica por medio de sus sucesores en esa misión, nombrándolos obispos "y dejándoles su cargo en el magisterio" (DV7).

Esa transmisión viva llevada a cabo en el Espíritu Santo, es llamada la **Tradición** (apostólica), en cuanto distinta de la Sagrada Escritura, aunque estrechamente ligada a ella.

PREGUNTAS:

1) ¿Cómo se ha revelado Dios? Gradualmente ha ido revelando su misterio, mediante obras y palabras. Se manifestó a nuestros padres y les prometió la salvación (cf Gn 3,15).

2) ¿Cómo preparó Dios su proyecto de salvación? Con Noé selló una alianza eterna entre Él y todos los seres vivientes (cf Gn 9,16). Eligió a Abraham y selló otra alianza con él y su descendencia. De él formó a su Pueblo, al que le reveló su ley por medio de Moisés. Y preparó a su Pueblo por medio de los profetas para acoger la salvación.

3) ¿Por medio de quién, Dios se revela plenamente? Se revela plenamente enviando a su Hijo, en quien ha establecido su alianza para siempre. El Hijo es la Palabra definitiva de Dios Padre, de modo que ya no habrá otra Revelación.

ACLAMEMOS:

1) *"Dios habita en una luz inaccesible" (1 Tm 6,16), pero ha querido revelarse a nosotros*

2) *Dios dijo a Abraham: "En ti serán benditas todas las naciones de la tierra".*

3) *Dios, por medio de su único Hijo hecho hombre, nos hace capaces de conocerle y amarle.*

4) *Cristo mandó a sus apóstoles a proclamar su Evangelio a todos los hombres.*

5) *La palabra de Dios se nos transmite en **forma oral** por la Tradición Apostólica, y, **por escrito**, por medio de la Sagrada Escritura. Ambas constituyen un único depósito sagrado de la Palabra de Dios.*

(Tratar de aprender de memoria al menos algunas de estas aclamaciones).

EJEMPLO:

San Gregorio Magno nos dice que la Sagrada Escritura es: *"una carta de Dios Omnipotente a su criatura"* ; y san Juan de Ávila, que la Sagrada Escritura *"es el **cántaro** que nos trae la sabiduría del cielo".* San Ignacio Mártir añade: *"Me acerco al Evangelio con el mismo respeto que al Cuerpo de Cristo".*

Canto: *Tu palabra me da vida.*

3

UNA FUENTE COMÚN:
La tradición y la Sagrada Escritura

Anuncio:
Cristo es la plenitud de la Revelación (divina).
Él mandó a los apóstoles a predicar el Evangelio a todos los hombres.
El Evangelio es la fuente de toda la verdad salvadora
y de toda norma de conducta (DV7).

Lecturas a escoger:
Mateo 28,16-20; Lucas 10,16; 1 Timoteo 2,1-7; 6,7-21; 2 Timoteo 1, 8-14; 2Pedro 1,18-21; 2 Pedro 3,13-18.

La Tradición y la Sagrada Escritura "están íntimamente unidas y compenetradas. Porque surgiendo ambas de la misma fuente, se funden en cierto modo y tienden a un mismo fin" (DV 9). Una y otra hacen presente y fecundo en la Iglesia el misterio de Cristo, que ha prometido estar con los suyos "para siempre hasta el fin del mundo" (Mt 28, 20).

La Iglesia "no saca exclusivamente de la Escritura la certeza de todo lo revelado" (DV9). (También saca esa certeza de la Tradición Apostólica, que conserva bajo la guía del mismo Espíritu Santo).

LA INTERPRETACIÓN DEL DEPÓSITO DE LA FE

"El depósito sagrado" de la fe se contiene en la Sagrada Tradición y en la Sagrada Escritura (cf 1 Tm 6,20; 2 Tm 1,12-14); y fue confiado por los apóstoles al conjunto de la Iglesia (DV 10).

El oficio de interpretar auténticamente la palabra de Dios, oral o escrita, ha sido encomendado **sólo al magisterio vivo de la Iglesia**; o sea, a los obispos en comunión con el sucesor de Pedro, el Papa (DV 10; Lc 10,16; LG 20).

Ese magisterio no está por encima de la palabra de Dios, sino a su servicio. Es para enseñar puramente lo transmitido, y lo hace por mandato divino y con la asistencia del Espíritu Santo (cf DV10).

Los fieles, recordando la palabra de Cristo a sus apóstoles: "el que a ustedes escucha a mí me escucha" (Lc 10,16), reciben con docilidad las enseñanzas y directrices que sus pastores les dan de diferentes formas.

Los fieles tienen el sentido sobrenatural de la fe; y los fieles, en su totalidad, no pueden equivocarse en la fe. "El Espíritu de verdad suscita y sostiene ese sentido de fe" (cf Jn 16,13; LG 12; 1 Jn 2,20.27).

LA SAGRADA ESCRITURA

Dios, en su inmensa bondad, nos habla con palabras humanas. Se hace semejante al lenguaje humano. Tanto, que su Hijo, la Palabra del Eterno Padre, tomando la condición débil humana, se hizo semejante a los hombres (cf DV13).

La Iglesia siempre ha venerado las Divinas Escrituras, como también venera el Cuerpo del Señor. Ahí encuentra su alimento y su fuerza (cf DV21 y 24).

Dios es el autor de la Sagrada Escritura, pues sus verdades se escribieron por inspiración del Espíritu Santo. Para eso, Dios se valió de hombres que usaban de todas sus facultades y talentos; pero Dios obraba en ellos, para poner por escrito todo y sólo lo que Él quería.

Para descubrir la **intención de los autores sagrados** hay que tener en cuenta las condiciones de su tiempo y de su cultura; hay que conocer los "géneros literarios" usados en aquella época.

Pero, al ser la Sagrada Escritura inspirada por Dios, "se ha de interpretar con el mismo Espíritu con que fue escrita" (DV 12,3), y conforme al Espíritu que la inspiró (DV 12,3).

El Concilio Vaticano II, señala tres criterios para interpretar la Sagrada Escritura conforme al Espíritu que la inspiró:

1) **Prestar una gran atención al contenido y a la unidad de toda la Escritura.** En toda está el designio de Dios, y Cristo es su centro y su corazón (Lc 24,25-27.44.46).

2) **Leer la Sagrada Escritura en la Tradición viva de toda la Iglesia.**

3) **Estar atento "a la analogía de la fe"** (cf Rm 12,6). Por "analogía de la fe" entendemos la cohesión de las verdades de la fe entre sí y en el proyecto total de la Revelación.

Véase:

El Sentido de la Escritura (cf No. 115-119).
El Canon de las Escrituras (cf n. 120)
El Antiguo Testamento (cf No. 121-123)
El Nuevo Testamento (cf No. 124-127)
La Unidad del Antiguo y Nuevo Testamento (cf 128-130)
La Sagrada Escritura en la Vida de la Iglesia (cf No. 131-133)

PREGUNTAS:

1) ¿Cómo transmitió Cristo su Revelación? La confió a los apóstoles y estos bajo la inspiración del Espíritu Santo, la transmitieron por su predicación y por escrito a todas las generaciones, hasta el retorno glorioso de Cristo.

2) La Tradición y la Sagrada Escritura, ¿forman un único depósito sagrado de la Palabra de Dios? Sí, en el cual, la Iglesia contempla a Dios, fuente de todas las riquezas.

3) ¿Cómo se acoge el don de la Revelación divina? El Pueblo de Dios la acoge con su sentido sobrenatural de la fe.

4) ¿Quién tiene el oficio de interpretar auténticamente la Palabra de Dios? Ese oficio ha sido confiado únicamente al Magisterio de la Iglesia, al Papa y a los obispos en comunión con él.

5) ¿Qué se entiende por analogía de la fe? Por analogía de la fe se entiende la cohesión de las verdades de la fe entre sí, y el proyecto total de la revelación (cf Rm 12,6).

ACLAMEMOS:

"Tu palabra, Señor, me da vida" (Sal 119).

1) *"Tu palabra, Señor, es eterna; Tu fidelidad permanece para siempre" (Sal 119,89-90).*

2) *"Lámpara es tu palabra para mis pasos; luz en mi sendero" (Sal 119,105).*

3) *"Dichoso el que respeta al Señor y se entusiasma con sus mandatos" (Sal 112, 1).*

4) *"La fe entra por el oído cuando se proclama la palabra de Dios" (Rm 10, 17).*

EJEMPLOS:

1) Decía san Gregorio de Cesarea: *"Cuando se lee el Evangelio o algún otro escrito de los apóstoles, no atiendan al libro o al lector, sino a Dios, que les habla desde el cielo".*

2) Y san Jerónimo: *"El que ignora las Sagradas Escrituras ignora a Cristo".*

Canto: Un solo Señor ...

4

LA RESPUESTA DEL HOMBRE A DIOS

Anuncio:
Dios, que es invisible, habla a los hombres como amigo.
Movido por un gran amor, Dios nos invita a comunicarnos con Él y a vivir en su compañía (DV 2).
La verdadera respuesta a esta invitación de Dios es la fe.

Lecturas a escoger: Génesis 12,1-8; 22,1-18; Marcos 16, 14-18; Juan 6,28-40; Romanos 4,16-25; Hebreos 11,1-7; 11,8-21; 11,23-31; 11,32-40.

Por la fe, el ser humano somete completamente su inteligencia y su voluntad a Dios. Prestamos a Dios "la obediencia de la fe" (cf Rm 1,5;16,26).

Creo. La obediencia de la Fe. Obedecer en la fe, es someterse libremente a la palabra escuchada, porque su verdad está garantizada por Dios. La Sagrada Escritura nos pone a Abraham (cf Rm 4,11.18; 4,20. Hb 11,8), como modelo de fe (cf Hb 11,8-17; Gn 12,1-4; 23,4). Y la Virgen María enseña la realización más perfecta de esa obediencia en la fe.

Abraham vivió la fe como la define la carta a los Hebreos.

"La fe es garantía de lo que se espera; la prueba de las realidades que no se ven" (Hb 11,1).

La carta a los Hebreos proclama el elogio de la fe ejemplar de los antiguos (cf Hb 11,2.39).

Sin embargo, "Dios tenía ya dispuesto algo mejor": la gracia de creer en su Hijo Jesús, "quien inicia y consuma la fe" (Hb 11,40; 12,2).

María: Dichosa la que ha creído. María acogió el anuncio y la promesa que le traía el Angel, creyendo que "nada es imposible para Dios" (Lc 1,37; cf Gn 18,14).

María dio su asentimiento: "He aquí la esclava del Señor; hágase en mí según tu palabra" (Lc 1,38).

María no cesó de creer en el "cumplimiento" de la palabra de Dios, durante toda su vida y hasta la última prueba (cf Lc 2,35), cuando Jesús murió en la cruz.

"YO SÉ EN QUIÉN TENGO PUESTA MI FE" (2 TM 1,12). CREER SÓLO EN DIOS.

Creer es, ante todo, **una adhesión personal** del hombre **a Dios** (entregarse completamente a Dios). Al mismo tiempo, damos un asentimiento libre a toda la verdad que Dios ha revelado (cf Jr 17,5-6; Sal 40,5; 146,3-4).

Creer en Jesucristo, el Hijo de Dios. Para nosotros los cristianos, creer en Dios es inseparablemente creer en Aquél que Él ha enviado, su "Hijo Amado". Dios nos pide que le escuchemos (a su Hijo Jesús) (cf Mc 9,7). "A Dios nadie le ha visto jamás, el Hijo Unico que está en el seno del Padre, Él lo ha contado" (Jn 1,18).

Creo en el Espíritu Santo. No se puede creer en Jesucristo sin tener parte en su Espíritu. Es el Espíritu Santo quien revela a los hombres quién es Jesús. Porque "nadie puede decir 'Jesús es Señor' sino bajo la acción del Espíritu Santo" (1 Co 12, 3). "El Espíritu todo lo sondea, hasta las profundidades de Dios... Nadie conoce lo íntimo de Dios, sino el Espíritu de Dios" (1 Co 2, 10-11). Sólo Dios conoce a Dios enteramente. Nosotros creemos en el Espíritu Santo porque es Dios.

LAS CARACTERÍSTICAS DE LA FE

Para dar respuesta de fe a la palabra de Dios necesitamos de **la gracia de Dios.** El Espíritu Santo se nos adelanta e ilumina nuestra mente y mueve nuestro corazón para creer la verdad revelada (cf Mt 16,17; Ga 1,15; Mt 11,25; DV 5).

La fe es un acto humano. Necesitamos de la luz y de la gracia de Dios para creer, pero Dios no nos quita la libertad. En nuestras relaciones humanas no rebajamos nuestra dignidad de persona al creer, al confiar en otras personas. Con mayor razón, está de acuerdo a nuestra dignidad de persona creer en lo que Dios nos revela (cf DS3008), y así entrar en comunión íntima con Él (con Dios).

Dice santo Tomás de Aquino que: "Creer es un acto del entendimiento que asiente a la verdad divina por imperio de la voluntad movida por Dios mediante la gracia" (S.th. 2-2,2,9; cf DS3010).

La fe y la inteligencia. El **motivo** que nos mueve a creer no es el hecho de que esas verdades que Dios nos revela aparezcan como verdaderas e inteligibles (evidentes) a nuestra razón natural. Creemos más bien, "por la autoridad de Dios que no puede engañarse ni engañarnos".

"Sin embargo, para que el homenaje de nuestra fe sea conforme a nuestra razón, Dios ha querido que los auxilios interiores del Espíritu Santo vayan acompañados de pruebas exteriores de su revelación" (DS3009), como son los milagros de Cristo y de los santos (cf Mc 16,20; Hch 2,4), las profecías, la propagación y la santidad de la Iglesia, su fecundidad y estabilidad. Todo esto, demuestra que la fe no es un movimiento ciego del Espíritu (cf DS3008-3010).

La fe es cierta. Dice santo Tomás de Aquino que "la certeza que da la luz divina es mayor que la que da la luz natural".

La fe y la ciencia. A pesar de que la fe está por encima de la razón, jamás puede haber desacuerdo entre fe y ciencia, porque el mismo Dios que revela los misterios, es quien da la luz de la razón a los seres humanos. Y Dios no puede contradecirse (DS3017).

La libertad de la fe. El ser humano, al creer, debe responder libremente a Dios, no obligado. Dios llama a los hombres a servirle en espíritu y en verdad, pero no coaccionados (cf can 748,2; DH 11). (Pero quedan vinculados por su conciencia) (cf DH11).

LA NECESIDAD DE LA FE

Creer en Cristo Jesús y en Aquél que lo envió para salvarnos es necesario para obtener esa salvación (cf Mc 16,16; Jn 3,36; 6,40 e a) "Puesto que sin la fe... es imposible agradar a Dios" (Hb 11,6).

La fe, comienzo de la vida eterna. La fe nos hace gustar de antemano el gozo y la luz de la visión beatífica, fin de nuestro caminar aquí abajo. Entonces veremos a Dios "cara a cara" (1 Co 13,12), "tal cual es" (1 Jn 3,2). La fe es ya el comienzo de la vida eterna. Sin embargo, caminamos en la fe, y no en la visión.

Con frecuencia debemos mirar a los "testigos de la fe": Abraham, que creyó "esperando contra toda esperanza" (Rm 4, 18); la Virgen María "en la peregrinación de la fe" (LG 58). Y otros tantos más.

LA FE, ACTO PERSONAL, Y LA FE DE LA IGLESIA

Creemos. La fe es una acto personal: la respuesta libre del hombre a la iniciativa de Dios que se revela.

Pero la fe no es un acto aislado. Nadie puede creer solo, como nadie puede vivir solo. El creyente ha recibido la fe de otro, debe transmitirla a otros. Cada creyente es un eslabón en la gran cadena de los creyentes.

"MIRA SEÑOR, LA FE DE TU IGLESIA".

"Creo" (símbolo de los Apóstoles): es la fe de la Iglesia profesada personalmente por cada creyente. Por medio de la Iglesia recibimos la fe y la vida nueva en Cristo, principalmente por el bautismo. La salvación viene sólo de Dios, pero recibimos la vida de la fe a través de la Iglesia.

No creemos en las meras fórmulas, sino en las realidades que éstas expresan, y que la fe nos permite "tocar". La Iglesia es "columna y fundamento de la verdad" (1Tm 3,15).

Ella (La Iglesia) guarda fielmente "la fe transmitida a los santos de una vez para siempre" (Judas 3).

Una sola fe. Son muchos los pueblos, naciones, lenguas, culturas. Pero a través de todas, la Iglesia no cesa de profesar su única fe; fe recibida de un sólo Señor, transmitida por un sólo bautismo, enraizada en la convicción de que todos los hombres no tienen más que un sólo Dios y Padre (cf Ef 4,4-6).

PREGUNTAS:

1) ¿Qué es la fe? Es una adhesión personal, la respuesta libre del hombre a Dios que nos habla.

2) ¿En quién creemos? Creemos en el Dios vivo y verdadero, Creador del cielo y tierra, y en aquél que Él ha enviado, Jesucristo, nuestro Señor; y creemos en todo lo que Él nos revela.

3) ¿Cuáles son las características de nuestra fe? Para creer necesitamos de la luz y moción del Espíritu Santo. Pero Dios no nos quita la libertad. Ahora no vemos con evidencia las verdades que Dios nos revela, pero creemos porque "Dios no puede engañarse ni engañarnos".

4) ¿Es necesaria la fe? Sí, "sin la fe es imposible agradar a Dios" (Hb 11,6).

5) ¿Qué medios nos da Dios para recibir la fe? La salvación viene sólo de Dios. Pero como medio normal para recibir la vida de la fe, Dios nos ha dejado a la Iglesia, y lo hace principalmente por el bautismo.

ACLAMEMOS:

1. *"La fe es anticipo de lo que se espera; prueba de realidades que no se ven" (Hb 11,1).*

2. *"Por la fe comprendemos que Dios formó los mundos, haciendo que lo visible surgiera de lo que no se ve" (Hb 11,3).*

3. *"Sin fe es imposible agradar a Dios" (Hb 11,6).*

4. *"Dichosa tú, María porque has creído que se cumplirán las cosas dichas de parte del Señor" (Lc 1,45).*

5. *"Señor, yo creo, pero aumenta mi fe" (Mc 9,24).*

6. *"El justo vivirá de la fe" (Rm 1,17).*

7. *"Todo es posible al que cree" (Mc 9,23)*

8. *"Habla, Señor, que tu siervo te escucha" (1 Sam 3,9).*

EJEMPLO:

Dice un escritor que la fe es como una lámpara que Dios nos entrega para caminar hacia el cielo. Como un telescopio con que el creyente ve más allá de las nubes y los astros, sublimes verdades de Dios y de la otra vida.

Canto: Es la fe la substancia de lo que no se ve.

Nota: Repitamos y aprendamos de memoria los actos de fe, de esperanza y de caridad. Así como el Padre nuestro y el Ave María.

5

LA PROFESIÓN DE LA FE CRISTIANA: EL CREDO. Creo en Dios Padre

Anuncio:
"Escucha, Israel, el Señor nuestro Dios es solamente uno. Amarás al Señor tu Dios con todo el corazón, con toda el alma, con todas las fuerzas" (Dt 6,4-5). "...y amarás al prójimo como a ti mismo" (cf 12, 33). "Vuélvanse a mí y serán salvados" (Is 45,22).

Lecturas a escoger:
Exodo 3,1-8; 3,10-16; 34, 4-10, Deuteronomio 6,1-9; Isaías 49,1-6; Oseas 11,1-10; Marcos 12,28-34; Juan 4,21-26; 1 Juan 4,7-16.

Nuestras verdades fundamentales de fe están contenidas en el Credo o Símbolo de los Apóstoles. En él, los apóstoles (de Jesucristo) nos dejaron un resumen o síntesis de los principales misterios de nuestra fe, y que nos fueron revelados por Dios mediante su Hijo Jesucristo. Esta profesión de fe, heredada de los apóstoles, es el sello o distinción de los cristianos. Las partes o artículos del Credo se llaman artículos de fe. Son doce, simbolizando el número de los doce apóstoles.

Nuestra profesión de fe comienza por **Dios**, porque Dios es "el Primero y el Ultimo" (Is 44,6), el Principio y Fin de todo.

Comienza por Dios Padre, porque es la Primera Persona Divina de la Santísima Trinidad.

Dios se reveló a Israel, su pueblo elegido. Por los profetas, Dios llama a Israel y a todas las naciones de la tierra (cf Is 45,22-24).

Jesús mismo confirma que Dios es "el único Señor" (cf Mc 12,29-30).

Deja al mismo tiempo entender que Él mismo (Jesús) es "Señor" (cf Mc 12,35-37; Flp 2,10-11). La fe cristiana nos enseña a creer también en el Espíritu Santo "que es Señor y dador de vida". Todo lo cual no es contrario a la fe en el Unico Dios (como veremos al exponer el misterio de la Santísima Trinidad).

DIOS REVELA SU NOMBRE

Dios reveló su nombre a su pueblo Israel. El nombre expresa la esencia, la identidad de la persona y el sentido de su vida. Dar a conocer su nombre es comunicarse a sí mismo.

Dios se reveló progresivamente y bajo diversos nombres, pero la revelación hecha a Moisés en la teofanía de la zarza ardiente es la revelación fundamental, tanto para la Antigua como para la Nueva Alianza.

EL DIOS VIVO

Dios llama a Moisés desde una zarza que arde sin consumirse. Dios dice a Moisés: "Yo soy el Dios de tus padres, el Dios de Abraham, el Dios de Isaac y el Dios de Jacob" (Ex 3, 6); el que los ha llamado y guiado en sus peregrinaciones. Es el Dios fiel a ellos y a sus promesas. Viene ahora a librar a sus descendientes de la esclavitud.

"YO SOY EL QUE SOY"

"Moisés dijo a Dios: "Si voy a los hijos de Israel y les digo: 'El Dios de sus padres me ha enviado a ustedes', cuando me pregunten: '¿Cuál es su nombre?', ¿qué les responderé?" Dijo Dios a Moisés: "Yo soy el que soy". (cf Ex 3,13-15)

Este Nombre Divino es misterioso como Dios es Misterio. Él es, infinitamente por encima de todo lo que podemos comprender o decir: es el "Dios escondido" (Is 45, 15); su nombre es inefable (cf Jc 13, 18); y es el Dios que se acerca a los hombres.

Ante la presencia atrayente y misteriosa de Dios, el hombre descubre su pequeñez. Ante la zarza ardiente, Moisés se quita las sandalias y se cubre el rostro (cf Ex 3, 5-6) delante de la Santidad Divina. Ante la gloria del Dios tres veces santo, Isaías exclama : "¡Ay de mí, que estoy perdido, pues soy un hombre de labios impuros!" (Is 6, 5). Ante los signos divinos que Jesús realiza, Pedro exclama: "Aléjate de mí, Señor, que soy un hombre pecador" (Lc 5, 8). Pero, porque Dios es santo, puede perdonar al hombre que se descubre pecador delante de Él: (cf Os 11,9; 1 Jn 3,19-20)".

Dios es misericordioso y clemente. Ante los pecados de su pueblo Dios se manifiesta tardo en la cólera y rico en amor y fidelidad (cf Ex 32; 32, 12-17; 34, 5-6). "Rico en misericordia" (Ef 2,4).

Sólo Dios ES. Dios es único; fuera de Él no hay dioses (cf Is 44,6). Dios trasciende el mundo y la historia. Él es quien ha hecho el cielo y la tierra (cf Sal 102, 27-28).

Dios es "El que es", desde siempre y para siempre. (Es eterno e infinito, infinitamente sabio, poderoso y bueno). "Él nos sostiene con su mano omnipotente". (Hb 1,3).

Dios no tiene principio ni fin, porque es eterno. Dios es la **plenitud del Ser**, y de toda perfección, sin origen y sin fin; mientras que todas las criaturas han recibido de Él su ser y su poseer.

Dios es la verdad. Dios es la Verdad misma, sus palabras no pueden engañar: "Ahora, mi Señor Dios, tú eres Dios, tus palabras son verdad" (2 S 7,28). (Dios todo lo ve, aun nuestros más ocultos pensamientos) (Véase salmo 139).

Dios es Amor. A lo largo de su historia, Israel comprende que la única razón para Dios revelársele y escogerle es su amor gratuito (un amor desinteresado de Dios) (cf Dt 4,37; 7,8;10,15; Os 11; Is 49,14-15; 54,10; Jr 31,3).

Este amor de Dios a su pueblo (a nosotros) es más grande que el de una madre a sus hijos (cf Is 49, 14-15), y llega hasta el don más precioso: darnos a su Hijo. "Tanto amó Dios al mundo que le dio a su Hijo único" (Jn 3,16). "Dios es Amor" (1 Jn 4,8.16).

Consecuencias de la fe en el Dios único. Tiene consecuencias inmensas en nuestra vida.

Es reconocer la grandeza y majestad de Dios (cf Jb 36,26). (El hombre es soberbio y orgulloso porque no medita en la grandeza de Dios).

Es vivir en acción de gracias. ¿Qué tienes que no hayas recibido de Dios? (1 Co 4,7). (Ahí es donde debe radicar el fundamento de nuestra humildad, que es la verdad. Dios es todo y yo soy la nada, y lo que tengo lo he recibido de Dios. "La criatura sin el Creador se esfuma") (GS No.36).

Al mismo tiempo es reconocer la verdadera dignidad de todos los hombres creados a imagen y semejanza de Dios (cf Gn 1,26).

Es usar bien de todas las cosas creadas (cf Mt 5,20-30; 16,24; 19,23-24).

Es confiar en Dios en todas las circunstancias, incluso en la adversidad.

ORACIÓN DE SANTA TERESA:

Nada te turbe / Nada te espante
Todo se pasa / Dios no se muda
La paciencia todo lo alcanza /quien a Dios tiene
Nada le falta / Sólo Dios basta.
(poes. 30)

PREGUNTAS:

1) ¿Quién es Dios? Dios se ha revelado como El que es. Es el soberano y único Señor (Dt 6,4; Mc 12,29). Si Dios no es Unico no es Dios (Tert. Mc 1,3) Dios se ha dado a conocer como "rico en amor y fidelidad" (Ex 34,6). Su Ser mismo es Verdad y Amor.

2) ¿Ahora podemos comprender a Dios? No. Dice san Agustín que "si lo comprendieras, no sería Dios".

3) ¿Debemos amar a Dios? Sí, debemos amar a Dios "con todo el corazón, con toda el alma y con todas las fuerzas", es decir, por encima de todas las cosas; y al prójimo, como a nosotros mismos.

PROCLAMEMOS:

1) "Creo en un sólo Dios, Padre Todopoderoso".

2) Todas las cosas han sido creadas por Dios. "El universo tiene en Él su consistencia" (Col 1,17).

3) *"Dios es clemente y misericordioso" (cf Ex 34,5-6).*
4) *"Dios es espíritu, y los que le adoran, deben adorarlo en espíritu y en verdad" (Jn 4,23)*
5) *A cada uno de nosotros Dios nos dice como a Moisés: "Yo estoy contigo" (Ex 3,12).*
6) *Podemos recitar la oración de Santa Teresa: Nada te turbe...*

REFLEXIÓN:
EL CREDO DE LOS APÓSTOLES

1) *En su comentario al símbolo de los apóstoles, Rufino de Aquileya escribe que es tradición basada en el testimonio de los Santos Padres, que los apóstoles, después de la venida del Espíritu Santo, antes de separarse unos de otros para ir a predicar el Evangelio, se reunieron para componer el Credo.*

2) *Los apóstoles debían dispersarse por todo el mundo a predicar el Evangelio y a consolidar la Iglesia. Pero antes, asistidos por el Espíritu Santo, querían dejar una síntesis de las verdades fundamentales de nuestra fe reveladas por nuestro Señor Jesucristo, y tener algunas normas iguales para la celebración de los sacramentos, como tesoro perenne de la Iglesia. Reunidos todos, Pedro invocó al Espíritu Santo, quien descendió sobre el cenáculo y todos quedaron iluminados. Todos los apóstoles, con semblante transformado, con unción y reverencia, guiados por el Espíritu Santo, fueron proclamando esas verdades principales de nuestra fe que forman el Credo de los Apóstoles. (Tomado de: "María Estrella de la Evangelización", 5,1).*

Se pueden proclamar los salmos 23 y 136, 1-11

EJEMPLO:

Exclama San Agustín: "Si queremos compararle (a Dios) con la grandeza de los cielos y de la tierra, Dios es más grande; si con la hermosura del sol, la luna y las estrellas, Dios es más hermoso; si con la sabiduría de los hombres y de los ángeles, Dios es más sabio; si con la bondad de todos los buenos, Dios es más bueno; si con la justicia de todos los justos, Dios es más justo; porque Dios es infinitamente grande; infinitamente hermoso, infinitamente sabio, infinitamente bueno, infinitamente justo, infinitamente infinito".

6

LA SANTÍSIMA TRINIDAD:
Dios Padre

Anuncio:
Dios es amor: Padre, Hijo y Espíritu Santo.
Un solo Dios y tres Personas distintas.
Dios quiere comunicarnos libremente
la gloria de su vida bienaventurada.
Tal es su "designio benevolente" (Ef 1,9)
que concibió antes de la creación del mundo,
en su Hijo amado, predestinados a ser sus hijos adoptivos,
por medio de Jesús Mesías (cf Ef 1,3-6).

Lecturas a escoger:
Deuteronomio 4,32-40; Proverbios 8,22-31;
Lucas 3,21-22; Marcos 1,9-13; Mateo 28, 16-20;
Juan 3,16-18; Juan 16, 6-15;
Romanos 8, 14-17; 2 Corintios 13, 11-13.

Los cristianos son bautizados "en el nombre del Padre y del Hijo y del Espíritu Santo" (Mt 28,19).

Antes del bautismo deben responder a la triple pregunta que les pide confesar su fe en el Padre, en el Hijo y en el Espíritu Santo.

Decimos en "el nombre" y no "en los nombres", pues no hay más que un sólo Dios (cf DS 415).

EL MISTERIO CENTRAL DE LA FE

La Trinidad es un misterio de fe en el sentido estricto. Uno de "los misterios escondidos de Dios, que no pueden ser conocidos si no son revelados de lo alto" (Cc Vaticano I, DS 3015).

DIOS SE REVELA COMO TRINIDAD

El Padre revelado por el Hijo. La invocación de Dios como "Padre" es conocida en muchas religiones. En Israel Dios es llamado Padre en cuanto Creador del mundo (cf Dt 32,6). Es llamado también "como el Padre de los pobres" (cf Sal 68,6).

Llamamos a Dios "Padre" en dos sentidos:
1) Dios es el origen primero de todo y su soberanía está por encima de todo.
2) Al mismo tiempo Dios tiene una bondad y solicitud amorosa para con todos sus hijos. Esta ternura paternal de Dios a veces se expresa con la imagen de una madre (cf Is 66,13; Sal 131,2). Eso demuestra la intimidad de Dios con su criatura. (Jesús nos revela también ese amor y esa providencia de Dios Padre que cuida de todos y de cada uno de nosotros. El mismo Jesús nos enseña a llamar "Padre" a Dios y que nos abandonemos en sus manos) (cf Mt 6,5-34).

Jesús ha revelado que Dios es "Padre" en un sentido nuevo: No lo es sólo en cuanto Creador; es eternamente Padre en relación a su Hijo Único, que recíprocamente sólo es Hijo en relación a su Padre: "Nadie conoce al Hijo sino el Padre, ni al Padre le conoce nadie sino el Hijo, y aquel a quien el Hijo se lo quiera revelar" (Mt 11,27).

Por eso los apóstoles confiesan a Jesús como "el Verbo que en el principio estaba junto a Dios y que era Dios" (Jn 1, 1), como "la imagen del Dios invisible" (Col 1,15), y como el resplandor de su gloria y la impronta de su esencia" (Hb 1,3).

En el Credo del Concilio de Nicea en el año 325 y en el de Constantinopla, en el 381, la Iglesia confiesa: "al Hijo Unico de Dios, engendrado del Padre antes de todos los siglos, luz de luz, Dios verdadero de Dios verdadero, engendrado, no creado, consubstancial al Padre" (o sea) de la misma naturaleza del Padre (DS150).

EL PADRE Y EL HIJO REVELADOS POR EL ESPÍRITU

Antes de su pascua, Jesús anuncia el envío de "otro Paráclito" (Defensor), el Espíritu Santo. Este que actuó en la creación (Gn 1,2), y que "habló por los profetas", estará ahora junto a los discípulos y en ellos (cf Jn 14, 17) para enseñarles y conducirles "hasta la verdad completa" (cf Jn 14,16; 6,13). El Espíritu Santo es revelado así como otra persona divina con relación a Jesús y al Padre.

LA IGLESIA CONFIESA LA FE APOSTÓLICA

La fe apostólica relativa al Espíritu Santo fue confesada por el segundo Concilio Ecuménico en el año 381: "Creemos en el Espíritu Santo, Señor y dador de vida, que procede del Padre" (DS150). La Iglesia reconoce así al Padre como "la fuente y origen de toda la divinidad" (DS490).

Sin embargo, el origen eterno del Espíritu Santo está en conexión con el del Hijo: El Espíritu Santo que es la tercera persona de la Trinidad, es Dios, uno e igual al Padre y al Hijo, de la misma substancia (esencia) y también de la misma naturaleza. Por eso, no se dice que es sólo el Espíritu del Padre, sino a la vez, el Espíritu del Padre y del Hijo" (DS527). Y confesamos que "con el Padre y el Hijo recibe una misma adoración y gloria" (DS 150).

La tradición latina del Credo confiesa que el Espíritu Santo procede del Padre y del Hijo (Filioque), como de un solo principio. Porque todo lo que pertenece al Padre, el Padre lo dio al Hijo único, al engendrarlo, a excepción de su ser de Padre (cf DS1300-1301).

La tradición oriental afirma que el Espíritu Santo procede del Padre **por** el Hijo (cf AG2), al confesar al Espíritu Santo "salido del Padre" (Jn 15,26).

Esta legítima complementariedad o diverso enfoque, si no se desorbita, no afecta a la identidad de la fe en la realidad de este misterio.

LA SANTÍSIMA TRINIDAD EN LA DOCTRINA DE LA FE

Esta verdad revelada ha estado siempre en la fe viva de la Iglesia, principalmente en el acto del bautismo.

Esta verdad se encuentra en los escritos apostólicos, como el saludo en la misa: "La gracia del Señor Jesucristo, el amor de Dios Padre, y la comunión del Espíritu Santo sean con todos ustedes" (2 Co 13,13).

LA VERDAD DE LA SANTÍSIMA TRINIDAD

La Trinidad es una. No confesamos tres dioses, sino un solo Dios en tres personas. Las personas divinas no se reparten la única divinidad, sino que cada una de ellas es enteramente Dios: "El Padre es lo mismo que es el Hijo; el Hijo lo mismo que es el Padre; el Padre y el Hijo lo mismo que el Espíritu Santo, es decir un solo Dios por naturaleza" (DS 530).

LAS PERSONAS DIVINAS SON REALMENTE DISTINTAS ENTRE SÍ

Dios es único pero no solitario (DS 71). El que es el Hijo no es el Padre; y el que es Padre no es el Hijo; ni el Espíritu Santo el que es el Padre o el Hijo (DS 530).

Son distintos entre sí por sus relaciones de origen (desde la eternidad): el Padre es quien engendra, el Hijo quien es engendrado; y el Espíritu Santo es quien procede (del Padre y del Hijo) (DS 804). La Unidad divina es Trina.

Las personas divinas son relativas unas a otras. La distinción real de las personas entre sí (porque no divide la realidad divina) reside únicamente en las relaciones que las refieren unas a otras. El Padre es referido al Hijo, el Hijo lo es al Padre, el Espíritu Santo es al Padre y al Hijo; pero una sola naturaleza (divina) (DS 528).

San Gregorio Nancianceno habla con fe y con fervor a los catecúmenos que se preparan para el bautismo y les explica que hay un solo Dios y tres personas distintas; y que por este misterio quiere morir. Y que eso le da fuerza para soportar todos los males y despreciar todos los placeres. Les confío la fe en este misterio, les dice, antes de introducirlos en el agua.

LA OBRA DE LA SANTÍSIMA TRINIDAD EN NOSOTROS

En el himno de vísperas se canta: "¡Oh Trinidad, luz bienaventurada y unidad esencial!" vida inmortal, luz sin ocaso. Ese Dios amor: Padre, Hijo, y Espíritu Santo, quiere comunicar libremente la gloria de esa vida bienaventurada a nosotros. Nos predestina a ser sus hijos adoptivos (cf Ef 1,4-5).

Toda la obra de la creación y de la salvación es obra de las tres divinas Personas, (obra de amor con nosotros).

Toda la vida cristiana es comunión con cada una de las Personas divinas, sin separarlas de ningún modo.

El que sigue a Cristo lo hace porque el Padre lo atrae (cf Jn 6,44), y el Espíritu Santo lo mueve (cf Rm 8,14).

Desde ahora la Santísima Trinidad quiere morar, vivir en nuestro corazón. Dice Jesús el Señor: "Si alguno me ama guardará mi Palabra, y mi Padre lo amará, y vendremos a él y haremos morada en él" (Jn 14,23).

PREGUNTAS:

1) ¿Qué lugar ocupa el misterio de la Santísima Trinidad en nuestra vida cristiana? Es el misterio central de la fe, y de nuestra vida cristiana.

2) ¿Qué enseña la fe católica? Que hay un sólo Dios, pero tres personas distintas: El Padre, y el Hijo y el Espíritu Santo. Veneramos un Dios en la Trinidad y la Trinidad en la Unidad. El Padre es Dios, el Hijo es Dios, el Espíritu Santo es Dios, sin embargo no hay más que un solo Dios verdadero.

3) ¿Somos llamados a participar de la vida de la Santísima Trinidad? Sí, somos bautizados en el nombre del Padre, y del Hijo y del Espíritu Santo, y por la gracia del bautismo, somos llamados a participar de la vida y gloria de la Santísima Trinidad.

4) ¿Cómo participamos de esa vida? Aquí en la tierra en la oscuridad de la fe y, después de la muerte, en la luz eterna de la gloria.

La Beata Isabel de la Trinidad exclama:

¡Dios mío, Trinidad que adoro! Pacifica mi alma. Haz de ella tu cielo, tu morada amada y el lugar de tu reposo. Que yo jamás te deje solo en ella, sino que yo esté totalmente despierta en mi fe, en adoración, entregada a tu acción creadora.

PROCLAMEMOS:

1) *"Creo en Dios Padre Todopoderoso, Creador del cielo y de la tierra".*

2) *Bendito sea Dios Padre, y su Hijo Unigénito, y el Espíritu Santo, porque "su amor es eterno" con nosotros.*

3) *Creo en la Santísima Trinidad: el Padre es Dios, el Hijo es Dios, el Espíritu Santo es Dios, pero no son tres dioses, sino un solo Dios, en su misma divinidad.*

4) *Santifiquémonos, invocando a la Santísima Trinidad (trazar bien la cruz): en el nombre del Padre, y del Hijo y del Espíritu Santo.*

5) *Adoremos a la Santísima Trinidad: Gloria al Padre, y al Hijo y al Espíritu Santo. Amén.*

Se puede proclamar el salmo 8 ó el 33.

Ejemplo. *Es reciente, y lo informa uno de nuestros periódicos. Una niña de 8 años de los Alcarrizos mientras dormía por la noche, fue raptada por un gamberro, un malévolo, sin que lo advirtieran sus padres que también dormían. La llevó a una casa vecina solitaria, en construcción, y le mandó que se quitara la ropa. Los papás de la niña eran muy cristianos y la habían educado en la fe y en la vida cristiana. Viéndose sola, la niña, de noche, y ante ese hombre perverso, se hizo con fe y con respeto la señal de la cruz, invocando a la Santísima Trinidad. En su inocencia preguntó al vagabundo si no se hacía la señal de la cruz y no invocaba a la Santísima Trinidad. Él le contestó que no, que no creía en eso. Pero con esa oración de la niña, él quedó paralizado, sin poder moverse. La niña sin ser tocada, tomó su ropa y se volvió a su casa.*

Nota: *Debemos aprovechar la explicación de este tema para que se aprenda bien a hacer la señal de la cruz, invocando a la Santísima Trinidad; y la doxología: Gloria al Padre... Se exhorta a rezar con frecuencia el Trisagio (tres veces Santo a la Santísima Trinidad).*

Canto: *"Gloria al Padre"...*

7

EL TODOPODEROSO

Anuncio:
Con Job, el justo, confesamos: Dios mío "sé que eres Todopoderoso: lo que piensas lo puedes realizar" (Job 42,2).
Dios manifiesta su omnipotencia convirtiéndonos de nuestros pecados, y restableciéndonos en su amistad por la gracia.

Lecturas:
Génesis 18, 1-43; Job 42,1-13; Jeremías 32,16-27; Esther 13,8-18; Sabiduría 11,15-26; Mateo 19, 23-26; Lucas 1,30-37.

De todos los atributos divinos, sólo la omnipotencia de Dios es nombrada en el Credo. Confesar (ese gran Poder de Dios) tiene mucha importancia para nuestra vida.

Confesamos que esa omnipotencia de Dios es **universal** porque Dios lo ha creado todo, rige todo y lo puede todo. Pero además, esa omnipotencia de Dios es **amorosa**, porque Dios es nuestro Padre (cf Mt 6,9); y es una omnipotencia **misteriosa**, porque sólo la fe puede descubrirla cuando "se manifiesta en la debilidad" (2 Co 12,9; cf 1 Co 1,18).

"TODO LO QUE ÉL QUIERE LO HACE"
(SAL 115,3)

Las Sagradas Escrituras afirman con frecuencia el poder **universal** de Dios. Dios es Todopoderoso "en el cielo y en la tierra" porque Él los ha hecho (cf Sal 135,6). Por tanto, nada le es imposible (cf Jr 32,17; Lc 1,37); y dispone a su voluntad de su obra (cf Jr 27,5). Es el Señor del universo, cuyo orden ha establecido. Gobierna los corazones y los acontecimientos según su voluntad (cf Est 4,17b; Pr 21,1;Tb 13,2).

"TE COMPADECES DE TODOS PORQUE LO PUEDES TODO" (SAB 11,23)

Dios es el **Padre** Todopoderoso. Su paternidad y su poder se esclarecen mutuamente.

Lo demuestra porque cuida de nuestras necesidades (cf Mt 6,32) y porque nos hace sus hijos: "Yo seré para ustedes padre, y ustedes serán para mí, hijos e hijas, dice el Señor Todopoderoso" (2 Co 6,18).

Finalmente, demuestra que es Todopoderoso, por su misericordia infinita, perdonando libremente los pecados.

Pero no es una omnipotencia arbitraria. Dice santo Tomás de Aquino que, "en Dios el poder y la esencia, la voluntad y la inteligencia, la sabiduría y la justicia son una sola cosa".

EL MISTERIO DE LA APARENTE IMPOTENCIA DE DIOS

La fe en Dios Padre Todopoderoso puede ser puesta a prueba por la experiencia del mal y del sufrimiento.

A veces, Dios puede parecer ausente e incapaz de impedir el mal. Pero Dios Padre ha revelado que en forma misteriosa ha vencido el mal en la humillación voluntaria y en la Resurrección de su Hijo. "Porque la necedad de Dios es más sabia que la sabiduría de los hombres, y la debilidad divina, más fuerte que la fuerza de los hombres" (1 Co 2,24-25).

Sólo la fe puede conducirnos por las vías misteriosas de la omnipotencia de Dios.

La Virgen María es el modelo de esta fe. Ella creyó que "nada es imposible para Dios" (Lc 1,37); y pudo proclamar las grandezas del Señor. "El Poderoso ha hecho en mí maravillas, Santo es su nombre" (Lc 1,49).

PREGUNTAS:

1) ¿Confesó el justo Job que Dios es Todopoderoso? Con Job, el justo, confesamos: "Sé que eres Todopoderoso: lo que piensas, lo puedes realizar" (Job 42,2).

2) La Iglesia ¿ora con frecuencia a Dios Todopoderoso? Fiel al testimonio de la Escritura, la Iglesia dirige con frecuencia su oración al "Dios todopoderoso y eterno" creyendo firmemente que "nada es imposible para Dios" (Gn 18,14; Lc 1,37; Mt 19, 26).

3) ¿Dios manifiesta también su omnipotencia con su misericordia? Dios manifiesta su omnipotencia convirtiéndonos de nuestros pecados y restableciéndonos en su amistad por la gracia. "Oh Dios, que manifiestas especialmente tu poder con el perdón y la misericordia.." (MR, colecta del domingo XXVI).

4) ¿Podemos creer por la fe que el amor de Dios es todopoderoso? Sólo por la fe podemos creer que el amor de Dios es todopoderoso. ¿cómo creer que el Padre nos ha podido crear, el Hijo rescatar, el Espíritu Santo santificar? Por la fe lo creemos.

REFLEXIÓN:

Como acabamos de ver, muchas veces la omnipotencia de Dios en este mundo se reviste de debilidad. Pero luego hace ver su sabiduría, su bondad y su poder infinito en esa misma pequeñez. Ese proceder de Dios confunde al hombre soberbio y engreído.

Por ejemplo: que el Hijo de un Dios todopoderoso nazca como niño débil de la Virgen María; que se quede oculto en la Eucaristía bajo las apariencias de un poco de pan y de vino para unirse más a nosotros y darnos vida; que muera en la cruz por nuestros pecados; y que ese mismo Dios permita el mal en el mundo para sacar por otra parte bienes mayores. Todo eso no lo puede captar el hombre soberbio que no tiene fe.

A los ojos de la fe, la cruz de Cristo es fuerza de Dios para los elegidos y para destruir el pecado y el mal. Pero esa misma cruz es locura para el judío engreído que quiere explicar todo, con su limitada razón; y es necedad para el pagano soberbio que desconoce los misterios de Dios (cf 1 Co 1,18; Flp 3,18).

En todas las épocas ha habido y hay herejes y sectarios que chocan contra estos misterios de Dios, insondables ahora para nosotros.

PROCLAMEMOS:

1)   "Creo en Dios Padre Todopoderoso"

2)   Confesamos con Job, el justo : Señor, "sé que eres Todopoderoso: lo que piensas, lo puedes hacer" (Job 42,2).

3) *Creo firmemente que "nada es imposible para Dios" (Lc 1,37).*

4) *Dios manifiesta su omnipotencia convirtiéndonos de nuestros pecados y restableciéndonos en su amistad por la gracia.*

5) *Sólo por la fe creemos que el Padre nos ha podido crear, el Hijo redimir, y el Espíritu Santo santificar.*

Se puede recitar el salmo 24.

EJEMPLO:

En el Manual de la Legión de María se habla de una legionaria anciana, muy apostólica. Le encomendaban a ella todos los problemas más difíciles, entre ellos, la visita a pecadores muy empedernidos, para que los invitara a la conversión. Y ellos se convertían. Le preguntaron qué hacía ella para conseguir eso. Y ella respondió que cuando se despertaba en la alta madrugada se ponía a meditar que Dios es nuestro Padre, y que es Todopoderoso. Eso la hacía llorar de emoción y repetía: Dios es Todopoderoso, creó el cielo y la tierra; y Él es mi Papá, y así conseguía de Dios todas las gracias que necesitaba para ella y para los demás.

Canto: *"Te amo, oh Papá"...*

8
DIOS CREADOR

Anuncio:
Dios, nuestro Creador y Padre, responde con luz y con amor
a nuestras preguntas, a las preguntas de todos los tiempos
y de todas las generaciones: ¿De dónde venimos? ¿A dónde vamos?
¿Cuál es nuestro origen? ¿Cuál es nuestro fin?
¿De dónde viene y a dónde va todo lo que existe?

Lecturas:
Génesis 1,1-25; 2 Macabeos 7,20-29; Daniel 3,52-64; Daniel 3,74-84; Eclesiástico 1,1-21; 42,15-25; 43,1-18; Colosenses 1,13-20; Sabiduría 11, 21-26; Génesis 45,1-8.

LA FE CONFIRMA Y ESCLARECE NUESTRA RAZÓN PARA LA JUSTA INTELIGENCIA DE LA VERDAD

En el principio Dios creó el cielo y la tierra (Gn 1,1). Con estas palabras solemnes empieza la Sagrada Escritura. El Credo de la fe las recoge, y confiesa a Dios Padre Todopoderoso como "el Creador del cielo y de la tierra de todo lo visible y lo invisible".

Hablaremos primero del Creador, y luego de su creación.

La creación es el **fundamento** y comienzo "de todos los designios salvíficos de Dios" con nosotros (DCG51). Esa obra de salvación culmina con el Misterio de Cristo, el cual a su vez ilumina el misterio de la creación (cf Rm 8,18-23).

Por eso, la Vigilia Pascual se comienza con el relato de la creación, y se sigue con la creación nueva en Jesucristo.

ES IMPORTANTE LA CATEQUESIS SOBRE LA CREACIÓN

La catequesis sobre la creación tiene mucha importancia; con ella la fe cristiana responde a las preguntas que se hacen los hombres en todos los tiempos: "¿De dónde venimos?"; "¿A dónde vamos?"; "¿Cuál es nuestro origen?"; "¿Cuál es nuestro fin?".

Son cuestiones decisivas para el sentido y orientación que damos a nuestra vida y a nuestro actuar.

El ser humano, con su razón natural, puede conocer a su Creador y encontrar la respuesta a la cuestión de sus orígenes. Pero este conocimiento es, con frecuencia, desfigurado por el error. Por eso la fe viene a confirmar y esclarecer la razón para la justa inteligencia de esta verdad.

La verdad en la creación es importante para la vida humana. Por eso Dios en su ternura, quiso revelar progresivamente a su pueblo el misterio de la creación.

Así la revelación de la creación es inseparable de la revelación y realización de la Alianza del Dios único con su pueblo (cf Gn 15,5; Jer 33,19-26). Por eso, la verdad de la creación se expresa con un vigor creciente en el mensaje de los profetas (cf Is 44,24), en la oración de los salmos (cf Sal 104) y en la liturgia.

"Por la fe, sabemos que el universo fue formado por la palabra de Dios, de manera que lo que se ve resultase de lo que no aparece" (Hb 11,3).

LA CREACIÓN: OBRA DE LA SANTÍSIMA TRINIDAD

"En el principio Dios creó el cielo y la tierra". El Dios eterno ha dado principio a todo lo que existe fuera de Él. Sólo Él es creador. El verbo "crear", en hebreo "bara", tiene siempre por sujeto a Dios. La totalidad de lo que existe depende de Aquel que le da el ser.

"En el principio existía el Verbo... y el Verbo era Dios... Todo fue hecho por Él, y sin Él nada ha sido hecho" (Jn 1,1-3).

El Nuevo Testamento revela que Dios creó todo por el Verbo Eterno, su Hijo Amado (cf Col 1,16-17).

La fe de la Iglesia afirma también la acción creadora del Espíritu Santo: él es el "dador de vida"; "el Espíritu Creador", "la fuente de todo bien" (Símbolo de Nicea-Constantinopla).

La acción creadora del Hijo y del Espíritu es insinuada en el Antiguo Testamento (cf Sal 33,6; 104,30; Gn 1, 2-3), y se revela en la Nueva Alianza, inseparablemente una con la del Padre. Proclama san Ireneo: "Sólo existe un Dios Padre y Creador, que ha hecho todas las cosas **por sí mismo**, es decir, por su Verbo y por su Sabiduría; por el Hijo y el Espíritu".

EL MUNDO HA SIDO CREADO PARA GLORIA DE DIOS

"El mundo ha sido creado para gloria de Dios, no para aumentar su gloria, sino para manifestarla y comunicarla" (cf Cc Vat 1:DS 3025). Así lo explica san Buenaventura. Dios no tiene otra razón para crear que su amor y su bondad.

La gloria de Dios consiste en que se manifieste y se comunique su bondad para lo cual el mundo ha sido creado (cf Ef 1,5-6).

Dios todo lo ha creado, no como producto de una necesidad o de un destino ciego, sino por un acto libre de su voluntad (cf Ap 4,11).

Y Dios todo lo ha creado para hacer de nosotros sus "hijos adoptivos, por medio de Jesucristo, para **alabanza de la gloria de su gracia**" (Ef 1,5-6).

Proclamemos: "¡Cuán numerosas son tus obras, Señor! Todas las has hecho con sabiduría" (Sal 104,24).

"Bueno es el Señor para con todos, y sus ternuras sobre todas sus obras" (Sal 145,9).

DIOS CREA "DE LA NADA"

Creemos en Dios Creador, que no necesita nada preexistente ni ninguna ayuda para crear (cf Cc Vat I: DS 3022). La creación tampoco es una emanación de la divinidad. Dios crea libremente todo de la nada (cf o.c. DS 3023-3025).

Porque Dios puede crear de la nada, puede por el Espíritu Santo dar la vida del alma a los pecadores, creando en ellos un corazón puro (cf Sal 51,12). Él "da la vida a los muertos, y llama a las cosas que no son para que sean" (Rm 4,17).

La fe en Dios que crea "de la nada" se afirma en la Sagrada Escritura como una verdad llena de promesa y de esperanza (cf 2 M 7,22-28).

Y puesto que, por su Palabra, Dios puede hacer resplandecer la luz en las tinieblas (cf Gn 1,3), puede dar la luz de la fe a los que lo ignoran (cf 2 Co 4,6).

DIOS CREA UN MUNDO ORDENADO Y BUENO

Dios crea con sabiduría la creación. Por eso, toda está ordenada (Sb 11,20). Creada en y por el Verbo Eterno "imagen del Dios invisible" (Col 1,15).

"Nuestra inteligencia, participando en la luz del entendimiento divino, puede entender lo que Dios nos dice por su creación (cf Sal 19, 2-5), ciertamente no sin gran esfuerzo y en un espíritu de humildad y de respeto ante el Creador y su obra (cf Jb 42, 3).

Porque la creación es querida por Dios como un don dirigido al hombre, como una herencia que le es destinada y confiada, la Iglesia ha debido, en repetidas ocasiones defender la bondad de la creación, comprendida la del mundo material (cf DS 286; 455-463; 800; 1333; 3002).

DIOS TRASCIENDE LA CREACIÓN Y ESTÁ PRESENTE EN ELLA

Dios es infinitamente más grande que todas sus obras (cf Si 43, 28): "Su majestad es más alta que los cielos" (Sal 8, 2), "Su grandeza no tiene medida" (Sal 145, 3).

Pero, porque es el Creador soberano y libre, causa primera de todo lo que existe, está presente en lo más íntimo de sus criaturas: "En Él vivimos, nos movemos y existimos" (Hch 17, 28).

Según las palabras de san Agustín: "Dios está por encima de lo más alto que hay en mí y está en lo más hondo de mi intimidad"; (conf. 3,6,11)".

DIOS MANTIENE Y CONDUCE LA CREACIÓN: LA DIVINA PROVIDENCIA

Después que Dios realiza la creación, no abandona a su criatura. No sólo le da el ser y el existir. También en cada instante, la mantiene en el ser, le da el obrar y la lleva a su término.

Reconocer esta dependencia completa con respecto al Creador, es fuente de sabiduría y de libertad, de gozo y de confianza (cf Sb 11,24-26).

La creación tiene su bondad y su perfección propia. Pero no salió plenamente acabada de las manos del Creador. Fue creada "en estado de vía", hacia una perfección última todavía por alcanzar, a la que Dios la destinó. Llamamos **Divina Providencia** a las disposiciones por las que Dios conduce la obra de su creación hacia la perfección (cf Sb 8,1).

La Escritura afirma que la solicitud de la Divina Providencia es **concreta e inmediata**. Tiene cuidado de todo: de las cosas más pequeñas hasta los grandes acontecimientos del mundo y de la historia.

Las mismas Sagradas Escrituras dan testimonio de la soberanía absoluta de Dios en el curso de los acontecimientos (cf Sal 115, 3; Ap 3,7).

"Hay muchos proyectos en el hombre, pero sólo el plan de Dios se realiza" (Pr 19,21).

El Espíritu Santo, autor principal de la Sagrada Escritura, atribuye con frecuencia a Dios acciones, sin mencionar causas segundas. Es un modo profundo de recordar la primacía de Dios y su señorío absoluto sobre la historia y el mundo; y de educar así para la confianza en Él (cf Is 10,5-15); 45,5-7; Dt 32,39; Si 11,14; Sal 22; 32; 35; 103; 138).

Jesús nos pide un abandono filial en la providencia del Padre celestial que cuida de las más pequeñas necesidades de sus hijos (cf Mt 6,31-33; 10,29-31).

LA PROVIDENCIA
Y LAS CAUSAS SEGUNDAS

Dios es el Señor soberano de su designio. Pero para su realización se sirve también del concurso de las criaturas. Esto no es un signo de debilidad, sino de la grandeza y bondad de Dios Todopoderoso.

Dios da a sus criaturas la existencia y la dignidad de actuar por sí mismas, cooperando así a la realización de su designio.

Incluso Dios concede a los seres humanos poder participar libremente en su providencia y les confía la responsabilidad de "someter" la tierra y dominarla (cf Gn 1,26-28).

Dios es la causa primera, que actúa en y por las causas segundas (cf Flp 2,13; 1 Co 12,6). Pero en todo, la criatura depende del Creador: "Sin el Creador, la criatura se diluye" (GS 36,3).

LA PROVIDENCIA
Y EL ESCÁNDALO DEL MAL

¿Por qué existe el mal? A esta pregunta tan dolorosa y misteriosa no se puede dar una respuesta simple. El conjunto de la fe cristiana constituye la respuesta a esta pregunta: la bondad de la creación, el drama del pecado, el amor paciente de Dios, que sale al encuentro del hombre con sus Alianzas, con la Encarnación redentora de su Hijo, con el don del Espíritu Santo, etc. (todas las obras de la Historia de la Salvación).

Dios pudo crear un mundo perfecto en el que no hubiera mal alguno. Pero por su sabiduría y bondad infinitas quiso libremente crear un mundo "en estado de vía" hacia la perfección última. Este devenir trae con la aparición de ciertos seres, la desaparición de otros. Es lo que se puede llamar **mal físico** (S. Tomás de A. S. gent. 3,71).

Los ángeles y los hombres, criaturas inteligentes y libres, deben caminar a su destino por elección libre y por amor. Por ello pueden desviarse. De hecho, pecaron, y fue así cómo el **mal moral** entró en el mundo, incomparablemente más grave que el mal físico.

Dios, ni directa ni indirectamente, es la causa del mal moral. Sin embargo, lo permite, respetando la libertad de su criatura, y misteriosamente sabe sacar bien de él (de ese mal).

"Todo coopera al bien de los que aman a Dios" (Rm 8,28) (véanse testimonios de eso en CEC, el n. 313).

PREGUNTAS:

1) ¿Qué ha manifestado Dios al crear al mundo y al hombre? Ha manifestado su sabiduría y su amor todopoderoso con nosotros.

2) La creación, ¿es obra de la Santísima Trinidad? Particularmente se atribuye al Padre, pero es igualmente obra del Hijo y del Espíritu Santo.

3) ¿Quién tiene el poder de crear? Crear de la nada, sin materia preexistente, supone un poder infinito, propio sólo de Dios.

4) ¿En qué consiste la Divina Providencia? Consiste en las disposiciones por las que Dios, con sabiduría y amor, conduce todas las criaturas hasta su fin último.

5) ¿Debemos confiar en la Divina Providencia? Jesucristo invita a abandonarnos con confianza en la providencia del Padre Celestial, que cuida de nosotros (cf Mt 16,26-34).

6) ¿Cómo se explican el mal físico y el mal moral en el mundo? Es un misterio que ahora no podemos comprender plenamente, pero se esclarece por el hecho de Dios crear libre al ser humano, "Dios quiso dejar al hombre en manos de su propia decisión" (Eclo 15,14); y por el misterio de Cristo, muerto y resucitado por nosotros. En su infinita sabiduría, Dios puede sacar bien del mal, por caminos que sólo comprenderemos en la vida eterna.

REFLEXIÓN:

El hombre, con su limitado entendimiento, jamás puede desafiar la infinita inteligencia y soberanía de Dios. La vida está llena de misterios para nosotros en esta peregrinación de fe. "Oh hombre, ¿quién eres tú para pedir cuentas a Dios?" (Rm 9,20). "¿Quién conoció el pensamiento de Dios, para ponerse a instruirlo?" (1 Co 2,16) "¡Qué abismo de sabiduría y conocimiento de Dios! "¡Qué impenetrables son sus designios e incompresibles sus caminos!" (Rm 11,33).

Además, los males que nos vienen nos ayudan, ahora en este tiempo de prueba, a no idolatrar las criaturas y cosas de este mundo, y no olvidar que sólo hay un Dios verdadero, a quien hay que adorar y amar sobre todas las cosas. Por eso Dios probaba con penas a los israelitas camino del desierto. Dice Dios en la Carta a los Hebreos 12,5-6: *"Hijo mío, no te desanimes cuando el Señor te reprende. Porque Dios corrige a los que ama y da azotes a los hijos que reconoce por suyos".*

PROCLAMEMOS:

1) *Creo en Dios Padre Todopoderoso, Creador del cielo y de la tierra.*

2) *Al principio, "Dios creó el cielo y la tierra", previendo la nueva creación en Cristo.*

3) *Dios creó el mundo, no para aumentar su gloria, sino para manifestarla y comunicarla para bien nuestro.*

4) *"La gloria de Dios es el hombre vivo, y la vida del hombre es la visión de Dios" (S. Ireneo).*

5) *"¡Cuán numerosas son tus obras, Señor!. Todas las has hecho con sabiduría" (Sal 104,24).*

6) *"Bueno es el Señor para con todos, y sus ternuras sobre todas sus obras" (Sal 145,9).*

Se puede recitar parte del salmo 104 o el 145.

Canto:

EJEMPLO:

En las actas del martirio de san Pionio y sus compañeros, se lee el siguiente interrogatorio: - *"¿Qué Dios adoras?"* - *"Al Dios Todopoderoso, que ha hecho el cielo y la tierra, el mar y todo cuanto éstos producen y contienen; a Aquel que nos creó a todos, dándonos con abundancia todas las cosas".* Fue martirizado porque esta fe estaba contra la de los falsos dioses que los paganos adoraban.

9

DIOS CREÓ EL CIELO Y LA TIERRA

Anuncio:
Así dice el Señor: *"Voy a enviarte un ángel por delante para que te cuide en el camino y te lleve al lugar que te he preparado. Respétalo y obedécele" (Ex 23,20).*

Lecturas:
Génesis 28,10-19; Tobías 12,11-21; Isaías 6,1-7; Daniel 12,1-4; 9,20-23; Hechos 12,1-17; 10,3-5; Apoc. 8,1-6;12,7-12; Juan 1,47-51; Mateo 18,1-10; Colosenses 1,15-20.

En la Sagrada Escritura, la expresión "cielo y tierra" significa todo lo que existe, "lo visible y lo invisible".

"La tierra" es el mundo de los hombres (cf Sal 115,16). "El cielo" puede designar el firmamento (cf Sal 19,2), pero también el "lugar" propio de Dios, donde Dios se manifiesta a los bienaventurados (cf Mt 5,16); también, el "lugar" de las criaturas espirituales -los ángeles- que rodean a Dios.

Al comienzo del tiempo, Dios creó de la nada las criaturas espirituales (los ángeles) y la criatura humana que participa de las dos realidades, o sea, está compuesta de cuerpo y espíritu (cf DS 800 y 3002).

LOS ANGELES
La existencia de los ángeles es una verdad de fe

Son seres espirituales, no corporales. La Sagrada Escritura los llama **ángeles,** nombre que significa **mensajeros,** servidores de

Dios. Contemplan el rostro de Dios (cf Mt 18,10), y "son agentes de sus órdenes, atentos a la voz de su palabra" (Sal 103,20).

En tanto que criaturas puramente espirituales, tienen inteligencia y voluntad: son criaturas personales (es decir, son personas) (cf Pío XII: DS 3891) e inmortales (cf Lc 20, 36). Superan en perfección a todas las criaturas visibles. El resplandor de su gloria da testimonio de ello (cf Dn 10,9-12).

CRISTO "CON TODOS SUS ÁNGELES"

Cristo es el centro del mundo de los ángeles. Fueron creados por Él y para Él (cf Mt 25,31; Col 1,16; Hb 1,14).

Desde la creación (cf Jb 38, 7), donde los ángeles son llamados "hijos de Dios" y a lo largo de toda la historia de la salvación los encontramos anunciando de lejos o de cerca esa salvación, y sirviendo al designio divino de su realización: cierran el paraíso terrenal (cf Gn 3, 24), protegen a Lot (cf Gn 19), salvan a Agar y a su hijo (cf Gn 21, 17), detienen la mano de Abraham (cf Gn 22, 11), la ley es comunicada por su ministerio (cf Hch 7,53), conducen el pueblo de Dios (cf Ex 23, 20-23), anuncian nacimientos (cf Jc 13) y vocaciones (cf Jc 6, 11-24; Is 6, 6), asisten a los profetas (cf 1 R 19, 5), por no citar mas que algunos ejemplos. Finalmente, el ángel Gabriel anuncia el nacimiento del Precursor y el de Jesús (cf Lc 1, 11.26).

EL VERBO ENCARNADO, CRISTO, RODEADO DE LA ADORACIÓN Y SERVICIO DE LOS ÁNGELES (CF N. 333 CEC)

La vida del Cristo, Verbo encarnado en la tierra, desde la Encarnación hasta la ascensión está rodeada de la adoración y del servicio de los ángeles.

Cuando Dios Padre lo introduce en el mundo, dice que "le adoran todos los ángeles de Dios" (Hb 1,6); le cantan en su nacimiento (cf Lc 2,14); protegen la infancia de Jesús (cf Mt 1,20); le sirven en el desierto (cf Mt 4,11); le reconfortan en la agonía (cf Lc 22,43). La segunda venida de Cristo será anunciada por los ángeles (cf Hb 1,10-11; Mt 25,31).

Los ángeles le pertenecen a Cristo, porque todas las cosas visibles e invisibles fueron creadas por Él y para Él (Véase Col 1,16).

LOS ÁNGELES EN LA VIDA DE LA IGLESIA
(cf n. 334 CEC)

Toda la vida de la Iglesia se beneficia de la ayuda misteriosa y poderosa de los ángeles (cf Hch 5,18-20; 8,26-29; 10,3-8; 12,6-11; 27,23-25).

En su Liturgia, la Iglesia se une a los ángeles para adorar al Dios tres veces santo (cf MR, el "Sanctus"). Lo hace en el "Sanctus" y en otros momentos de la misma Liturgia. También invoca su asistencia.

Desde su comienzo hasta la muerte, el ser humano está rodeado de su custodia (cf Mt 18,10; Lc 16,22; Sal 34,8; 91,10-13); y de su intercesión (cf Jb 33,23-24; Za 1,12; Tb 12,12).

Dice san Basilio: "Cada fiel tiene a su lado un ángel como protector y pastor para conducirlo a la vida".

(Se conocen nueve coros de ángeles: Serafines, Querubines, Tronos Dominaciones, Potestades, Virtudes, Principados, Arcángeles y Angeles).

EL MUNDO VISIBLE

Nada existe que no deba su existencia a Dios Creador.
El mundo comenzó cuando fue sacado de la nada por la palabra de Dios.

Toda criatura posee su bondad y su perfección propias (véase n. 339 CEC).

Existe la interdependencia de las criaturas, que es querida por Dios (n.340 CEC).

La belleza del universo (n. 341, CEC)
La Jerarquía de las criaturas (n. 342,CEC).
El ser humano es la cumbre de la obra de la creación (visible) (n. 343, CEC).
Existe una solidaridad entre todas las criaturas (n. 344, CEC).

PREGUNTAS:

1) ¿Quiénes son los ángeles? Los ángeles son criaturas espirituales que glorifican a Dios sin cesar, y le prestan servicio en sus designios salvíficos con las demás criaturas.

2) ¿Qué relación tienen los ángeles con Cristo? Rodean a Cristo, su Señor; y le prestan servicio en su misión salvífica para con los hombres.

3) La Iglesia ¿venera a los ángeles? Sí, la Iglesia venera a los ángeles, que le ayudan en su peregrinación por la tierra y protegen a todo ser humano.

4) ¿Existe diversidad y jerarquía en las criaturas? Sí, Dios ha querido un orden y coordinación entre todas sus criaturas.

5) ¿Hay que respetar las leyes de la creación? Sí, y además hay que respetar las relaciones que derivan de la naturaleza de las cosas. Eso es un principio de sabiduría y un fundamento de la moral.

6) ¿Hay que inculcar en los niños y fieles la devoción a los ángeles? Sí, Dios envía a sus ángeles para que nos guíen y defiendan. Hay que inculcar en los niños y fieles devoción y gratitud a ellos.

Antiguamente los niños rezaban esta simple oración:

> *Ángel de mi guarda*
> *dulce compañía*
> *no me desampares*
> *ni de noche ni de día*

ACLAMEMOS:

1) "Bendito sea Dios, que envió a su ángel y libró a sus siervos que en él confiaron".

2) "Ángeles del Señor, bendigan al Señor eternamente".

3) "Delante de los ángeles tocaré para ti, Dios mío".

Oración: Oh Dios, que en tu providencia amorosa te has dignado enviar para nuestra custodia a tus santos ángeles, concédenos, atento a nuestras súplicas, vernos siempre defendidos por su protección y gozar eternamente de su compañía. Por Jesucristo, Señor Nuestro. Así sea.

ORACIÓN COMPUESTA POR EL PAPA LEÓN XIII:

Arcángel San Miguel, defiéndenos en la lucha, ampáranos contra la perversidad y asechanzas del demonio. Reprímale Dios, pedimos suplicantes, y tú, príncipe de la celestial milicia, lanza al infierno con el divino poder a Satanás y a los otros malignos espíritus que discurren por el mundo para la perdición de las almas.

Se puede recitar parte de los salmos 90, 137; y parte del cántico de Daniel 3,57-88.

Canto: *"Bendito, bendito ... los ángeles cantan..."*

EJEMPLOS:

Ya en la Biblia hay bellos ejemplos: Tb 5-12; Hch 12, 1-17.

1) *En la vida de san Isidro Labrador se cuenta que él se detenía en la mañanita a orar y participar de la misa. El dueño de la finca creyó que él descuidaba su trabajo, y fue un día a sorprenderle; y vio que los ángeles guiaban la yunta de los bueyes.*

2) *Se dice que el Papa Juan XXIII, cuando tenía que tratar un asunto con una persona le escribía, y le decía a su Ángel de la Guarda que se comunicara con el Ángel de la Guarda de la otra persona, y ayudara a resolver el problema.*

El nombre de pila del Papa Juan XXIII era Ángel. En una de sus visitas pastorales fue a saludarle un niño. Le preguntó cómo se llamaba, y el niño le respondió que Arcángel. El Papa le dijo, pues tú eres de una categoría superior a mí, pues yo me llamo simplemente Ángel.

10

EL HOMBRE

Anuncio:
Dios creó al hombre a su imagen y semejanza (cf Gn 1,26).
El hombre, por su naturaleza, une el mundo espiritual y el mundo material. De todas las criaturas visibles, sólo el hombre "es capaz de conocer y amar a Dios" (cf GS 12,3). Es "la única criatura en la tierra a la que Dios ha amado por sí misma" (GS 24,3).

Lecturas:
Génesis 1,26-31; Proverbios 3,1-11; Eclesiástico 17,11-14; 8,1-14; Hechos 17,22-31; Salmo 8.

"Dios creó al hombre a su imagen; a imagen de Dios los creó, hombre y mujer" (Gn 1,27).

El ser humano es "la única criatura en la tierra a la que Dios ama por sí misma" (GS 24,3).

Sólo el ser humano "es capaz de conocer y amar a su Creador" (GS 12,3), y sólo el ser humano está llamado a participar en la vida de Dios.

El hombre está llamado, por la gracia de Dios, a una alianza con su creador, a ofrecerle una respuesta de fe y de amor. Aquí es donde está el fundamento de la **dignidad de la persona humana**, de todo ser humano (sea quien sea).

Dios creó todo para el hombre (cf GS 12,1; 24,3;39,1). Pero el hombre fue creado para servir y amar a Dios, y para ofrecerle toda la creación.

El misterio del hombre sólo se esclarece en el misterio de Jesucristo (cf GS 22,1).

Debido a la comunidad de origen, **el género humano forma una unidad**. Dios "creó, de un solo principio, todo el linaje humano" (Hch 17,26; cf Tb 8,6).

Sin excluir la rica variedad de personas, culturas y pueblos, "esta ley de solidaridad humana y de caridad" nos asegura que todos los hombres son verdaderamente hermanos.

EL HOMBRE: UN SER A LA VEZ CORPORAL Y ESPIRITUAL

Así lo expresa el relato bíblico: Dios formó al hombre del polvo del suelo, y le insufló un aliento de vida (cf Gn 2,7).

A veces, la Sagrada Escritura designa con la palabra "alma" la vida humana (cf Hch 2,41). Pero también por "alma" designa lo que hay de más íntimo en el hombre (cf Mt 26,38; Jn 12,27) y de más valor en él (cf Mt 10,28; 2 M 6,30), aquello por lo que es particularmente imagen de Dios: "alma" significa **el principio espiritual** en el hombre.

El cuerpo del hombre, por estar animado por el alma espiritual, participa de la dignidad de "imagen de Dios", y es toda la persona humana la que está destinada a ser, en el Cuerpo de Cristo, el Templo del Espíritu (cf 1 Co 6,19-20; 15,44-45). San Pablo ruega para que nuestro "ser entero", el espíritu, el alma y el cuerpo", sea conservado sin mancha hasta la venida del Señor (1 Ts 5, 23). La Iglesia enseña que esta distinción no introduce dualidad en el alma (cf DS 657).

"Espíritu" significa que el hombre está ordenado desde su creación a su fin sobrenatural (cf DS 3005; GS 22,5); y que su alma es capaz de ser elevada gratuitamente a la comunión con Dios (cf DS 3891).

UNIDAD DEL ALMA Y EL CUERPO

Hay una unión muy profunda entre el alma y el cuerpo. No son dos naturalezas unidas, sino que la unión del alma y el cuerpo constituyen una única naturaleza.

La Iglesia enseña que cada alma espiritual es directamente creada por Dios (cf Pío XII, DS 3896). No es "producida" por los padres. Además, es inmortal. No perece cuando se separa del cuerpo en la muerte, y se unirá de nuevo al cuerpo, en la resurrección final.

*"La tradición espiritual de la Iglesia también presenta el **corazón** en su sentido bíblico de "lo más profundo del ser" (Jr 31,33), donde la persona se decide o no por Dios (cf Dt 6,5; 29,3; Is 29, 13; Ez 36, 26; Mt 6,21; Lc 8, 15; Rm 5,5)".*

HOMBRE Y MUJER LOS CREÓ

El hombre y la mujer son creados, es decir, son queridos por Dios. Los dos como personas humanas, tienen perfecta igualdad en su ser respectivo de hombre y mujer. Su dignidad viene del Creador (cf Gn 2,7.22).

Dios no es ni hombre ni mujer. Dios es espíritu puro. Pero las "perfecciones" del hombre y de la mujer (madre, padre) reflejan algo de la infinita perfección de Dios: las de una madre (cf Is 49, 14-15; 66,13; Sal 131,2-3) y las de un padre y esposo (cf Os 11,14; Jr 3,4-19).

UNA UNIDAD DE DOS

El hombre y la mujer son queridos por Dios, "el uno para el otro". "No es bueno que el hombre esté solo. Voy a hacerle una ayuda adecuada" (Gn 2,18).

Al ser "el uno para el otro" no significa que Dios los haya hecho "a medias" o "incompletos". Son iguales en cuanto personas, pero creados para la comunión de personas (para vivir unidos y compartir).

En el matrimonio Dios une al hombre y a la mujer para transmitir la vida humana (cf 1,28). Así cooperan con la obra de Dios Creador.

El hombre y la mujer están llamados a "someter" la tierra (Gn 1,28), no con un dominio arbitrario y destructor, sino como "administradores" de Dios, haciéndolo con responsabilidad.

EL HOMBRE EN EL PARAÍSO

El primer hombre fue creado bueno, también en amistad con su Creador, en armonía consigo mismo y con la creación. Todo eso será sólo superado por la gloria de la nueva creación en Cristo.

A la luz del Nuevo Testamento y de la Tradición, la Iglesia enseña que, los primeros padres, Adán y Eva, fueron constituidos en un estado "de gracia y de santidad original" (DS 1511). Era una participación de la vida divina (LG 2).

Por eso, el hombre no debía morir (cf Gn 2,17; 3,19) ni sufrir (cf Gn 3,16). El "dominio" que Dios concede al hombre sobre el mundo, se realizaba ante todo dentro del hombre mismo como **dominio de sí**. Estaba libre de la triple concupiscencia (cf 1 Jn 2,16), que le lleva a las apetencias de los bienes terrenos contra los imperativos de la razón.

Signo de la familiaridad con Dios es el hecho de que Dios lo coloca en el jardín (cf Gn 2,8). El trabajo no le es penoso (cf Gn 3,17-19).

Toda esa armonía de la santidad original, prevista para el hombre por designio de Dios, se perderá por el pecado de nuestros primeros padres. (Ese pecado o desobediencia grave a Dios trajo el desorden, el dolor y la muerte al mundo).

PREGUNTAS:

1) ¿Creó Dios al hombre a su imagen y semejanza? Sí, Dios creó al hombre a su imagen y semejanza, para que le sirviera como a su Creador y dominara todo lo creado.

2) ¿A qué es predestinado el hombre? Es predestinado a reproducir la imagen del Hijo de Dios hecho hombre. Así Cristo es el primogénito de una multitud de hermanos y hermanas (cf Col 1,15; Ef 3,6; Rm 8,29).

3) ¿Qué nos enseña la fe? Que el hombre es una unidad de cuerpo y alma y que el alma es espiritual e inmortal, creada de forma inmediata por Dios. "Dios creó al hombre para la inmortalidad" (Sb 2,23).

4) ¿Dios creó al hombre solo? No, desde el principio "los creó hombre y mujer", para constituir la primera forma de comunión entre personas y tomarlos como colaboradores en transmitir la vida y el amor a otros seres humanos.

5) ¿Cómo creó Dios al hombre? Lo creó en estado de justicia y de santidad. De su amistad con Dios nacía la felicidad en el paraíso, luego perdida por el pecado.

PROCLAMEMOS:

1) *Creo en Dios Padre Todopoderoso, creador del cielo y de la tierra.*

ACLAMEMOS:

2) *Dijo Dios: "Hagamos al hombre a nuestra imagen y semejanza".*

3) *"Dios nos creó personas a la vez corporales y espirituales (cf 1 Ts 5,23).*

4) *"Tus manos, Señor, me hicieron y me formaron: instrúyeme para que aprenda tus mandatos" (Sal 118 -173).*

5) *El alma es el principio espiritual en el ser humano.*

6) *"Señor, dueño nuestro, "qué admirable es tu nombre en toda la tierra ...nos coronaste de gloria y dignidad...!"*

7) *"Cumplir la ley de Dios es toda la sabiduría" (Eclo 19,20).*

REFLEXIÓN:

1) *Meditemos en la gran dignidad del ser humano como imagen viva de Dios (cf LG 2). Veamos algunos textos bíblicos: Eclesiastés 12, 1.7: "El hombre marcha a la morada eterna... el polvo vuelve a la tierra que fue, y el espíritu vuelva a Dios que lo dio".*
Dice Jesús: "No tengan miedo de los que pueden matar el cuerpo, pero no pueden matar el alma" (Mt 10,28).
La palabra de Dios habla de espíritu, alma y cuerpo en el hombre. En 1 Ts 5,23 dice: "Que Él, el Dios de la paz, os santifique plenamente, y que todo vuestro ser, el espíritu, el alma y el cuerpo, se conserve sin mancha hasta la venida de nuestro Señor Jesucristo". Y en Hb 4,12-13: "Ciertamente, es viva la Palabra de Dios y eficaz, y más cortante que espada alguna de dos filos. Penetra hasta las fronteras entre el alma y el espíritu, hasta las junturas y médula, y escruta los sentimientos y pensamientos del corazón. No hay para ella criatura invisible: todo está desnudo y patente a los ojos de Aquel a quien hemos de dar cuenta".
Al distinguir "alma" de "espíritu", el espíritu significa el principio divino de la nueva vida en Cristo, o la parte más elevada del ser

humano, abierta a la influencia del Espíritu Divino (cf nota de la Biblia de Jerusalén).

En filosofía, "alma" se puede entender también por "principio de vida"; en ese sentido también el animal tiene alma, pero no espíritu, que es inmortal.

El Concilio Vaticano II nos habla de "la altísima vocación del hombre y la semilla divina que en éste se oculta" (GS 3); y que el ser humano, "lleva en sí la semilla de eternidad" (GS 18) que le "hace irreductible a la sola materia y se levanta contra la muerte" (GS 18).

Los pobres Testigos de Jehová se confunden con los términos "alma" y "espíritu", pero hay diferencia, aunque si se trata del ser humano "alma", se entiende también por el espíritu o "soplo de Dios" (Job 33, 4; Sal 78,39), que es inmortal, como decíamos. Al animal, al morir, se le evapora o vuelve a la nada, su "principio de vida", porque no es espiritual ni inmortal.

2) *Aquí vemos también el alto ideal de Dios con el ser humano: hombre y mujer. La sublime vocación de la pareja humana para constituir un matrimonio unido y estable, para toda la vida. Así la pareja humana colabora con Dios en transmitir la vida y el amor a otros seres humanos. Se ve claro lo que dice el Papa del matrimonio: es un don, un regalo de Dios, y a la vez un compromiso, una misión que cumplir. De ahí la necesidad y obligación de educar a los niños en el auténtico amor, en saber pensar desde la infancia en la otra persona, y saber compartir con ella no sólo los goces, sino también el trabajo, los sacrificios, las renuncias, las responsabilidades, el amor. Los jóvenes se deben preparar con seriedad para un matrimonio único y duradero, como se ha dicho. No dejarse llevar de una simple ilusión o sensualidad, que puede ser pasajera. Hay que orar mucho por los jóvenes y por los matrimonios. Es una pena. Con el mundo actual, erótico y sensual, muchas personas prostituyen el sexo, y así destruyen el sublime proyecto de Dios y se envilece la persona humana.*

(Meditar y recitar el salmo 8 y el Magníficat (Lc 1,46-55) o el Benedictus, (Lucas 1,68-79).

Canto: *Señor Dios nuestro...*

EJEMPLOS:

1) *Preguntaba un maestro a sus alumnos por qué es el hombre superior a los brutos animales. Uno dijo: Porque es más prudente. Otro: Porque sabe hablar. Un tercero: Porque sabe leer, escribir y contar. Por fin con más acierto exclamó un niño: Porque el hombre puede conocer y amar a Dios.*

2) *El Santo Cura de Ars oyendo cantar un día en el patio a unas avecillas, levantó los ojos al cielo y exclamó: ¡Estas avecillas han sido creadas para cantar y cantan! El hombre ha sido creado para amar y servir a Dios, y no lo ama; ¡qué pena!*

11

LA CAIDA:
LA REALIDAD DEL PECADO

Anuncio:
Por la desobediencia de un solo hombre, nuestro primer padre Adán, todos somos constituidos pecadores (cf Rm 5,19). "No fue Dios quien hizo la muerte. Por envidia del diablo entró la muerte en el mundo" (Sal 1,13; 2,24). Pero donde abundó el pecado sobreabundó la gracia en Cristo (Rm 5,20). Por la obediencia de Cristo nos vino a todos el indulto y la vida (cf Rm 5,18).

Lecturas:
Génesis 3,1-20; Sabiduría 1,13-14; 2, 12-24; Romanos 3,21-26; Romanos 5, 12-17; Romanos 5,18-21.

Nos detenemos en la exposición de este tema porque hoy día se tiende a ignorar o diluir lo referente al pecado original, que es verdad de fe. Y así no se comprenderán a profundidad las consecuencias del pecado en la humanidad y el misterio de Cristo Redentor. Tampoco se podrá experimentar a profundidad "la alegría de la salvación" en Cristo (Sal 51,14).

La verdad de fe del pecado original es, por así decirlo, el reverso de la buena nueva, de que Jesús es el Salvador de todos los hombres. Además, en el mundo de hoy se ha ido perdiendo el sentido de pecado como ofensa a Dios al quebrantar su santa ley.

Una persona que no se preocupa del pecado, de si ofende a Dios o no con las actuaciones de su vida, es difícil que sienta la permanente presencia amorosa de Dios en su corazón, en su vida, como se indica en el salmo 119. *"la paz perfecta es para los que aman tu Ley, Señor (v. 165) y "observo tus preceptos y tus órdenes; ante tu vista están todas mis acciones" (v. 168). Dios nos hace ver el pecado y nos purifica (cf Is 6,1-7).*

Dios es infinitamente bueno y todas sus obras son buenas. Sin embargo, todos experimentamos el sufrimiento y los males en la naturaleza, y sobre todo el mal moral (o el pecado).

Es que somos puras criaturas y sentimos nuestras limitaciones. Pero, sobre todo, está el problema del mal moral. ¿De dónde viene el mal?

Existe el misterio de la iniquidad (de la maldad) (cf 2 Ts 2,7). Pero ese misterio sólo se esclarece a la luz del "misterio de la piedad" (de Dios) (1 Tm 3,17).

Jesucristo nos ha revelado el amor de Dios. Nos manifiesta hasta donde llega el mal en el mundo. Pero a la vez la sobreabundancia de la gracia de Dios en nosotros (cf Rm 5,20).

Hay que examinar la cuestión del origen del mal en el mundo. Pero a la vez mirando con fe al que es su único Vencedor (Jesucristo) (cf Lc 11,21-22; Jn 16,11; 1 Jn 3,8).

LA REALIDAD DEL PECADO

Para comprender la realidad del pecado, hay que reconocer **el vínculo profundo del hombre con Dios**. Sólo así se puede desenmascarar el mal del pecado, como verdadero rechazo y oposición a Dios.

Sólo a la luz de la revelación divina podemos descubrir la realidad del pecado y los orígenes del pecado. No podemos ignorarlo o dar otros nombres a esta oscura realidad.

Sólo con el conocimiento que Dios nos da se comprende que el pecado es un abuso de la libertad que Dios ha dado a los seres humanos para que le amen, y para que se amen entre sí.

Por el contrario, el pecado se quiere explicar como un efecto de crecimiento, como una debilidad psicológica, como un simple error, o como una consecuencia de la estructura social. Pero la cosa no es sólo eso (ahí falta la visión de fe). En su verdadera identidad, el pecado hay que verlo como rechazo de Dios, (como una desobediencia consciente a Dios, Creador y Padre).

La Iglesia, que tiene el sentido de Cristo (cf 1 Co 2,16), sabe bien que no se puede lesionar la revelación del pecado original sin atentar contra el misterio de Cristo.

EL RELATO DE LA CAÍDA (Génesis 3)

Utiliza un lenguaje hecho de imágenes, pero afirma un acontecimiento primordial, un hecho que tuvo lugar al **comienzo de la historia del hombre** (cf GS 13,1).

EL PECADO ORIGINAL: UNA VERDAD ESENCIAL DE LA FE

Dios fue revelando poco a poco la realidad del pecado en los hombres (lo que ha sido esa desobediencia formal y consciente a Dios, o rechazo de Dios).

Pero el alcance y significado último de la caída, narrada en el Génesis, se manifiesta claramente a la luz de la muerte y resurrección de Jesucristo (Véase Romanos 15,12-21).

Es preciso conocer a Cristo como fuente de la gracia para conocer a Adán como fuente del pecado. El Espíritu Santo enviado por Cristo Resucitado es quien vino "a convencer al mundo en lo referente al pecado" (Jn 16,8), revelando al que es su Redentor.

La doctrina del pecado original es, por así decirlo, "el reverso" de la Buena Nueva de que Jesús es el Salvador de todos los hombres. Que todos necesitamos salvación, y que esa salvación es ofrecida a todos, gracias a Jesucristo (cf 1 Co 2,16).

Si se quiere diluir o desconocer la revelación del pecado original, se atenta contra el misterio de Cristo.

LA CAÍDA DE LOS ÁNGELES

Detrás de la desobediencia formal a Dios, que cometieron nuestros primeros padres, se halla una voz seductora, opuesta a Dios (cf Gn 3,1-5).

Es Satanás, el diablo, o el ángel caído, que por envidia hace caer a nuestros primeros padres en la muerte (cf Sab 2,24; Jn 8,44; Ap 12,9). El diablo y los otros demonios, primero fueron creados buenos por Dios, pero ellos mismos se hicieron malos (cf Cc. de Letrán IV, DS 800).
La Biblia habla de un **pecado** de estos ángeles (2 P 2, 4). **Rechazaron** radical e irrevocablemente a Dios. Un reflejo de esta rebelión lo encontramos en las palabras del tentador: "serán como dioses" (Gn 3,5). El diablo es "pecador desde el principio" (1 Jn 3,8); "padre de la mentira" (Jn 8,44).
"El Hijo de Dios se manifestó para deshacer las obras del diablo" (1 Jn 3,8).
El pecado de los ángeles no puede ser perdonado. Pero no porque faltara la misericordia infinita de Dios hacia ellos, sino por la forma **irrevocable** de su rechazo a Dios (Están empecinados en su pecado). Por eso dice san Juan Damasceno: " no hay arrepentimiento para ellos (los ángeles), después de la caída, como no hay arrepentimiento para los hombres después de la muerte".
Sin embargo, el poder de Satán no es infinito. Él es una pura criatura. Actúa en el mundo por odio a Dios y a Su Reino. Hace su daño, pero no puede impedir la edificación del Reino de Dios en el mundo.

(El pecado de los ángeles fue de soberbia, o sea, rebelarse contra Dios, querer igualarse a Dios (cf Is 14,11-15). Todo pecado tiene un fondo de soberbia: no querer someterse humildemente a la voluntad de Dios. Preferir la voluntad propia a la de Dios).

El que Dios permita la actividad diabólica es un gran misterio (que no podemos entender), pero nosotros sabemos que en todas las cosas interviene Dios "para bien de los que le aman" (Rom 8,28).

EL PECADO ORIGINAL

La prueba de la libertad

Dios creó al hombre a su imagen y lo estableció en su amistad. El ser humano debe vivir esa amistad que Dios le ofrece en la forma de libre sumisión a su Creador y soberano Señor.
Dios le puso una prohibición a nuestros primeros padres (cf Gn 2,17), para que el ser humano, como pura criatura de Dios, le

reconociera libremente y le respetara; así reconoce su dependencia y se somete a las leyes de Dios, regulando el uso de su libertad. (Y reconociendo la soberanía de Dios).

El primer pecado del hombre

El hombre, tentado por el diablo, perdió la confianza en su Creador (cf Gn 3,1-11), abusando de su libertad, desobedeció al mandamiento de Dios. En esto consistió el primer pecado del hombre (Rm 5,19).

En este pecado el hombre se prefirió a sí mismo en lugar de Dios. Eso es como un desprecio a Dios, olvidando el hombre que es una simple criatura.

Seducido por el diablo quiso "ser como Dios"; pero sin Dios, antes que Dios, y no según Dios (en expresión de san Máximo) (Ahí es donde está la malicia del pecado).

DRAMÁTICAS CONSECUENCIAS DE ESTA PRIMERA DESOBEDIENCIA

Al rechazar a Dios, Adán y Eva pierden inmediatamente la gracia de la santidad original (cf Rm 3,23).

Pierden también la armonía que había entre las facultades del alma y del cuerpo (cf Gn 3,7).

La unión entre el hombre y la mujer queda sometida a tensiones (cf Gn 3,11-13).

La creación visible queda sometida a "la servidumbre de la corrupción" (Rm 8,21).

Y la muerte hace su entrada en la historia de la humanidad (cf Gn 3,19).

CONSECUENCIAS DEL PECADO DE ADÁN PARA LA HUMANIDAD

Todos los seres humanos están implicados en el pecado de Adán (como los hijos que, por la mala cabeza del papá, pierden la fortuna). Véase Romanos 5,12-19.

De ahí, la universalidad del pecado (de origen) y de la muerte para todos, que se transmite a todos los hombres desde los primeros padres.

Es la transmisión de una naturaleza humana, privada de la justicia y santidad originales (con que fue creada).

Por eso, el pecado original (de origen), "es contraído" (por generación), "no cometido", un estado, no un acto. (Para nosotros no es un pecado "personal", sino heredado).

Sabemos por la revelación que Adán había recibido la santidad y la justicia originales, no para él solo, sino para toda la humanidad.

La transmisión del pecado original es un misterio que no podemos comprender plenamente. (Por eso el que no le preste la humilde obediencia de la fe, y quiera someterlo al cedazo de su pura razón, no lo podrá aceptar, o se pondrá a diluirlo).

EL DURO COMBATE

La doctrina sobre el pecado original, unida a la Redención de Cristo, ayuda a entender la situación del hombre en el mundo.

Por el pecado de los primeros padres el Diablo adquirió un cierto dominio sobre el hombre, aunque éste permanezca libre (cf DS 1511; Hb 2, 14).

Ignorar que el hombre posee una naturaleza herida, inclinada al mal, da lugar a graves errores en el dominio de la educación, de la política, de la acción social (cf CA 25) y de las costumbres.

Las consecuencias del pecado original y de todos los pecados personales de los hombres confieren al mundo, en su conjunto, una condición pecadora: "el pecado del mundo" de que habla san Juan (Jn 1,29).

DÓNDE ABUNDÓ EL PECADO SOBREABUNDÓ LA GRACIA

"No lo abandonaste al poder de la muerte". Tras la caída, Dios no abandonó al hombre. Dios lo llama (cf Gn 3,9) y le anuncia de modo misterioso la victoria sobre el mal (cf Gn 3,15).

Este pasaje del Génesis (3,15), ha sido llamado el "protoevangelio", por ser el primer anuncio del Mesías Redentor, "del nuevo Adán" (cf 1 Co 15,21-22.45) que por "su obediencia hasta la muerte en la Cruz" (Flp 2,8), repara con sobreabundancia la desobediencia de Adán, (cf Rm 5, 19-20), y la Iglesia ve en esa mujer anunciada en el Génesis a la Madre de Cristo, María, la "Nueva Eva".

Es el anuncio de un combate entre la serpiente y la mujer, y la victoria final de un descendiente de ésta.

Pero, ¿por qué Dios no impidió que el primer hombre pecara? San León Magno responde: "La gracia inefable de Cristo nos ha dado bienes mayores que los que nos quitó la envidia del demonio" (Sem 73,4).
Por eso la afirmación de san Pablo: "Donde abundó el pecado, sobreabundó la gracia" (Rm 5,20).
Y en la vigilia pascual se canta: "¡Oh feliz culpa, que mereció tal y tan grande Redentor!".
Nota: **Podemos proclamar** las frases, por separado, del **anuncio** hecho al comienzo de esta lección.

PREGUNTAS:

1) ¿Por qué hay dolor y muerte en el mundo? "No fue Dios quien hizo la muerte. Por envidia del Diablo entró la muerte en el mundo" (Sb 1,13;2,24).

2) ¿Quién es Satán o el Diablo, y los demás demonios? Son ángeles caídos, por haber rechazado libremente servir a Dios y a su designio. Por su soberbia se levantaron contra Dios, intentando alcanzar su propio fin al margen de Dios (GS 13,1).

3) ¿En qué consistió el pecado de nuestros primeros padres, Adán y Eva? En que, persuadidos por el maligno, abusaron de la libertad y formalmente desobedecieron y rechazaron a Dios.

4) Por su pecado, ¿qué perdieron nuestros primeros padres? Perdieron la santidad y la justicia originales, es decir, las que Dios les dio al crearlos, y la naturaleza quedó debilitada por el pecado.

5) ¿Qué consecuencias tuvo ese pecado en todos sus descendientes? Esa santidad y justicia no era sólo para ellos, sino para toda la humanidad. Por eso todos nacemos privados de esa santidad y justicia originales (de origen). Esa privación es llamada "pecado original", que se transmite, no por imitación, sino por "propagación" (generación).

6) ¿Abandonó Dios al hombre en el pecado? No le abandonó. Le prometió un Redentor, Cristo.

7) ¿Por qué Dios no impidió que pecara el primer hombre? "La gracia inefable de Cristo nos ha dado bienes mayores que los que nos quitó la envidia del demonio. Porque "donde abundó el pecado, sobreabundó la gracia", por Jesucristo Redentor.

ACLAMACIONES:

1) *Nuestros primeros padres, Adán y Eva, "fueron creados en justicia y santidad" (Ef 4, 24).*

2) *"Dios creó al hombre para la inmortalidad y lo hizo imagen de su propio ser" (Sab 2, 23).*

3) *"Pero la muerte entró en el mundo por envidia del diablo" (Sab 2, 24).*

4) *"Entró el pecado en el mundo y con el pecado la muerte" (Rm 5, 12)*

REFLEXIÓN:

Dios pudo habernos creado sólo con los atributos propios de nuestra naturaleza racional, sin ser llamados a ver a Dios cara a cara y disfrutar de su propia felicidad. Pero, como un regalo sorprendente de la bondad de Dios, al crear a nuestros primeros padres quiso hacernos participar de su vida divina, ahora en semilla, con su gracia y amor; y luego llevándonos a su gloria eterna. Pasando por este mundo sin tener que sufrir ni envejecer, ni morir. Eran dones sobrenaturales, es decir, por encima de lo que propiamente nos toca por ser seres humanos racionales, con un cuerpo material.

Por el pecado de esa primera pareja, Dios dejó a los hombres todos los dones naturales, pero les privó de esa amistad especial, de la participación de la vida divina, es decir, de esos dones sobrenaturales. Y quedaron sometidos a las consecuencias naturales: la fatiga del trabajo, el dolor, la muerte, y cierta debilidad e inclinación al mal.

Ese estado de privación de esa gracia especial de Dios que heredamos de nuestros primeros padres, es lo que se llama pecado original; por eso también lo heredan los niños aunque sean inocentes y no tengan pecados personales.

Pero Dios, en su misericordia, no abandonó al hombre en su estado de miseria. Le prometió un Redentor, Cristo, quien muere por nuestros pecados; y por el Bautismo, nos devuelve la condición de hijos de Dios, participantes de la vida divina. Pero ya que Jesucristo nos salvó a través del dolor y de la muerte, no quiso exonerarnos a nosotros, los culpables, de los sufrimientos ni de la misma muerte. En todo eso tenemos que seguir el camino trazado por Cristo para llegar a la resurrección y a la gloria.

Se puede recitar parte del salmo 51.

Canto: *Perdón Señor, hemos pecado...*

Ejemplo: Boabdil, vencido por los Reyes Católicos, entregó las llaves de la ciudad de Granada. Al contemplar por última vez aquella ciudad, derramó lágrimas amargas. Su madre le dijo: "llora como mujer lo que no supiste defender como hombre". Así lloraron nuestros primeros padres al contemplar por última vez el Paraíso y al pensar en los dones y gracias que habían perdido. Eso nos hace pensar en todo lo que perdemos cuando pecamos gravemente contra Dios.

12

CREO EN JESUCRISTO, SU ÚNICO HIJO, NUESTRO SEÑOR

Anuncio:
Al llegar la fecha señalada, envió Dios a su Hijo, nacido de la Virgen María, para liberarnos del pecado y devolvernos la condición de hijos adoptivos de Dios (cf Ga 4,5).
"Esta es la Buena Nueva de Jesucristo, Hijo de Dios" (Mc 1,1).
Dios ha visitado su pueblo (cf Lc 1,68).

Lecturas:
Isaías 2, 1-5; Jeremías 33,14-16; Isaías 30,18-26; 40, 1-11; Baruc 5, 1-9; Lucas 1,26-38; Lucas 1,39-56; Gálatas 4, 4-7.

"Al llegar la plenitud de los tiempos, envió Dios a su Hijo nacido de mujer, nacido bajo la ley, para rescatar a los que se hallaban bajo la ley y para que recibiéramos la filiación adoptiva" (Ga 4,4-5).

Movidos por la gracia del Espíritu Santo y atraídos por Dios Padre, nosotros creemos y confesamos a propósito de Jesús: "Tú eres el Cristo, el Hijo de Dios Vivo" (Mt 16,16).

La evangelización cristiana es, ante todo, el anuncio de Jesucristo para llevar a la fe en Él (cf 1 Jn 1,1-4).

EN EL CENTRO DE LA CATEQUESIS, CRISTO

"Catequizar es ...descubrir en la Persona de Cristo el designio eterno de Dios" (CT5).

El fin de la catequesis es "conducir a la comunión (unión) con Jesucristo: sólo Él puede conducirnos al amor del Padre en el Espíritu, y hacernos partícipes de la vida de la Santísima Trinidad" (CT5).

Sólo puede ser catequista el que busca esta "ganancia sublime que es el conocimiento de Cristo", para poder "enseñar a Cristo" (Flp 3,8-11).

Todo catequista debe aplicarse a sí mismo la misteriosa palabra de Jesús: "Mi doctrina no es mía, sino del que me ha enviado" (Jn 7,16; cf CT5).

De este conocimiento amoroso (vivencial) de Cristo, es de donde brota el deseo de anunciarlo, "de evangelizar" (por eso decía Paulo VI que: sólo puede evangelizar el que ha experimentado el gozo de sentirse salvado por Cristo).

"CREO EN JESUCRISTO, SU ÚNICO HIJO, NUESTRO SEÑOR"

"Jesús" quiere decir en hebreo "Dios salva". En el momento de la anunciación, el ángel Gabriel le dio como nombre propio el nombre de Jesús, que expresa a la vez su identidad y su misión (cf Lc 1, 31).

Ya que "¿quién puede perdonar pecados, sino sólo Dios?" (Mc 2, 7). Es Él quien, en Jesús, su Hijo eterno hecho hombre, "salvará a su pueblo de sus pecados" (Mt 1, 21).

En Jesús, Dios resume así toda la historia de la salvación en favor de los hombres.

Dios, no sólo salva a Israel de la esclavitud de Egipto (Dt 5,6). Además lo salva de su pecado. El pecado es una ofensa hecha a Dios (Sal 51,5). Por eso, sólo Él puede absolverlo (cf Sal 51,12).

El nombre de Jesús está en el corazón de la plegaria cristiana. Las oraciones litúrgicas terminan: "Por Nuestro Señor Jesucristo... El "Avemaría" culmina "y bendito es el fruto de tu vientre Jesús"; y en el oriente se tiene como la oración del corazón: "Jesucristo, Hijo de Dios, Señor ten piedad de mí, pecador". Muchos cristianos mueren como Santa Juana de Arco, teniendo en sus labios una única palabra: "Jesús".

Los espíritus malignos temen el nombre de Jesús (cf Hch 16,16-18; 19,13-16).

"La salvación no está en ningún otro, es decir, que bajo el cielo no tenemos los hombres otro diferente de Él (Jesús) al que debemos invocar para salvarnos" (Hch 4,12)

EL NOMBRE DE CRISTO

"**Cristo**", en griego significa "**ungido**". Equivale a "Mesías", en hebreo. En Israel eran ungidos en el nombre de Dios los que eran consagrados para una misión que habían recibido del mismo Dios. Así eran ungidos los reyes, los sacerdotes y los profetas (cf 1 S 9, 16; 10,1;16,1-13; 1 R 1,39; Ex 29,7; Lv 8,12; 1 R 19,16).

El Mesías es el ungido de Dios por excelencia, para ser enviado a restaurar el Reino de Dios en el mundo (cf Sal 2, 2; Hch 4,26-27; Is 11,2).

El ángel anunció a los pastores de Belén el nacimiento de este Mesías prometido (cf Lc 2,11); engendrado en la Virgen María por obra del Espíritu Santo (cf Mt 1,20).

Quien ha ungido, es el Padre; quien ha sido ungido es el Hijo, y lo ha sido en el Espíritu, que es la Unción (S. Ireneo).

Jesús acogió la confesión de fe de Pedro que le reconoció como el Mesías, el Hijo de Dios (cf Mt 16,23).

HIJO ÚNICO DE DIOS

En el Antiguo Testamento se les da el título de **hijo de Dios** a los ángeles (cf Dt 32, 8; Jb 1,6); y a los hijos de Israel (cf Dt 14,1; Os 2,1). Pero todos son hijos en sentido de adopción.

No es lo mismo cuando se trata de Jesús, "el Cristo, el Hijo de Dios vivo", como confesó Pedro (Mt 16,16). Fue una revelación especial de Dios Padre a Pedro (cf Mt 16,17). Es una filiación distinta la de Jesús respecto al Padre Dios.

Jesús mismo la distingue cuando, hablando a sus discípulos, dice refiriéndose a Dios: "Mi Padre, y vuestro Padre" (Jn 20,17). (Desde toda la eternidad ha sido engendrado, no creado, como profesamos en el Credo. El Hijo es la segunda persona de la Santísima Trinidad) (cf Jn 10,36).

Jesús pide la fe en el nombre "del Hijo Unico de Dios" (cf Jn 3,18). Después de la resurrección aparece para nosotros más clara esa filiación divina de Jesús (cf Rm 1,4; Hch 13,33; Jn 1,14).

SEÑOR

En los libros del Antiguo Testamento el nombre inefable con que Dios se reveló a Moisés, "Yaveh" es traducido por el de "**Señor**" Así se designa la divinidad misma del **Dios de Israel**. En el Nuevo Testamento se emplea también este título de "**Señor**" para Dios Padre, pero también se emplea para Jesús, reconociéndolo como Dios (cf 1 Co 2,8; Jn 13,13; Hch 2, 34-36; Hb 1,13; Rm 9,5; Tt 2,13; Ap 5,13; Flp 2,11).

La oración cristiana está marcada con el título de "Señor" refiriéndose a Jesucristo. "El Señor esté con ustedes"; y "por Jesucristo Nuestro Señor". Está llena de confianza y de esperanza la exclamación: "Marana tha" ("¡Ven, Señor, Jesús!") (Ap 22,10).

PREGUNTAS:

1) ¿Qué significa el nombre de Jesús? Jesús significa "Dios salva". "No hay bajo el cielo otro nombre dado a los hombres por el que nosotros debamos salvarnos" (Hch 4,12).

2) ¿Qué significa el nombre de Cristo? Significa Mesías, Ungido: "Dios le ungió con el Espíritu Santo y con poder" (Hch 10,38).

3) ¿Qué significa que Jesucristo es Hijo de Dios? Es el Hijo único de Dios (cf Jn 1,14). Significa la relación única y eterna de Jesucristo con Dios Padre. Para ser cristianos es necesario creer que Jesucristo es Hijo de Dios (nosotros lo somos en sentido de adopción).

4) ¿Qué significa el título de Señor? Significa la soberanía divina de Jesucristo. Invocarlo como Señor es creer en su divinidad. Nadie puede decir: "¡Jesús es Señor!" sino por influjo del Espíritu Santo" (1 Co 12,3).

PROCLAMEMOS:

1) *"Creo en Jesucristo, su Único Hijo, Nuestro Señor".*

2) *La Buena Nueva de Jesucristo, Hijo de Dios, es que ha venido a redimirnos del pecado y a hacernos hijos adoptivos de Dios para que nosotros vivamos como hermanos.*

3) *"¡Jesús es Señor!" (1 Co 12,3). "Él salvará a su pueblo de los pecados" (Mt 1,21).*

4) *Movidos por la gracia del Espíritu Santo y atraídos por el Padre Dios, nosotros creemos que Jesús es "el Cristo, el Hijo de Dios vivo" (Mt 16,16).*

Recitar parte de los salmos 23; 88; 26; 117; 125.

Canto: *Jesús, es el Señor...*

EJEMPLOS:

1) *Cuando Jesús envió a sus discípulos a predicar por las ciudades de Palestina, volvieron éstos llenos de gozo, diciendo: "Señor, hasta los mismos demonios se sujetaban a nosotros, por virtud de tu nombre".*

2) *San Alonso Rodríguez en su agonía no hacía más que repetir el dulce nombre de Jesús; y con él en los labios, expiró.*

13

EL HIJO DE DIOS SE HIZO HOMBRE

Anuncio:
El Hijo de Dios se hace hombre como nosotros para testimoniarnos lo mucho que nos ama Dios Padre; para enseñarnos un nuevo estilo de vida; "para hacernos partícipes de la misma vida de Dios" (2P 1,4), y para que nosotros vivamos como hermanos: "Quien ama a su hermano está en la luz" (1 Jn 2,10).

Lecturas:
Isaías 7,10-14; 11,1-10; 61,1-11; Malaquías 3,1-6; Hebreos 1,1-6. 10,5-10; Lucas 1,67-80; Hechos 13,16-25.

En el Credo profesamos: "Por nosotros los hombres y por nuestra salvación bajó del cielo".

El Verbo se encarnó (El Hijo de Dios se hizo hombre) **para salvarnos, reconciliándonos con Dios**, como propiciación por nuestros pecados (cf 1 Jn 4,10; 4,14; 1 Jn 3,5).

El Hijo de Dios se hizo hombre para **que nosotros conociéramos así el amor de Dios** para con nosotros (cf 1 Jn 4,9; Jn 3,16).

Para ser nuestro modelo de santidad (cf Mt 11,29; Jn 14,6; Mc 9,7).

Para hacernos partícipes de la naturaleza divina (cf 2 P 1,4).

Encarnación. San Juan dice que "el Verbo se encarnó" (Jn 1,14). La Iglesia llama "Encarnación" (tomar carne), al hecho de que el Hijo de Dios haya asumido nuestra naturaleza humana para llevar a cabo por ella nuestra salvación. (Véase Flp 2,5-8 y Hb 10,5-7).

Como se ha dicho, creer en esta verdad es el distintivo de nuestra fe cristiana (cf 1 Jn 4,2; 1 Tm 3,16). "Ustedes pueden conocer en esto el Espíritu de Dios: todo espíritu que confiesa a Jesucristo venido en carne, es de Dios" (1Jn 4, 2).

VERDADERO DIOS Y VERDADERO HOMBRE

El hecho de la Encarnación, o sea, el Hijo de Dios hecho hombre, es un acontecimiento único y singular en nuestra historia.

Eso no significa que Jesucristo sea en parte Dios y en parte hombre. Tampoco es el resultado de una mezcla confusa entre lo humano y lo divino.

Él se hizo verdaderamente hombre sin dejar de ser verdaderamente Dios. Jesucristo es verdadero Dios y verdadero hombre. La Iglesia debió defender y aclarar esta verdad de fe durante los primeros siglos frente a las herejías que la falseaban.

Desde la primitiva Iglesia o época de los apóstoles se insistió en que el Hijo de Dios vivo había venido "en carne" (cf 1 Jn 4,2-3; 2 Jn 7), porque algunos (docetismo gnóstico) negaban que Jesucristo fuera verdadero hombre, que tuviera una verdadera humanidad como nosotros.

En cambio en el siglo III un tal Pablo de Samosata decía que Jesucristo era hijo de Dios, pero por adopción. En el Concilio reunido en Antioquía se declaró que Jesucristo es Hijo de Dios por naturaleza, no por adopción.

A la vez Arrio afirmaba que "el Hijo de Dios salió de la nada" (DS 130). La Iglesia convocó el Concilio Ecuménico de Nicea en el año 325, y contra estos herejes declaró lo que confesamos en el Credo: Jesucristo es Hijo de Dios por naturaleza, no por adopción, o sea "engendrado", no creado, de la misma naturaleza del Padre" (DS130).

EN JESUCRISTO HAY DOS NATURALEZAS
(LA DIVINA Y LA HUMANA)
Y UNA SOLA PERSONA: LA DIVINA

Después surgió Nestorio, con otra nueva herejía, diciendo que en Cristo había una persona humana junto a la persona divina del Hijo de Dios. La Iglesia organizó el Concilio Ecuménico de Éfeso en el año 431 y se declaró la verdad de fe: que la humanidad de Cristo (su cuerpo animado por un alma racional) no tiene más sujeto que la persona divina del Hijo de Dios. En Jesucristo la naturaleza humana y la naturaleza divina, sin confundirse, se unen en una única persona, la persona divina del Hijo de Dios; por eso en Cristo hay dos naturalezas (la divina y la humana) y una sola persona: la divina.

Por esa misma razón, el Concilio proclamó que la Virgen María es con toda verdad, "Madre de Dios". No porque el Hijo de Dios tomara de ella la naturaleza divina, sino porque es de ella de quien tiene el cuerpo sagrado dotado de un alma racional, unido a la persona del Verbo, de quien se dice que el Verbo nació según la carne" (DS 251).

Todo en la humanidad de Jesucristo debe ser atribuido a su persona divina como su propio sujeto: Jesucristo, uno de la Trinidad (cf DS 424).

Por eso también "el que ha sido crucificado en la carne, nuestro Señor Jesucristo, es verdadero Dios, Señor de la gloria y uno de la Santísima Trinidad" (DS 432).

Es decir, Jesucristo es el verdadero Hijo de Dios, que se ha hecho hombre, nuestro hermano, sin dejar de ser Dios, nuestro Señor.

Apolinar de Laodicea cayó en otra herejía. Afirma que el alma o espíritu de Jesucristo había sido sustituido por el Verbo. Contra este error la Iglesia confesó que el Hijo eterno asumió también una alma racional humana (cf DS 149). (Es decir, asumió la naturaleza humana completa, menos el pecado, que de suyo no es inherente a la misma naturaleza humana).

EL CORAZÓN
DEL VERBO ENCARNADO
(de Cristo)

Jesús, durante su vida, su agonía y su pasión nos ha conocido y amado a todos y a cada uno de nosotros y se ha entregado por cada uno de nosotros: "El Hijo de Dios me amó y se entregó a sí mismo por mí (Ga 2, 20).

Nos ha amado a todos con un corazón humano. Por esta razón, el sagrado Corazón de Jesús, traspasado por nuestros pecados y para nuestra salvación (cf Jn 19, 34), "es considerado como el principal indicador y símbolo... del amor con que el divino Redentor ama continuamente al eterno Padre y a todos los hombres" (Pío XII, enc."Haurietis aquas": DS 3924; cf DS 3812).

PREGUNTAS:

1) ¿Quién es Jesucristo? Jesucristo es el Hijo de Dios, hecho hombre. Es verdadero Dios y verdadero hombre.

2) ¿Cuántas naturalezas hay en Jesucristo? Hay dos naturalezas: la divina y la humana, unidas en la única persona del Hijo de Dios. En Cristo hay sólo una persona, la Divina.

3) ¿En qué consiste el misterio de la Encarnación? El admirable misterio de la Encarnación consiste en la unión de la naturaleza divina y de la naturaleza humana, en la única Persona del Verbo (el Hijo de Dios).

4) ¿Cuántas inteligencias y voluntades hay en Jesucristo? En cuanto hombre, Jesucristo tiene inteligencia y voluntad humanas; completamente de acuerdo con su inteligencia y voluntad divinas que tiene en común con el Padre y el Espíritu Santo.

PROCLAMEMOS:

1) *"Creo en Jesucristo que fue concebido por obra y gracia del Espíritu Santo y nació de Santa María Virgen".*

2) *"Tanto amó Dios al mundo que dio a su Hijo único, para que todo el que crea en Él no perezca, sino que tenga vida eterna" (Jn 3,16).*

3) *Nos dice Jesús: "Yo soy el Camino, la Verdad y la Vida; nadie va al Padre Dios sino por mí (Jn 14,6).*

4) *Nos dice Jesús: "Ámense los unos a los otros como yo les he amado" (Jn 15,12).*

5) *"El Hijo de Dios me amó y se entregó a sí mismo por mí" (Ga 2,20).*

Se puede recitar parte de los salmos 88, 95 y 96.

Canto: *Cristo ayer, Cristo hoy...*

REFLEXIÓN:

Recordamos que naturaleza es la esencia, la propiedad característica de todo ser. En el ser humano es el conjunto de sus propiedades (del cuerpo y del alma), con sus sentidos y con sus facultades superiores: memoria, entendimiento y voluntad.
Persona, en griego "hipóstasis", es el sujeto espiritual, que tiene conciencia de sí misma y dispone libremente de sus actos. Es el "yo" dueño y responsable de todas sus actividades y acciones. Lo normal es que cada ser racional tenga una sola naturaleza. Pero, por revelación de Dios y por la fe, conocemos que en Jesucristo hay **dos naturalezas** (la divina y la humana) y **una sola persona** (la divina). Por eso, siendo Jesucristo Dios, Hijo de Dios, podemos decir que Él nace, padece, muere y resucita por nosotros, porque no tiene más que una sola persona, la divina. En cambio, por la misma revelación divina conocemos el alto misterio de la Santísima Trinidad: que hay un sólo Dios y tres Personas distintas.
Por eso también, como dice san Cirilo, aunque la Virgen María no podía dar la divinidad a su Hijo Jesucristo, pero como el que nació de ella es Dios, Hijo de Dios, con toda razón se le llama Madre de Dios. Como Francisca, que sólo contribuyó a formar el cuerpo de Luis (no el alma, que la creó inmediatamente el mismo Dios), sin embargo, decimos que Francisca es madre de Luis.

EJEMPLO:

Explica san Francisco de Sales que: "Así como el hierro encendido tiene la naturaleza del hierro y del fuego, pudiéndose llamar hierro y fuego al mismo tiempo, así Jesucristo es verdadero Dios por razón del fuego de su divinidad, y verdadero hombre por razón del hierro de su humanidad. Pero como el hierro encendido no deja de ser hierro duro y pesado por más que esté unido al fuego, y el fuego no deja de ser fuego luminoso y ardiente por más que esté unido al hierro, así la humanidad de Jesucristo no deja de ser pequeña y pasible, aunque esté unida a la divina.

14

"FUE CONCEBIDO POR OBRA Y GRACIA DEL ESPIRITU SANTO, NACIÓ DE SANTA MARIA VIRGEN"

Anuncio:
"Dios envió a su Hijo al mundo" (Ga 4,4). Para eso, desde toda la eternidad, Dios escogió para ser Madre de su Hijo, a una hija de Israel, "a una Virgen desposada con un hombre llamado José, de la casa de David; el nombre de la Virgen era María" (Lc 1,26-27).

Lecturas:
Lucas 1,26-38; 1,39-56; Mateo 1, 18-25; Tito 2,11-14; Colosenses 3, 12-21; Juan 1,1-18; 1 Juan 1,1-4).

El Arcángel san Gabriel, de parte de Dios, hace el anuncio a María. Es llegada la fecha para el cumplimiento de las promesas (cf Ga 4,4).

María es invitada a concebir a Aquel en quien habitará "corporalmente la plenitud de la divinidad" (Col 2,9). A la pregunta de María "¿cómo se hará esto, puesto que no conozco varón" (Lc 1,34), se le responde: "El Espíritu Santo vendrá sobre ti" (Lc 1,35).

La misión del Espíritu Santo está siempre unida y ordenada a la del Hijo (cf Jn 16,14-15). El Espíritu Santo es "el Señor y dador de vida".

El Hijo único del Padre, al ser concebido como hombre en el seno de la Virgen María, es "Cristo", es decir, ungido por el Espíritu Santo (cf Mt 1, 20; Lc 1,35).

NACIDO DE LA VIRGEN MARÍA

Lo que la fe católica cree acerca de María se funda en lo que cree acerca de Cristo, pero lo que enseña sobre María ilumina a su vez la fe en Cristo.

"Dios envió a su Hijo" (Ga 4,4), pero para "formarle un cuerpo" (cf Hb 10, 5) quiso la libre cooperación de una criatura. Escogió para ser la madre de su Hijo a una hija de Israel, "a una virgen desposada con un hombre llamado José, de la casa de David; el nombre de la Virgen era María" (Lc 1,26-27).

A lo largo de toda la Antigua Alianza, la misión de María es **preparada** por la misión de algunas santas mujeres: La misma Eva, a pesar de su desobediencia, recibe la promesa de una descendencia que vencerá al Maligno (cf Gn 3,15); y la de ser Madre de todos los vivientes (cf Gn 3,20).

Sara concibe a su hijo a pesar de su edad avanzada (cf Gn 18,10-14). Luego vienen Ana, la madre de Samuel; Débora, Rut, Judit, Esther y otras muchas más.

LA INMACULADA CONCEPCIÓN

Para ser la Madre del Salvador, María fue "dotada por Dios con los dones a la medida de una misión tan importante" (LG 56).

El ángel Gabriel en el momento de la anunciación la saluda como "llena de gracia" (Lc 1, 28).

En efecto, para poder dar el asentimiento libre de su fe al anuncio de su vocación, era preciso que ella estuviese totalmente poseída por la gracia de Dios.

A lo largo de los siglos, la Iglesia ha tomado conciencia de que María "llena de gracia" por Dios (Lc 1, 28), había sido redimida desde su concepción. Es lo que confiesa el dogma de la Inmaculada Concepción, proclamado en 1854 por el Papa Pío IX:

"...la bienaventurada Virgen María fue preservada inmune de toda mancha de pecado original en el primer instante de su concepción por singular gracia y privilegio de Dios omnipotente, en atención a los méritos de Jesucristo Salvador del género humano" (DS 2803).

Esta "resplandeciente santidad del todo singular", de la que ella fue enriquecida desde el primer instante de su concepción" (LG 56), le viene toda entera de Cristo:

"La Virgen María es redimida de la manera más sublime en atención a los méritos de su Hijo" (LG 53).

Los Padres de la Tradición oriental llaman a la Madre de Dios "la Toda Santa", "inmune de toda mancha de pecado y como plasmada por el Espíritu Santo y hecha una nueva criatura" (LG 56).

HÁGASE EN MÍ SEGÚN TU PALABRA

El arcángel Gabriel dice a María que ella dará a luz "al Hijo del Altísimo" sin conocer varón, por la virtud del Espíritu Santo (cf Lc 1,28-37).

María le respondió: "He aquí la esclava del Señor; hágase en mí según tu palabra" (Lc 1,37-38). Así María da consentimiento a la palabra de Dios.

María respondió de esa manera, movida "por la obediencia de la fe" (Rm 1,5); segura de que "nada hay imposible para Dios" (Lc 1,37).

María se entrega a sí misma, por completo, a la persona y obra de su Hijo. Lo hace para servir, dependiendo de su Hijo y con Él, por la gracia de Dios, al Misterio de la Redención (cf LG 56).

LA MATERNIDAD DIVINA DE MARÍA

Llamada en los evangelios "la Madre de Jesús" (Jn 2, 1; 19,25; cf Mt 13, 55), María es aclamada bajo el impulso del Espíritu como "la madre de mi Señor" desde antes del nacimiento de su hijo (cf Lc 1, 43).

En efecto, Aquel que ella concibió como Hombre por obra del Espíritu Santo, y que se ha hecho verdaderamente su Hijo según la carne, no es otro que el Hijo Eterno del Padre, segunda persona de la Santísima Trinidad.

La Iglesia confiesa que María es verdaderamente Madre de Dios, "Theotokos" (cf DS 251).

LA VIRGINIDAD DE MARÍA

La Iglesia siempre ha confesado que Jesús fue concebido en el seno de la Virgen María por el poder del Espíritu Santo.

El evangelio presenta la concepción virginal (de María) como una obra divina. Sobrepasa nuestra comprensión y toda posibilidad humana (cf Lc 1,34).

Dice el ángel a José: "lo concebido en ella viene del Espíritu Santo" (Mt 1,20). Y se cumple en ella (como dice san Mateo) la promesa que hizo Dios por el profeta Isaías: "He aquí que la virgen concebirá y dará a luz un hijo" (Is 7,14; Mt 1,23).

MARÍA, LA "SIEMPRE VIRGEN"

La profundización de la fe en la maternidad virginal ha llevado a la Iglesia a confesar la virginidad real y perpetua de María (cf DS 427), incluso en el parto del Hijo de Dios hecho hombre (cf DS 291; 294; 442; 503; 571; 1880).

En efecto, el nacimiento de Cristo "lejos de disminuir consagró la integridad virginal" de su madre (LG 57). La liturgia de la Iglesia celebra a María como la *"Aeiparthenos"*, la *siempre-virgen* (cf LG 52).

Los "hermanos de Jesús" de que habla el evangelio son parientes próximos de Jesús, según una expresión conocida del Antiguo Testamento (cf Gn 13,8; 14,16; 29,15), o son hijos de "la otra María", que también seguía a Jesús (cf Mt 28,1).

Jesús es hijo único de María, pero la maternidad espiritual de María se extiende a todos (cf Jn 19,26-27; Ap 12,17).

LA MATERNIDAD VIRGINAL DE MARÍA EN EL DESIGNIO DE DIOS

Debemos tener una mirada de fe, y por otra parte, fijarnos en el conjunto de los misterios salvíficos que nos revela el Señor. Así entenderemos mejor por qué Dios quiso que su Hijo naciera de una virgen.

PREGUNTAS:

1) ¿Qué significa la Inmaculada Concepción? Significa que Dios, en previsión de los méritos de su Hijo, preservó a María del pecado original en su misma concepción y la llenó de su gracia, permaneciendo pura y libre de todo pecado personal a lo largo de toda su vida.

2) ¿En atención a qué le concedió Dios esa gracia? En atención a que iba a ser Madre de su Hijo. No podía haber pecado en la que iba a ser morada del Espíritu Santo y Madre de Dios.

3) ¿Ha sido María siempre Virgen? Sí, siempre Virgen: al concebir a su Hijo, en el parto, y después del parto. "Para Dios nada hay imposible" (Lc 1,37).

4) ¿Cómo colaboró la Virgen María a la obra de la salvación? Colaboró libremente con su fe, su obediencia y por su generosa entrega. Así se convirtió en la "Nueva Eva", madre de los vivientes.

PROCLAMEMOS:

1) *Creo en Jesucristo "concebido por obra y gracia del Espíritu Santo, (que) nació de Santa María Virgen".*

2) *"Dios te salve María, llena eres de gracia, el Señor está contigo, bendita tú entre todas las mujeres y bendito el fruto de tu vientre, Jesús".*

3) *"Santa María, Madre de Dios, ruega por nosotros pecadores, ahora y en la hora de nuestra muerte, Amén".*

(Repetirla varias veces hasta aprenderla de memoria).

Recitar el *Magnificat* (Lc 1,46-55), y otros cantos marianos.

EJEMPLO:

El 11 de febrero de 1858 una niña llamada Bernardita, de 14 años, en Lourdes (Francia), andaba con otras dos compañeras buscando leña, cerca de la roca de Massabielle. Vio un resplandor y un nicho lleno de luz celestial, y allí una señora dulce y bella, vestida de blanco y con fajín de azul celeste. De sus manos pendía un rosario. La niña Bernardita preguntó varias veces a la señora quién era. Pero ella sólo sonreía dulcemente. Por fin, en otra aparición, el 25 de marzo del mismo año, le respondió: "Yo soy la Inmaculada Concepción". Desde entonces Dios ha obrado muchos milagros y conversiones ahí en Lourdes, por intercesión de la Virgen María Inmaculada.

Se exhorta a celebrar las posadas en los vecindarios, en los días anteriores a la Navidad.

Nota: Las verdades de fe de la virginidad y maternidad de María son largamente expuestas en nuestro libro: "Vive y Defiende tu fe Católica", respondiendo a los ataques de los sectarios.

15

LOS MISTERIOS DE LA VIDA DE CRISTO: SU INFANCIA Y VIDA OCULTA

Anuncio:
"No teman, miren que les traigo una buena noticia, una gran alegría, que lo será para todo el pueblo: hoy, en la ciudad de David, les ha nacido un salvador; el Mesías, el Señor (Lc 2,10-11).

Lecturas:
Lucas 2,1-14; Lucas 2,15-20; Tito 3, 4-7; Hebreos 1,1-6; Juan 1,1-18; Mateo 1,18-25; Mateo 2,1-12; Lucas 2,22-40; Mateo 2,13-23; Lucas 2,41-52.

TODA LA VIDA DE CRISTO ES MISTERIO

Muchas cosas de la vida de Jesús que interesan a la curiosidad de los hombres no figuran en el Evangelio.

Lo que se ha escrito en los Evangelios es "para que crean que Jesús es el Cristo, el Hijo de Dios, y para que, creyendo, tengan vida en su nombre" (Jn 20,31).

Los Evangelios fueron escritos por hombres que pertenecieron al grupo de los primeros que tuvieron fe. Ellos conocieron por la fe quien es Jesús. Pudieron ver y hacer ver las rasgos de ese misterio de toda la vida de Jesús. Todo hay que verlo a la luz de los misterios de Navidad y de Pascua.

Ellos, los que escribieron los Evangelios, al exponerlos quisieron compartir con nosotros esa fe.

TODA LA VIDA DE CRISTO ES REVELACIÓN DE DIOS PADRE

Son **revelación** de Dios Padre sus palabras y sus obras, sus silencios y sus sufrimientos, su manera de ser y de hablar. Por eso dice: "Quien me ve a mí, ve al Padre (Dios)" (Jn 14,9).

Y Dios Padre proclama: "Este es mi Hijo amado; escúchenle" (Lc 9, 35).

Toda la vida de Cristo es misterio de **Redención**. La Redención nos viene ante todo por la sangre de la cruz (cf Ef 1,7; Col 1,13-14; 1 P 1,18-19).

Pero este misterio de la Redención está actuando en toda la vida de Cristo: Él, haciéndose pobre, nos enriquece con su pobreza (cf 2 Co 8,9).

Todo lo que Jesús hizo, dijo y sufrió, fue para restablecer al hombre caído en su primera vocación. Es el misterio (de Dios) de **recapitular** todo en Cristo.

NOSOTROS ESTAMOS UNIDOS (EN COMUNIÓN) CON LOS MISTERIOS DE JESÚS

Cristo no vivió su vida para sí mismo, sino **para nosotros**, desde su Encarnación hasta su muerte y Resurrección. Bajó del cielo "por nosotros los hombres y para nuestra salvación" (cf 1 Co 15,3; Rm 4,25; 1 Jn 2,1; Hb 7,25).

En toda su vida, Jesús se muestra como **nuestro modelo** (cf Rm 15,5; Flp 2,5). Él es "el hombre perfecto" (GS 38) que nos invita a ser sus discípulos y a seguirle (cf Jn 13,15; Lc 11,1).

Cristo quiere que todo (lo que Él hizo) y vivió, nosotros lo vivamos en Él, y que Él lo viva en nosotros (cf GS 22,2).

LOS MISTERIOS DE LA INFANCIA Y DE LA VIDA OCULTA DE JESÚS

Los preparativos. La Iglesia los celebra todos los años en la **Liturgia de Adviento**, participando en la larga preparación de la primera venida del Salvador y renovando el ardiente deseo de la segunda venida de Jesucristo (cf Ap 22,17).

EL MISTERIO DE NAVIDAD

Jesús nació en la humildad de un establo, de una familia pobre (cf Lc 2, 6-7); unos sencillos pastores son los primeros testigos del acontecimiento. En esta pobreza se manifiesta la gloria del cielo (cf Lc 2, 8-20). La Iglesia no se cansa de cantar la gloria de esta noche.

"Hacerse niño" con relación a Dios es la condición para entrar en el Reino (cf Mt 18, 3-4); para eso es necesario abajarse (cf Mt

23, 12), hacerse pequeño; más todavía: es necesario "nacer de lo alto" (Jn 3, 7), "nacer de Dios" (Jn 1, 13) para "hacerse hijo de Dios" (Jn 1, 12).

El Misterio de Navidad se realiza en nosotros cuando Cristo "toma forma" en nosotros (Ga 4, 19). Navidad es el Misterio de este "admirable intercambio":

LOS MISTERIOS DE LA INFANCIA DE JESÚS

La Circuncisión de Jesús (cf Lc 2,21) es señal de su inserción en la descendencia de Abraham, en el pueblo de la Alianza (cf Ga 4,4). Este signo prefigura el Bautismo (Col 2,11-13).

La Epifanía es la manifestación de Jesús como Mesías de Israel, Hijo de Dios y Salvador del mundo.

La Epifanía celebra la adoración de Jesús por unos "magos" venidos de Oriente (Mt 2,1).

Los gentiles, volviéndose hacia los judíos (cf Jn 4,22), reciben de ellos la promesa mesiánica (cf Mt 2,4-6).

La Epifanía manifiesta que "la multitud de los gentiles entra en la familia de los patriarcas" (San León Magno, serm 23).

La Presentación de Jesús en el Templo (cf Lc 2,22-39) muestra a Jesús como el primogénito que pertenece al Señor (cf Ex 13,2.12-13). Con Simeón y Ana es toda la expectación de Israel la que viene al **Encuentro** de su Salvador.

La Huida a Egipto y la matanza de los inocentes (cf Mt 2,12-18), manifiesta la oposición de las tinieblas a la luz (cf Jn 1,11), y su vuelta de Egipto (cf Mt 2,15) recuerda el Exodo (cf Os 11,1) y presenta a Jesús como el liberador definitivo.

LOS MISTERIOS DE LA VIDA OCULTA DE JESÚS

Durante la mayor parte de su vida, Jesús compartió la condición de la inmensa mayoría de los hombres: una vida cotidiana sin aparente importancia, vida de trabajo manual, vida en la comunidad, vida religiosa sometida a la ley de Dios (cf Ga 4,4; Lc 2,51-52).

Con la sumisión a su madre y a su padre legal, Jesús cumple con perfección el cuarto mandamiento. Es la imagen temporal de su obediencia filial a su Padre Celestial y a anticipar la sumisión del Jueves Santo: Padre, "no se haga mi voluntad sino la tuya" (Lc 22,42).

La vida oculta de Nazaret permite a todos entrar en comunión con Jesús a través de los caminos más ordinarios de la vida humana:

> "Nazaret es la escuela donde se comienza a entender la vida de Jesús: la escuela del Evangelio... Una lección de silencio, ante todo. Que nazca en nosotros la estima del silencio, esta condición del espíritu admirable e inestimable... Una lección de vida familiar. Que Nazaret nos enseñe lo que es la familia, su comunión de amor, su austera y sencilla belleza, su carácter sagrado e inviolable... Una lección de trabajo. Nazaret, oh casa del "Hijo del Carpintero", aquí es donde querríamos comprender y celebrar la ley severa y redentora del trabajo humano...; cómo querríamos, en fin, saludar aquí a todos los trabajadores del mundo entero y enseñarles su gran modelo, su hermano divino" (Pablo VI, discurso 5 enero 1964 en Nazaret).

El hallazgo de Jesús en el templo (cf Lc 2,41-52) es el único suceso que rompe el silencio de los Evangelios sobre los años ocultos de Jesús.

Jesús deja entrever en ello el misterio de su consagración total a una misión que deriva de su filiación divina "¿No sabían que me debo a los asuntos de mi Padre?".

PREGUNTAS:

1) ¿Qué nos enseña Jesús en su vida oculta? La vida oculta de Cristo es una continua enseñanza para nosotros: su humildad, entrega a Dios Padre y a los hombres, y el espíritu de sacrificio por amor nuestro.

2) ¿Qué otra cosa nos enseña Jesús en su vida oculta? Su integración a la familia. La familia de Nazaret es un ejemplo de unidad de la familia. En ella Jesús, María y José viven unidos en el silencio, en la oración, en el trabajo honesto y en espíritu de servicio y amor mutuo.

3) Conociendo uno este misterio del nacimiento del Hijo de Dios en Belén ¿cómo puede alcanzar a Dios? Puede alcanzar

a Dios sólo abajándose, arrodillándose y adorando a Dios escondido en la debilidad de un niño, como hicieron los pastores y los Reyes Magos.

4) Siendo el Niño Jesús Hijo de Dios, ¿estuvo sumiso a María y a José? Sí, les estuvo sumiso, para darnos ejemplo a nosotros y enseñarnos que la obediencia, la oración y el trabajo honesto en la vida diaria de la familia son el camino de la santidad.

REFLEXIÓN:

Dice san Juan Evangelista que el mundo se deja llevar por "los bajos instintos, los ojos insaciables y la arrogancia del dinero; pero que el mundo pasa y su codicia también. En cambio, el que cumple la voluntad de Dios permanece para siempre" (1 Jn 2,16-17).

Es decir, que los hombres se pierden por "el orgullo de la vida" y por el afán de placeres y de riquezas. Y Jesucristo en su vida nos enseña el camino contrario para llegar a la salvación: la humildad, el desprendimiento de las vanas riquezas, y el sufrimiento aceptado por amor a Dios y para nuestra purificación.

Los hombres no hemos querido obedecer a Dios, y Dios viene a obedecer a los hombres (a María y José) para darnos ejemplo.

No olvidemos la meditación de estos misterios de la infancia y vida oculta de Jesús en el rezo de "los misterios de gozo" del Rosario. Como dice el Papa Juan Pablo II: "el rosario es cristocéntrico, porque nos lleva a meditar en los misterios del Señor". (Los misterios del rosario están en el apéndice No. 2 de este libro: Las principales oraciones del cristiano).

PROCLAMEMOS:

1) Creo en Jesucristo, su único Hijo, Nuestro Señor, que fue concebido por obra y gracia del Espíritu Santo y nació de Santa María Virgen.

ACLAMEMOS:

1) Hoy brillará una luz sobre nosotros, porque nos ha nacido el Salvador (cf Sal 96).

2) *"Gloria a Dios en el cielo y en la tierra paz a los hombres que ama el Señor". (Lc 2, 14)*

3) *"Se postrarán ante ti, Señor, todos los reyes de la tierra" (Sal 71).*

Se puede recitar parte de los salmos 71, 96, 97.

Algún canto de Navidad: *Gloria a Dios en el cielo...*

EJEMPLO:

Contar algunos de los episodios del nacimiento e infancia de Jesús. Se exhorta a conocer y meditar los misterios gozosos del rosario, que nos atraen a nosotros y a la familia tantas gracias de Dios; y nos ayudan a vivir las virtudes evangélicas de la oración, del trabajo honesto, del servicio y del amor sincero.

16

LOS MISTERIOS DE LA VIDA PÚBLICA DE JESÚS

Anuncio:
Al empezar su vida pública, Jesús "proclamaba la Buena Noticia de parte de Dios, y decía: ¡Atención! Se ha cumplido el plazo; ya llega el reino de Dios, cambien de vida y crean en la Buena Noticia" (Mc 1,15).

Lecturas:
Mateo 3, 13-17; 4,12-17; 5,1-13; 13,1-52. Marcos 1,9-11; 1,14-20; 13; Lucas 4,14-22; Lucas 15, 11-32; Juan 3,1-13; 6, 22-40.

Por el Bautismo, Jesús acepta y comienza su misión de Siervo Doliente. Anticipa ya el "bautismo" de su muerte sangrienta (por nosotros) (cf Is 53,12; Mc 10,38; Lc 12,50).

Jesús viene a "cumplir toda justicia" (Mt 3,15), es decir, se somete a la voluntad de Dios Padre hasta la muerte, para la remisión de nuestros pecados (para reparar a Dios Padre por nuestra desobediencia, el pecado) (cf Mt 26,39).

Dios Padre pone toda su complacencia en su Hijo; y el Espíritu que Jesús posee en plenitud desde su concepción viene a "posarse" sobre Él (cf Lc 3,22; Is 42,1; 11,2; Jn 1,32-33).

Las aguas fueron santificadas por la bajada de Jesús y del Espíritu, como preludio de la nueva creación.

Por el Bautismo, el cristiano se asemeja sacramentalmente a Jesús y debe "vivir una vida nueva" (Rom 6,4).

Las tentaciones de Jesús: Jesús, el nuevo Adán, permanece fiel allí donde el primer Adán sucumbió a la tentación. Cristo venció al tentador a **favor nuestro** (cf Mt 16, 21-23; Hb 4,15). (Véase Mateo 4,1-11).

"EL REINO DE DIOS ESTÁ CERCA"

Cristo hace la voluntad del Padre, inaugurando en la tierra el Reino de los Cielos. La voluntad de Dios Padre es "elevar a los hombres a la participación de la vida divina" (LG 2).

Cristo es el corazón mismo de esta reunión de los hombres como "familia de Dios". Él realizará la venida de su Reino por medio de su muerte en la cruz y por su resurrección. Desde ahí nos atrae a todos hacia Él (cf Jn 12,32).

EL ANUNCIO
DEL REINO DE DIOS

Todos los hombres están llamados a entrar en el Reino (cf Mt 10,5-7; 8,11; 28,19).

Para entrar en él, es necesario acoger la palabra de Jesús.

El Reino pertenece **a los pobres y a los pequeños**, es decir, a los que lo acogen en su corazón humilde (cf Lc 4,18; 7,22; Mt 5,3; 11,25).

Jesús invita **a los pecadores** al banquete de su Reino. Los invita a la conversión, sin la cual no se puede entrar en el Reino (cf Mc 2,17; Lc 15,11-32).

Las parábolas son un lenguaje típico de la enseñanza de Jesús, nos hacen ver que no bastan las palabras; se necesitan las buenas obras (cf Mc 4,33-34; Mt 22,1-14; 13,44-45).

LOS SIGNOS DEL REINO DE DIOS

Jesús acompaña sus palabras con numerosos "milagros prodigios y signos" (Hch 2, 22) que manifiestan que el Reino está presente en Él. Ellos atestiguan que Jesús es el Mesías anunciado (cf Lc 7,18-23).

Al liberar a algunos hombres de los males terrenos: del hambre (cf Jn 6, 5-15), de la injusticia (cf Lc 19, 8), de la enfermedad y de la muerte (cf Mt 11, 5), Jesús realizó unos signos mesiánicos.

No obstante, Jesús no vino para abolir todos los males de aquí abajo (cf Lc 12, 13. 14; Jn 18, 36), sino a liberar a los hombres de la esclavitud más grave, la del pecado (cf Jn 8, 34-36), que es el obstáculo en su vocación de hijos de Dios y causa de todas sus servidumbres humanas.

"LAS LLAVES DEL REINO"

Desde el comienzo de su vida pública, Jesús eligió a unos hombres en número de doce para estar con Él y participar en su misión (cf Mc 3, 13-19); les hizo partícipes de su autoridad "y los envió a proclamar el Reino de Dios y a curar" (Lc 9, 2). Ellos permanecen para siempre asociados al Reino de Cristo, porque por medio de ellos dirige su Iglesia.

En el colegio (grupo) de los doce apóstoles, Simón Pedro ocupa el primer lugar (cf Mc 3,16;9,2; Lc 24,34; 1 Co 15,5 ; Mt 16,18; Jn 21,15-17).

UNA VISIÓN ANTICIPADA DEL REINO: LA TRANSFIGURACIÓN

(Véase Mateo 17, 1-13; Marcos 9, 2-13; Lucas 9,28-36).

Jesús empieza su vida pública con el Bautismo, y su pascua, muerte y resurrección, es iniciada con la Transfiguración. La

Transfiguración nos ofrece una visión anticipada de la venida gloriosa de Cristo "el cual transfigurará este miserable cuerpo en un cuerpo glorioso como el suyo" (Flp 3,21).

LA SUBIDA DE JESÚS A JERUSALÉN

"Como se iban cumpliendo los días de su asunción, Él se afirmó en su voluntad de ir a Jerusalén" (Lc 9, 51; cf Jn 13, 1). Por esta decisión, manifestaba que subía a Jerusalén dispuesto a morir.

En tres ocasiones Jesús había repetido el anuncio de su Pasión y de su Resurrección (cf Mc 8, 31-33; 9, 31-32; 10, 32-34). Al dirigirse a Jerusalén, dice: "No cabe que un profeta perezca fuera de Jerusalén" (Lc 13, 33).

La entrada de Jesús en Jerusalén manifiesta la venida del Reino que el Rey-Mesías llevará a cabo mediante la Pascua de su Muerte y de su Resurrección. Con su celebración el Domingo de Ramos, la liturgia de la Iglesia abre la Semana Santa.

En la entrada mesiánica en la ciudad de "David, su padre" (Lc 1,32), Jesús es aclamado como hijo de David, el que trae la salvación; ("Hosanna" quiere decir", "¡Sálvanos!"; "¡Danos la salvación!").

El Rey de la gloria no conquista a la hija de Sión, figura de su Iglesia, ni por la astucia ni por la violencia, sino por la humildad que da testimonio de la verdad (cf Jn 18,37; Sal 24), entra en su ciudad "montado en un asno" (Za 9,9).

PREGUNTAS:

1) ¿Cuándo comenzó la vida pública de Jesús? Comenzó después del bautismo. Jesús es el "Siervo" enteramente consagrado a la obra redentora que llevará a cabo en el "Bautismo" de su pasión y muerte.

2) ¿Qué muestra la tentación del desierto? La tentación del desierto muestra a Jesús, que triunfa contra Satanás mediante su total adhesión al designio de salvación querido por el Padre Dios.

3) ¿Cómo se manifiesta a los hombres que el Reino de los Cielos ha sido inaugurado en la tierra? "Se manifiesta a los hombres en las palabras, en las obras y en la presencia de Cristo" (LG 5).

4) ¿Qué finalidad tiene la Transfiguración de Cristo? Tiene por finalidad fortalecer la fe de los apóstoles ante la proximidad de la pasión, y les afianza en la esperanza de la gloria después de la cruz.

5) ¿Qué manifiesta la entrada de Jesús en Jerusalén? Manifiesta la venida del Reino que el Rey Mesías va a llevar a cabo por la Pascua de su Muerte y de su Resurrección, y que es recibido por los niños y por los humildes de corazón (Za 9,9).

ACLAMEMOS:

1) *Juan Bautista, señalando a Jesús, nos dice: "He ahí el Cordero de Dios que quita el pecado del mundo" (Jn 1,29).*

2) *Dios Padre nos dice: "Este es mi Hijo Amado en quien tengo toda mi complacencia, escúchenle".*

3) *Jesús nos dice: "se ha cumplido el plazo; ya llega el reino de Dios, cambien de vida y crean en la Buena Noticia".*

4) *El Señor nos dice a nosotros los cristianos: "ustedes son la sal de la tierra. Si la sal pierde su sabor ¿para qué sirve? Ustedes son la luz del mundo. Una vela no se enciende para ponerla debajo de la mesa".*

Se puede recitar parte de alguno de los salmos 18; 26; 41; 50; 95; 115.

EJEMPLO:

Narrar alguno de la vida pública de Jesús o de sus enseñanzas.

Canto: *Anunciamos tu Reino, Señor...*

17

"JESUCRISTO PADECIÓ BAJO EL PODER DE PONCIO PILATO, FUE CRUCIFICADO, MUERTO Y SEPULTADO

Anuncio:
En el Sermón de la Montaña, Jesús exclama:
"No piensen que he venido a abolir la ley y los profetas. No he venido a abolir, sino a dar cumplimiento. ¿No era necesario que Cristo padeciera eso y entrara así en su gloria?". (Lc 24,26).

Lecturas:
Marcos 3,1-6; 7,14-23; Mateo 5,11-20; 21,23-27; Lucas 5,27-32.

Lecturas sobre la pasión y muerte de Cristo:
Isaías 53, 1-12; Mateo 26, 36-46; Lucas 22,66-71; 23,1-25; Juan 18, 13-40.

La Cruz y la Resurrección de Cristo son un misterio muy grande que se llama **el misterio pascual de Cristo**. Es el centro de la Buena Nueva que los apóstoles anuncian al mundo. La Iglesia continúa anunciándolo.

Es el designio salvador de Dios con nosotros; que se ha cumplido "una vez por todas" (Hb 9,26), por la muerte redentora de su Hijo.

JESÚS E ISRAEL

Muchas de las obras y de las palabras de Jesús han sido, pues, un "signo de contradicción" (Lc 2,34) para las autoridades religiosas de Jerusalén, aquellas a las que el evangelio de san Juan llama con frecuencia "los judíos".

Acusan a Jesús de falso profetismo por algunas de sus obras: expulsión de demonios (cf Mt 12,24; perdón de los pecados (cf Mc 2,7; curaciones en sábado (cf Mc 3,1-6).

JESÚS Y LA LEY

Al comienzo del Sermón de la Montaña Jesús hace una advertencia solemne, presentando la Ley dada por Dios en el Sinaí con ocasión de la Primera Alianza, a la luz de la gracia de la Nueva Alianza:

> "No piensen que he venido a abolir la Ley y los Profetas. No he venido a abolir, sino a dar cumplimiento. Sí, se lo aseguro: el cielo y la tierra pasarán antes que pase una 'i' o un ápice de la Ley, sin que todo se haya cumplido".
> "Por tanto, el que quebrante uno de estos mandamientos menores, y así lo enseñe a los hombres, será el menor en el Reino de los cielos; en cambio, el que los observe y los enseñe, ése será grande en el Reino de los Cielos" (Mt 5, 17-19).

Muchos judíos del tiempo de Jesús habían sido conducidos a un celo religioso extremo (cf Rm 10,2), que se convertía en una casuística "hipócrita" de la Ley (cf Mt 15,3-7; Lc 11,34-54). Ese ambiente preparó al pueblo para la forma nueva o intervención de Dios, o sea, el cumplimiento perfecto de la Ley por el único Justo (Cristo) en lugar de todos los pecadores (cf Is 53,11; Hb 9,15).

El cumplimiento perfecto de la Ley tenía que ser obra del divino Legislador que nació sometido a la Ley en la persona de su Hijo (cf Ga 4,4)

En Jesús la Ley ya no aparece grabada en tablas de piedra sino en "el fondo del corazón" (Jr 31,33).

JESÚS Y EL TEMPLO

Jesús profesó el más profundo respeto al Templo de Jerusalén. A los cuarenta días de nacido fue presentado en él por José y María (cf Lc 2,22-39). A los doce años quiso quedarse en el Templo para recordar a sus padres que se debía a los asuntos de su Padre Dios (cf Lc 2,46-49).

Jesús, durante su vida oculta y durante su ministerio público, hizo muchas peregrinaciones a Jerusalén con motivo de las grandes fiestas judías (cf Jn 2,13-14; 5,1.14; 7,1. 10.14).

Jesús subió al Templo como lugar privilegiado para el encuentro con Dios. Para Él, el Templo es la casa del Padre, una casa de oración, y se indigna porque el atrio exterior se ha convertido en un mercado (cf Mt 21,13).

Jesús anunció, no obstante, en el umbral de su Pasión, la ruina de ese espléndido edificio del cual no quedará piedra sobre piedra (cf Mt 24, 1-2).

Hay aquí un anuncio de una señal de los últimos tiempos que se van a abrir con su propia Pascua (cf Mt 24, 3; Lc 13, 35).

Pero esta profecía pudo ser deformada por falsos testigos en su interrogatorio en casa del sumo sacerdote (cf Mc 14, 57-58), y serle reprochada como injuriosa cuando estaba clavado en la cruz (cf Mt 27, 39-40).

Después de la Resurrección, los apóstoles mantuvieron un respeto religioso hacia el Templo (cf Hch 2,46; 3,1; 5, 20-21).

JESÚS Y LA FE DE ISRAEL EN EL DIOS UNICO Y SALVADOR

Jesús viene para la redención de nuestros pecados -obra divina por excelencia-. Por eso acepta ser ocasión de "contradicción" (cf Lc 2,34) y piedra de escándalo para aquellas autoridades (cf Lc 20,17-18; Sal 118,22).

Los judíos se escandalizaron ante la conducta misericordiosa de Jesús con los pecadores (cf Mt 9,13).

Pero es especialmente al perdonar los pecados cuando Jesús pone a las autoridades de Israel en un dilema. Porque ellas dicen, asombradas: "¿Quién puede perdonar los pecados sino sólo Dios?" (Mc 2,7).

Entonces al perdonar los pecados, o bien Jesús blasfema porque es un hombre que pretende hacerse igual a Dios (cf Jn 5,18; 10,33 o bien dice verdad y su persona hace presente y revela el nombre de Dios (cf Jn 17,6.26).

Sólo la identidad divina de la persona de Jesús puede justificar una exigencia tan absoluta como ésta: "El que no está conmigo está contra mí" (Mt 12, 30); lo mismo cuando dice que Él es "más que Jonás... más que Salomón" (Mt 12, 41-42), "más que el Templo" (Mt 12, 6); cuando recuerda, refiriéndose a que David llama al Mesías "su Señor" (cf Mt 12, 36-37), cuando afirma: "Antes que naciese Abraham, Yo soy" (Jn 8, 58); e incluso: "El Padre y yo somos una sola cosa" (Jn 10, 30).

Para creer en Jesús, las autoridades religiosas judías tenían que morir a sí mismas (y reconocer que estaban equivocadas; y dejarse atraer por la gracia divina) (cf Jn 17,6.26). Es decir, se necesitaba una plena conversión en ellas frente a la forma como se cumplían las promesas mesiánicas (Is 53,1). Pero todo termina en el trágico desprecio que le hace el Sanedrín, al estimar que Jesús merecía la muerte por blasfemo (cf Mc 3,6; Mt 26,64-66).

Los miembros del Sanedrín actúan así tanto por "ignorancia" (cf Lc 23,34; Hch 3,17-18) como por el "endurecimiento" (de su corazón) (cf Mc 3,5; Rm 11,20; 11,25); y por eso la "incredulidad" (Rm 11,20).

Dios permite esa ignorancia, ceguera y soberbia de los judíos, y así se cumple su designio de que su Hijo muera para nuestra reconciliación, para el perdón de nuestros pecados (cf Hb 9,26); y se cumplen las Escrituras (Lc 24,27).

(Por otra parte, pensemos en la obediencia y amor de Jesús a su Padre Dios y el amor a nosotros, pues por nosotros libremente se entrega a la muerte. Con su poder divino, Jesús podía aniquilar a todos sus enemigos (cf Jn 18,5-10), pero acata el plan del Padre Dios). "El trago que me ha mandado beber el Padre, ¿voy a dejar de beberlo?" (Jn 18,11).

PREGUNTAS:

1) Jesús, ¿vino a abolir la Ley dada por Dios en el Sinaí? No vino a abolirla, sino a perfeccionarla (cf Mt 5,17-19) revelando su hondo sentido (cf Mt 5,33); y reparó el honor de Dios Padre ofendido por los pecados contra ella (cf Hb 9,15).

2) Jesús, ¿veneró el Templo? Sí, lo veneró. Muchas veces subió a él en las fiestas judías, y amó con gran celo esa morada de Dios entre los hombres.

3) ¿Qué anuncia Jesús al anunciar la destrucción del Templo? Anunciando la destrucción del Templo, anuncia su propia muerte y la entrada en una nueva etapa de la historia de la salvación.

3) Jesús, ¿realizó obras divinas por las que demostraba que tenía poder para perdonar los pecados? Sí, hizo muchos milagros, con los que se acreditaba con el sello de Dios (cf Jn 5,16-18), pero a pesar de eso lo juzgaron como a un blasfemo.

REFLEXIÓN:

Dios nos libre de caer en el pecado "contra el Espíritu Santo", como las autoridades judías. Ese pecado consiste en uno encerrarse en su propia idea y juicio, por orgullo y soberbia. Así no puede entrar la verdad y la gracia de Dios, como no puede entrar el agua en una botella cerrada, taponada. Se necesita la humildad de corazón para uno comprender que se puede equivocar, y que hay que pedir la luz del Espíritu Santo.

Pero recordemos que todos nosotros, por nuestros pecados, somos causa de la pasión y muerte de Jesús. Por eso el poeta español Alberto Lista, al contemplar a Jesucristo crucificado exclama: "Gemid, humanos -todos en él pusisteis vuestras manos".

Meditemos en el amor paciente de Cristo, que se entregó libremente a la muerte para reparar a Dios Padre por las ofensas de nuestros pecados, y para nuestra redención. Y reflexionemos con san Ignacio de Loyola al leer la Pasión del Señor: 1) ¿Quién es el que lleva esa cruz? 2) ¿Cuáles son los tormentos que sufre? 3) ¿Por qué razón sufre tanto? ¿Por quiénes los sufre y se ofrece?

PROCLAMEMOS:

1) *"Jesucristo padeció bajo el poder de Poncio Pilato, fue crucificado, muerto y sepultado".*

(Nota: Se deben proclamar muchas veces los artículos del Credo hasta que se aprendan de memoria).

2) *Te adoramos, oh Cristo, y te bendecimos, porque con tu santa cruz redimiste al mundo.*

3) *Jesucristo nos ama y nos ha lavado de nuestros pecados con su sangre.*

EJEMPLOS:

1) *Puede narrarse la curación del paralítico, Lc 5, 17-26, o la autoridad de Jesús (cf Mt 21, 23-27).*

2) *Se exhorta a meditar los misterios dolorosos del Santo Rosario, o una escena de la pasión y muerte de Jesús.*

3) *En los primeros años de mi sacerdocio fui a visitar a un enfermo, Emilio Alba, en Licey al Medio, que había dado un gran testimonio de vida cristiana. Le vi en estado preagónico, con mucho malestar. Le dije que me daba pena verle sufrir así. Él me contestó serenamente: "no podemos dejar solo a Jesucristo en el Calvario". Fue para mí una lección. Cuando un cristiano conoce y ama de veras a Jesucristo, lleva con más paciencia y amor las astillas de la cruz que el Señor nos regala para que le acompañemos en la pena, y luego en la gloria. Dice san Agustín que "donde hay amor no hay dolor".*

Algún canto penitencial: Prótegeme, Dios mío...

ORACIÓN BREVE:

Padre eterno, te ofrezco la sangre redentora de tu Hijo como propiciación de nuestros pecados y de los del mundo entero *(repetirla con frecuencia).*

Aprovechar estos temas para aprender de memoria el acto de contrición: Jesús, mi Señor y Redentor....

ACTO DE CONTRICIÓN:

¡Jesús, mi Señor y Redentor! Yo me arrepiento de todos los pecados que he cometido hasta hoy, y me pesa de todo corazón porque con ellos ofendí a un Padre tan bueno y a mi prójimo. Propongo firmemente, con tu fortaleza y tu gracia, no volver a pecar, y confío en que, por tu infinita misericordia, me has de conceder el perdón de mis culpas y me has de llevar a la vida eterna.

Amén.

Aprovechemos estas lecciones sobre la Pasión y Muerte de Jesús para meditar y rezar los Misterios Dolorosos del rosario. La meditación en la pasión de Jesús nos trae muchas gracias y bendiciones de Dios. Es signo de amor y gratitud al Señor recordar lo mucho que Él sufrió con amor para librarnos del pecado y de la muerte eterna. Además, esa meditación nos ayuda a llevar con más paciencia y amor el cumplimiento de nuestros deberes cristianos, y los de nuestro estado de vida. Así obedecemos a Jesús que nos dice: "El que quiera ser discípulo mío que tome su cruz y me siga". Para nosotros, esa cruz es el cumplimiento de nuestros deberes cristianos y las exigencias de nuestro bautismo, por el que nos hacemos hijos de Dios.

18

JESUS MURIÓ CRUCIFICADO

Anuncio:
"Cristo murió por nuestros pecados, según las Escrituras" (1 Co 15,3). Cristo es el siervo doliente de Yaveh, que "justifica a muchos cargando con la culpa de ellos" (Is 53,10-11), es decir, nos justifica a nosotros cargando con nuestras culpas.

Lecturas:
1 Juan 4, 7-10; 1 Corintios 15, 1-11; 2 Corintios 5, 18-21; 1 Pedro 1, 13-25; Mateo 20, 12-28; Juan 13, 1-17.

Lecturas sobre la pasión y muerte de Cristo:
Isaías 53, 1-12; Mateo 27, 11-31; 27, 32-56; Marcos 15, 21-41; Lucas 23, 26-55; Juan 19, 1-37.

NO TODAS LAS AUTORIDADES JUDÍAS CONDENARON A JESÚS

Entre las autoridades religiosas de Jerusalén, no solamente el fariseo Nicodemo (cf Jn 7, 50) o el notable José de Arimatea eran en secreto discípulos de Jesús (cf Jn 19, 38-39), sino que durante mucho tiempo hubo disensiones a propósito de Él (cf Jn 9, 16-17; 10, 19-21), hasta el punto de que en la misma víspera de su pasión, san Juan pudo decir de ellos que "un buen número creyó en Él", aunque de una manera muy imperfecta (Jn 12, 42).

Eso no tiene nada de extraño si se considera que al día siguiente de Pentecostés "multitud de sacerdotes iban aceptando la fe" (Hch 6, 7) y que "algunos de la secta de los fariseos... habían abrazado la fe" (Hch 15, 5) hasta el punto de que Santiago puede decir a S.

Pablo que "miles y miles de judíos han abrazado la fe, y todos son celosos partidarios de la Ley" (Hch 21, 20).

LOS JUDÍOS NO SON RESPONSABLES COLECTIVAMENTE DE LA MUERTE DE JESÚS.

Sólo Dios conoce el pecado personal de los protagonistas del proceso de la muerte de Jesús, como son: Judas, el Sanedrín, Pilato... Pero no se puede atribuir la responsabilidad de ese proceso al conjunto de los judíos de Jerusalén, a pesar de los gritos de una muchedumbre manipulada (cf Mc 15,11) y de las acusaciones colectivas contenidas en las exhortaciones a la conversión después de Pentecostés (cf Hch 2,23.36; 3,13-14;4,10).

El mismo Jesús, perdonando en la cruz (cf Lc 23,24), y Pedro, siguiendo su ejemplo, apelan a "la ignorancia" (Hch 3,17).

Tanto es así que la Iglesia ha declarado en el Concilio Vaticano II: "Lo que se perpetró en su pasión no puede ser imputado indistintamente a todos los judíos que vivían entonces, ni a los judíos de hoy... No se ha de señalar a los judíos como reprobados por Dios y malditos como, si tal cosa se dedujera de la Sagrada Escritura" (NA 4).

La Iglesia enseña por la fe que todos los pecadores hemos sido causa de los sufrimientos (y muerte) del divino Redentor (cf Hb 12,3).

Él padeció por todos nuestros pecados. Dice san Pablo que los judíos "si lo hubieran conocido, no habrían crucificado jamás al Rey de la Gloria" (1 Co 2,8).

En cambio, los cristianos hacemos profesión de conocerle, y con nuestras muchas acciones, ponemos sobre Él de algún modo, nuestras manos criminales (cf Catech R. 1,5,11).

**¡Todos los pecadores fueron los autores
de la pasión de Cristo!**

LA MUERTE REDENTORA DE CRISTO EN EL DESIGNIO DIVINO DE SALVACIÓN

La muerte violenta de Jesús no fue fruto del azar en una desgraciada constelación de circunstancias. Pertenece al misterio del designio de Dios, como lo explica san Pedro a los judíos de Jerusalén ya en su primer discurso de Pentecostés: "Fue entregado según el determinado designio y previo conocimiento de Dios" (Hch 2, 23).

Este lenguaje bíblico no significa que los que han "entregado a Jesús" (Hch 3, 13) fuesen solamente ejecutores pasivos de un drama escrito de antemano por Dios. (Ellos eran libres y también tuvieron su culpa).

Para Dios, todos los momentos del tiempo están presentes en su actualidad. Por tanto, establece su designio eterno de "predestinación", incluyendo en él la respuesta libre de cada hombre a su gracia: "Sí, verdaderamente, se han reunido en esta ciudad contra tu santo siervo Jesús, que Tú has ungido, Herodes y Poncio Pilato con las naciones gentiles y los pueblos de Israel (cf Sal 2, 1-2), de tal suerte que ellos han cumplido todo lo que, en tu poder y tu sabiduría, habías predestinado" (Hch 4, 27-28).

Dios ha permitido los actos nacidos de su ceguera (cf Mt 26, 54; Jn 18, 36; 19, 11) para realizar su designio de salvación (cf Hch 3, 17-18).

"Cristo ha muerto por nuestros pecados, según las Escrituras" (cf Hch 3,18; 7,52;13,29).

Se cumple en Jesús la profecía del Siervo Doliente (cf Is 53,7; Hch 8,32-35), para liberar a los hombres de la esclavitud del pecado. Cristo ha muerto por nuestros pecados **según las Escrituras** (1 Co 15,3; cf Hch 3,18; 7,52; 13,29).

"DIOS LE HIZO PECADO POR NOSOTROS"

San Pedro dice: "Ustedes que han sido rescatados de la conducta necia heredada de sus padres, no con algo caduco, oro o plata, sino con una sangre preciosa, como de cordero sin tacha y sin mancilla, Cristo, predestinado antes de la creación del mundo y manifestado en los últimos tiempos a causa de ustedes" (1 P 1,18-20).

Los pecados de los hombres, consecuencia del pecado original, están sancionados con la muerte (cf Rm 5,12; 1 Co 15,56).

Pero Dios envió a su Hijo en la condición de esclavo (cf Flp 2,7).
"A quién no conoció pecado (o sea, Jesucristo), Dios le hizo pecado por nosotros, para que fuéramos santificados por Dios en Él" (2 Co 5, 21).
(Es decir, Jesucristo nunca cometió pecado, ni podía cometerlo por ser Hijo de Dios, pero por la misericordia de Dios y la obediencia y amor del mismo Jesús, se hizo como responsable de todos nuestros pecados; carga con todos nuestros pecados ante Dios Padre, para obtenernos el perdón y devolvernos la gracia perdida) (cf Jn 8,46; Mc 15,34; Rm 8,32).
Dios Padre toma la iniciativa en ofrecernos el perdón y la gracia.
"La prueba de que Dios nos ama es que Cristo, siendo nosotros todavía pecadores, murió por nosotros" (Rm 5,8).
Cristo murió por todos sin excepción: "No hay, ni hubo, ni habrá hombre alguno por quien no haya padecido Cristo" (Cc Quiercy y en el año 853; DS624).

CRISTO SE OFRECIÓ A SU PADRE POR NUESTROS PECADOS

El Hijo de Dios "bajado del cielo, no para hacer su voluntad, sino la del Padre que le ha enviado " (Jn 6, 38), "al entrar en este mundo dice: ... he aquí que vengo... para hacer, oh Dios, tu voluntad... En virtud de esta voluntad somos santificados, merced a la oblación de una vez para siempre del cuerpo de Jesucristo" (Hb 10,5-10 ¹).

Desde el primer instante de su Encarnación, el Hijo acepta el designio divino de salvación en su misión redentora: "Mi alimento es hacer la voluntad del que me ha enviado y llevar a cabo su obra" (Jn 4, 34).

El sacrificio de Jesús "por los pecados del mundo entero" (1 Jn 2, 2) es la expresión de su comunión de amor con el Padre: "El Padre me ama porque doy mi vida" (Jn 10, 17). El mundo ha de saber que amo al Padre y que obro según el Padre me ha ordenado" (Jn 14 31).

"EL CORDERO DE DIOS QUE QUITA EL PECADO DEL MUNDO"

Juan Bautista, después de haber aceptado bautizarle en compañía de los pecadores (cf Lc 3,21; Mt 3,14-15), vio y señaló a Jesús como "el Cordero de Dios que quita el pecado del mundo" (Jn 1,29; cf Jn 1,36).
Toda la vida de Cristo expresa su misión: "servir y dar su vida en rescate por muchos" (Mc 10,45).

JESÚS ACEPTA LIBREMENTE EL AMOR REDENTOR DEL PADRE

Jesús, al aceptar en su corazón humano el amor del Padre hacia los hombres, "los amó hasta el extremo" (Jn 13, 1) "porque nadie tiene mayor amor que el que da su vida por sus amigos" (Jn 15, 13).

Tanto en el sufrimiento como en la muerte, su humanidad se hizo el instrumento libre y perfecto de su amor divino que quiere la salvación de los hombres (cf Hb 2, 10.17-18: 4, 15; 5, 7-9).

En efecto, aceptó libremente su pasión y su muerte por amor a su Padre y a los hombres que el Padre quiere salvar: "Nadie me quita la vida; yo la doy voluntariamente" (Jn 10, 18).

De aquí la soberana libertad del Hijo de Dios cuando Él mismo se encamina hacia la muerte (cf Jn 18, 4-6; Mt 26. 53).

JESÚS ANTICIPÓ EN LA CENA LA OFRENDA LIBRE DE SU VIDA

Jesús expresó de forma suprema la ofrenda libre de sí mismo, en la Cena tomada con los Doce Apóstoles (cf Mt 26, 20), en "la noche en que fue entregado" (1 Co 11, 23).

En la víspera de su Pasión, estando todavía libre, Jesús hizo de esta Ultima Cena con sus apóstoles el memo-

rial de su ofrenda voluntaria al Padre (cf 1 Co 5, 7), por la salvación de los hombres:

"Este es mi Cuerpo que va a ser entregado por vosotros" (Lc 22, 19). "Esta es mi Sangre de la Alianza que va a ser derramada por muchos para remisión de los pecados" (Mt 26, 28).

La Eucaristía que instituyó en este momento será el "memorial" (1 Co 11, 25) de su sacrificio. Jesús incluye a los apóstoles en su propia ofrenda y les manda perpetuarla (cf Lc 22, 19).

Así Jesús instituye a sus apóstoles sacerdotes de la Nueva Alianza: "Por ellos me consagro a mí mismo para que ellos sean también consagrados en la verdad" (Jn 17, 19; cf Cc. Trento: DS 1752, 1764).

LA AGONÍA DE GETSEMANÍ

En la agonía de Getsemaní, Jesús acepta este cáliz de la nueva Alianza de manos del Padre (cf Lc 22,20; Mt 26,42), haciéndose "obediente hasta la muerte" (Flp 2,8; cf Hb 5,7-8).

JESÚS CAMBIA NUESTRA DESOBEDIENCIA POR SU OBEDIENCIA

"Como por la desobediencia de un solo hombre, todos fueron constituidos pecadores, así también por la obediencia de uno solo todos serán constituidos justos" (Rm 5, 19).

Por su obediencia hasta la muerte, Jesús llevó a cabo la sustitución del Siervo doliente que "se dio a sí mismo en expiación", "cuando llevó el pecado de muchos", a quienes "justificará y cuyas culpas soportará" (Is 53, 10-12).

Jesús repara por nuestras faltas y satisface al Padre por nuestros pecados (cf Cc. de Trento: DS 1529).

EN LA CRUZ, JESÚS CONSUMA SU SACRIFICIO

El *"amor hasta el extremo" (Jn 13, 1)* es el que confiere su valor de redención y de reparación, de expiación y de satisfacción al sacrificio de Cristo. Él nos ha conocido y amado a todos en la ofrenda de su vida (cf Ga 2, 20; Ef 5, 2.25).

"El amor de Cristo nos apremia al pensar que, si uno murió por todos, todos por tanto murieron" (2 Co 5, 14).

Ningún hombre, aunque fuese el más santo, estaba en condiciones de tomar sobre sí los pecados de todos los hombres y ofrecerse en sacrificio por todos.

La existencia en Cristo de la persona divina del Hijo, que al mismo tiempo sobrepasa y abraza a todas las personas humanas, y que le constituye Cabeza de toda la humanidad, hace posible su sacrificio redentor por todos.

Enseña el Concilio de Trento: *"por su sacratísima pasión en el madero de la cruz (Cristo), nos mereció la justificación"*. (DS 1529); y la Iglesia venera la cruz, cantando:

"Salve oh cruz, única esperanza".

NUESTRA PARTICIPACIÓN EN EL SACRIFICIO DE CRISTO

La cruz es el único sacrificio de Cristo, "único mediador entre Dios y los hombres" (1 Tm 2,5).
Pero al "encarnarse se ha unido en cierto modo con todo hombre" (GS 22,2). Por eso Él "ofrece a todos la posibilidad de que se asocien a este misterio pascual. Se hace en la forma que sólo Dios conoce" (GS 22,5).
Él llama a sus discípulos a "tomar su cruz y seguirle" (Mt 16,24).
Porque "Él sufrió por nosotros dejándonos ejemplo para que sigamos sus huellas" (1 P 2, 21).

Él quiere asociar a su sacrificio redentor a aquellos mismos que son sus primeros beneficiarios (cf Mc 10,39; Jn 21,18-19; Col 1,24).

En forma excelsa asoció a su Madre al misterio de su sufrimiento redentor (cf Lc 2,35).

"Fuera de la cruz no hay otra escala para subir al cielo" (Santa Rosa de Lima).

PREGUNTAS:

1) ¿De dónde procede la iniciativa de nuestra salvación? Nuestra salvación procede del amor de Dios. "Él nos amó y nos envió a su Hijo como propiciación por nuestros pecados" (1 Jn 4,10). "En Cristo estaba Dios reconciliando al mundo consigo" (2 Co 5,19).

2) Jesús, ¿se ofreció libremente por nuestra salvación? Sí, se ofreció libremente por nuestra salvación. Esa entrega significa y la realiza por anticipado, durante la Ultima Cena: "Este es mi Cuerpo que será entregado por ustedes" (Lc 22,19).

3) ¿En qué consiste la redención de Cristo? "En que Él ha venido a dar su vida como rescate por muchos" (Mt 20,28). Así nos amó hasta el extremo (cf Jn 13,1).

4) ¿Cómo cumplió Jesús su misión expiatoria? Por su amorosa obediencia a su Padre Dios "hasta la muerte de Cruz" (Flp 2,8). Así cumplió Jesús su misión expiatoria del Siervo Doliente, que justifica a muchos cargando con la culpa de ellos" (Is 53,10-11; cf Rm 5,19).

5) ¿Cuáles fueron las siete palabras que pronunció Jesús en la cruz antes de morir? Búsquelas en los Evangelios, en el capítulo de su pasión y muerte.

REFLEXIÓN:

1) Nosotros, por sí solos, no podemos reparar adecuadamente nuestros pecados, porque son una ofensa a un Dios infinito. Pero Dios en su misericordia, por la obediencia, pasión y muerte de su Hijo, nos ofrece a todos el perdón y la gracia. Pero es indispensable que nosotros reconozcamos nuestros pecados, nos arrepintamos de corazón y nos acojamos a la misericordia de Cristo, que muere por nosotros.

2) La meditación en la pasión y muerte de Cristo es muy provechosa para lograr la conversión de los pecadores y para que las personas entregadas alcancen sólida virtud. A Jesucristo le place que recordemos cuánto Él sufrió con amor por nosotros, para obtenernos el perdón de Dios Padre y la eterna salvación. La meditación en la pasión y muerte de Jesucristo nos ayuda también mucho a llevar con paciencia y amor nuestra cruz de cada día, a imitación del mismo Jesús.

3) Siempre ha habido y hay personas piadosas que hacen compañía al Señor recordando en espíritu su agonía en el Huerto. El 13 de mayo del 2000 el niño Francisco Marto, con Jacinta, videntes de Fátima, fueron beatificados por el Papa Juan Pablo II. La espiritualidad de este niño de 10 años consistía en hacer oración y penitencia "para consolar al Señor". Pero ¿Jesucristo no está ya glorioso en el cielo? Claro que sí. También es verdad que los misterios de Cristo son y están presentes en todos los tiempos y generaciones.
"...Pascal dice que el Señor está en continua agonía hasta el fin del mundo. Es verdad. La medida de la eternidad es diferente a la del tiempo. Nosotros que vivimos en el tiempo contamos la agonía a una distancia de dos mil años; pero, para Dios, el tiempo no pasa; es siempre presente, es siempre hoy. Para Dios (y no olvidemos que Jesús es el Hijo de Dios hecho Hombre), la hora de la agonía es la hora del pecado; dura siempre, dura por lo menos desde el pecado de Adán hasta el pecado de la última criatura humana.
Nuestros pecados están ahora presentes ante Jesús que agoniza y muere en la Cruz; con visión de eternidad, son presente y no futuro. Y para nosotros la agonía y la muerte de Cristo no pertenece al pasado es un presente: Cristo está en agonía hasta el fin de los tiempos. Pero también la reparación de las almas buenas entra en el mismo cálculo del tiempo y la eternidad". (Tomado del "Mensaje de Francisco" de Don Francisco Reindeiro O. P.).

4) En los misterios dolorosos del Rosario, acompañados de nuestra Madre la Virgen María, meditamos la pasión y muerte de Nuestro

Redentor. Y así nuestra alma se llena de fuerza y de amor para sobrellevar las penas de esta vida. La reflexión en estos misterios es un freno para las personas de hoy que huyen tanto de sacrificios y sólo buscan los placeres de la carne y del mundo.

La muerte de Cristo es el sacrificio único y definitivo (cf 1 Co 5,7; Jn 8,34-36; 1 Co 11,25).

PROCLAMEMOS:

1) *Jesucristo padeció bajo el poder de Poncio Pilato, fue crucificado, muerto y sepultado.*

2) *"Cristo murió por nuestros pecados, según las Escrituras" (1 Co 15,3).*

3) *"Cristo me amó y se entregó por mí" (Ga 2,20).*

ACLAMEMOS:

1) *Te adoramos, Cristo, y bendecimos, porque con tu Santa Cruz redimiste al mundo.*

2) *Cristo, por nosotros, se sometió incluso a la muerte y una muerte de cruz.*

Se exhorta a conocer y meditar el vía crucis o camino de la cruz de Cristo.

EJEMPLOS:

1) *Narrar algún episodio de la pasión y muerte de Cristo.*

2) *Al inicio de su conversión, san Francisco de Asís preguntó a Dios cuál era el camino más corto y fácil para llegar a la santidad. Dios le respondió que la meditación en la pasión y muerte de su Hijo Jesucristo, nuestro Salvador. Ahí está la causa suprema y la fuente de nuestra redención; por eso, si nos acercamos a ella, obtendremos más la misericordia y gracia de Dios.*

Canto: Por su muerte nos justificará...

19

JESUCRISTO FUE SEPULTADO. DESCENDIÓ A LOS INFIERNOS, Y AL TERCER DIA RESUCITÓ DE ENTRE LOS MUERTOS

Anuncio:
"Por la gracia de Dios (Jesucristo) gustó la muerte para bien de todos" (Hb 2,9) "Jesús descendió a los infiernos" (o sea a lugar bajo), significa que murió realmente, pero por su muerte a favor nuestro, ha vencido a la muerte y al diablo, que es "padre de la muerte" (Hb 2,14)

Lecturas:
Efesios 4,1-10; Hebreos 2,10-18; Apocalipsis 1,12-20; Mateo 27,57-66; Marcos 15,42-47; Lucas 23, 50-56; Juan 19,38-42.

En su designio de salvación, Dios dispuso que Su Hijo "muriera por nuestros pecados" (1 Co 15,3). Y que también experimentara el estado de muerte, o sea, la separación entre su alma y su cuerpo. Eso, durante el tiempo comprendido entre el momento en que expiró en la cruz y el momento en que resucitó.

Este es el misterio del Sábado Santo en el que Cristo, depositado en la tumba (cf Jn 19,42), manifiesta el gran reposo sabático de Dios (cf Hb 4,4-9) después de realizar la salvación de los hombres (cf Jn 19,30), que establece en la paz al universo (cf Col 1,18-20).

Por eso Jesús pudo decir: "Estuve muerto, pero ahora estoy vivo por los siglos de los siglos" (Ap 1,18).

Como enseña san Juan Damasceno, por la muerte de Cristo, el alma quedó separada del cuerpo, pero cada cual (el cuerpo y el alma) permaneció unida a la misma y única Persona de Cristo, la divina.

Aunque Cristo murió realmente, su cuerpo no fue un despojo mortal como los demás, porque "la virtud divina preservó de la corrupción el cuerpo de Cristo", como expresa santo Tomás de Aquino.

"No permitirás que tu Santo experimente la corrupción" (Hch 2,27; cf Sal 16,10).

"SEPULTADOS CON CRISTO"

Por el Bautismo, al bajar el cristiano al agua, significa que con Cristo baja al sepulcro, muriendo al pecado, para surgir a una vida nueva con Cristo.

Dice san Pablo: "Fuimos, pues, con Él, sepultados por el bautismo en la muerte, a fin de que, al igual que Cristo fue resucitado de entre los muertos por medio de la gloria del Padre, así también nosotros vivamos una vida nueva" (Rm 6,4; cf Col 2,12; Ef 5,26).

JESUCRISTO DESCENDIÓ A LOS INFIERNOS, AL TERCER DÍA RESUCITÓ DE ENTRE LOS MUERTOS

"Jesús bajó a las regiones inferiores de la tierra. Este que bajó es el mismo que subió" (Ef 4,9-10).

Jesús "resucitó de entre los muertos" (Hch 3,15; Rm 8,11).

Esta afirmación, frecuente en el Nuevo Testamento, presupone que antes de la resurrección permaneció en la morada de los muertos (cf Hb 13,20).

Cristo bajó como Salvador a la morada de los muertos, anunciando la Buena Nueva (de la salvación) a los espíritus que estaban allí detenidos (cf 1 P 3, 18-19). (Se refiere a los que estaban en el seno de Abraham).

La Escritura llama "infiernos" (lugar bajo) sheol o Hades (cf Flp 2,10; Hch 2,24; Ap 1,18; Ef 4,9) a la morada de los muertos (cf Hb 13,20). Ahí fue donde bajó Cristo, porque los que estaban allí estaban privados de la visión de Dios (cf Sal 6,6; 88,11-13).

"Son precisamente estas almas santas que esperaban a su libertador en el seno de Abraham" (Catech R. 1, 6,3).

Jesús no bajó a los "infiernos" de los condenados, para liberar a los condenados ni para destruir el infierno de los condenados (cf DS 1011;1077). Bajó para liberar a los justos (que esperaban al Redentor en el seno de Abraham), como se ha dicho.

A esto se refiere san Pedro al decir: "Hasta a los muertos ha sido anunciada la Buena Nueva..." (1 P 4,6).

PREGUNTAS:

1) ¿Qué significa que Jesús experimentó la muerte para bien de todos? Significa que murió realmente y fue sepultado.

2) ¿Cómo fue la separación del cuerpo y del alma de Jesucristo en la muerte? Su persona divina continuó asumiendo tanto su alma como su cuerpo, aún estando separados. Por eso el cuerpo muerto de Cristo "no conoció la corrupción" (cf Hch 13,37).

3) ¿Qué significa que "Jesús descendió a los infiernos"? Significa que bajó al seno de Abraham, para abrir las puertas del cielo a los justos que le esperaban. "Infierno" en hebreo significa "lugar bajo" o "abismo". Pero era muy distinto "el Seno de Abraham", donde esperaban los justos al Redentor, al infierno de los condenados, que es eterno.

REFLEXIÓN:

Recordemos que la palabra infiernos en la Escritura significa lugares bajos o inferiores. Había dos lugares bajos: el infierno de los condenados y el Seno de Abraham, donde las almas de los justos esperaban al Redentor. A este último bajó Cristo, no al de los condenados

Jesucristo habla en el Evangelio de lo que contestó Abraham al rico epulón que rechazó al pobre Lázaro. Hay un abismo entre los dos lugares, y no es posible el paso del uno al otro (cf Lc 16,19-31), es decir no había relación ni comunicación entre los justos que estaban en el seno de Abraham, esperando la resurrección de Cristo para entrar en el cielo, y los condenados para toda la eternidad.

PROCLAMEMOS:

1) Jesucristo fue sepultado, descendió a los infiernos, y al tercer día resucitó de entre los muertos.

2) Jesús gustó (experimentó) la muerte para bien de todos nosotros (cf Hb 2,9).

3) *Hoy nuestro Salvador bajó al abismo y rompió las puertas y cerrojos de la muerte.*

EJEMPLO:

En una antigua homilía del Sábado Santo se escribe lo siguiente: *un gran silencio y una soledad hay en la tierra; porque el Rey (Cristo) está durmiendo. Ha ido a visitar a los que yacen en las tinieblas y sombras de la muerte (en el Seno de Abraham). Al verlo Adán, nuestro primer padre, golpéandose el pecho de asombro, exclama, dirigiéndose a todos: el Señor está con todos ustedes. Y Cristo le respondió a Adán: "y con tu espíritu"; y tomándolo de la mano lo levanta, diciéndole: "Despierta tú que duermes y te iluminará Cristo. Yo soy tu Dios, que por ti me hice hijo tuyo. Ahora ordeno a todos los que están en cadenas: "Salgan"; y a todos los que están en tinieblas: "sean iluminados".*

Canto: Padre, a Tí encomiendo mi vida...

20

AL TERCER DIA RESUCITÓ DE ENTRE LOS MUERTOS

Anuncio:
"Les damos a ustedes la buena noticia: que la promesa que Dios hizo a nuestros padres, la ha cumplido en nosotros, resucitando a Jesús" (Hch 13,32-33). *"¿Por qué buscan entre los muertos al que vive? No está aquí, ha resucitado".* ¡Aleluia, aleluia!

Lecturas:
Mateo 28, 1-10; Marcos 16,1-8; Lucas 24,1-12; 24, 13-35; Juan 20,1-9; 19-31; 21,1-14. ; Hechos 2,42-47; Hechos 2,14-32; Hechos 10, 14-43; Romanos 6, 3-11; 1 Corintios 5,6-8; 1 Corintios 15,12-34; 1 Corintios 15,35-58.

Nota: Para poder evangelizar sobre este gran misterio, igual que sobre los demás, es necesario que el evangelizador lo estudie mucho, pida mucho al Espíritu Santo, lo viva con gozo, para poder suscitar ese mismo gozo en los oyentes.

La Resurrección de Jesús es la verdad culminante de nuestra fe en Cristo. Fe creída y vivida por la primera comunidad cristiana. También ella tenía la resurrección del Señor como verdad central, fundamental. Así fue transmitida por la Tradición y se consigna en todo el Nuevo Testamento. Era y es predicada como parte esencial del Misterio Pascual al mismo tiempo que la cruz.

Es un acontecimiento real, comprobado históricamente, como lo atestigua el Nuevo Testamento.

San Pablo habla de la **tradición viva de la Resurrección** que recibió después de su conversión (véase 1 Co 15,3-4; Hch 9,3-18).

EL SEPULCRO VACÍO

Entre los acontecimientos de Pascua lo primero que se encuentra es el **sepulcro vacío.** Fue el primer paso para que los discípulos reconocieran el hecho de la resurrección: ¿por qué buscar entre los muertos al que vive? (Lc 24,5-6) (cf Jn 20, 13; Mt 28, 11-15).

"El discípulo que Jesús amaba" (Jn 20,2) afirma que al entrar en el sepulcro vacío y al descubrir las vendas en el suelo (Jn 20,6) "vio y creyó" (Jn 20,8).

Al ver el sepulcro vacío, Juan constató que la ausencia del cuerpo de Jesús no había podido ser obra humana, sino obra del poder de Dios. Y que Jesús no había vuelto simplemente a una vida terrenal, como había sido el caso de Lázaro (cf Jn 11,44) (sino a una vida ya gloriosa).

LAS APARICIONES DEL RESUCITADO

María Magdalena y las santas mujeres, que iban a embalsamar el cuerpo de Jesús (cf Mc 16,1; Lc 24, 1) enterrado a prisa en la tarde del Viernes Santo por la llegada del Sábado (cf Jn 19, 31. 42), fueron las primeras en encontrar al Resucitado (cf Mt 28, 9-10; Jn 20, 11-18).

Así las mujeres fueron las primeras mensajeras de la Resurrección de Cristo para los propios apóstoles (cf Lc 24, 9-10). Jesús se apareció en seguida a ellos, primero a Pedro, después a los Doce (cf 1 Co 15, 5).

Pedro, llamado a confirmar en la fe a sus hermanos (cf Lc 22, 31-32), ve por tanto al Resucitado antes que los demás y sobre su testimonio es sobre el que la comunidad exclama: "¡Es verdad! ¡El Señor ha resucitado y se ha aparecido a Simón!" (Lc 24, 34). Se empieza una nueva era en esta mañana de Pascua. Como testigos del Resucitado, los apóstoles son las piedras de la fundación de la Iglesia.

La fe de la primera comunidad de creyentes se funda en el testimonio de hombres concretos, conocidos de los cristianos y para la mayoría, viviendo entre ellos todavía.

Estos "testigos de la Resurrección de Cristo" (cf Hch 1, 22) son ante todo Pedro y los Doce, pero no solamente ellos: Pablo habla claramente de más de quinientas personas a las que se apareció Jesús en una sola vez, además de Santiago y de todos los apóstoles (cf 1 Co 15. 4-8).

Estos testimonios de la resurrección de Jesucristo hay que creerlos. La fe de los discípulos habrá sido sometida a la prueba radical de la pasión y muerte en la cruz de su Maestro (cf Lc 22,31-32).

Por lo menos, algunos de ellos no creyeron tan pronto en la noticia de la resurrección. No estaban movidos por una exaltación mística, sino más bien abatidos y asustados (cf Jn 20,19).

Por eso Jesús "les echó en cara su incredulidad y su dureza de cabeza por no haber creído a quienes le habían visto resucitado" (Mc 16,14).

LA HUMANIDAD RESUCITADA DE CRISTO

Jesús resucitado se relaciona, habla y come con sus discípulos (Lc 24,39; Jn 20, 27; Lc 24,30.41-43; Jn 21, 9.13-15). Les invita a reconocer que Él no es un espíritu (cf Lc 24,39); y que su cuerpo resucitado es el mismo que había sido martirizado y crucificado, ya que sigue llevando las huellas de su pasión (cf Lc 24,40; Jn 20, 20.27).

Sin embargo, este cuerpo real de Cristo resucitado tiene al mismo tiempo las propiedades nuevas de un cuerpo glorioso. No está ligado, sujeto ni al tiempo ni al espacio; pero puede hacerse presente donde quiere y cuando quiere (cf Mt 28, 9.16-17; Lc 24,15.36; Jn 20,14.19. 26;21,4).

La resurrección de Cristo no es un retorno a la vida terrena, como el caso de la hija de Jairo, el joven de Naím, Lázaro, a quienes Él mismo resucitó con el poder divino, pues estos debían volver a morir.

En la Resurrección, el cuerpo de Jesús se llena del poder del Espíritu Santo; participa de la vida divina en el estado de su gloria, lo que san Pablo llama "el hombre celestial" (cf 1 Co 15,35-50).

ACONTECIMIENTO TRASCENDENTE

El hecho de la Resurrección de Jesucristo es un acontecimiento trascendente. Se puede comprobar por la señal del sepulcro vacío y los encuentros de los apóstoles con Cristo resucitado. Pero aún así, la Resurrección de Cristo pertenece al centro del misterio de la fe. Es algo que a la vez trasciende y sobrepasa la historia.

LA RESURRECCIÓN, OBRA DE LA SANTÍSIMA TRINIDAD

La Resurrección de Cristo es objeto de fe en cuanto que es una intervención trascendente de Dios mismo en la creación y en la historia. En ella, las tres Personas divinas actúan juntas a la vez y manifiestan su propia originalidad. Se realiza por el poder del Padre que "ha resucitado" (cf Hch 2, 24) a Cristo, su Hijo, y de este modo ha introducido de manera perfecta su humanidad -con su cuerpo- en la Trinidad.

Jesús se revela definitivamente "Hijo de Dios con poder, según el Espíritu de santidad, por su resurrección de entre los muertos" (Rm 1, 3-4).

San Pablo insiste en la manifestación del poder de Dios (cf Rm 6, 4; 2 Co 13, 4; Flp 3, 10; Ef 1, 19-22; Hb 7, 16) por la acción del Espíritu que ha vivificado la humanidad muerta de Jesús y la ha llamado al estado glorioso de Señor.

SENTIDO Y ALCANCE SALVÍFICO DE LA RESURRECCIÓN

Dice san Pablo: "Si Cristo no resucitó, vana es nuestra predicación, vana también nuestra fe" (1 Co 15,14).

En la resurrección de Cristo se confirma todo lo que Él hizo y enseñó. Y es el **cumplimiento de las promesas** del Antiguo Testamento (cf Lc 24,26-27.44-48); y de las mismas promesas que hizo Jesús en su vida terrenal (cf Mt 28,6; Mc 16,7; Lc 24,6-7). Por eso la expresión: resucitó "según las Escrituras" (cf 1 Co 15, 3-4).

La divinidad de Jesús se confirma por su Resurrección (cf Jn 8,28; Hch 13,32-33; Sal 2,7).

El designio eterno de Dios con la Encarnación de su Hijo llega a su plenitud con la Resurrección de Jesús.

Hay un doble aspecto en el misterio pascual de Cristo: por su muerte nos libera del pecado; y por su resurrección nos abre la puerta a la nueva vida.

Esta es la **justificación** que nos devuelve a la gracia de Dios (cf Rm 4,25); y se realiza **la adopción filial** porque los hombres se convierten en hermanos de Cristo; hermanos no por naturaleza, sino por don de gracia y filiación adoptiva.

Por último, la resurrección de Cristo, o sea, Cristo resucitado, es principio y fuente de nuestra **resurrección futura** (Véase 1 Co 15,20-22).

En la espera de que esto se realice, Cristo resucitado vive en el corazón de sus fieles. En Él los cristianos "saborean los prodigios del mundo futuro" (Hb 6, 5) y su vida es arrastrada por Cristo al seno de la vida divina (cf Col 3, 1-3) "para que ya no vivan para sí los que viven, sino para aquel que murió y resucitó por ellos" (2 Co 5, 15).

PREGUNTAS:

1) ¿Qué nos dice la fe sobre la resurrección de Cristo? Nos dice que es un acontecimiento históricamente atestiguado por sus discípulos y que es un misterio trascendente, porque la humanidad de Cristo entra en la misma gloria de Dios, donde Él nos espera.

2) ¿Qué nos dicen el sepulcro vacío y las vendas en el suelo? Nos dicen que, por el poder de Dios, el cuerpo de Cristo ha escapado de las ataduras de la muerte y de la corrupción, y preparan a sus discípulos para el encuentro con el resucitado.

3) ¿Qué nos trae a nosotros la resurrección de Cristo? Ser Cristo el "primogénito de entre los muertos" (Col 1,18) significa que

Él es el principio de nuestra propia resurrección; ya desde ahora por la justificación de nuestra alma (cf Rm 6,4) y más tarde por la vivificación de nuestro cuerpo (cf Rm 8,11).

REFLEXIÓN:

1) *La muerte y resurrección de Cristo han puesto en el universo fuerzas nuevas que han de llevar a construir un cielo nuevo y una tierra nueva. Esto, no por desarrollo o evolución natural, sino por la intervención gratuita de Dios. Ese mismo Espíritu que resucitó a Jesús está en nosotros (cf Rm 8,11) ¿Hacemos oración y esfuerzo para que ese mismo Espíritu nos dinamice a nosotros y a nuestra comunidad? Dice san Basilio que antes de comenzar una nueva vida hay que poner fin a la anterior.*

Tenemos que medir nuestra fe en este misterio máximo, la muerte y resurrección de Cristo por nosotros. Todo depende del sentido que demos a nuestra vida a la luz de este misterio y del gozo con que lo vivamos ahora. Aún en las pruebas, pequeñas astillas que Jesús nos regala de su santa cruz, debemos verlas como un nubarrón en el cielo, pero alcanzando a ver por detrás los benéficos y esplendentes rayos de ese Sol, Cristo glorioso, que nos alienta y espera para compartir con nosotros su vida y su gloria. ¿Se ve en nosotros un cambio de vida?

2) *Debemos meditar en el triunfo de Cristo, en su resurrección y gloria, que Él va a compartir con nosotros. Es también un triunfo nuestro.*

Si meditamos más en la gloria y resurrección de Cristo, que nos espera también a nosotros, nos será más fácil cortar con los apegos desordenados a las cosas del mundo. Vanidades del mundo que san Pablo llama basura, en comparación con el conocimiento y amor de Cristo (Flp 3,8).

Es una pena tantos cristianos vivir sin esperanza porque no tienen una fe viva en la vida y gloria que Jesús compartirá con nosotros.

Meditando los misterios gloriosos del Rosario nos llenamos de esperanza y de alegría. El Papa Juan XXIII decía que el rezo del Rosario es el breviario de los humildes.

En estos días se canta mucho el "aleluia" que significa "alaben a Yahveh" (Dios), por las maravillas que hace entre nosotros.

PROCLAMEMOS:

1) *Jesucristo, al tercer día, resucitó de entre los muertos.*

2) *Verdaderamente ha resucitado el Señor, tal como lo había anunciado. Aleluia.*

ACLAMEMOS:

1) *Este es el día en que actuó el Señor, sea Él nuestra alegría y nuestro gozo. Aleluia.*

2) *Si por el bautismo hemos resucitado con Cristo a una vida nueva, busquemos las cosas de arriba.*

EJEMPLO:

Contar alguna de las escenas de Cristo Resucitado con sus discípulos y con las santas mujeres.

Una buena catequesis sería meditar con los alumnos o catecúmenos el pregón pascual. Se puede recitar parte de los salmos 15; 41; 42; 117.

Canto: Aleluia, Cristo resucitó...

Se exhorta a que se tenga la Celebración de la Palabra y el Via-Lucis en el tiempo pascual en los vecindarios, con el cirio encendido, que representa a Cristo Resucitado. Y se conozcan y mediten los misterios gloriosos del rosario. En la cuaresma y Semana Santa se meditaba el Via-Crucis (camino de la cruz); y en el tiempo pascual. el Via-Lucis (camino de la luz).

21

"JESUCRISTO SUBIÓ A LOS CIELOS Y ESTÁ SENTADO A LA DERECHA DE DIOS PADRE TODOPODEROSO"

Anuncio:
Cristo, subiendo al cielo, llevó consigo a los cautivos liberados y dio dones a los hombres (cf Ef 4,8). El mismo Jesús volverá al final de los tiempos, como le han visto ustedes marcharse (cf Hch 1,11).

Lecturas:
Hechos de los Apóstoles 1,1-11; Efesios 1,17-23; Marcos 16,15-20; Lucas 24, 46-53).

"El Señor Jesús, después de hablarles, fue elevado al cielo y se sentó a la diestra de Dios" (Mc 16,19).

Desde el instante de su resurrección, el cuerpo de Cristo fue glorificado. Lo comprueban las propiedades nuevas y sobrenaturales de las cuales su cuerpo disfruta para siempre (cf Lc 24,31; Jn 20,19.26).

Pero durante los cuarenta días que pasa con sus discípulos después de la resurrección, su gloria queda velada, oculta bajo los rasgos de una humanidad ordinaria. Esto hasta que sube al cielo y se sienta a la derecha de Dios Padre.

Esto se transparenta en las palabras misteriosas que dice a María Magdalena: "Todavía no he subido al Padre. Vete donde los hermanos y diles: subo a mi Padre y vuestro Padre, a mi Dios y vuestro Dios (Jn 20,17).

Son dos maneras diferentes de manifestarse Cristo Resucitado: con la que aparece a los discípulos, y la que tiene exaltado a la derecha del Padre.

Sólo el que "salió del Padre" puede "volver al Padre": Cristo (cf Jn 16,28). "Nadie ha subido al cielo sino el que bajó del cielo, el Hijo del Hombre" (Jn 3,13; cf Ef 4,8-10).

Cristo "ha querido precedernos como cabeza nuestra para que nosotros, miembros de su cuerpo, vivamos con la ardiente esperanza de seguirlo en su reino" (M.R. Prefacio de la Ascensión).

LA ELEVACIÓN EN LA CRUZ LE LLEVA A LA ELEVACIÓN EN EL CIELO

"Cuando yo sea levantado de la tierra, atraeré a todos hacia mí" (Jn 12,32). La elevación en la Cruz significa y anuncia la elevación en la Ascensión al cielo.

En el cielo, Cristo ejerce permanentemente su sacerdocio. "De ahí que pueda salvar perfectamente a los que por Él se llegan a Dios, ya que siempre está vivo para interceder en su favor" (Hb 7, 25).

Como "Sumo Sacerdote de los "bienes futuros" (Hb 9,11) es el centro y el oficiante principal de la liturgia que honra al Padre en los cielos (cf Ap 4,6-11).

SENTADO A LA DERECHA DEL PADRE

Cristo, desde entonces, **está sentado a la derecha del Padre**: "Por derecha del Padre entendemos la gloria y el honor de la divinidad, donde el que existía como Hijo de Dios antes de todos los siglos, como Dios y consubstancial al Padre, está sentado corporalmente después de que se encarnó y de que su carne fue glorificada" (San Juan Damasceno, f. o. 4, 2; PG 94, 1104C).

Sentarse a la derecha del Padre significa la inauguración del reino del Mesías, cumpliéndose la visión del profeta Daniel respecto del Hijo del hombre:

"A Él se le dio imperio, honor y reino, y todos los pueblos, naciones y lenguas le sirvieron. Su imperio es un imperio eterno, que nunca pasará, y su reino no será destruido jamás" (Dn 7, 14).

A partir de este momento, los apóstoles se convirtieron en los testigos del "Reino que no tendrá fin" (Símbolo de Nicea-Constantinopla).

PREGUNTAS:

1) ¿Qué nos enseña la ascensión de Jesucristo al cielo? Nos enseña que la humanidad de Jesús entra definitivamente en el dominio celestial de Dios, de donde ha de volver (cf Hch 1,11), aunque

mientras tanto lo esconde a los ojos de los hombres (cf Col 3,3).

2) ¿Qué relación tiene este misterio con nosotros? Jesucristo, cabeza de la Iglesia, nos precede en el Reino glorioso del Padre para que nosotros, miembros de su cuerpo, vivamos en la esperanza de estar un día con Él eternamente.

3) Jesucristo, ¿intercede por nosotros ante el Padre Dios? Sí, Él intercede sin cesar por nosotros, como nuestro mediador, y nos asegura la efusión del Espíritu Santo.

4) ¿Pensamos nosotros en la gloria con Cristo en el cielo? Reflexione cada uno y contéstese a sí mismo.

PROCLAMEMOS:

"Jesucristo subió a los cielos y está sentado a la derecha de Dios Padre Todopoderoso".

ACLAMEMOS:

1) A Cristo el Señor, que asciende al cielo entre aclamaciones, vengan, adorémosle.

2) Cristo, subiendo al cielo, llevó consigo a los cautivos liberados y dio dones a los hombres.

3) Cristo, Sumo Sacerdote, está en el cielo para interceder por nosotros.

Se puede recitar parte del salmo 46.

EJEMPLO:

Narrar la escena de la Ascensión (cf Hch 1,1-11).

Canto: Cristo Jesús, Tú eres sacerdote eterno...

22

DESDE ALLI HA DE VENIR A JUZGAR A VIVOS Y MUERTOS

Anuncio:
"Cristo murió y volvió a la vida para eso, para ser Señor de vivos y muertos" (Rm 14,9)

Lecturas:
Mateo 25,31-46; 1 Corintios 15,20-28; Daniel 7,13-14; Apocalipsis 1,5-6; Colosenses 1,12-20; 1 Tesalonicenses 5,1-11; 2 Tesalonicenses 2,1-17.

"Cristo murió y volvió a la vida para eso, para ser Señor de vivos y muertos" (Rm 14, 9). La Ascensión de Cristo al Cielo significa su participación, en su humanidad, en el poder y en la autoridad de Dios mismo.

Jesucristo es Señor: posee todo poder en los cielos y en la tierra. Él está "por encima de todo Principado, Potestad, Virtud, Dominación" porque el Padre, "bajo sus pies sometió todas las cosas" (Ef 1, 20-22).

Cristo es el Señor del cosmos (cf Ef 4, 10; 1 Co 15, 24. 27-28) y de la historia. En Él, la historia de la humanidad e incluso toda la Creación encuentran su recapitulación (Ef 1, 10), su cumplimiento trascendente.

Como Señor, Cristo es también cabeza de la Iglesia, que es su cuerpo (cf Ef 1,22).

Desde la Ascensión, el designio de Dios ha entrado en su consumación. Estamos ya en la "última hora" (1 Jn 2,18; cf 1 P 4,7).

El reino de Cristo manifiesta ya su presencia por los signos milagrosos (cf Mc 16,17-18) que acompañan su anuncio por la Iglesia (cf Mc 16,20).

ESPERANDO QUE TODO LE SEA SOMETIDO

Sin embargo, este Reino de Cristo presente ya en su Iglesia, aún es objeto de los ataques de los poderes del mal (cf 2 Te 2,7). Aunque ya estos poderes han sido vencidos en su raíz por la Pascua de Cristo.

Todo seguirá así hasta que todo le haya sido sometido a Cristo (cf 1 Co 15,28); y "mientras no haya nuevos cielos y nueva tierra" (LG 48). Por esta razón los cristianos piden, sobre todo en la Eucaristía (cf 1 Co 11,26), que se apresure el retorno de Cristo (cf 2 P 3, 11-12), cuando suplican: (Marana Tha) "Ven Señor, Jesús" (cf 1 Co 16,22; Ap 22,17-20).

Cristo afirmó antes de su Ascensión que aún no era la hora del establecimiento glorioso del Reino Mesiánico esperado por Israel (cf Hch 1,6-7), que según los profetas (cf Is 11, 1-9) debía traer a todos los hombres el orden de la justicia, del amor y de la paz.

Todavía el tiempo está marcado por la "tristeza" (1 Co 7,26) y la prueba del mal (cf Ef 5,16) que afecta también a la Iglesia (cf 1 P 4,17) e inaugura los combates de los últimos días (1 Jn 2,18;4,3; 1 Tm 4,1).

Todavía es un tiempo de espera y de vigilia (cf Mt 25,1-13; Mc 13,33-37).

EL GLORIOSO ADVENIMIENTO DE CRISTO, ESPERANZA DE ISRAEL

Desde la Ascensión, el advenimiento de Cristo en la gloria es inminente (cf Ap 22, 20), aun cuando a nosotros no nos "toca conocer el tiempo y el momento que ha fijado el Padre con su autoridad" (Hch 1,7, cf Mc 13,32).

Este advenimiento escatológico se puede cumplir en cualquier momento (cf Mt 24, 44; 1 Te 5, 2), aunque tal acontecimiento y la prueba final que le ha de preceder estén "retenidos" en las manos de Dios (cf 2 Te, 2, 3-12).

La venida del Mesías glorioso se vincula al reconocimiento del Mesías por "todo Israel" (Rm 11,26; Mt 23,39), del que una parte está en "la incredulidad" (Rm 11,20) respecto a Jesús.

San Pablo dice: "Si su reprobación (de Israel) ha sido la reconciliación del mundo "¿qué será su readmisión sino una resurrección de entre los muertos?" (Rm 11,5)

La entrada de "la plenitud de los judíos" (Rm 11,12) en la salvación mesiánica, a continuación de "la plenitud de los gentiles" (Rm 11,25; cf Lc 21,24), hará al Pueblo de Dios "llegar a la plenitud de Cristo" (Ef 4,13), en la cual "Dios será todo en nosotros" (1 Co 15,28).

LA ÚLTIMA PRUEBA DE LA IGLESIA

Antes del advenimiento de Cristo, la Iglesia deberá pasar por una prueba final que sacudirá la fe de numerosos creyentes (cf Lc 18, 8; Mt 24, 12).

La persecución que acompaña a su peregrinación sobre la tierra (cf Lc 21, 12; Jn 15, 19-20) desvelará el "Misterio de iniquidad" bajo la forma de una impostura religiosa que proporcionará a los hombres una solución aparente a sus problemas mediante el precio de la apostasía de la verdad.

La impostura religiosa suprema es la del Anticristo, es decir, la de un seudo-mesianismo en que el hombre se glorifica a sí mismo colocándose en el lugar de Dios y de su Mesías venido en la carne (cf 2 Te 2, 4-12; 1 Te, 5, 2-3; Jn 7; 1 Jn 2, 18.22).

"Esta impostura del Anticristo aparece ya esbozada en el mundo cada vez que se pretende llevar a cabo la esperanza mesiánica en esta tierra. Pues esa esperanza mesiánica total sólo puede alcanzarse más allá de este tiempo histórico, y a través del juicio escatológico (al final de los tiempos) incluso la Iglesia rechaza esa forma mitigada que confunde el Reino futuro con el milenarismo (cf DS 3839); o bajo la forma política de un mesianismo secularizado (de espaldas a Dios y a la obra redentora de Cristo) (cf Pío XI, "Divini Redemptoris" GS 20-21).

La Iglesia sólo entrará en la gloria del Reino a través de esta última Pascua, en la que seguirá a su Señor en su muerte y su Resurrección (cf Ap 19, 1-9).

El Reino no se realizará, por tanto, mediante un triunfo histórico de la Iglesia (cf Ap 13, 8) en forma de un proceso creciente, sino por una victoria de Dios sobre el último desencadenamiento del mal (cf Ap 20, 7-10), que hará descender desde el cielo a su Esposa (cf Ap 21, 2-4).

El triunfo de Dios sobre la rebelión del mal tomará la forma de Juicio final (cf Ap 20, 12), después de la última sacudida cósmica de este mundo que pasa (cf 2 P3, 12-13).

PARA JUZGAR A VIVOS Y MUERTOS

Siguiendo a los profetas (cf Dn 7, 10; Jl 3, 4; Ml 3,19) y a Juan Bautista (cf Mt 3, 7-12), Jesús anunció en su predicación el Juicio del último Día. Entonces se pondrán a la luz la conducta de cada uno (cf Mc 12, 38-40) y el secreto de los corazones (cf Lc 12, 1-3; Jn 3, 20-21; Rm 2, 16; 1 Co 4, 5).

Entonces será condenada la incredulidad culpable que ha tenido en nada la gracia ofrecida por Dios (cf Mt 11, 20-24; 12, 41-42).

La actitud con respecto al prójimo revelará la acogida o el rechazo de la gracia y del amor divino (cf Mt 5, 22; 7, 1-5). Jesús dirá en el último día: "Cuanto hicieron a uno de estos hermanos míos más pequeños, a mí me lo hicieron" (Mt 25, 40).

Cristo es Señor de la vida eterna. El pleno derecho de juzgar definitivamente las obras y los corazones de los hombres pertenece a Cristo como Redentor del mundo. Él "adquirió" este derecho por su Cruz. El Padre también ha entregado "todo juicio al Hijo" (Jn 5, 22; cf Jn 5, 27; Mt 25, 31; Hch 10, 42; 17, 31; 2 Tm 4, 1).

Pues bien, el Hijo no ha venido para juzgar, sino para salvar (cf Jn 3, 17) y para dar la vida que hay en Él (cf Jn 5, 26).

Es por el rechazo de la gracia en esta vida por lo que cada uno se juzga ya a sí mismo (cf Jn 3, 18; 12, 48), es retribuido según sus obras (cf 1 Co 3, 12-15) y puede incluso condenarse eternamente al rechazar el Espíritu de amor (cf Mt 12, 32; Hb 6, 4-6; 10, 26-31).

PREGUNTAS:

1) ¿Cómo es el reinado de Cristo ahora en el mundo? Cristo, el Señor, reina ya por la Iglesia, pero todavía no le están sometidas todas las cosas de este mundo. El triunfo del Reino de Cristo no vendrá sin que antes tengan un último asalto las fuerzas del mal.

2) ¿Cómo vendrá Cristo al fin del mundo? Ahora en el mundo crecen juntos el trigo y la cizaña, pero el día del juicio, al fin del mundo, Cristo vendrá en la gloria para llevar a cabo el triunfo definitivo del bien sobre el mal.

3) ¿Qué revelará el Señor en el juicio final? Revelará la disposición secreta de cada corazón (el mal y el bien que ahora pueden ser desconocidos en el mundo), y retribuirá a cada ser humano según sus obras, o según haya aceptado o rechazado la gracia de Dios.

Recitar parte del salmo 51; y el acto de contrición: "Jesús, mi Señor y Redentor..."

PROCLAMEMOS:

1) *Jesucristo, "desde allí ha de venir a juzgar a vivos y muertos".*

2) *"Cristo es Señor de vivos y muertos".*

ACLAMEMOS:

1) *"Marana tha"; "Ven, Señor Jesús" (1 Co 16,22; Apoc 22,20)*

2) *"Esperamos cielos nuevos y tierra nueva"*

EJEMPLOS:

1) San Efrén salía del desierto donde vivía y oraba, para ir por todas partes predicando sobre el juicio final. Decía: "cuando yo pienso en aquel espantoso día, el temblor que de mí se apodera me hace agonizar".

2) Santa Teresa de Jesús, un día se encontró en el camino con un grupo de personas que blasfemaban, se insultaban y se peleaban, armados con cuchillos. Ella se detuvo y les dijo: "Hermanos, miren que Dios está aquí y les ha de juzgar". Enseguida todos se calmaron, y cesó la pelea sin que nadie fuera herido.

3) El Santo Cura de Ars, predicando un día sobre el juicio final, se detuvo en aquellas palabras: "Vayan, malditos", y comenzó a llorar. Decía: "¡Comprendemos hermanos, lo que significa ser "malditos" de un Dios que tanto ama y perdona!"

Canto: *Ven, Señor a liberarnos...*

"CREO EN EL ESPÍRITU SANTO"

Anuncio:
Esto dice el Señor: "Les daré un corazón nuevo y les infundiré un espíritu nuevo. Les infundiré mi espíritu y haré que caminen según mis preceptos" (Ez 36,26-27).

Lecturas:
Isaías 61,1-3; Ezequiel 36,22-32; Joel 2,28-32; Juan 7, 37-39; 11; Hch 1,3-8; Romanos 8,12-17.

"Nadie puede decir: "¡Jesús es Señor!" sino por influjo del Espíritu Santo" (1 Co 12, 3). "Dios ha enviado a nuestros corazones el Espíritu de su Hijo que clama: ¡Abba, Padre!" (Ga 4, 6). Este conocimiento de fe no es posible sino en el Espíritu Santo.

Para entrar en contacto con Cristo, es necesario primeramente haber sido atraído por el Espíritu Santo. Él es quien nos precede y despierta en nosotros la fe.

Mediante el Bautismo, primer sacramento de la fe, la Vida, que tiene su fuente en el Padre y se nos ofrece por el Hijo, se nos comunica íntima y personalmente por el Espíritu Santo en la Iglesia.

Creer en el Espíritu Santo es profesar que el Espíritu Santo es una de las personas de la Santísima Trinidad, de la misma naturaleza del Padre y del Hijo.

Por eso, al profesar nuestra fe en el Espíritu Santo, decimos "que con el Padre y el Hijo recibe una misma adoración y gloria".

El Espíritu Santo actúa con el Padre y el Hijo en el Designio de nuestra salvación. Actúa desde el comienzo hasta su consumación.

No obstante, en los "últimos tiempos" inaugurados con la Encarnación redentora del Hijo, es cuando el Espíritu Santo se revela y nos es dado, y a la vez le reconocemos y acogemos como una persona de la Santísima Trinidad. La Iglesia nos da a conocer al Espíritu Santo en las Sagradas Escrituras, en la Tradición Apostólica, en el Magisterio de la misma Iglesia, en la Liturgia, en la oración, en los diversos carismas y ministerios, en los signos de vida apostólica y misionera y en el testimonio de los santos.

"NADIE CONOCE LO ÍNTIMO DE DIOS, SINO EL ESPÍRITU DE DIOS" (1 Co 2,11).

Pues bien, su Espíritu que revela lo íntimo de Dios nos hace conocer a Cristo, su Verbo, su Palabra viva, pero no se revela a sí mismo.

El que "habló por los profetas" nos hace oir la Palabra del Padre. Pero a Él no le oímos.

No conocemos a ese Espíritu sino en la obra por la cual nos revela al Verbo y nos dispone a recibir al Verbo en la fe.

El Espíritu de verdad que nos "desvela" a Cristo "no habla de sí mismo" (Jn 16,13).

Un ocultamiento tan discreto, propiamente divino, explica por qué "el mundo no puede recibirle, porque no lo ve ni le conoce", mientras que los que creen en Cristo le conocen porque Él mora en ellos (Jn 14,17).

LA MISIÓN CONJUNTA DEL HIJO Y DEL ESPÍRITU

Dios Padre ha enviado a nuestros corazones el Espíritu de su Hijo (cf Ga 4,6). Ese Espíritu es Dios, la tercera persona de la Santísima Trinidad, inseparable del Padre y del Hijo, tanto en la vida íntima de la Santísima Trinidad como en su don (regalo) de amor al mundo.

Cuando el Padre envía a su Verbo, envía también su aliento, misión conjunta en la que el Hijo y el Espíritu Santo son distintos, pero inseparables.

Cristo es quien se manifiesta, imagen visible de Dios invisible, pero es el Espíritu Santo quien lo revela. Jesús es Cristo, es decir, "ungido", porque el Espíritu es su Unción. Y todo lo que sucede a partir de la Encarnación mana de esa plenitud (del Espíritu) (cf Jn 3,34).

El nombre, los apelativos y los símbolos del Espíritu Santo, véase el CEC del n. 691 al 701.

EL ESPÍRITU Y LA PALABRA DE DIOS EN EL TIEMPO DE LAS PROMESAS

En toda la historia de la salvación, desde el comienzo hasta "la plenitud de los tiempos" actúa la misión conjunta del Verbo y del Espíritu del Padre. Dicha misión conjunta permanece **oculta**, pero activa.
El Espíritu de Dios preparaba entonces el tiempo del Mesías. No estaban revelados, pero ya habían sido prometidos. De esa manera son esperados y aceptados cuando se manifiesten.

Por eso la Iglesia, cuando lee el Antiguo Testamento (cf 2 Co 3,14), investiga en él (cf Jn 5, 39-46) lo que el Espíritu "que habló por los profetas" quiere decirnos acerca de Cristo.

EN LA CREACIÓN

"La Palabra de Dios y su Soplo están en el origen del ser y de la vida de toda criatura (cf Sal 33, 6: 104, 30; Gn 1,2; 2,7; Qo 3,20-21; Ez 37,10).

En cuanto al hombre, es con sus propias manos (es decir, el Hijo y el Espíritu Santo) como Dios lo hizo... y Él dibujó sobre la carne moldeada su propia forma, de modo que incluso lo que fuese visible llevase la forma divina" (San Ireneo, dem. 11).

El ser humano quedó desfigurado por el pecado y la muerte. Continúa siendo imagen de Dios, pero "privado de la Gloria de Dios" (Rm 3,23). Dios hace a Abraham la promesa de salvación. Al final de la cual el Hijo mismo asumiría "la imagen" (cf Jn 1,14; Flp 2,7). Así la restaurará en "la semejanza" con el Padre, volviéndole a dar la Gloria, el Espíritu "que da la Vida".

En las Teofanías y en la Ley (Teofanía es la manifestación de Dios). El Verbo de Dios se dejaba ver y oir, a la vez revelado y "cubierto" por la nube del Espíritu Santo. Así, desde los Patriarcas a Moisés y desde Josué hasta los grandes profetas.

En el Reino y en el Exilio del Pueblo de Israel, sigue actuando Dios Padre a través de su Verbo y del Espíritu.

En la espera del Mesías y de su Espíritu. Con el profeta Isaías, dos líneas proféticas se perfilan: una se refiere a la espera del Mesías y la otra al anuncio de un Espíritu nuevo (cf Isaías 11,1-4; y 61, 1-3; Ezequiel 37, 1-14 y Joel 3,1-5).

Leamos a Isaías 11,1-2. 61,1-2
Cristo inaugura el anuncio de la Buena Nueva, haciendo suyo ese pasaje de Isaías (Lc 4,18-19; cf Is 61,1-2). San Pedro anuncia el cumplimiento de la promesa del envío del Espíritu Santo (Hch 2,17-21; Ez 36,25-28; 37, 1-14).

PREGUNTAS:

1) ¿Cuál es la prueba de que somos hijos de Dios? "La prueba de que somos hijos de Dios es que Dios ha enviado a nuestros corazones el Espíritu de su Hijo que clama: Abbá, Padre" (Ga 4, 6).

2) ¿Cómo es la misión del Hijo de Dios y de su Espíritu? La misión del Hijo y del Espíritu es una misión conjunta e inseparable, desde el comienzo hasta el final de los tiempos.

3) ¿Cómo preparó el Espíritu Santo la venida de Cristo al mundo en la plenitud de los tiempos? El Espíritu Santo realizó en María toda la preparación para la venida de Cristo al Pueblo de Dios, haciéndola digna morada para tal Hijo.

REFLEXIÓN:

Meditemos el texto de Gálatas 5,13-26.

PROCLAMEMOS:

1) *"Creo en el Espíritu Santo"*

2) *Creo en el Espíritu Santo, Señor y dador de vida, que con el Padre y el Hijo recibe una misma adoración y gloria.*

ACLAMEMOS:

Ven, Espíritu Santo, llena los corazones de tus fieles
y enciende en ellos la llama de tu amor.
Envíanos tu Espíritu y todos quedaremos reformados.
Y renovarás la faz de la tierra.

ORACIÓN:

¡Oh Dios! que has instruido y alumbrado los corazones de tus fieles con las luces del Espíritu Santo, danos ese mismo Espíritu Santo para que nos haga probar y amar el bien y que esparza en nosotros sus consuelos. Te lo pedimos por Jesucristo Nuestro Señor. Amén.

Rezar la oración al Espíritu Santo y hacer que se aprenda de memoria

EJEMPLO:

Sucedió aquí, en uno de nuestros pueblos. Una joven adolescente que iba a la misa, a poca distancia de su casa, fue asaltada por un vagabundo. Él la tenía agarrada con una mano y con la otra empuñaba un enorme puñal. Ella enseguida invocó al Espíritu Santo diciendo: "Espíritu Santo..." y le vino la inspiración de echar para atrás, mientras forcejeaba. En eso gritó, y un vecino salió con una pistola para defenderla. El gamberro la dejó y salió huyendo. El Espíritu Santo que ella invocó con tanta fe la liberó.

Canto: Espíritu del Trino Dios, ven sobre mí...

24

EL ESPÍRITU SANTO EN LA PLENITUD DE LOS TIEMPOS

Anuncio:
Jesús, al comenzar su vida pública, exclama: "El Espíritu del Señor está sobre mí, porque él me ha ungido, para que dé la buena noticia a los pobres, y para proclamar el año de gracia del Señor" (Lc 4,18-19; Is 61,1-2).

Lecturas:
Lucas 4,14-21; Juan 20,19-23; Hechos 2, 1-11; 1 Corintios 12,3-13; Gálatas 5,13-26.

JUAN BAUTISTA EL PRECURSOR LLENO DEL ESPÍRITU SANTO

"Hubo un hombre, enviado por Dios, que se llamaba Juan (Jn 1, 6). Juan fue "lleno del Espíritu Santo ya desde el seno de su madre" (Lc 1, 15.41) por obra del mismo Cristo que la Virgen María acaba de concebir del Espíritu Santo. La "visitación" de María a Isabel se convirtió así en "visita de Dios a su pueblo" (Lc 1, 68). Juan es "Elías que debe venir" (Mt 17, 10-13). El fuego del Espíritu lo habita y le hace correr delante [como "precursor"] del Señor que viene. En Juan el Precursor, el Espíritu Santo culmina la obra de "preparar al Señor un pueblo bien dispuesto" (Lc 1, 17).

Juan es "más que un profeta" (Lc 7, 26). En él, el Espíritu Santo consuma el "hablar por los profetas". Juan termina el ciclo de los profetas inaugurado por Elías (cf Mt 11, 13-14).

Juan anuncia la inminencia de la consolación de Israel, es la "voz" del Consolador que llega (Jn l, 23; cf Is 40, 1-3). Como lo hará el Espíritu de Verdad, "vino como testigo para dar testimonio de la luz" (Jn 1, 7; cf Jn 15, 26; 5, 33).

Con respecto a Juan, el Espíritu colma así las "indagaciones de los profetas" y la ansiedad de los ángeles (1 P 1, 10-12): "Aquél sobre quien veas que baja el Espíritu y se queda sobre él, ese es el que bautiza con el Espíritu Santo... Y yo lo he visto y doy testimonio de que este es Hijo de Dios... He ahí el Cordero de Dios" (Jn 1, 33-36) (cf n. 719).

"ALÉGRATE LLENA DE GRACIA"

María, la Santísima Madre de Dios, es la obra maestra de la misión del Hijo y del Espíritu Santo, ya en la plenitud de los tiempos. El Espíritu ha preparado a María. Por eso, Dios Padre encuentra **la morada** donde su Hijo y su Espíritu pueden habitar entre los hombres.

De ahí que la Iglesia relaciona con María los más bellos textos sobre la sabiduría (cf Pr 8,1-9, 6; Si 24). En la liturgia, María es cantada y representada como el Trono de la "Sabiduría".
En María comienzan a manifestarse las "maravillas de Dios". Maravillas que el Espíritu va a realizar en Cristo y en la Iglesia.

EL ESPÍRITU SANTO PREPARÓ A MARÍA CON SU GRACIA

El Espíritu Santo **preparó** a María con su gracia. Convenía que fuese "llena de gracia" la madre de Aquel en quien "reside toda la Plenitud de la Divinidad corporalmente" (Col 2, 9).

Ella fue concebida sin pecado, por pura gracia, como la más humilde de todas las criaturas, la más capaz de acoger el don inefable del Omnipotente.

Con justa razón el ángel Gabriel la saluda como la "Hija de Sión": "Alégrate" (cf So 3, 14; Za 2, 14).

Cuando ella lleva en sí al Hijo eterno, es la acción de gracias de todo el Pueblo de Dios, y por tanto de la Iglesia, esa acción de gracias que ella eleva en su cántico al Padre en el Espíritu Santo (cf Lc 1, 46-55).

EN MARÍA EL ESPÍRITU SANTO REALIZA EL DESIGNIO DEL PADRE

En María el Espíritu Santo **realiza** el designio benevolente del Padre. La Virgen concibe y da a luz al Hijo de Dios por obra del Espíritu Santo. Su virginidad se convierte en fecundidad única por medio del poder del Espíritu y de la fe (cf Lc 1, 26-38; Rm 4, 18-21; Ga 4, 26-28).

En María, el Espíritu Santo **manifiesta** al Hijo del Padre hecho Hijo de la Virgen. Ella es la zarza ardiente de la teofanía definitiva: llena del Espíritu Santo, presenta al Verbo en la humildad de su carne, dándolo a conocer a los pobres (cf Lc 2, 15-19) y a las primicias de las naciones (cf Mt 2, 11).

POR MEDIO DE MARÍA EL ESPÍRITU SANTO COMIENZA A PONER EN COMUNIÓN CON CRISTO A LOS HOMBRES

En fin, por medio de María, el Espíritu Santo comienza a **poner** en Comunión con Cristo a los hombres "objeto del amor benevolente de Dios" (cf Lc 2, 14), y los humildes son siempre los primeros en recibirle: los pastores, los magos, Simeón y Ana, los esposos de Caná y los primeros discípulos.

Al término de esta Misión del Espíritu, María se convierte en la "Mujer", nueva Eva "madre de los vivientes", Madre del "Cristo total" (cf Jn 19, 25-27).

Así es como ella está presente con los Doce, que "perseveraban en la oración con un mismo espíritu" (Hch 1, 14), en el amanecer de los "últimos tiempos" que el Espíritu va a inaugurar en la mañana de Pentecostés con la manifestación de la Iglesia.

CRISTO JESÚS

Toda la misión del Hijo y del Espíritu se resume en que el Hijo es ungido del Padre desde que se encarna en la Virgen María. Jesús es Cristo el Mesías.

Cuando Jesús es glorificado por su Muerte y Resurrección es cuando revela plenamente el Espíritu Santo.

Pero antes Jesús lo sugiere poco a poco, cuando revela que su carne será alimento para la vida del mundo (cf Jn 6,27.51.62-63). Lo sugiere también a Nicodemo (cf Jn 3,5-8), a la Samaritana (cf Jn 4,10.14:23-24), y a los que participan de la Fiesta de los Tabernáculos (cf Jn 7,37-39).

A los discípulos, Jesús les habla del Espíritu Santo a propósito de la oración (cf Lc 11,13) y del testimonio que tendrán que dar (cf Mt 10,19-20).

Solamente cuando ha llegado la hora en que va a ser glorificado Jesús **promete** la venida del Espíritu Santo, ya que su Muerte y Resurrección serán el cumplimiento de la Promesa hecha a los Padres (cf Jn 14,16-17.26;15,26;16,7-15;17,26).

El Espíritu Santo permanecerá con nosotros. Y nos enseñará todo y nos recordará todo lo que Cristo nos ha dicho y dará testimonio de Él.

Por fin llega la hora de Jesús (cf Jn 13,1; 17,1). Jesús entrega su espíritu en la manos del Padre (cf Lc 23,46). Por su muerte es vencedor de la muerte.

Después de la resurrección, Jesús enseguida da a sus discípulos el Espíritu Santo, dirigiendo sobre ellos su aliento (cf Jn 20,22).

A partir de esa hora, la misión de Cristo y del Espíritu se convierte en la misión de la Iglesia. "Como el Padre me envió, también yo les envío" (Jn 20,21; cf Mt 28, 19; Lc 24,47-48; Hch 1,8).

EL ESPÍRITU Y LA IGLESIA EN LOS ÚLTIMOS TIEMPOS

En ese día se revela plenamente la Santísima Trinidad. Desde ese día el Reino anunciado por Cristo está abierto a todos los que creen en Él.

El Espíritu Santo hace que el mundo entre en los "últimos tiempos", el tiempo de la Iglesia, el Reino ya heredado, pero todavía no consumado.

EL ESPÍRITU SANTO, EL DON DE DIOS

"Dios es Amor" (1 Jn 4, 8. 16) y el Amor, que es el primer don, contiene todos los demás. Este amor "Dios lo ha derramado en nuestros corazones por el Espíritu Santo que nos ha sido dado" (Rm 5, 5).

El primer efecto de ese Don de Amor es el perdón de nuestros pecados. La Comunión con el Espíritu Santo (2 Co 13,13) es la que, en la Iglesia, vuelve a dar a los bautizados la semejanza divina perdida por el pecado.

El Espíritu Santo también nos da "arras" o las "primicias" de nuestra herencia (cf Rm 8,23; 2 Co 1,21). (Nos inicia) en la Vida misma de la Santísima Trinidad que es amar "como Él nos ha amado" (cf 1 Jn 4,11-12).

Este amor (la caridad 1 Co 13) es el principio de la vida nueva, hecha posible porque "hemos recibido una fuerza, la del Espíritu Santo" (Hch 1,8).

El día de Pentecostés la Pascua de Cristo se consuma con la efusión del Espíritu Santo, que se manifiesta, da y comunica como Persona divina.

Gracias a este poder del Espíritu Santo, los hijos de Dios pueden dar fruto (cf Ga 5,22-23).

El Espíritu es nuestra Vida: cuanto más renunciamos a nosotros mismos (cf Mt 16,24-26), más obramos también según el Espíritu" (Ga 5,25).

EL ESPÍRITU SANTO Y LA IGLESIA

La misión de Cristo y del Espíritu Santo se realiza en la Iglesia. La Iglesia que es Cuerpo de Cristo y Templo del Espíritu Santo.

El Espíritu Santo prepara a los hombres para atraerlos hacia Cristo. Él le manifiesta al Señor resucitado. Les **hace presente** el misterio de Cristo, sobre todo, en la Eucaristía.

Así, la misión de la Iglesia no se añade a la de Cristo y del Espíritu Santo, sino que es su sacramento.

El Espíritu Santo es la Unción de Cristo. Y Cristo es Cabeza del Cuerpo. Por eso es Cristo quien los distribuye entre sus miembros (los fieles) para alimentarlos, sanarlos, vivificarlos, organizarlos en sus funciones mutuas y enviarlos a dar testimonio.

"El Espíritu Santo viene en ayuda de nuestra flaqueza" (Rm 8,26), para enseñarnos a orar y a realizar buenas obras (de esto tratará la cuarta parte del Catecismo).

PREGUNTAS:

1) El Hijo de Dios, ¿cómo fue consagrado Cristo o Mesías? Fue consagrado mediante la Unción del Espíritu Santo en su Encarnación (cf Sal 2,6-7).

2) ¿Qué comunica Jesucristo a sus apóstoles y a su Iglesia? Jesucristo, constituido Señor, de su plenitud, derrama el Espíritu Santo sobre sus apóstoles y sobre su Iglesia.

3) Cristo Cabeza de la Iglesia ¿cómo la santifica? Jesucristo derramando el Espíritu Santo sobre sus miembros (los fieles) construye, anima y santifica a su Iglesia y la hace Sacramento de Comunión de la Santísima Trinidad con los hombres.

Oración al Espíritu Santo, hasta aprenderla de memoria.

REFLEXIÓN:

Se puede hacer sobre el texto 1 Co 6,12-20

PROCLAMEMOS:

1) *"Creo en el Espíritu Santo"*

2) *Creo en el Espíritu Santo, Señor y dador de vida, que con el Padre y el Hijo recibe una misma adoración y gloria.*

ACLAMEMOS:

Ven, Espíritu Santo, llena los corazones de tus fieles y enciende en ellos la llama de tu amor.

Salmo 2

EJEMPLOS:

1) *Narrar la venida del Espíritu Santo (Hechos 2, 1-11).*

2) *Dice san Agustín que Cristo no dejó abandonada a su esposa la Iglesia, aquí en la tierra. Pues le dejó dos valiosas prendas: su sangre derramada (la Eucaristía) y le envió al Espíritu Santo.*

Canto: Se siente aquí...

NOTA: *Los dones que el Espíritu Santo derrama en nosotros son siete: sabiduría, entendimiento, ciencia, fortaleza, consejo, piedad y temor de Dios. Los frutos del Espíritu Santo (véase Gálatas 5,22-24). Las acciones que proceden de los bajos instintos (Ga 5,19-21).*

25. CREO EN LA SANTA IGLESIA CATÓLICA

Anuncio:
"Cristo es la luz de los pueblos. Esta luz de Cristo resplandece sobre el rostro de la Iglesia, anunciando el Evangelio a todas las criaturas" (LG). La Iglesia no tiene otra luz que la de Cristo, como la luna, cuya luz es reflejo del sol.

Lecturas:
Exodo 19, 1-11; 1 Corintios 1,1-9;1; 11,17-27; 12,1-14; 12,27-31; 13, 1-12 Mateo 10,1-15; Marcos 3,13-19; Efesios 5,25-32; 1 Pedro 2,1-10.

Cristo es la luz de los pueblos que resplandece sobre el rostro de la Iglesia, anunciando el Evangelio a todas las criaturas (cf LG 1). La Iglesia recibe la luz de Cristo, al igual que la luna, cuya luz es reflejo del sol. Es una comparación que usan los santos Padres. Así mismo, el Espíritu Santo, fuente y dador de toda santidad, ha dotado a la Iglesia de santidad. La Iglesia, según la expresión de san Hipólito, es el lugar "donde florece el Espíritu".

LA IGLESIA EN EL DESIGNIO DE DIOS

Los nombres y las imágenes de la Iglesia: "Iglesia" viene de la palabra griega: *ekklesia*, y significa "convocación". Designa asambleas del pueblo (cf Hch 19,39), en general de carácter religioso. Se refiere a la asamblea del pueblo elegido en la presencia de Dios (cf Ex 19). De hecho, estas tres significaciones son inseparables.

En lenguaje cristiano, "Iglesia" no sólo designa la asamblea litúrgica, sino también la comunidad local (cf 1 Co 1, 2; 16, 11,18) o toda la comunidad universal de los creyentes (cf 1 Co 15, 9; Ga 1, 13; Flp 3, 6).

Los símbolos de la Iglesia (véase del n. 753 al 757). Es un designio nacido del corazón del Padre. Dios, al crear el mundo, decidió elevar a los hombres a la participación de la vida divina. Dispuso convocar a los creyentes en Cristo en la Santa Iglesia. Es "la familia de Dios", que se realiza gradualmente (cf LG 2).

Es prefigurada desde el origen del mundo. Dios creó al mundo en orden a la comunión en su vida divina, lo cual se realiza mediante la "convocación" de los hombres en Cristo.

LA IGLESIA PREPARADA EN LA ANTIGUA ALIANZA

La reunión del pueblo de Dios comienza en el instante en que el pecado destruye la comunión de los hombres con Dios y la de los hombres entre sí. Es la reacción de Dios ante el caos provocado por el pecado.

Dios va preparando esa reunión de los hombres y de todas las naciones con la vocación de Abraham y con la elección de Israel como pueblo de Dios (cf Gn 12,2;15, 5-6; Ex 19,5-6; Dt 7,6).

La Iglesia instituida por Cristo Jesús. Corresponde al Hijo realizar el plan de salvación de su Padre. Este es el motivo de su misión (Véase CEC del n. 763 al 766).

La Iglesia manifestada por el Espíritu Santo. El Hijo terminó la obra que el Padre le encargó realizar en la tierra. Entonces fue enviado el Espíritu Santo en Pentecostés para que santificara continuamente a la Iglesia (cf LG 4).

La Iglesia consumada en la gloria. La Iglesia "sólo llegará a su perfección en la gloria del cielo" (LG 48) cuando Cristo vuelva glorioso. Mientras tanto, "la Iglesia avanza en su peregrinación a través de las persecuciones del mundo y de los consuelos de Dios", dice san Agustín.

EL MISTERIO DE LA IGLESIA

La Iglesia es a la vez visible y espiritual. Por voluntad de Cristo, la Iglesia está dotada del ministerio jerárquico (que la dirige) y es a la vez el cuerpo místico de Cristo. Es un grupo visible, pero también una comunidad espiritual. Es de la tierra, pero está llena de bienes del cielo.

"La Iglesia es una realidad compleja, en la que está unido lo divino y lo humano" (LG 8).

"¡Qué humildad y qué sublimidad!", dice san Bernardo.

"La Iglesia es un cuerpo mortal y un templo luminoso; la despreciada por los soberbios y la esposa de Cristo". (Por eso el que no está maduro en la fe puede ver sólo lo humano, que puede fallar, y apartarse y no aprovechar "lo sublime" de Dios).

La Iglesia, misterio de unión de los hombres con Dios. En la Iglesia se cumple el designio de Dios: "Hacer la unidad del universo por medio del Mesías" (Ef 1,10). Por eso san Pablo llama "gran misterio" al desposorio de Cristo con la Iglesia (Ef 5,32). Todo lo que en la Iglesia es medio sacramental tiene por fin llevar a los hombres a la unión con Dios (cf LG 48). Todo por medio de "la caridad que no pasará jamás" (1 Co 13,8).

En la Iglesia, la Virgen María nos precede a todos en la santidad, como la "Esposa sin tacha ni arruga" (Ef 5,27).

Por eso "la dimensión mariana de la Iglesia precede a la dimensión petrina" (MD 27) (es decir, el servicio de la jerarquía es necesario, pero por encima está la santidad).

La Iglesia, sacramento universal de salvación. Cristo es "el misterio de salvación", y la Iglesia es como su "sacramento", o sea, el signo visible de esa realidad oculta. Es el instrumento que deja Cristo para la unión íntima con Dios y de la unidad de todo el género humano (cf LG 1).

Esta unidad ya está comenzada en ella porque reúne hombres "de toda nación, raza, pueblo y lengua" (Ap 7,9). "Manifiesta y realiza al mismo tiempo el misterio del amor de Dios al hombre" (GS 45,1).

LA IGLESIA PUEBLO DE DIOS

El que teme y practica la justicia ha sido grato a Dios. Pero Dios no quiere salvar a los hombres individualmente o aislados. Quiere formar con ellos un pueblo que conozca la verdad y le sirva. Primero eligió a Israel, como preparación para la nueva alianza en Cristo.

Características del pueblo de Dios. No pertenece en propiedad a ningún pueblo en particular. De los que no eran un pueblo, Dios ha adquirido para sí: "una raza elegida, un sacerdocio real, una nación santa" (1 P 2,9).

Para ser miembro se necesita "un nacimiento de arriba", "del agua y del Espíritu" (Jn 3, 3-5).

Tiene por **Jefe o Cabeza** a Cristo, el Ungido, porque la misma Unción, el Espíritu Santo, fluye desde la Cabeza al Cuerpo que es "el pueblo mesiánico".

Su ley: el mandamiento nuevo: amar como Cristo nos amó (cf Jn 13,34). Esta es la Ley "nueva" del Espíritu Santo (Rm 8,2; Ga 5,25). **Su misión**: ser luz del mundo y sal de la tierra (cf Mt 5,13-16). **Su destino** es Reino de Dios (LG 9)

Un pueblo Sacerdotal, Profético, Real. Participa de las funciones de Cristo "Sacerdote, Profeta y Rey" (Véase (CEC 783-786).

La Iglesia, Cuerpo de Cristo. Desde el comienzo, Jesús asoció a sus discípulos a su vida (cf Mc 1,16-20; 3,13-19). Les reveló el misterio del reino (cf Mt 13, 10-17, cf Lc 10,17-20, 22, 28-30). Les habla de una comunión de vida íntima con Él (Jn 15,4-5).

La comparación de la Iglesia con el cuerpo (un organismo vivo) arroja luz, sobre la relación íntima entre la Iglesia y Cristo. La Iglesia no sólo está reunida **en torno a Él**. Está unificada **en Él**. De ahí la unión de todos los miembros entre sí, por su unión con Cristo Cabeza (cf Rm 6,4-5; 1 Co 12,13; Ga 3, 27-28; Col 2,19; Ef 4,11-16). (Véase CEC del n. 790 al 795).

La Iglesia Templo del Espíritu Santo. Lo que nuestro espíritu, es decir, nuestra alma, es para nuestros miembros, eso mismo es el Espíritu Santo para los miembros de Cristo, para el Cuerpo de Cristo que es la Iglesia.

Los carismas (extraordinarios o sencillos) son dones y gracias del Espíritu Santo para bien de la Iglesia.

PREGUNTAS:

1) ¿Qué significa la palabra Iglesia? Significa "convocación". Designa la asamblea de aquellos que son convocados para escuchar la palabra de Dios y alimentarse con el Cuerpo de Cristo. Así se convierten en el Pueblo de Dios.

2) ¿Qué es la Iglesia? Es camino y término del designio de Dios. Fue prefigurada en la creación, preparada en la Antigua Alianza, fundada por Jesucristo. Fue realizada por la Cruz redentora y Resurrección del Señor; y se manifiesta como misterio de salvación por la efusión del Espíritu Santo. Quedará consumada en la gloria del cielo (cf Ap 14,4).

3) ¿Cómo está formada la Iglesia? Es a la vez visible y espiritual. Es jerárquica y Cuerpo Místico de Cristo. Está formada por un doble elemento: humano y divino. Ahí está su misterio que sólo la fe puede aceptar.

4) ¿Qué es la Iglesia en este mundo? Es sacramento de la salvación, el signo y el instrumento de la comunión con Dios y con los hombres.

5) ¿Cómo se entra en el Pueblo de Dios (la Iglesia)? Se entra por la fe y el Bautismo. "Todos los hombres están invitados a formar parte del Pueblo de Dios" (AG1).

6) ¿Qué es la Iglesia con relación a Cristo? La Iglesia es el Cuerpo del que Cristo es la Cabeza. La Iglesia es la Esposa de Cristo, a la que Él ha amado y se ha entregado por Ella. La Iglesia es Templo del Espíritu Santo. El Espíritu Santo es como el alma de este cuerpo místico, principio de su vida y de su unidad en la diversidad.

PROCLAMEMOS:

1) *"Creo en la Santa Iglesia Católica".*

ACLAMEMOS:

2) *"Del costado de Cristo dormido en la Cruz nació la Iglesia, sacramento admirable" (cf SC5).*

3) *El Espíritu Santo es como el alma del Cuerpo Místico de la Iglesia.*

4) *Los miembros vivos de la Iglesia somos "linaje escogido, sacerdocio real, nación santa, pueblo adquirido" (1 P 2,9).*

5) *Todos los hombres están invitados a unirse al Pueblo de Dios.*

EJEMPLOS:

Juliano, emperador romano, después de bautizado, apostató de la fe de la Iglesia. Una vez encontró a un cristiano, y de burla le dijo: ¿qué está haciendo el hijo del carpintero? (refiriéndose a Jesucristo). El cristiano le contestó: está haciéndote el ataúd. Poco tiempo después Juliano fue herido en la guerra con los persas, y arrojando coágulos de su sangre hacia el cielo, exclamó: "Venciste, Galileo". Y murió.

1. *Se puede recitar parte del salmo 83.*

2. *Se puede narrar el encarcelamiento de Pedro (Hechos 12, 1-17).*

Canto: *Iglesia soy...*

26

LA IGLESIA ES UNA, SANTA, CATÓLICA Y APOSTÓLICA

Anuncio:
Hay *"un solo Señor, una fe, un bautismo, un Dios y Padre de todos"* (Ef 4,5).

Lecturas:
Marcos 3,13-19; Mateo 10,1-8; 16, 13-20; 28, 16-20; Juan 20,19-23; 21,1-22.

"Esta es la única Iglesia de Cristo. De ella confesamos en el Credo que es una, santa, católica y apostólica" (LG 8). Son cuatro atributos esenciales de la Iglesia (verdadera), inseparablemente unidos entre sí (cf DS 2888).

¿Acaso tiene la Iglesia estas notas por sí misma, la Iglesia compuesta por hombres? No. Es Cristo quien, por el Espíritu Santo, la hace una, santa, católica y apostólica.

Esta verdad es de fe. La profesamos en el Credo. Sólo por la fe se puede reconocer que la Iglesia tiene estas propiedades por su origen divino. (Luego se explicará cada una de estas propiedades).

LA IGLESIA ES UNA
Lectura: Juan 17,11-21

La Iglesia es una debido a su origen: Tiene por modelo la unidad de la Santísima Trinidad (cf UR 2). También es una **debido a su fundador**, Cristo, quien restituye la unidad de todos en un solo pueblo (cf GS 78,3). Asimismo, la Iglesia es una debido a su alma: el Espíritu Santo que habita en los creyentes y realiza esa admirable comunión (unidad de fieles) (cf UR 2).

Desde el principio esta Iglesia se presenta con una gran diversidad, por la variedad de los dones de Dios y la multiplicidad de las personas (cf LG 13). Pero esa diversidad no se opone a la unidad (cf Ef 4,3).

Esta unidad y comunión se asegura: 1) por la profesión de una misma fe, recibida de los apóstoles; 2) por la celebración común del culto divino; 3) por la sucesión apostólica por el sacramento del orden, o sea, la Iglesia es dirigida por el sucesor de Pedro y por los obispos en comunión con él (cf LG8).

LAS HERIDAS DE LA UNIDAD

Pero, de hecho, siempre ha habido desuniones y rompimientos (herejías, apostasías y cismas) (cf UR3 y CIC can 751), consecuencia del pecado de los hombres.

Los que nacen hoy en esas comunidades surgidas de tales rupturas, y son instruidos en la verdadera fe de Cristo y santificados por la fe en el bautismo no tienen culpa de esa separación. La Iglesia católica los reconoce como hermanos en el Señor (cf UR3).

Hacia la unidad. La Iglesia debe orar y trabajar por la unidad que Cristo quiere de ella (cf Jn 17,21) (véase n. 821).

LA IGLESIA ES SANTA

(Lecturas: Efesios 1, 20-23; 5, 25-27). La fe confiesa que la Iglesia... no puede dejar de ser santa, porque Cristo se entregó por ella para santificarla y la unió a sí mismo como su propio cuerpo, y la llenó del don del Espíritu Santo (cf LG 39). Por eso sus miembros son llamados "santos" (cf Hch 9,13; 1 Co 6,1;16,1).

Además, la Iglesia ha recibido de Cristo todos los medios de salvación (cf UR3). Ha sido hecha santificadora. Por eso en ella "conseguimos la santidad por la gracia de Dios" (LG 48).

Mientras estemos en la tierra, será una santidad "todavía imperfecta" (LG 48). Todos los cristianos estamos llamados a la santidad (cf LG 11) por medio de la **caridad**, que es el alma de la santidad (cf LG 42).

Cristo es santo e inocente. Vino a expiar los pecados del pueblo. Pero la Iglesia, **abrazando en su seno a los pecadores**, es a la vez santa y necesitada de conversión y santificación (cf LG 8; UR 3; 6). Incluso sus ministros deben reconocerse pecadores (cf 1 Jn 1, 8-10). La cizaña del pecado todavía se encuentra mezclada con la buena semilla del Evangelio (cf Mt 13, 24-30).

Al declarar santos a algunos de sus fieles, la Iglesia reconoce el poder del Espíritu de santidad en ella (cf LG 40; 48-51).

La Iglesia, en la Santísima Virgen, llegó ya a la perfección: sin mancha ni arruga (LG 65).

(Si se ven pecados en la Iglesia, hay que orar con humildad, pues todos, dejados de la mano de Dios, podemos caer. Dejarla (a la Iglesia) por esa causa puede significar orgullo farisaico o poca madurez en la fe. Por fijarse sólo en las fallas de los humanos se pierde "la sublimidad", o sea, los dones con que Cristo enriquece a su Iglesia).

LA IGLESIA ES CATÓLICA

(Lectura Mateo 28,16-20) "Católica" significa "universal". La Iglesia es católica porque Cristo está presente en ella, y Cristo es su Cabeza (cf Ef 1, 22-23). De Él recibe "la plenitud de los medios de salvación" (AG 6) (y Cristo es el Salvador de todos los hombres).

Es "católica" porque Cristo la ha enviado a evangelizar la totalidad del género humano (cf Mt 28,19).

CADA UNA DE LAS IGLESIAS LOCALES ES CATÓLICA

Cristo está presente en cada una de las legítimas comunidades de fieles unidas a sus pastores (cf LG 26).

Iglesia particular o local es, en primer lugar, cada Diócesis, presidida por el Obispo, sucesor de los apóstoles, y unido al sucesor de Pedro. Así están "formadas" a imagen de la Iglesia Universal (LG 23).

Todas las Diócesis son plenamente católicas gracias a la comunión con la Iglesia de Roma (Sede de Pedro), que preside en la caridad.

QUIÉN PERTENECE
A LA IGLESIA CATÓLICA

Todos los que, teniendo el Espíritu de Cristo, aceptan su constitución (de la Iglesia) y todos los medios de salvación que hay en ella, y están unidos al mismo Cristo que la rige visiblemente por medio del sucesor de Pedro, el Papa, y los obispos en comunión con él (cf LG 14). No se salva el que está en el seno de la Iglesia con "el cuerpo", y no con "el corazón" (LG 14).

Pero todos los hombres están invitados a la unidad católica del Pueblo de Dios (cf LG 13).

Los que creen en Cristo y han recibido ritualmente el bautismo, pero no profesan la fe en su integridad o no conservan la unidad de la comunión bajo el sucesor de Pedro, éstos están en una cierta comunión, aunque no perfecta, con la Iglesia Católica (UR3). Los más cercanos son los de las Iglesias Ortodoxas. Falta poco para la plena unión con ellas.

"Los que todavía no han recibido el Evangelio también están ordenados al Pueblo de Dios de diversas maneras" (LG 16).

LA IGLESIA Y LOS NO-CRISTIANOS

La Iglesia y el pueblo judío: La Iglesia, al escrutar su propio misterio, descubre su vinculación con el pueblo judío (cf NA 4) "a quien Dios ha hablado primero" (MR, Viernes Santo 13). A diferencia de las religiones no cristianas, la fe judía ya es una respuesta a la Revelación de Dios en la Antigua Alianza (Los judíos creen en sólo Dios verdadero).

Relación con los musulmanes. "...los musulmanes profesan la fe de Abraham y adoran con nosotros al Dios único y misericordioso que juzgará a los hombres al fin del mundo" (LG 16; cf NA 3).

La Iglesia reconoce en las otras religiones la búsqueda de Dios "todavía en sombras y bajo imágenes" del Dios desconocido, pero próximo, ya que es Él quien da a todos vida, el aliento y todas las cosas, y quiere que "todos los hombres se salven".

"Fuera de la Iglesia no hay salvación". Esta afirmación no se refiere a los que, sin culpa, no conocen a Cristo y a su Iglesia.

Los que sin culpa suya no conocen el Evangelio de Cristo y su Iglesia, pero buscan a Dios con sincero corazón e intentan en su vida, con la ayuda de la gracia, hacer la voluntad de Dios, que conocen a través de su conciencia, pueden conseguir la salvación eterna (LG 16; cf DS 3866-3872).

Dios, por caminos que sólo Él conoce, puede llevarlos a la fe "sin la cual es imposible agradarle" (Hb 11,6).

Pero la Iglesia tiene la obligación y el sagrado derecho de evangelizar a todos (cf AG 7; Mt 28, 19-20) (Véase CEC 849-856).

LA IGLESIA ES APOSTÓLICA
(Lecturas: Juan 20,19-23; Efesios 2,19-22; Apocalipsis 21,9-14)

La Iglesia es apostólica porque:

- Fue y permanece edificada sobre "el fundamento de los apóstoles" (Ep 2,20; Hch 21,14); testigos escogidos y enviados en misión por el mismo Jesucristo (cf Mt 28,16-20; Hch 1,8; 1 Co 9. 1;15, 7-8; Ga 1, 1 ss).

- Ella guarda y transmite, con la ayuda del Espíritu Santo, la enseñanza, el buen depósito, las sanas palabras oídas a los apóstoles (cf Hch 2,42; 2 Tm 1,13-14).

- Sigue siendo enseñada, dirigida y santificada por los apóstoles hasta la vuelta de Cristo, gracias a aquellos que les suceden en su ministerio pastoral: el colegio de los obispos, "a los que asisten los presbíteros, juntamente con el sucesor de Pedro y Sumo Pastor de la Iglesia" (AG 5).

LA MISIÓN DE LOS APÓSTOLES

Jesús es el enviado del Padre. Desde el comienzo de su ministerio, llamó a los que Él quiso para que estuvieran con Él y para enviarlos a predicar (cf Mc 3,13-14).

Desde entonces serán sus "enviados"; es lo que significa la palabra griega "*apostoloi*" sea, apóstoles, enviados. "Como el Padre me envió, también yo les envío a ustedes" (Jn 20,21). "Quien recibe a ustedes me recibe a mí" (Mt 10,40; cf Lc 10,16).

Esos apóstoles son "ministros de la nueva Alianza" (2 Co 3,6).

"Esta misión divina confiada a los apóstoles dura hasta el fin del mundo (cf Mt 28,20); por eso los apóstoles se preocuparon de instituir sucesores" (LG 20).

El mandato misionero es una exigencia de la catolicidad de la Iglesia (Véase CEC del n. 849 al 856).

LOS OBISPOS SUCESORES DE LOS APÓSTOLES

Los apóstoles encargaron a sus colaboradores más inmediatos que terminaran y consolidaran la obra que ellos empezaron. Y dispusieron que, después de su muerte, otros hombres probados les sucedieran en el ministerio (cf LG 20; san Clemente Romano, Cor 42,44).

Como el ministerio confiado por el Señor a Pedro es transmitido a sus sucesores, así el ministerio de los apóstoles de apacentar la Iglesia, por el orden sagrado, es transmitido a los obispos (cf LG20).

Toda la Iglesia es apostólica, a través de los sucesores de san Pedro y de los sucesores de apóstoles, en comunión de fe y de vida con su origen; y toda la Iglesia es "enviada" al mundo entero.

Hay algo de los apóstoles que no se transmite. Es el haber sido elegidos por Jesucristo como testigos de su Resurrección y constituidos fundamentos de la Iglesia. Pero todos los demás ministerios, facultades y carismas que necesita la Iglesia para su conservación y dilatación son transmitidos a los sucesores, por disposición del mismo Jesucristo.

PREGUNTAS:

1) ¿Por qué la Iglesia es una? Es una porque tiene un sólo Señor, confiere una sóla fe, nace de un sólo Bautismo, y forma un sólo Cuerpo, vivificado por un sólo Espíritu, y con una misma esperanza (cf Ef 4,3-5).

2) ¿Por qué la Iglesia es santa? Es santa porque Cristo es Santo y se entregó por ella para santificarla, y el Espíritu de Santidad la vivifica. Aunque comprende también a pecadores, está llamada a la santidad, y Cristo le ha dado todos los medios de conversión y de santificación. En los santos brilla su santidad y en María es ya enteramente santa.

3) ¿Por qué la Iglesia es católica? Es católica porque anuncia la totalidad de la fe; lleva en sí y administra la plenitud de los medios de salvación; es enviada a todos los pueblos; se dirige a todos los hombres; abarca todos los tiempos; "es misionera por su propia naturaleza" (AG2).

4) ¿Por qué la Iglesia es apostólica? Es apostólica, porque está edificada sobre "los doce apóstoles del Cordero" (Ap 21,14). Es indestructible (cf Mt 16,18). Cristo la asiste y le comunica el carisma de la verdad y la gobierna por medio de Pedro y los

demás apóstoles, presentes en sus sucesores, el Papa y los obispos.

5) ¿Subsiste la única Iglesia de Cristo? Sí, "la única Iglesia de Cristo, de la que confesamos en el Credo que es una, santa, católica y apostólica, subsiste en la Iglesia católica, gobernada por el sucesor de Pedro, el Papa, y por los obispos en comunión con él. Pero fuera de la estructura visible de la Iglesia, pueden encontrarse muchos elementos de santificación y de verdad" (LG 8).

REFLEXIÓN:

La dignidad del cristiano

Reflexionemos una vez más sobre los ministerios en la Iglesia. Sean los ministerios del Orden sagrado o los confiados a los laicos no son un honor sino un humilde servicio. En esto hay que seguir a Jesús, quien insiste en que vino a servir, no a ser servido; y que esa debe ser la actitud de todo discípulo suyo y de todo miembro de la Iglesia (cf Mt 20,28).

La dignidad y grandeza del cristiano no le viene de los cargos que desempeña sino de ser hijo de Dios, templo del Espíritu Santo, hermano de Jesucristo, coheredero del Reino de los cielos. Todos esos dones nos vienen por los méritos de nuestro Señor Jesús, y se nos conceden a través del bautismo.

A este respecto dice hermosamente san Agustín: "Para ustedes soy el obispo, con ustedes soy el cristiano. Aquél es el nombre del cargo, éste el de la gracia; aquél, el del peligro; éste, el de la salvación" (cf LG 32).

PROCLAMEMOS:

1) *Creo en la Santa Iglesia Católica*

2) *"Creo en la Iglesia que es una, santa, católica y apostólica".*

ACLAMEMOS:

1) *Hay un sólo Señor, una sóla fe, un sólo Bautismo, y un sólo Dios y Padre de todos" (Ef 4,5)*

2) *El Espíritu y la novia (la Iglesia) claman: "Marana tha, Ven, Señor Jesús".*

Se puede recitar parte del salmo 83 o del 121.

Canto: *Un solo Señor, una sola fe...*

EJEMPLO:

En 1865 Monseñor Petitjean descubrió en el Japón descendientes de los antiguos cristianos bautizados por san Francisco Javier y sus compañeros. Vinieron de Urakami a Nagasaki, para visitar la capilla de los veintisiete mártires japoneses. Al comprobar que Monseñor Petitjean y sus compañeros franceses proclamaban el culto a la Virgen, el celibato eclesiástico y la obediencia al Papa, reconocieron los japoneses en los misioneros a sucesores de aquellos sacerdotes, mártires del siglo XVII, y les revelaron la existencia secreta de cristiandades católicas ocultas desde la gran persecución. Durante más de doscientos años, sin sacerdote alguno, se transmitió entre ellos el sacramento del Bautismo y los principales artículos del Credo católico.

27

LOS FIELES DE CRISTO: JERARQUIA, LAICOS, VIDA CONSAGRADA

Anuncio:
Son fieles cristianos quienes, incorporados a Cristo por el bautismo, se integran en el Pueblo de Dios, y así son partícipes de la función sacerdotal, profética y real de Jesucristo, cada uno según su propia condición (cf LG 31; Can 204).

Lecturas:
Romanos 10, 9-15; Filipenses 2,1-16; Mateo 5,13-16; 20,20-28; 16,13-20; 19,16-21; Marcos 3, 13-19; Juan 20,19-23; Juan 21,1-22; 1 Corintios 12,1-20; 1 Corintios 13,1-11; 1 Pedro 2,1-6.

Por el bautismo (la gracia fundamental) todos los fieles tienen verdadera igualdad en cuanto a la dignidad y acción (cf CIC can 208; LG 32).

Las mismas diferencias que hay en la Iglesia, en la diversidad de ministerios, sirven a su unidad y a su misión (cf AA 2; can 207,2).

LA CONSTITUCIÓN JERÁRQUICA DE LA IGLESIA

Cristo el Señor, para dirigir al Pueblo de Dios, instituyó en su Iglesia diversos ministerios.

Nadie puede darse a sí mismo la misión y el mandato de anunciar el Evangelio. El enviado del Señor no habla ni obra con autoridad propia, ni como miembro de la comunidad, sino en nombre de Cristo.

Esto supone que haya ministros de la gracia, autorizados y habilitados por parte de Cristo. De Él los obispos y los presbíteros reciben la misión y la facultad de actuar "in Persona Christi Capitis", en la Persona de Cristo Cabeza (de la Iglesia). De Él también los diáconos reciben las fuerzas para servir al pueblo de Dios.

Lo que estos ministros hacen y dan, por don de Dios, no lo dan ni hacen por sí mismos, sino en virtud del sacramento que reciben de Cristo.

Este ministerio eclesial tiene **carácter de servicio** (no de honor) (cf Rm 1,1; 1 Co 9,19; Flp 2,7).

Este ministerio eclesial tiene también **carácter colegial.** Desde el comienzo el Señor Jesús instituyó a los Doce, el Colegio de los Apóstoles. Ahora les siguen los obispos, sucesores de los apóstoles, en comunión con el sucesor de Pedro, (el Papa).

Por su naturaleza sacramental, este ministerio eclesial, tiene también **carácter personal.** Esto en el sentido de que cada uno ha sido llamado personalmente por el Señor (cf Jn 21,22; Mt 4,19-21; Jn 1,43).

El ministro actúa en la persona de Aquel que le da la misión, Jesucristo. Por eso, "in persona Christi", y a favor de personas dice: Yo te bautizo en el nombre del Padre...; yo te perdono...

Repetimos que el ministerio sacramental en la Iglesia es un servicio ejercitado en nombre de Cristo y tiene una índole personal y una forma colegial, siempre en comunión con el Sucesor de Pedro y con el obispo de cada diócesis; de cara a la Iglesia Universal.

(No es un ministerio que lo da la comunidad, aunque esté al servicio de la comunidad eclesial).

EL COLEGIO EPISCOPAL Y SU CABEZA, EL PAPA

Cristo, al instituir a los Doce apóstoles, formó una especie de colegio o grupo estable, poniendo a Pedro al frente de él (cf LG 22).

Así los obispos sucesores de los apóstoles, unidos al Papa, sucesor de Pedro. (cf LG 19-22).

El Señor Jesús dio a Simón el nombre de Pedro. Le hizo la piedra (cabeza visible) de la Iglesia. Le entregó las llaves de ella, y le instituyó pastor de todo el rebaño (cf Mt 16, 18-19; Jn 21, 15-17).

El Papa, Obispo de Roma, sucesor de Pedro, es "el principio y fundamento perpetuo y visible de unidad, tanto de los obispos como de la muchedumbre de los fieles" (LG23).

"El Papa, como Vicario de Cristo y Pastor de toda la Iglesia, tiene en la Iglesia potestad plena, suprema y universal, que puede ejercer siempre con entera libertad" (LG22; cf CD2;9).

Todos los obispos, o sea, el colegio episcopal unido al Papa, ejerce su potestad sobre toda la Iglesia, de modo solemne, en el Concilio Ecuménico (can . 337,1).

No es válido el Concilio Ecuménico si no lo ha aprobado o aceptado el sucesor de Pedro (cf LG 22).

"Cada uno de los **obispos**, por su parte, es el principio y fundamento visible de unidad en sus Iglesias particulares" (LG23), asistido por los presbíteros y diáconos.

Las Iglesias particulares o Diócesis vecinas y de cultura homogénea forman **provincias eclesiásticas**.

Los obispos de un mismo país se unen en **Conferencias Episcopales** que pueden prestar una ayuda múltiple y llevar a la práctica el afecto colegial. (Pero éstas no quitan la autonomía de cada obispo en su Diócesis, en comunión con el sucesor de Pedro).

LA MISIÓN DE ENSEÑAR

Los obispos, con los presbíteros, sus colaboradores, "tienen como primer deber el anunciar a todos el Evangelio de Dios (PO4 cf Mc 16,15).

Cristo ha dotado a la Iglesia del "sentido sobrenatural de la fe", para mantener la pureza de la enseñanza transmitida por los apóstoles, bajo la guía del magisterio vivo que el mismo Cristo ha conferido a la Iglesia (cf LG 12;DV10).

El Papa, Vicario de Jesucristo, cabeza del Colegio Episcopal, goza de la infalibilidad (Cristo le asiste con el carisma de la verdad para que no lleve error cuando enseña como Pastor y Maestro supremo de todos los fieles, cuando se trata de verdades de fe y de moral). "Esa infalibilidad (o carisma de la verdad, asistido por el Espíritu Santo) prometida a la Iglesia, reside también en el Cuerpo Episcopal cuando ejerce el magisterio supremo con el sucesor de Pedro, en Concilio Ecuménico" (LG 25; cf Mt 16,19; 18,18; Lc 22,32).

LA MISIÓN DE SANTIFICAR Y DIRIGIR

La Eucaristía es el centro de la vida de la Iglesia. El obispo y los presbíteros santifican a la Iglesia por medio de la Eucaristía, con su oración y su trabajo, por medio de la palabra y los sacramentos, y "siendo modelos de la grey" (1 P 5,3); cf LG 26).

El Obispo es administrador de la gracia del Sumo Sacerdote (Cristo) (LG 26).

Los obispos, como vicarios y delegados de Jesucristo, dirigen las Diócesis con sus consejos y ejemplo y con autoridad propia, ordinaria e inmediata (cf LG 27). En ese sentido, son vicarios de Cristo, no del Papa. Pero deben ejercer esa autoridad en comunión con toda la Iglesia, bajo la guía del Papa.

LOS FIELES LAICOS

Por "laicos" se entiende aquí a todos los cristianos, excepto los miembros del orden sagrado y del estado religioso. Todos los cristianos están incorporados a Cristo por el Bautismo y forman el Pueblo de Dios (cf LG 31).

La vocación de los laicos. Tienen por vocación propia el buscar el reino de Dios, ocupándose de las realidades temporales y ordenándolas según Dios (cf LG 31).

LOS LAICOS PARTICIPAN EN LA MISIÓN PROFÉTICA DE CRISTO

"Cristo... realiza su función profética... no sólo a través de la jerarquía, sino también por medio de los laicos. Él los hace sus testigos y les da el sentido de la fe y la gracia de la palabra" (LG 35).

Enseñar a alguien para traerlo a la fe es tarea de todo predicador e incluso de todo creyente (Sto. Tomas de A., s. th. 111, 71, 4, ad3).

Los laicos cumplen también su misión profética evangelizando, con "el anuncio de Cristo comunicado con el testimonio de la vida y de la palabra". En los laicos, esta evangelización "adquiere una nota específica y una eficacia particular por el hecho de que se realiza en las condiciones generales de nuestro mundo" (LG 35).

Los laicos formados deben también, con todo respeto, manifestar a los pastores sagrados su opinión sobre aquello que pertenece al bien de la Iglesia (cf can 212,3).

Los laicos deben unir sus fuerzas para sanear las estructuras sociales y las condiciones del mundo, de manera que sean conformes a las normas de la justicia y de la moral.

Como todos los fieles, los laicos están encargados por Dios del apostolado, en virtud del bautismo y de la confirmación.

LA PARTICIPACIÓN DE LOS LAICOS EN LA MISIÓN SACERDOTAL DE CRISTO

También hay muchos ministerios que se pueden confiar a laicos, donde la Iglesia tenga esa necesidad (cf Can 230,1; 230,3).

"Los laicos, consagrados a Cristo y ungidos por el Espíritu Santo, están maravillosamente llamados y preparados para producir siempre los frutos más abundantes del Espíritu".

"En efecto, todas sus obras, oraciones, tareas apostólicas, la vida conyugal y familiar, el trabajo diario, el descanso espiritual y corporal, si se realizan en el Espíritu.

Incluso las molestias de la vida, si se llevan con paciencia, todo ello se convierte en sacrificios espirituales agradables a Dios por Jesucristo, que ellos ofrecen con toda piedad a Dios Padre en la celebración de la Eucaristía, uniéndolos a la ofrenda del Cuerpo del Señor".

"De esta manera, también los laicos, como adoradores que en todas partes llevan una conducta sana, consagran el mundo mismo a Dios" (LG 34; cf LG 10).

(En la Iglesia siempre ha habido muchos laicos y laicas de vida ejemplar y de gran santidad. Muchos de ellos canonizados, declarados santos por la Iglesia. Entre ellos también esposas y esposos).

LOS LAICOS COOPERAN EN LA POTESTAD DE GOBIERNO

En la Iglesia, "los fieles laicos pueden cooperar a tenor del derecho en el ejercicio de la potestad de gobierno" (CIC can. 129, 2). Así, con su presencia en los concilios particulares (can. 443. 4), los sínodos diocesanos (can. 463, 1 y 2), los consejos pastorales (can. 511: 536); en el ejercicio de la tarea pastoral de una parroquia (can. 517. 2); la colaboración en los consejos de los asuntos económicos (can. 492, 1; 536), la participación en los tribunales eclesiásticos (can 1421, 2), etc.

Ministerios confiados a laicos (Véase del n. 897 al 913).

LA VIDA CONSAGRADA

"El estado de vida que consiste en la profesión de los consejos evangélicos, aunque no pertenezca a la estructura de la Iglesia, pertenece, sin embargo, sin discusión a su vida y a su santidad" (LG 44).

Los consejos evangélicos se proponen a todos los discípulos de Cristo. Son la castidad en el celibato por el Reino de Dios, la pobreza y la obediencia, practicados en la perfección de la caridad.

La profesión de estos consejos en un estado de vida estable, reconocido por la Iglesia, es lo que caracteriza "la vida consagrada" a Dios (cf LG 42-43; PC1).

El estado de vida consagrada aparece, por consiguiente, como una de las maneras de vivir una consagración "más íntima" que tiene su raíz en el bautismo y se dedica totalmente a Dios (cf LG 42-43; PC 1).

UN GRAN ÁRBOL CON MÚLTIPLES RAMAS

Así han surgido y se han desarrollado las diversas formas de vida consagrada a Dios en la Iglesia, tanto de hombres como de mujeres.

(Todos tratan de seguir a "Cristo obediente, casto y pobre", y si son de vida activa, se dedican también al servicio de los pobres: niños, jóvenes, misiones lejanas, etc.).

La vida eremítica. Llevando una vida en el silencio de la soledad, la oración asidua y la penitencia, dedican su vida a la alabanza a Dios y salvación del mundo.

Las vírgenes y las viudas consagradas. Desde los tiempos apostólicos ha habido vírgenes y viudas cristianas, llamadas por el Señor a consagrarse a Él enteramente (cf 1 Co 7, 34-36). El obispo diocesano puede bendecir la consagración con un rito litúrgico apropiado para eso. Esas vírgenes consagradas pueden quedarse a vivir con sus respectivas familias o asociarse en grupos (cf can 604, 1-2).

La vida religiosa, nacida en el Oriente en los primeros siglos (cf UR15), se distingue de las otras formas de consagración en que se vive en institutos canónicamente erigidos por la Iglesia (cf can 573), y por el aspecto cultual, la profesión pública de los consejos evangélicos y la vida fraterna llevada en común (cf can 607).

Los institutos seculares. En ellos los miembros llevan una vida consagrada a Dios, viviendo en el mundo (cf can 710).

Las sociedades de vida apostólica, sin votos religiosos, se unen para un fin apostólico (cf Can. 731).

(El cristiano puede vivir los tres consejos evangélicos de Cristo en alguno de esos Institutos Religiosos u Ordenes Religiosas, o bien en su corazón y vida privada, sin pertenecer a Instituto Religioso alguno reconocido por la Iglesia).

PREGUNTAS:

1) Por voluntad de Cristo ¿en cuántos grupos se divide la Iglesia? Por voluntad de Cristo, entre los fieles de la Iglesia hay ministros sagrados y laicos. Hay fieles que, siendo ministros sagrados o laicos, por la profesión de los consejos evangélicos se consagran a Dios y al servicio de la Iglesia (cf Can. 207).

2) ¿Cuál es el oficio del sucesor de Pedro, o sea, del Papa? El Señor hizo de san Pedro el fundamento visible de su Iglesia. El sucesor de Pedro, el Papa, es Cabeza del Colegio de los Obispos, Cabeza y Pastor de la Iglesia Universal (cf Can 331).

3) ¿Qué potestad tiene el Papa en la Iglesia? Por voluntad de Cristo, el Papa tiene potestad suprema y plena para dirigir la Iglesia (cf CD2).

4) ¿Qué son los obispos en sus diócesis? Los obispos suceden a los apóstoles, y cada uno en su Diócesis es principio de unidad (cf LG23).

5) ¿Cuál es la misión de los obispos en sus diócesis? Los obispos, ayudados por los presbíteros, sus colaboradores, y por los diáconos, tienen la misión de enseñar la fe, celebrar el culto divino, sobre todo la Eucaristía, y dirigir su Iglesia.

6) ¿Cuál es la vocación de los laicos? Los laicos, viviendo en medio del mundo, son como fermento, ejerciendo su apostolado (AA2).

7) ¿Cómo participan los laicos del sacerdocio de Cristo? Por el Bautismo y la Confirmación, los laicos participan del sacerdocio de Cristo y han de cumplir con el llamado a la santidad en su vida personal, familiar, social y eclesial.

8) ¿Cómo participan los laicos de la misión profética de Cristo? Los laicos, gracias a su misión profética, están llamados a ser testigos de Cristo en todas las cosas y en la sociedad (cf GS43,4).

9) ¿Cómo participan los laicos de la misión regia de Cristo? Debido a su misión regia, con la gracia de Dios, los laicos están llamados a erradicar el dominio del pecado y de la injusticia en sí mismos y en la sociedad, por medio de la abnegación y santidad de vida (cf LG36).

10) ¿Qué caracteriza la vida consagrada a Dios? La vida consagrada a Dios se caracteriza por la profesión pública de los consejos evangélicos de pobreza, castidad y obediencia en un estado de vida estable, reconocido por la Iglesia.

11) ¿A qué está comprometido el que opta por la vida consagrada? Entregado a Dios, el que opta por la vida consagrada, está más comprometido en el servicio divino y de la Iglesia.

PROCLAMEMOS:

1) *"Creo en la santa Iglesia Católica".*

2) *"Creo en la Iglesia que es una, santa, católica y apostólica".*

ACLAMEMOS:

1) *Dice el Señor a Pedro: "Tú eres piedra, y sobre esta roca edificaré mi Iglesia" (Mt 16,18).*

2) *"También nosotros, como piedras vivas, vamos entrando en la construcción del templo espiritual" (cf 1 P 2,5).*

3) *"Si quieres ser perfecto, vende lo que tienes, dáselo a los pobres, que Dios será tu recompensa" (Mt 19,21).*

Se puede recitar parte de alguno de los salmos 83, 94, 121.

EJEMPLO:

Santa Teresa escribió muchos libros con muchas enseñanzas sobre la vida espiritual. Por eso el Papa la declaró Doctora de la Iglesia. Ella amó mucho a Cristo y a su Iglesia. En su tiempo surgió el protestantismo y muchos católicos abandonaron nuestra Iglesia. Santa Teresa antes de morir, "después de haber recibido a Nuestro Señor en la (comunión) le daba gracias porque la había hecho hija de la Iglesia y porque moría en ella. Muchas veces repetía humildemente: "En fin, Señor, soy hija de la Iglesia". Y así expiró. Pidamos a Dios amar a la Iglesia como santa Teresa. Amar la Iglesia, aprovechando los dones que Jesucristo nos dejó en ella, y tratando de ser fieles, como esa gran santa.

Canto: *Iglesia soy y tú también...*

28

LA COMUNIÓN DE LOS SANTOS

Anuncio:
"Como todos los creyentes forman un solo cuerpo, el bien de los unos se comunica a los otros. Es necesario creer que existe la comunión de bienes en la Iglesia, de la que Cristo es la Cabeza" (Sto. Tomás symb.10).

Lecturas:
1 Corintios 12,1-11; 12-20; 12,21-31; 1 Corintios 13,1-11; Hechos 4,32-37; 2 Macabeos 12,38-46.

"Creo en la comunión de los santos". Esto es una consecuencia del artículo de fe anterior: "Creo en la santa Iglesia Católica" "¿Qué es la Iglesia, sino la asamblea de todos los santos?" (Nicetas, symb 10). (Santos, aquí en la tierra, son los que están en gracia de Dios; y los que están en pecado mortal tienen los medios para la conversión y reconciliación).

"Como todos los creyentes forman un solo cuerpo, el bien de los unos se comunica a los otros... Es, pues, necesario creer que existe una comunión de bienes en la Iglesia. Pero el miembro más importante es Cristo, ya que Él es la cabeza..."

Así, el bien de Cristo es comunicado a todos los miembros, y esta comunicación se hace por los sacramentos de la Iglesia" (Santo Tomás, symb. 10)".

"Como esta Iglesia está gobernada por un sólo y mismo Espíritu, todos los bienes que ella ha recibido forman necesariamente un fondo común" (Catech. R. 1, 10, 24).

La expresión "comunión de todos los santos" tiene dos significados: comunión (o común participación) en las cosas santas, y comunión (o común participación) entre las personas santas.

COMUNIÓN DE LOS BIENES ESPIRITUALES

La primitiva Iglesia nos da ejemplo de esto (véase Hch 2,42 y 4,32).

Esa comunión o común participación de todos los bienes espirituales en la Iglesia, la tenemos en la fe y en los sacramentos, sobre todo en la Eucaristía. También la tenemos en los carismas y en los ministerios, así como en la caridad. (Todo en la Iglesia es para bien de todos).

COMUNIÓN ENTRE LA IGLESIA DEL CIELO Y LA DE LA TIERRA

Los tres estados de la Iglesia. "Hasta que el Señor venga en su esplendor con todos sus ángeles y, destruida la muerte, tenga sometido todo, sus discípulos, unos peregrinan en la tierra; otros, ya difuntos, se purifican, mientras otros están glorificados, contemplando claramente a Dios mismo, uno y trino, tal cual es" (LG 49).

"La unión de los miembros de la Iglesia peregrina con los hermanos que durmieron en la paz de Cristo, de ninguna manera se interrumpe. Más aún, según la constante fe de la Iglesia, se refuerza con la comunicación de los bienes espirituales" (LG 49).

La intercesión de los santos: Por el hecho de que los que están en el cielo están más unidos a Cristo, no dejan de interceder por nosotros ante el Padre Dios. Ellos le presentan los méritos de Jesucristo, único mediador entre Dios y los hombres.

No lloren les seré más útil después de mi muerte y les ayudaré más eficazmente que durante mi vida (Santo Domingo, moribundo, a sus hermanos, cf Jordán de Sajonia, lib 43).

Pasaré mi cielo haciendo el bien sobre la tierra (Santa Teresa del Niño Jesús, verba).

La comunión con los santos del cielo. Ellos nos sirven de ejemplo en la práctica del amor fraterno.

La comunión con los difuntos. La Iglesia honra a los fieles difuntos y ofrece oraciones por ellos (cf 2 M 12,45).

... en la única familia de Dios. *"Todos los hijos de Dios y miembros de una misma familia en Cristo, al unirnos en el amor mutuo y en la misma alabanza a la Santísima Trinidad, estamos respondiendo a la íntima vocación de la Iglesia" (LG 51).*

PREGUNTAS:

1) ¿Qué es la comunión de los santos? Esta expresión designa las "cosas santas", sobre todo, la Eucaristía, "que significa y al mismo tiempo realiza la unidad de los creyentes, que forman un solo cuerpo en Cristo" (LG3).

2) "¿Qué otra cosa designa "la comunión de los santos?". Designa también la comunión entre "las personas santas", en Cristo que "ha muerto por todos", de modo que lo que cada uno hace o sufre en y por Cristo da fruto para todos.

3) ¿Que significa: "creemos en la comunión de todos los fieles cristianos?" Significa que todos los fieles cristianos, tanto los que peregrinamos en la tierra, como los que se purifican en el purgatorio y los que gozan de Dios en el cielo nos unimos en una sola Iglesia (cf SPF30), en una misma familia.

REFLEXIÓN:
Resumiendo

1) *Todos los fieles estamos unidos en la misma fe, en los mismos sacramentos, sobre todo en la Eucaristía; también unidos en los mismos carismas y ministerios y en la caridad. Todos participamos de los frutos y bienes de todos y de cada uno; como los miembros de un mismo organismo o cuerpo vivo en que el bien de cada uno redunda en bien de los otros.*
También hay una viva unión con los que ya están en el cielo y con los que se purifican. El bien que uno hace beneficia a todos. Como en una auténtica familia. Es lo que profesamos en el Credo al decir: "Creo en la comunión de los santos".

2) *Los méritos infinitos de Jesucristo, los de la Santísima Virgen María, de los mártires y santos, así como las buenas acciones de los que viven en gracia de Dios en la tierra, forman el tesoro espiritual de la Iglesia. En esto se fundamenta la facultad que tiene el sucesor de Pedro de conceder las indulgencias con el poder de las llaves del reino de los cielos que le dio Cristo (cf Mt 16,).*

3) *Los que estamos en la tierra formamos la Iglesia militante (que combate); los que están en el purgatorio, la Iglesia purgante, y los que están ya en el cielo, la Iglesia triunfante.*

4) *Dios no necesita de nada, ni de nadie para ejecutar sus proyectos, pero en su pedagogía divina, por la "comunión de los santos" que Él mismo ha establecido, quiere incorporarnos al plan de la salvación del mundo.*
Como en todas las cosas, con eso Dios nos dignifica y nos honra, pues nos hace sus colaboradores activos, y no pasivos espectadores de la obra salvífica.

PROCLAMEMOS:

1) *"Creo en la comunión de los santos".*

2) *Creemos que existe una comunión de bienes en la Iglesia, de la que Cristo es la cabeza.*

3) *Lo que un cristiano hace o sufre por Cristo da fruto para todos.*

Canto: *Todos unidos unidos...*

Salmo:

EJEMPLOS:

1) *Santa Brígida cuenta que una vez oyó a un alma del purgatorio que le decía: "Gracias sean dadas a los que alivian nuestros padecimientos", con oraciones y sufragios.*

2) *Narra Santa Teresita que una vez en el convento tenían que encender las velas para una procesión, y no tenían fósforos. Pero acercaron una vela a una lamparita con la luz casi extinguida y se*

formó una gran llama. Pensó ella que así pasa con la "comunión de los santos". Una llamita pequeña (una humilde persona con sus oraciones) puede encender la fe de predicadores y mártires de la Iglesia. Las tantas gracias de Dios que yo he recibido tal vez se deban a la oración de una persona ignorada, que no conoceré sino en el cielo. También nosotros, con nuestras oraciones y sacrificios, unidos a Cristo Redentor, podemos hacer que muchos pecadores se arrepientan y no se condenen.

29

MARIA, MADRE DE CRISTO, MADRE DE LA IGLESIA

Anuncio:
Por su total adhesión a la voluntad del Padre a la obra redentora de su Hijo y a toda moción del Espíritu Santo, la Virgen María es para la Iglesia el modelo de la fe y de la caridad. Por eso es "miembro muy eminente y del todo singular de la Iglesia" (LG 63).

Lecturas:
Proverbios 8,22-31; Eclesiástico 24,1-16; Isaias 7,10-14; Efesios 1,3-12; Mateo 1,18-23; Lucas 1,26-38; 1,39-56; 2,1-14; 2,27-35; Juan 2,1-11; 19,25-27; Hechos 1,12-14.

Ya hemos hablado de la Virgen María en el Misterio de Cristo y del Espíritu Santo. Ahora debemos considerar su puesto en la Iglesia.

Dice el Papa Paulo VI: "Se la reconoce y se la venera como verdadera Madre de Dios y del Redentor..."

Sigue diciendo, citando a san Agustín: más aún "es verdaderamente la madre de los miembros (de Cristo) porque colaboró con su amor a que nacieran en la Iglesia los creyentes, miembros de aquella Cabeza".

TOTALMENTE UNIDA A SU HIJO...

El oficio de María en la Iglesia deriva de su unión con Cristo. Ella estuvo unida a su Hijo desde la concepción virginal de Cristo hasta su muerte (cf LG 57, Jn 19,26-27).

Después de la ascensión de su Hijo al cielo, María "estuvo presente en los comienzos de la Iglesia con sus oraciones" (LG 69).

Reunida con los Apóstoles y algunas mujeres "María pedía con sus oraciones el don del Espíritu que en la Anunciación la había cubierto con su sombra" (LG 59).

TAMBIÉN EN SU ASUNCIÓN...

"Finalmente, la Virgen Inmaculada, preservada libre de toda mancha de pecado original, terminado el curso de su vida en la tierra fue llevada a la Gloria del cielo y elevada al trono por el Señor como Reina del universo, para ser conformada más plenamente a su Hijo, Señor de los Señores y vencedor del pecado y de la muerte" (LG 59: cf la proclamación del dogma de la Asunción de la Bienaventurada Virgen María por el Papa Pío XII en 1950: DS 3903).

La Asunción de la Santísima Virgen constituye una participación singular en la Resurrección de su Hijo y una anticipación de la resurrección de los demás cristianos:

> *En tu parto has conservado la virginidad, en tu dormición no has abandonado el mundo, oh Madre de Dios: tú te has reunido con la fuente de la Vida, tú que concebiste al Dios vivo y que, con tus oraciones, librarás nuestras almas de la muerte (Liturgia bizantina. Tropario de la fiesta de la Dormición (15 de agosto).*

...ELLA ES NUESTRA MADRE EN EL ORDEN DE LA GRACIA

La Virgen María estuvo siempre adherida a la voluntad del Padre Dios, a la obra redentora de su Hijo, y a toda moción del Espíritu Santo.

Por eso, la Virgen María es para la Iglesia modelo de la fe y de la caridad. "Ella es miembro muy eminente y del todo singular de la Iglesia" (LG 53). Incluso es "la figura" de la Iglesia (LG 63).

El oficio de María con la Iglesia y con la humanidad va aún más lejos, porque con su fe, esperanza y ardiente amor, ella colaboró para restablecer la vida sobrenatural de los hombres. "Por esa razón es nuestra madre en el orden de la gracia" (cf LG 61).

"Esa maternidad (espiritual) de María perdura en el orden de la gracia desde que dijo "sí" a Dios ("fiat"; hágase tu voluntad") en el momento de la anunciación, y se mantuvo sin vacilar al pie de la cruz hasta la realización plena y definitiva de todos sus escogidos. Por eso es invocada en la Iglesia con los títulos de Abogada, Auxiliadora, Socorro, Mediadora" (cf LG 62).

Esa misión maternal de María para con los hombres no disminuye ni hace sombra a la única mediación de Cristo. Más bien manifiesta su eficacia. Pues todo lo que hace ella por nosotros brota de la sobreabundancia de los méritos de Cristo, y depende totalmente de esa única mediación de Cristo (cf LG 60).

Ninguna criatura puede ser puesta nunca en el mismo orden con Cristo Redentor. Pero así como en el sacerdocio de Cristo participan de diversas maneras también los ministros como el pueblo creyente, y así como la bondad de Dios se difunde en las criaturas de distintas maneras, así también la única mediación de Cristo no excluye, sino que suscita en las criaturas una colaboración diversa que participa de la única fuente (LG 62).

EL CULTO A LA SANTÍSIMA VIRGEN

"Todas las generaciones me llamarán bienaventurada" (Lc 1, 48). "La piedad de la Iglesia hacia la Santísima Virgen es un elemento intrínseco del culto cristiano" (MC 56).

La Santísima Virgen "es honrada con razón por la Iglesia con un culto especial. Y, en efecto, desde los tiempos más antiguos se venera a la Santísima Virgen con el título de Madre de Dios, bajo cuya protección se acogen los fieles suplicantes en todos sus peligros y necesidades..."

"Este culto... aunque del todo singular, es esencialmente diferente del culto de adoración que se da al Verbo encarnado, lo mismo que al Padre y al Espíritu Santo, pero lo favorece muy poderosamente" (LG 66);

Este culto encuentra su expresión en las fiestas litúrgicas dedicadas a la Madre de Dios (cf SC 103) y en la oración mariana, como el Santo Rosario, "síntesis de todo el Evangelio" (cf Pablo VI, MC 42).

MARÍA MODELO DE LA IGLESIA EN SU "PEREGRINACIÓN DE LA FE"

Después de haber hablado de la Iglesia, de su origen, de su misión y de su destino, no se puede concluir mejor que volviendo la mirada a María para contemplar en ella lo que es la Iglesia en su Misterio, en su "peregrinación de la fe". Y (contempla en ella) lo que (la Iglesia) será al final de su marcha, donde le espera, "para la gloria de la Santísima e indivisible Trinidad", "en comunión con todos los santos" (LG 69), aquella a quien la Iglesia venera como la Madre de su Señor y como su propia Madre.

Entre tanto, la Madre de Jesús, glorificada ya en los cielos en cuerpo y alma, es la imagen y comienzo de la Iglesia que llegará a su plenitud en el siglo futuro. También en este mundo, hasta que llegue el día del Señor, brilla ante el Pueblo de Dios en marcha, como señal de esperanza cierta y de consuelo (LG 68).

PREGUNTAS:

1) ¿Cómo colaboró la Virgen María con la obra redentora de su Hijo? Al dar María su consentimiento para ser Madre del Redentor, colabora con la obra que realiza su Hijo. Al ser Ella Madre de Cristo, Cabeza de la Iglesia, es también Madre de los Miembros del Cuerpo Místico.

2) María ¿fue llevada en cuerpo y alma al cielo? Sí, terminado el curso de su vida en la tierra, la Santísima Virgen María fue llevada en cuerpo y alma al cielo. Así participa ya en la gloria de la resurrección de su Hijo, y es un anticipo de la resurrección de los fieles.

3) ¿Continúa la Virgen María ejerciendo en el cielo su oficio de Madre nuestra? Sí, ella es Madre de la Iglesia, y en el cielo continúa ejerciendo su oficio materno con nosotros.

REFLEXIÓN:

Oigamos lo que nos dice san Bernardo:

"¿Temes acercarte al Padre?... Mira que te da a Jesús por mediador, y tal Hijo, ¿qué no podrá obtener de su Padre? Mas, pudiera suceder

que temieras en Jesús a la Majestad divina, porque, aunque se hizo hombre, continuó siendo Dios. Acude a María, porque en Ella se halla únicamente la humanidad... Sin la menor duda, el Hijo oirá a la Madre y el Padre al Hijo" (Segundo Sermón sobre Missus est).

Si se levantan los vientos de las tentaciones; si te estrellas contra los escollos de las tribulaciones, mira a la estrella, llama a María. Si te ves agitado por las olas de la soberbia, de la ambición, de la murmuración o de la envidia, mira a la estrella, invoca a María. Si la ira, la avaricia o el apetito sensual hacen zozobrar la navecilla de tu alma, mira a María. Si, turbado por lo enorme de tus pecados, confundido por las manchas de tu conciencia o atemorizado por el horror del juicio comienzas a sumirte en el abismo de la tristeza, en el torbellino de la desesperación, piensa en María, llama a María. En los peligros, en las angustias, en las dudas, piensa en María, invoca a María. No dejes su nombre de la boca, no se aparte de tu corazón, y para conseguir la ayuda de su petición, no dejes de imitar su ejemplo. Siguiéndola, no te desvias; rogándola, no desesperas; pensando en Ella no te engañas. Teniéndote Ella, no caes; defendiéndote, no tienes por qué temer; siendo tu guía, no te fatigas; siendo Ella propicia, llegarás al puerto (Sermón sobre la Natividad de la B. V. María).

PROCLAMEMOS:

1) Al colaborar la Virgen María con la obra redentora de su Hijo Dios la hace Madre de la Iglesia y Madre nuestra.

ACLAMEMOS:

1) *"¡Bendita tú entre todas las mujeres, y bendito el fruto de tu vientre!"* (Lc 1,42).

2) *"¡Dichosa tú, que has creído! Porque lo que te han dicho de parte del Señor, se cumplirá"* (Lc 1,45).

3) Jesucristo en la cruz nos dice a todos: *"Hijo he ahí a tu madre"* (Jn 19,27).

Aprovechar que los alumnos aprendan de memoria el Ave María, la Salve y los misterios del rosario.

EJEMPLOS:

1) San Bernardo era muy devoto de la Virgen María. Decía que si fuéramos más devotos de ella, seríamos mejores, porque ella es nuestro modelo de fe y de caridad y porque, como madre solícita, intercede por nosotros, sobre todo por sus devotos. San Bernardo cada vez que pasaba frente a una imagen de María, la saludaba con el "¡Ave María!", y un día él oyó que Ella le contestó: "¡Ave (Hola), Bernardo!".

2) Se puede narrar el milagro de las Bodas de Caná, que Jesús hizo por los ruegos de su Madre para sacar a aquellos esposos de un apuro (cf Juan 2,1-11).

3) El 27 de noviembre de 1830 se apareció la Virgen María a santa Catalina Laboure, humilde religiosa vicentina; se le apareció en la forma en que se muestra en la imagen de La Milagrosa. De sus manos refulgentes salían rayos luminosos que bajaban a toda la tierra. Ella le dijo a la Hermana religiosa: "Estos rayos luminosos son las gracias y bendiciones de Dios. A través de mí, Él las derrama sobre aquellos que me invocan. ¡Me siento tan contenta de poder ayudar a los hijos que me imploran protección! Pero ¡qué pena!; ¡hay tantos que no me invocan jamás!".

Son incontables los ejemplos de pecadores que han obtenido la gracia de la conversión y de devotos que han alcanzado protección y gracias de Dios al invocar a la Virgen María en los peligros y necesidades, y en todo momento de la vida.

4) El Papa Juan Pablo II ha sido siempre un gran devoto del santo rosario. Lo reza completo, y siendo anciano, reza de rodillas al menos un tercio de los 15 misterios. Él dice: "El rosario es mi oración predilecta. ¡Oración maravillosa! Maravillosa en su simplicidad y en su profundidad".

Canto: *Magnificat u otro*

30

CREO EN EL PERDÓN DE LOS PECADOS

Anuncio:
Esto dice el apóstol Pedro: *"Arrepiéntanse, bautícense cada uno, confesando que Jesucristo es Mesías para que se les perdonen los pecados, y recibirán el don del Espíritu Santo" (Hch 2,38).*

Lecturas:
Mateo 4,12-17; Marcos 16,14-18; Juan 20,19-23; Hechos 2,29-40; Romanos 6,3-5.

El Credo vincula la fe en el perdón de los pecados a la fe en el Espíritu Santo; también a la fe en la Iglesia y en la comunión de los santos.

Después de resucitado, Jesús confirió a los apóstoles su poder divino de perdonar los pecados (Véase Jn 20,22-23).

UN SÓLO BAUTISMO PARA EL PERDÓN DE LOS PECADOS

Nuestro Señor Jesucristo vinculó el perdón de los pecados a la fe y al Bautismo (véase Mc 16,15-16).

El Bautismo es el primero y principal sacramento del perdón de los pecados porque nos une a Cristo muerto por nuestros pecados y resucitado para nuestra justificación (cf Rm 4,25), a fin de que "vivamos también una vida nueva" (Rm 6,4).

Al recibir el bautismo todo nos queda perdonado (por los méritos de Cristo): el pecado original y los pecados personales (si se tienen), así como la pena que haya que sufrir para expiarlos.

Sin embargo, la gracia del bautismo no nos libera de las debilidades de la naturaleza y de la inclinación al mal. Tenemos que (con la gracia de Dios y la oración) seguir combatiendo los movimientos de la concupiscencia que nos lleva al mal.

Por eso era necesario que Jesucristo dejara a su Iglesia el poder de perdonar los pecados.

EL PODER DE LAS LLAVES

Después de su Resurrección, Cristo envió a sus apóstoles a predicar "en su nombre, la conversión para el perdón de los pecados a todas las naciones" (Lc 24,47).

Para cumplir con este "ministerio de reconciliación" (2 Co 5,18), tanto los apóstoles como sus sucesores tenían que recibir de Jesucristo ese poder de las llaves (el sacramento de la penitencia o reconciliación).

No hay pecado, por grave que sea, que la Iglesia no pueda perdonar, si hay sincero arrepentimiento (cf Catech R. 1,11,5). Todo en virtud de los méritos de Jesucristo. Donde abundó el pecado, sobreabundó el perdón y la gracia (cf Rm 5,20).

PREGUNTAS:

1) El Credo ¿con qué relaciona el perdón de los pecados? Lo relaciona con la profesión de fe en el Espíritu Santo. Jesucristo confió a los apóstoles el poder de perdonar los pecados cuando les dio el Espíritu Santo (cf Jn 20,22-23).

2) ¿Cuál es el primer sacramento para el perdón de los pecados? El Bautismo es el primero y principal sacramento para el perdón de los pecados: nos une a Cristo muerto y resucitado y nos da al Espíritu Santo.

3) La Iglesia ¿posee el poder de perdonar los pecados de los bautizados? Sí; lo ha recibido de Cristo y lo ejerce de forma habitual en el sacramento de la penitencia, por medio de los obispos y de los presbíteros.

4) ¿Qué son los sacerdotes en cuanto a la remisión de los pecados y en los demás sacramentos? "Son meros instrumentos de los que quiere servirse Nuestro Señor Jesucristo, único autor y

dispensador de nuestra salvación, para borrar nuestras iniquidades y darnos la gracia de la justificación" (Catech R. 1,11,6).

PROCLAMEMOS:

1) *Creo en el perdón de los pecados.*

ACLAMEMOS:

1) *"Arrepiéntanse y bautícense, creyendo que Jesús es el Mesías, para que se les perdonen los pecados y reciban el don del Espíritu Santo" (Hch 2,38).*

2) *Cristo envió a sus apóstoles a todos los pueblos a predicar "en su nombre la conversión para el perdón de los pecados" (Lc 24,47).*

3) *"Yo reconozco mi culpa. Misericordia, Dios mío, por tu bondad; borra mi pecado" (Sal 51, 3.5).*

(Se puede recitar el salmo 51)

Canto: *La Sangre de Cristo tiene poder...*

EJEMPLOS:

1) *Se puede narrar el encuentro de Jesús con Nicodemo: Juan 3, 1-13; el arrepentimiento y perdón de la Magdalena: Lucas 7,36-48; El Hijo Pródigo: Lucas 15,11-24.*

2) *El filósofo Sócrates, que vivió varios siglos antes de Cristo y no conoció la revelación divina, hablaba un día con sus discípulos de cómo podía el hombre reconciliarse con Dios, y declaró que no hallaba la respuesta, siendo Dios infinito. Pero tenía confianza en la divina misericordia, pues decía: "Tengo por cierto que algún día enviará Dios quien instruya a los hombres y les descubra el más importante de todos los misterios, a saber, cómo pueden ser perdonados los pecados de los hombres"; y el mismo filósofo decía en persona de Platón: ¿Cuándo, pues, vendrá y quién será el maestro?"; y respondía: "Será aquel mismo que tiene cuidado del universo: Dios" (cf "Nuevo Catecismo Español en Ejemplos" de Ramón J. de Muñana, s.j.).*

31

CREO EN LA RESURRECCIÓN DE LA CARNE

Anuncio:
"Aquel que resucitó a Jesús de entre los muertos dará también la vida a sus cuerpos mortales por su Espíritu que habita en ustedes" (Rm 8,11).

Lecturas:
Juan 11, 11-27; Marcos 12,18-27; Hechos 2,29-49; 1 Corintios 6,12-20; 15,12-34; 15,35-49; 15,50-58; Filipenses 3,7-16; 1 Tesalonicenses 4,13-18.

En nuestro Credo cristiano profesamos nuestra fe en Dios Padre, Hijo y Espíritu Santo. Creemos en la acción creadora, salvadora y santificadora que realiza en nosotros la Santísima Trinidad.

El Credo termina con la proclamación de la resurrección de los muertos al fin de los tiempos, y en la vida eterna.

Lo creemos firmemente y así lo esperamos, del mismo modo que Cristo ha resucitado y que vive para siempre. Igualmente los justos, después de su muerte, vivirán para siempre con Cristo y Él los resucitará en el último día (cf Jn 6, 39-40).

Como la resurrección de Cristo, nuestra resurrección será obra de la misma Santísima Trinidad (cf Rm 8,11; 1 Ts 4,14; 1 Co 6,14; Flp 3, 10-11).

El término "**carne**" designa al hombre en su condición de debilidad y de mortalidad (cf Gn 6,3; Sal 56,5; Is 40,6).

Dice Tertuliano que la resurrección de los muertos es esperanza de los cristianos; somos cristianos por creer en ella.

LA RESURRECCIÓN DE CRISTO Y LA NUESTRA

Jesús liga la fe en la resurrección a la fe en su propia persona: "Yo soy la resurrección y la vida" (Jn 11,25).

Es el mismo Jesús quien resucitará en el último día a quienes hayan creído en Él (cf Jn 5, 24-25; 6, 40; Jn 6,54). Ser testigos de Cristo es ser "testigo de su resurrección" (Hch 1,22; 4,33).

¿CÓMO RESUCITARÁN LOS MUERTOS?

¿Qué es resucitar? En la muerte, separación del alma y el cuerpo, el cuerpo del hombre cae en la corrupción, mientras que su alma va al encuentro con Dios en espera de reunirse con su cuerpo glorificado.

Dios, en su omnipotencia, dará definitivamente a nuestros cuerpos la vida incorruptible, uniéndolos a nuestras almas por la virtud de la Resurrección de Jesús.

¿Quién resucitará? Todos los hombres que han muerto: "los que hayan hecho el bien resucitarán para la vida, y los que hayan hecho el mal, para la condenación" (Jn 5, 29; cf Dn 12, 2).

¿Cómo? Cristo resucitó con su propio cuerpo: "Miren mis manos y mis pies; soy yo mismo" (Lc 24, 39); pero Él no volvió a una vida terrenal.

Del mismo modo, en Él "todos resucitarán con su propio cuerpo que tienen ahora" (Cc. de Letrán IV: DS 801), pero este cuerpo será "transfigurado en cuerpo de gloria" (Flp 3,21), en "cuerpo espiritual" (1 Co 15, 44):

Este "cómo" sobrepasa nuestra imaginación y nuestro entendimiento; no es accesible más que en la fe. Pero nuestra participación en la Eucaristía nos da ya un anticipo de la transfiguración de nuestro cuerpo por Cristo:

"Así como el pan que viene de la tierra, después de haber recibido la invocación de Dios ya no es pan ordinario, sino Eucaristía constituida por dos cosas, una terrena y otra celestial, así nuestros cuerpos que participan en la Eucaristía ya no son corruptibles, ya que tienen la esperanza de la resurrección" (San Ireneo de Lyon, haer. 4,18,4-5).

¿Cuándo? *Sin duda en el "último día" (Jn 6, 39-40.44.54; 11, 24); "al fin del mundo" (LG 48). En efecto, la resurrección de los muertos esta íntimamente asociada a la Parusía de Cristo:*

El Señor mismo, a la orden dada por la voz de un arcángel y por la trompeta de Dios, bajará del cielo, y los que murieron en Cristo resucitarán en primer lugar (1 Ts 4, 16), ya que tienen la esperanza de la resurrección (San Ireneo de Lyon, haer. 4, 18, 4-5).

RESUCITADOS CON CRISTO

Si es verdad que Cristo nos resucitará en "el último día", también lo es, en cierto modo, que nosotros ya hemos resucitado con Cristo. En efecto, gracias al Espíritu Santo, la vida cristiana en la tierra es, desde ahora, una participación en la muerte y en la Resurrección de Cristo:

Sepultados con él en el bautismo, con él también han resucitado por la fe en la acción de Dios, que le resucitó de entre los muertos... Así pues, si han resucitado con Cristo, busquen las cosas de arriba, donde está Cristo sentado a la diestra de Dios (Col 2, 12; 3, 1).

MORIR EN CRISTO JESÚS

Para resucitar con Cristo, es necesario morir con Cristo; es necesario "dejar este cuerpo para ir a morar cerca del Señor" (2 Co 5, 8).

En esta "partida" (Flp 1, 23) que es la muerte, el alma se separa del cuerpo.

Se reunirá con su cuerpo el día de la resurrección de los muertos (cf SPF 28).

LA MUERTE

"Frente a la muerte, el enigma de la condición humana alcanza su cumbre" (GS 18). En un sentido, la muerte corporal es natural, pero por la fe sabemos que realmente es "salario del pecado" (Rm 6, 23; cf Gn 2, 17). Y para los que mueren en la gracia de

Cristo, es una participación en su Resurrección (cf Rm 6, 3-9; Flp 3,10-11).

LA MUERTE ES EL FINAL DE LA VIDA TERRENA

La muerte es el final de la vida terrena. Nuestras vidas están medidas por el tiempo, en el curso del cual cambiamos, envejecemos y como en todos los seres vivos de la tierra, al final aparece la muerte como terminación normal de la vida.

Este aspecto de la muerte da urgencia a nuestras vidas: el recuerdo de nuestra mortalidad sirve también para hacernos pensar que no contamos más que con un tiempo limitado para llevar a término nuestra vida:

Acuérdate de tu Creador en tus días mozos ..., mientras no vuelva el polvo a la tierra, a lo que era, y el espíritu vuelva a Dios que es quien lo dio (Qo 12, 1.7).

La muerte es consecuencia del pecado. Intérprete auténtico de las afirmaciones de la Sagrada Escritura (cf Gn 2, 17; 3, 3; 3, 19; Sb 1, 13; Rm 5, 12; 6, 23) y de la Tradición, el Magisterio de Iglesia enseña que la muerte entró en el mundo a causa del pecado del hombre (cf DS 1511).

Aunque el hombre poseyera una naturaleza mortal, Dios lo destinaba a no morir. Por tanto, la muerte fue contraria a los designios de Dios Creador, y entró en el mundo como consecuencia del pecado (cf Sb 2, 23-24). "La muerte temporal de la cual el hombre se habría liberado si no hubiera pecado" (GS 18), es así "el último enemigo" del hombre que debe ser vencido (cf 1 Co 15, 26).

La muerte fue transformada por Cristo. Jesús, el Hijo de Dios, sufrió también la muerte, propia de la condición humana. Pero, a pesar de su angustia frente a ella (cf Mc 14, 33-34; Hb 5, 7-8), la asumió en un acto de sometimiento total y libre a la voluntad del Padre. La obediencia de Jesús transformó la maldición de la muerte en bendición (cf Rm 5, 19-21).

EL SENTIDO DE LA MUERTE CRISTIANA

Gracias a Cristo, la muerte cristiana tiene un sentido positivo. "Para mí la vida es Cristo y morir una ganancia" (Flp 1, 21). "Es cierta esta afirmación: si hemos muerto con él, también viviremos con él" (2 Tm 2, 11).

La novedad esencial de la muerte cristiana está ahí: por el Bautismo, el cristiano está ya sacramentalmente "muerto con Cristo", para vivir una vida nueva; y si morimos en la gracia de Cristo, la muerte física consuma este "morir con Cristo" y perfecciona así nuestra incorporación a Él en su acto redentor:
En la muerte, Dios llama al hombre hacia sí. Por eso, el cristiano puede experimentar hacia la muerte un deseo semejante al de san Pablo: "Deseo partir y estar con Cristo" (Flp 1, 23), y puede transformar su propia muerte en un acto de obediencia y de amor hacia el Padre, a ejemplo de Cristo (cf Lc 23, 46).

La visión cristiana de la muerte (cf 1Ts 4, 13-14) se expresa de modo privilegiado en la liturgia de la Iglesia.

La vida de los que en ti creemos, Señor, no termina, se transforma; y al deshacerse nuestra morada terrenal, adquirimos una mansión eterna en el cielo (MR, Prefacio de difuntos).

La Iglesia nos anima a prepararnos para la hora de nuestra muerte ("De la muerte repentina e imprevista, líbranos Señor". (Antiguas letanías de los santos), a pedir a la Madre de Dios que interceda por nosotros "en la hora de nuestra muerte" (Avemaría), y a confiarnos a San José, patrono de la buena muerte.

Habrías de ordenarte en toda cosa como si luego hubieses de morir. Si tuvieses buena conciencia no temerías mucho la muerte. Mejor sería huir de los pecados que de la muerte. Si hoy no estás preparado, ¿cómo lo estarás mañana? (Imitación de Cristo 1, 23,1)

Y por la hermana muerte, ¡loado mi Señor!
Ningún viviente escapa de su persecución;
¡ay si en pecado grave sorprende al pecador!
¡Dichosos los que cumplen la voluntad de Dios!
(San Francisco de Asís. cant.)

"Yo no muero, entro en la vida"
(Santa Teresa del Niño Jesús)

PREGUNTAS:

1) ¿Qué es la muerte cristiana? Por la muerte el alma se separa del cuerpo y va al encuentro con Dios, pero en la resurrección final, Dios devolverá la vida incorruptible a nuestro cuerpo y se volverá a reunir con nuestra alma.

2) ¿Cómo será la resurrección del cuerpo? Se siembra un cuerpo corruptible, resucita un cuerpo incorruptible, un cuerpo espiritual (cf 1 Co 15,42-44).

3) ¿Por qué ahora el ser humano debe morir? La muerte es consecuencia del pecado. Si el hombre no hubiera pecado, Dios por una gracia especial, lo hubiera preservado de la muerte (GS18).

4) ¿Cómo se vence la muerte? Jesús, Hijo de Dios, sufrió libremente la muerte por obediencia a Dios Padre, y por su muerte venció a la muerte, abriendo así a los hombres la posibilidad de salvación.

REFLEXIÓN:

1) Las cualidades del cuerpo resucitado son a) impasibilidad, que ya no padecerá más b) inmortalidad, pues ya nunca volverá a morir c) sutileza, puede atravesar o penetrar cualquier cuerpo opaco, pared, etc. d) agilidad, se puede trasladar como el pensamiento a cualquier lugar e) claridad o hermosura, pues ya es "un cuerpo celeste". (Véase 1 Corintios 15,34-57).

2) El católico debe tener cuidado con algunos movimientos seudo-religiosos, que creen en la reencarnación, o "trasmigración de las almas", o sea, que cuando el ser humano muere, su alma vuelve a encarnarse en otro ser humano, en un animal o en plantas, hasta llegar a su plena purificación. Eso va en contra de lo que nos enseña Dios en la Biblia y por medio de Jesucristo. Esa teoría va en contra del proyecto redentor de nuestro Salvador Jesucristo.

En la Biblia se nos dice que el ser humano "muere y que muere una sola vez, y luego el juicio de cada uno" (Heb 9,27); de ahí pasa al cielo, si está plenamente purificado; sino, al purgatorio para acabar de purificarse; o al infierno, si ha vivido en la maldad y no ha querido arrepentirse (cf Mt 25,45-46).

3) *Pensemos con frecuencia en la muerte, para evitar el pecado y vivir con la conciencia en regla. La palabra de Dios nos dice: "Acuérdate de tus postrimerías y nunca pecarás" (Eclo 7,40).*

Recemos con frecuencia el rosario o el Avemaría, donde pedimos a la Madre de Dios que interceda por nosotros en la hora de la muerte. Pidamos también por los moribundos; e invoquemos a san José, patrono de la buena muerte.

PROCLAMEMOS:

"Creo en la resurrección de la carne"

Salmo 84

EJEMPLOS:

1) *Se puede narrar la muerte de los siete hermanos (2 Macabeos 7,7-14) o la resurrección de Lázaro (Juan 11,17-46).*

2) *Santa Mónica no temía morir y ser sepultada en un país lejano de su patria, porque decía: "En ninguna parte está lejos Dios. Él sabrá hallar mi cuerpo para resucitar con los demás" (Llorente).*

3) *Una vez preguntaron al científico Newton: Si hay resurrección de la carne ¿quién va a reunir los millones de granitos de polvo y formará de nuevo el cuerpo? Newton no contestó nada y mezcló polvo de hierro con arena, y preguntó: Quién puede reunir otra vez este polvo de hierro mezclado con la arena? Le contestaron: Nadie. Pero él tomó un imán y atrajo todas las partículas de hierro. Entonces, el mismo Newton preguntó: ¿no podrá Dios dar una fuerza mayor a nuestras almas para atraer el polvo o partículas que fueron de nuestro cuerpo, para Dios, en la fecha determinada, glorificarlo? (Tihamer Tohth).*

Canto: *Quien cree en Tí, Señor...*

32

CREO EN LA VIDA ETERNA

Anuncio:
La muerte pone fin a la vida del hombre como tiempo abierto a la aceptación o rechazo de la gracia de Dios. Después viene el juicio y la retribución de sus obras (cf 2 Tm 1,9-10; Hb 9,27).

Lecturas:
2 Corintios 5,5-10; Hebreos 9,23-28; 4,12-13; Mateo 16,24-28.

El cristiano que une su propia muerte a la de Jesús ve la muerte como una ida hacia Él y la entrada en la vida eterna.

Cuando la Iglesia despide al cristiano moribundo, le ofrece por última vez el perdón en nombre de Dios; lo sella con la unción fortificante; y le da a Cristo en el viático, como alimento para el viaje.

LE HABLA CON DULCE SEGURIDAD:

Alma cristiana, al salir de este mundo, marcha en el nombre de Dios Padre Todopoderoso, que te creó, en el nombre de Jesucristo Hijo de Dios vivo, que murió por ti, en nombre del Espíritu Santo, que sobre ti descendió (OEx "Commendatio animae").

32.1 EL JUICIO PARTICULAR

Con la muerte termina el tiempo para aceptar o rechazar la gracia divina, manifestada en Cristo (cf 2 Tm 1,9-10).

Inmediatamente después de la muerte viene el juicio particular y la retribución a cada uno, como consecuencia de sus obras y de su fe. El destino del alma puede ser diferente para unos y para otros. Véase la parábola del pobre Lázaro (cf Lc 16,22); y la palabra de Cristo en la cruz al buen ladrón (cf Lc 23,43); y otros textos bíblicos (cf 2 Co 5, 8; Flp 1, 23; Hb 9, 27;12, 23; Mt 16, 26).

MEDITEMOS EN HB 4,12-13:

("Ciertamente, es viva la Palabra de Dios y eficaz, y más cortante que espada alguna de dos filos. Penetra hasta las fronteras entre el alma y el espíritu, hasta las junturas y médulas; y escruta los sentimientos y pensamientos del corazón. No hay para ella criatura invisible: todo está desnudo y patente a los ojos de Aquel a quien hemos de dar cuenta").

Cada ser humano al morir, recibe en su alma inmortal su retribución eterna, en un juicio particular.

Puede (según ese juicio) pasar a una purificación (antes de entrar en el cielo) (DS857-858;1304-1306); o entrar inmediatamente en la bienaventuranza del cielo (DS1000-1001); o condenarse inmediatamente para siempre (DS1002).

Dice san Juan de la Cruz: "En la tarde (es decir, al morir) te examinarán en el amor".

PREGUNTAS:

1) ¿Qué recibe el ser humano al morir? En un juicio particular, recibe inmediatamente en su alma inmortal su retribución eterna.

2) ¿En qué consiste esta retribución inmediata y eterna? Puede entrar inmediatamente en la bienaventuranza del cielo; o recibir antes una purificación en el purgatorio; o condenarse para siempre, si se ha empecinado en el pecado, rechazando la misericordia de Dios.

3) ¿Qué dice de la reencarnación? A la luz de la revelación de Dios, la reencarnación es una teoría completamente falsa, y va contra el plan salvífico de Dios con nosotros, por medio de su Hijo Jesucristo.

5) ¿Qué nos dice el Señor? Que vivamos en vela, porque a la tarde (en la hora de la muerte), seremos examinados en el amor.

PROCLAMEMOS:

1) *"Creo en la vida eterna"*

2) *"Está establecido que el hombre muera una sola vez, y después el juicio" (Hb 9,27).*

ACLAMEMOS:

Cuando sea juzgado en tu presencia "Señor, ten misericordia, por tu bondad" (Sal 51,1)

Salmo 51 y 116

Canto: *Al atardecer de la vida te examinarán sobre el amor...*

EJEMPLO:

Recordemos el caso de Santa Teresa, que en un camino encontró unos hombres peleando y a punto de matarse. Ella se detuvo y les gritó: señores, ¡Dios les ha de juzgar! Y un día tenemos que dar cuenta a Dios de nuestras obras, buenas y malas, ¡Cuántos pecados se evitarían, si pensáramos que habrá un juicio para todos y que tenemos que dar cuenta a Dios de nuestras obras!

32-2. EL CIELO

Anuncio:
Los que mueren en la gracia y la amistad de Dios
y están perfectamente purificados, viven para siempre con Cristo,
y ven a Dios *"tal cual es"* (1 Jn 3,2).

Lecturas:
Hechos 1,1-11; Mateo 5,1-12; 1 Corintios 13,8-13;
1 Corintios 2,6-12; Juan 17,1-5; Apocalipsis 21,1-11.

Los que mueren en la gracia y la amistad de Dios y están perfectamente purificados, viven para siempre con Cristo. Son para siempre semejantes a Dios, porque lo ven "tal cual es" (1 Jn 3, 2), cara a cara (cf 1 Co 13, 12; Ap 22, 4).

Esta vida perfecta con la Santísima Trinidad, esta comunión de vida y de amor con ella, con la Virgen María, los ángeles y todos los bienaventurados, se llama "el cielo".

El cielo es el fin último y la realización de las aspiraciones más profundas del hombre, el estado supremo y definitivo de dicha.

Vivir en el cielo es "estar con Cristo" (cf Jn 14, 3; Flp 1, 23; 1 Ts 4, 17). Los elegidos viven "en Él"; aún más, tienen allí, o mejor, encuentran allí su verdadera identidad, su propio nombre (cf Ap 2, 17): Pues la vida es estar con Cristo: donde está Cristo, allí esta la vida, allí está el reino (San Ambrosio, Luc.10,121).

Por su muerte y su Resurrección Jesucristo nos ha "abierto" el cielo.

La vida de los bienaventurados consiste en la plena posesión de los frutos de la redención realizada por Cristo, quien asocia a su glorificación celestial a aquellos que han creído en Él y que han permanecido fieles a su voluntad.

El cielo es la comunidad bienaventurada de todos los que están perfectamente incorporados a Él.

Este misterio de comunión bienaventurada con Dios y con todos los que están en Cristo sobrepasa toda comprensión y toda representación.

La Escritura nos habla de ella en imágenes: vida, luz, paz, banquete de bodas, vino del reino, casa del Padre, Jerusalén celeste, paraíso: "Lo que ni el ojo vio, ni el oído oyó, ni al corazón del hombre llegó, lo que Dios preparó para los que le aman" (1 Co 2,9).

A causa de su trascendencia, Dios no puede ser visto tal cual es más que cuando Él mismo abre su Misterio a la contemplación inmediata del hombre y le da la capacidad para ello.

Esta contemplación de Dios en su gloria celestial es llamada por la Iglesia "la visión beatífica":

¡Cuál no será tu gloria y tu dicha!: Ser admitido a ver a Dios, tener el honor de participar en las alegrías de la salvación y de la luz eterna en compañía de Cristo, el Señor tu Dios..., gozar en el Reino de los Cielos en compañía de los justos y de los amigos de Dios, las alegrías de la inmortalidad alcanzada (San Cipriano, ep.56,10,1).

En la gloria del cielo, los bienaventurados continúan cumpliendo con alegría la voluntad de Dios con relación a los demás hombres y a la creación entera. Ya reinan con Cristo; con Él, "ellos reinarán por los siglos de los siglos" (Ap 22, 5; cf Mt 25, 21.23).

PREGUNTAS:

1) ¿Quiénes constituyen el Pueblo de Dios después de la muerte? Aquellos que mueren en la gracia de Cristo. La muerte será totalmente destruida el día de la resurrección, en el que las almas se unirán con sus cuerpos (cf SPF 28).

2) ¿Quiénes forman la Iglesia celestial? Aquellos que con Jesús y María se congregan en el paraíso, gozando de la bienaventuranza eterna, viendo a Dios como Él es (cf SPF29).

3) Con nuestra luz natural, ¿podemos ver a Dios cara a cara? No, a causa de su trascendencia y porque es el Ser Infinito; pero a los bienaventurados Dios les da "la visión beatífica" para que puedan contemplarle cara a cara.

PROCLAMEMOS:

1) *"Creo en la vida eterna".*

2) *Vivir en el cielo es "estar con Cristo" (cf Jn, 14,3), y donde está Cristo está la Vida, está el Reino.*

3) *En el cielo seremos semejantes a Dios, porque lo veremos "tal cual es", "cara a cara" (cf 1 Jn 3,2; 1 Co 13,12; Apoc 22,4).*

Salmo 122

Canto: *En el cielo todos cantan aleluia...*

EJEMPLO:

San Bernardo era un joven buen mozo, de gran talento y rico. El mundo le ofrecía de todo. Pero él se preguntaba, ¿cuánto durará esto? La vida es corta, el mundo pasa, y suspirando por los bienes del cielo que son infinitamente mejores y eternos, pues es reinar con Dios, dejó todo y entró a un convento para consagrarse a Dios. Luego le siguieron cuatro hermanos más. Cuando se despidieron del hermano menor, llamado Nivardo, que era todavía niño, le dijeron que le dejaban a él toda la rica herencia. Pero el niño les respondió: ¿Cómo? ¿Me dejan a mí la tierra, para ustedes buscar el Cielo? Y, dejando la herencia a los pobres, también Nivardo se consagró a Dios.

32. 3 LA PURIFICACION FINAL O PURGATORIO

Anuncio:
Los que mueren en la gracia de Dios, pero no totalmente purificados, sufren después de su muerte una purificación a fin de obtener la pureza necesaria para entrar en la alegría del cielo.

Lecturas:
2 Macabeos 12,43-46; 1 Corintios 3,10-15; Mateo 12,22-32.

Los que mueren en la gracia y en la amistad de Dios, pero imperfectamente purificados, aunque están seguros de su eterna salvación, sufren después de su muerte una purificación a fin de obtener la santidad necesaria para entrar en la alegría del cielo.

La Iglesia llama Purgatorio a esta purificación final de los elegidos, que es completamente distinta del castigo de los condenados. La Iglesia ha formulado la doctrina de la fe relativa al Purgatorio, sobre todo en los Concilios de Florencia (cf DS 1304) y de Trento (cf DS 1820; 1580). La tradición de la Iglesia, haciendo referencia a ciertos textos de la Escritura (por ejemplo, 1 Cor 3,15; 1 P 1, 7), habla de un fuego purificador.

Respecto a ciertas faltas ligeras, es necesario creer que antes del juicio, existe un fuego purificador, según lo que afirma Aquel que es la Verdad, al decir que si alguno ha pronunciado una blasfemia contra el Espíritu Santo, esto no le será perdonado ni en este siglo ni en el futuro (Mt 12, 31). En esta frase podemos entender que algunas faltas pueden ser perdonadas en este siglo, pero otras en el siglo futuro (San Gregorio Magno, dial. 4,39).

Esta enseñanza se apoya también en la práctica de la oración por los difuntos, de la que ya habla la Escritura: "Por eso mandó Judas Macabeo a hacer este sacrificio expiatorio en favor de los muertos, para que quedaran liberados del pecado" (2 M 12, 46).

Desde los primeros tiempos, la Iglesia ha honrado la memoria de los difuntos y ha ofrecido sufragios en su favor, en particular el sacrificio eucarístico (cf DS 856), para que, una vez purificados, puedan llegar a la visión beatifica de Dios.

La Iglesia también recomienda las limosnas, las indulgencias y las obras de penitencia en favor de los difuntos:

Llevémosles socorros y hagamos su conmemoración. Si los hijos de Job fueron purificados por el sacrificio de su padre (cf Jb 1, 5), ¿por qué habríamos de dudar de que nuestras ofrendas por los muertos les lleven un cierto consuelo? No dudemos, pues, en socorrer a los que han partido y en ofrecer nuestras plegarias por ellos (San Juan Crisóstomo, hom. in 1 Cor 41,5).

PREGUNTAS:

1) ¿Dónde van los que no están plenamente purificados? Los que mueren en la gracia de Dios, pero no plenamente purificados, están seguros de su salvación eterna, pero sufren una purificación a fin de obtener la santidad necesaria para entrar en el gozo de Dios.

2) La Iglesia, ¿ofrece sufragios por los difuntos? Sí, en virtud de "la comunión de los santos" la Iglesia ofrece sufragios en su favor, sobre todo, la Santa Misa (También se pueden aplicar a ellos las indulgencias que la Iglesia nos concede de su "tesoro espiritual").

PROCLAMEMOS:

1) Creo en la vida eterna.

2) Es de fe que existe el purgatorio, donde se acaban de purificar las almas antes de entrar a la alegría del cielo.

3) La Iglesia, a la luz de la palabra de Dios, nos enseña a orar por los difuntos.

Recemos un Padre Nuestro y Ave María por los difuntos, y digamos con frecuencia: "Dales, Señor, el descanso eterno y brille para ellos la luz eterna".

EJEMPLO:

1) Las penas del Purgatorio. "Como el que pasa un río tarda más o menos, según el peso que lleva, así las almas que pasan por el río del Purgatorio, según el peso de sus culpas, tardan más o menos en llegar a la orilla del Paraíso" (San Agustín). Treinta años después de la muerte de su madre santa Mónica, no cesaba san Agustín de rogar por ella y pedir a otros que así lo hicieran, a pesar de los muchos milagros que se habían obrado en su sepulcro".

2) Una joven que se va a casar con un Rey, si le aparece una mancha o tumor en la cara no se presenta a las bodas antes de curarse y embellecerse. Nuestras almas son esposas queridas del Señor, y deben ser purificadas antes de entrar a las bodas con el Señor.

Canto: Purifícame, Señor, con tu Espíritu...

32-4 EL INFIERNO

Anuncio:
Esto dice el Señor: "¡Lejos de mí los que practican la maldad!" (Mt 7,23).

Lecturas:
Mateo 25,31-46; Lucas 16,19-31; 1 Corintios 6,1-11; Gálatas 5,13-24; Apocalipsis 21,1-8.

Salvo que elijamos libremente amarle, no podemos estar unidos con Dios. Pero no podemos amar a Dios si pecamos gravemente contra Él, contra nuestro prójimo o contra nosotros mismos:
"Quien no ama permanece en la muerte".
"Todo el que aborrece a su hermano es un asesino; y saben que ningún asesino tiene vida eterna permanente en él" (1 Jn 3, 15).

Nuestro Señor nos advierte que estaremos separados de Él si omitimos socorrer las necesidades graves de los pobres y de los pequeños que son sus hermanos (cf Mt 25, 31-46).

Morir en pecado mortal sin estar arrepentido ni acoger el amor misericordioso de Dios, significa permanecer separados de Él para siempre por nuestra propia y libre elección.

Este estado de autoexclusión definitiva de la comunión con Dios y con los bienaventurados es lo que se designa con la palabra "infierno".

JESÚS HABLA DEL INFIERNO ETERNO

Jesús habla con frecuencia de la "*gehenna*" y del "fuego que nunca se apaga" (cf Mt 5, 22.29; 13, 42.50; Mc 9, 43-48), reservado a los que, hasta el fin de sus vidas rehusan creer y convertirse, y donde se puede perder a la vez el alma y el cuerpo (cf Mt 10, 28).

Jesús anuncia en términos graves que "enviará a sus ángeles que recogerán a todos los autores de iniquidad..., y los arrojarán al horno ardiendo" (Mt 13, 41-42), y que pronunciará la condenación:" ¡Aléjense de mí, malditos, al fuego eterno!" (Mt 25, 41).

La enseñanza de la Iglesia afirma la existencia del infierno y su eternidad.

Las almas de los que mueren en estado de pecado mortal descienden a los infiernos inmediatamente después de la muerte, y allí sufren las penas del infierno, "el fuego eterno" (cf DS 76; 409; 411; 801; 858; 1002; 1351; 1575; SPF 12).

HAY QUE TOMAR LA VIDA CRISTIANA EN SERIO

La pena principal del infierno consiste en la separación eterna de Dios, en quien únicamente puede tener el hombre la vida y la felicidad para las que ha sido creado y a las que aspira.

Las afirmaciones de la Escritura y las enseñanzas de la Iglesia a propósito del infierno, son un llamamiento a la responsabilidad con la que el hombre debe usar de su libertad en relación con su destino eterno.

Constituyen al mismo tiempo un llamamiento apremiante a la conversión: "Entren por la puerta estrecha, porque ancha es la puerta y espacioso el camino que lleva a la perdición, y son muchos los que entran por ella", más ¡qué estrecha la puerta y qué angosto el camino que lleva a la Vida!; y pocos son los que la encuentran" (Mt 7, 13-14).

PREGUNTAS:

1) ¿Existe el infierno? Sí, y es eterno. La Iglesia, siguiendo las enseñanzas de Cristo, advierte a los fieles sobre la muerte eterna, que es "el infierno" (cf DCG69), para los que mueren en pecado moral.

2) ¿En qué consiste la pena principal del infierno? Consiste en la separación eterna de Dios. Sólo en Dios el hombre puede hallar la vida y la felicidad. Y en la pena de sentido que es "el fuego eterno" (Mt 25,41).

3) Ante esta tremenda verdad de la condenación eterna, ¿qué actitud debemos tomar? Debemos tomar la vida cristiana con seriedad y responsabilidad. Seguir "el camino angosto de la ley de Dios", que lleva a la vida (Mt 7,13-14). Agarrarnos de Dios y de María Santísima y evitar las ocasiones que llevan al pecado.

4) ¿La Iglesia ruega para que nadie se pierda? Sí. Jamás permitas, Señor, que me separe de ti". Si bien es verdad que nadie puede salvarse a sí mismo, también es cierto que "Dios quiere que todos los hombres se salven" (1 Tm 2,4) y que para Él "todo es posible" (Mt 19,26).

REFLEXIÓN:

Jesús habla muchas veces del infierno y dice que es eterno. Es una pena que hoy día se predica poco esta verdad y a veces se trata de diluir. Se ha perdido el sentido de pecado. Pero se debe enseñar toda la verdad (cf 1 Tm 2,4).

Es un misterio; por eso ahora no lo podemos comprender. El pecado mortal, hecho a ciencia y conciencia, es una ofensa a un Dios infinito. Dios es infinitamente misericordioso, pero también infinitamente justo (cf Santiago 2,10-13;5,11). Jesucristo habla de "fuego eterno". Dios, que creó el fuego material, puede crear un fuego espiritual.

La misma Escritura dice: "De Dios nadie se burla" (Ga 6, 7).
Johannes B. Bauer declara que: "Todo intento de atenuar la

espantosa gravedad del infierno y negar su duración eterna, fracasa ante las duras afirmaciones de la Escritura" (Dic. de Teol. Bibl. Herder, 1967).

PROCLAMEMOS:

1) *"Creo en la vida eterna".*

2) *Dice Jesús a los condenados: ¡Aléjense de mí, malditos, (vayan) al fuego eterno!*

ACLAMEMOS:

1) *Líbranos, Señor, de la condenación eterna.*

Súplica (hacerla con frecuencia):

Padre eterno y misericordioso, te ofrecemos la sangre redentora de tu Hijo, derramada en la cruz, por nuestros pecados y por todos los pecadores del mundo. Ten misericordia de todos, y líbranos de la condenación eterna.

Salmo 116

EJEMPLO:

1) *Se puede narrar la parábola del rico comilón (Lc 16,19-31).*

2) *Algunos santos decían que preferían ahora bajar al infierno en el pensamiento, y no después de muertos, bajar a él en realidad.*
Es decir, pensar ahora en la posible condenación eterna para huir del pecado; y no hacer como el avestruz: no querer pensar en eso, y luego sufrir esa condenación eterna.

3) *San Policarpo, por ser cristiano, fue condenado a muerte quemado vivo en una hoguera. El verdugo le decía que cambiara de idea para liberarse de esa muerte. San Policarpo le contestó: este fuego sólo arde por una hora y se apaga; en cambio hay otro fuego eterno para los impíos, que nunca se apagará.*

Canto: *Pequé, pequé, Dios mío...*

32-5 EL JUICIO FINAL

Anuncio:
Cuando el Señor "venga con su esplendor acompañado de todos sus ángeles, se sentará en su trono de gloria y juzgará a todas las naciones" (Mt 25,31).

Lecturas:
Mateo 25, 31-46; Juan 5,25-30; 2 P 3,1-18; Mateo 24,36-44; Marcos 13,24-37.

La resurrección de todos los muertos, "de los justos y de los pecadores" (Hch 24, 15), precederá al Juicio final. Esta será "la hora en que todos los que estén en los sepulcros oirán su voz, y los que hayan hecho el bien resucitarán para la vida, y los que hayan hecho el mal, para la condenación" (Jn 5, 28-29).

Entonces Cristo vendrá "en su gloria acompañado de todos sus ángeles... Serán congregadas delante de Él todas las naciones, y Él separará a los unos de los otros, como el pastor separa las ovejas de las cabras. Pondrá las ovejas a su derecha, y las cabras a su izquierda... E irán éstos a un castigo eterno, y los justos a una vida eterna" (Mt 25, 31.32.46).

Frente a Cristo, que es la Verdad, será puesta al desnudo definitivamente la verdad de la relación de cada hombre con Dios (cf Jn 12, 49). El Juicio final revelará hasta sus últimas consecuencias lo que cada uno haya hecho de bien o haya dejado de hacer durante su vida terrena:

El Juicio final sucederá cuando vuelva Cristo glorioso. Sólo el Padre conoce el día y la hora en que tendrá lugar; sólo Él decidirá su advenimiento.

Entonces, Él pronunciará por medio de su Hijo Jesucristo, su palabra definitiva sobre toda la historia.

SE REVELARÁ LA JUSTICIA DE DIOS

Nosotros conoceremos el sentido último de toda la obra de la creación y de toda la economía de la salvación, y comprenderemos los caminos admirables por los que su Providencia habrá conducido todas las cosas a su fin último.

El Juicio final revelará que la justicia de Dios triunfa de todas las injusticias cometidas por sus criaturas, y que su amor es más fuerte que la muerte (cf Ct 8, 6).

El mensaje del Juicio final llama a la conversión mientras Dios da a los hombres todavía "el tiempo favorable, el tiempo de salvación" (2 Co 6, 2). Inspira el santo temor de Dios. Compromete para la justicia del Reino de Dios. Anuncia la "bienaventurada esperanza" (Tt 2, 13) de la vuelta del Señor, que "vendrá para ser glorificado en sus santos y admirado en todos los que hayan creído"(2 Ts 1, 10).

PREGUNTAS:

1) ¿Qué enseña la Iglesia sobre el Juicio final? Enseña y confiesa que el día del Juicio final todos los hombres comparecerán ante el tribunal de Cristo para dar cuenta de sus propias acciones (DS859).

2) Qué dice Jesús sobre el Juicio final? "Llegará la hora en que todos los que están en los sepulcros oirán su voz, y los que hayan hecho el bien resucitarán para la vida, y los que hayan hecho el mal para la condenación" (Jn 5,28-29).

3) ¿Llegará el reino de Dios a su plenitud? Sí, al fin de los tiempos el Reino de Dios llegará a su plenitud. Entonces los justos reinarán con Cristo para siempre, glorificados en cuerpo y alma, y el mismo universo material será transformado. Dios será entonces "todo en todos" (1 Co 15,28), en la vida eterna.

REFLEXIÓN:

Algunas sectas hablan de un fin del mundo próximo y hasta han señalado fecha. Pero eso es una estultez. Ya Jesucristo dejó bien claro: "Más de aquel día y hora, nadie sabe nada: ni los ángeles del cielo, ni el Hijo, sino sólo el Padre" (Mc 13,32). Es decir, que ni Jesús lo sabe en cuanto Mesías, para revelarlo en su Evangelio. Es un secreto de la Santísima Trinidad.

El Señor nos pide que vivamos preparados, es decir, con la conciencia en regla con Dios y con los hermanos (cf Mc 13, 34-37).

PROCLAMEMOS:

1) *"Creo en la vida eterna".*

2) *"Creo que el Señor vendrá un día a juzgar a vivos y muertos"* (cf Mt 24,44).

Recitemos el Credo entero (se supone que ya todos lo saben de memoria).
Recitar parte de los salmos 24 y 119.

Canto: Entre tus manos está mi vida...

EJEMPLO:

1) Hay que tomar la vida en serio, de cara al porvenir. Muchas personas cambiaron de vida y se hicieron santos, pensando en que tenían que dar cuenta a Dios en el juicio particular y en el juicio universal.

32.6 LA ESPERANZA DE LOS NUEVOS CIELOS Y DE LA NUEVA TIERRA

La Sagrada Escritura llama "cielos nuevos y tierra nueva" a esta renovación misteriosa que transformará la humanidad y el mundo (2 P 3,13; cf Ap 21,1). Esta será la realización definitiva del designio de Dios de "hacer que todo tenga a Cristo por Cabeza, lo que está en los cielos y lo que está en la tierra" (Ef 1,10).

Este "nuevo universo" (Ap 21,1); es la Jerusalén Celestial, en que ya "no habrá muerte, ni llanto, ni gritos ni fatigas, porque el mundo viejo ha pasado" (Ap 21,4; cf 21,27).

Será la Ciudad Santa de Dios (cf Ap 21,2). "La Esposa del Cordero".

EL UNIVERSO VISIBLE SERÁ TRANSFORMADO

La Revelación de Dios declara **en cuanto al cosmos**, que será transformado. (Véase Rm 8,19-23).

Ignoramos el momento de la consumación de la tierra y de la humanidad, y no sabemos cómo se transformará el universo (cf GS 39,1).

"No obstante, la espera de una tierra nueva no debe debilitar, sino más bien avivar la preocupación de cultivar esta tierra... aunque hay que distinguir el progreso terreno del crecimiento del Reino de Cristo (cf GS 39,2).

PREGUNTA:

1) ¿Llegará el Reino de Dios a su plenitud? Sí. Al final de los tiempos, el Reino de Dios llegará a su plenitud. Entonces, los justos reinarán con Cristo para siempre, glorificados en cuerpo y alma, y el mismo universo material será transformado. Dios será entonces "todo en todos" (1 Co 15,28), en la vida eterna.

"AMÉN"

El Credo, termina con el "Amén". Es la última palabra de la Sagrada Escritura (cf Ap 22,2). En hebreo la palabra "Amén" pertenece a la raíz de la palabra "creer". Con el "Amén" al final del Credo, se confirma la fe en lo que se acaba de profesar. "Amén" significa: "Así es"; lo creo firmemente; me fío de Dios, "el Dios de la verdad", el Dios del "Amén" (Is 65,16).

Amén. ¡Marana thá! ¡Ven, Señor Jesús!
(1 Co 16,22; Ap 22,20)

Nota: Se puede escribir Maran athá o Marana thá. Es la única aclamación que conserva nuestra liturgia del arameo, la lengua que habló Jesucristo. Por eso es bueno aprenderla.

SEGUNDA PARTE

La Celebración del Misterio Cristiano

33

LA CELEBRACIÓN DEL MISTERIO CRISTIANO

Anuncio:
"Bendito sea Dios, Padre de nuestro Señor, Jesús Mesías, que por medio de Jesucristo nos ha bendecido desde el cielo con toda bendición del Espíritu". (Ef 1,3).

Lecturas a escoger:
Efesios 1,3-6; Juan 17, 1-11; Hebreos 8, 1-10; Mateo 18,18-20; 2 Corintios 3,7-18; 1 Pedro 3,8-12.

La Liturgia: En el Credo, la Iglesia profesa el misterio de la Santísima Trinidad y su "designio amoroso" con nosotros (Ef 1,9). Dios nos demuestra ese amor al crearnos y al darnos a su Hijo Amado y al Espíritu Santo para la salvación del mundo (cf Ef 3,4).

En la liturgia, la Iglesia celebra principalmente el misterio pascual (Muerte y Resurrección) de Cristo, por el cual Él realizó la obra de nuestra redención.

Originariamente, la palabra "liturgia" (en griego) significa "servicio de parte y en favor del pueblo". En el Nuevo Testamento, con esa palabra, "liturgia", se designa no solamente la celebración del culto divino (cf Hch 13,2; Lc 1,23), sino también el anuncio del Evangelio (cf Rm 15,16) y el ejercicio de la caridad (o fraternidad entre todos). Se trata del servicio de Dios y de los hombres.

LA LITURGIA: OBRA DE CRISTO Y ACCIÓN DE LA IGLESIA EN EL ESPÍRITU

La liturgia, obra de Cristo, es también una acción de su Iglesia. La Iglesia, por Cristo, se manifiesta como signo visible de la comunión entre Dios y los hombres, e introduce a los fieles en la vida nueva de la comunidad.

La Liturgia es también participación en la oración de Cristo dirigida al Padre, en el Espíritu Santo. Es también el lugar privilegiado de la catequesis del Pueblo de Dios.

El día de Pentecostés, por la efusión del Espíritu Santo, la Iglesia se manifiesta al mundo (cf SC6; LG2).

El don del Espíritu inaugura un tiempo nuevo en la "dispensación del Misterio". En la Liturgia, Jesucristo hace presente su obra de salvación en el mundo" hasta que Él vuelva" (1 Co 11,26).

LA LITURGIA:
OBRA DE LA SANTÍSIMA TRINIDAD
EL PADRE DIOS, FUENTE Y ORIGEN DE LA LITURGIA

Lectura: Ef 1,3-6.

Por parte de Dios Padre, "bendecir" es una acción divina que da la vida, es a la vez palabra y don o regalo. El hombre corresponde a esa bendición con sus actos de adoración y de entrega a su Dios Creador, en la acción de gracias.

En ese sentido, toda la obra de Dios-con-nosotros es una **bendición**. Desde el comienzo, Dios bendice a todos los seres vivos, especialmente a la primera pareja del hombre y la mujer. Bendice a Abraham, "padre de los creyentes"; sigue bendiciendo en todos los acontecimientos maravillosos y salvadores (de la Historia de nuestra Salvación).

ESA BENDICIÓN DE DIOS
HACIA NOSOTROS ES PLENA

La bendición de Dios Padre se nos revela y se nos comunica plenamente en su Hijo, hecho Hombre, muerto y resucitado por nosotros, derramando en nuestros corazones el don que contiene todos los dones: el Espíritu Santo.

Nuestra Liturgia es una respuesta de fe y de amor a esas "bendiciones espirituales" con que Dios Padre nos enriquece.

La Iglesia, en la liturgia, bendice a Dios Padre, unida a su Señor Jesús, y "bajo la acción del Espíritu Santo" (Lc 10,21). Bendice a Dios Padre "por su don inefable" (2 Co 9,15). Lo bendice con los actos de adoración, alabanza y acción de gracias.

LA OBRA DE CRISTO EN LA LITURGIA

En la liturgia de la Iglesia, Cristo significa y realiza principalmente su misterio pascual (su muerte y resurrección por nosotros). Los acontecimientos humanos suceden una vez, y luego pasan y son absorbidos por el pasado. No así el misterio pascual de Cristo. Por su muerte, Cristo destruyó a la muerte. Todo lo que Jesucristo hizo y padeció por los hombres participa de la eternidad divina. Domina todos los tiempos y siempre es presente (a todos los seres humanos y a todas las generaciones).

DESDE LA IGLESIA DE LOS APÓSTOLES

Cristo resucitado da el Espíritu Santo a los apóstoles, y les confía su poder de santificación (cf Jn 20,21-23). Así se convierten en signos sacramentales de Cristo.

Con el mismo poder del Espíritu, todo eso se transmite a los sucesores de los apóstoles. Es "la sucesión apostólica", que se transmite por el sacramento del Orden.

Así Cristo está presente en nuestra liturgia, en el sacrificio de la misa, ofreciéndose ahora por el ministerio de los sacerdotes, el mismo que entonces se ofreció en la cruz, y que está bajo las especies eucarísticas. (Al instituir la Eucaristía, Cristo mandó a los apóstoles: "Hagan esto hasta que yo vuelva").

Cristo está presente también con su virtud en los sacramentos, de modo que cuando alguien bautiza es Cristo quien bautiza. Está presente en su palabra, pues es Él mismo quien habla cuando en la Iglesia se lee la Sagrada Escritura.

Finalmente, Cristo está presente cuando la Iglesia suplica y canta salmos (cf Mt 18,20; SC 7).

En la liturgia terrena pregustamos y participamos en aquella liturgia celestial que se celebra en la Ciudad Santa (en el cielo).

El Espíritu Santo es el pedagogo de la fe del Pueblo de Dios, el artífice de las "obras maestras de Dios", que son los sacramentos de la nueva alianza.

EL ESPÍRITU SANTO PREPARA A RECIBIR A CRISTO.
EL ESPÍRITU SANTO ACTUALIZA EL MISTERIO DE CRISTO
(Ver CEC n. 1091-1112)

PREGUNTAS:

1) En la Liturgia de la Iglesia, ¿quién es bendecido? En la liturgia de la Iglesia, Dios Padre es bendecido y adorado como la fuente de todas las bendiciones de la creación y de la salvación, con las que nos ha bendecido en su Hijo para darnos el Espíritu de adopción filial.

2) ¿Cuál es la obra de Cristo en la Liturgia? Es sacramental, porque el Misterio de Salvación se hace presente en ella por el poder del Espíritu Santo. A través de sus acciones litúrgicas, la Iglesia participa de la liturgia celestial.

3) ¿Cuál es la misión del Espíritu Santo en la Liturgia de la Iglesia? Es preparar la asamblea de los fieles para el encuentro con Cristo. Él hace presente y actualiza la obra salvífica de Cristo en nosotros.

ACLAMEMOS:

1) "¡Bendito sea Dios, Padre de nuestro Señor Jesucristo, que nos ha bendecido desde el cielo con toda bendición del Espíritu" (Ef 1,3).

2) "Dios Padre nos eligió en su Hijo Jesús, para ser adoptados por hijos suyos" (Ef 1,6).

3) "Por medio de su Hijo querido, con su sangre, nos ha obtenido la liberación, el perdón de los pecados" (Ef 1,7).

4) "Hemos sido sellados por el Espíritu Santo, garantía de nuestra herencia", el cielo (Ef 1,13-14).

Se puede recitar el salmo 145.

A manera de ejemplo oigamos lo que nos dice Tihamer Tohth:

"Son los sacramentos como siete ríos que nos traen las aguas de la Redención. Como siete fuentes sagradas de donde brotan las aguas de la vida sobrenatural. Como siete cálices que están llenos hasta el borde de la sangre preciosísima de Cristo. Como siete mesas en que Cristo nos sirve la gracia confortadora de la vida espiritual. Como siete campanas cuyo repiqueteo alentador, argentino, anima a los que van peregrinando por el camino de la vida eterna".

Canto: Pueblo de Reyes, asamblea santa...

Nota: Se deben aprovechar estas lecciones sobre liturgia para enseñar también cantos litúrgicos y otras cosas concretas de nuestra liturgia.

34

EL MISTERIO PASCUAL EN LOS SACRAMENTOS DE LA IGLESIA

Anuncio:
"Unidos a la doctrina de las Sagradas Escrituras,
a las tradiciones apostólicas y al sentimiento unánime
de los Santos Padres" confesamos que "Los sacramentos
de la Nueva Ley fueron todos instituídos por Jesucristo" (DS1600-1601). Son como "fuerzas que brotan" del Cuerpo de Cristo,
siempre vivo y vivificante. Son como acciones del Espíritu Santo
que actúa en la Iglesia (cf Lc 5,17; 6,19;8,46).

Lecturas:
Lucas 5, 17-26; Lucas 22,7-13; 7,14-20; Mateo 28,16-20;
1 Corintios 11,23-29; 1 Pedro 2,1-10.

Toda la vida litúrgica de la Iglesia gira en torno al Sacrificio Eucarístico (la Santa Misa) y los sacramentos (cf SC6): Bautismo, Confirmación, Eucaristía, Penitencia, Unción de los Enfermos, Orden Sacerdotal y Matrimonio (cf DS 860; 1310; 1601).

"Adheridos a la doctrina de las Santas Escrituras, a las tradiciones apostólicas y al sentimiento unánime de los Santos Padres", profesamos que "los sacramentos de la nueva Ley fueron todos instituidos por nuestro Señor Jesucristo" (DS 1600-1601).

"Los sacramentos, como "fuerzas que brotan" del Cuerpo de Cristo (cf Lc 5, 17; 6, 19; 8, 46) siempre vivo y vivificante, y como acciones del Espíritu Santo que actúa en su Cuerpo que es la Iglesia, son "las obras maestras de Dios" en la Nueva y eterna Alianza".

LOS SACRAMENTOS DE LA IGLESIA

Formando con Cristo Cabeza "como una única persona mística" (Pío XII, enc. "Mystici Corporis"), la Iglesia actúa en los sacramentos "como comunidad sacerdotal" (LG 11).

Gracias al Bautismo y a la Confirmación, el pueblo sacerdotal se hace apto para celebrar la liturgia. De entre los fieles, algunos han recibido el sacramento del Orden para ser pastores de la Iglesia (cf LG 11). Es el ministerio ordenado o **sacerdocio ministerial** (LG 10), que está al servicio del sacerdocio bautismal (o del Pueblo de Dios).

La misión de salvación confiada por el Padre Dios al Hijo hecho hombre es confiada a los apóstoles, y por ellos a sus sucesores (cf Jn 20,21-23; Lc 24,47; Mt 28,18-20).

LOS SACRAMENTOS DE LA FE

Cristo mandó a sus apóstoles para que "en su nombre proclamasen a todas las naciones el perdón de los pecados" (Lc 24,47), y "de todas las naciones hagan discípulos, bautizándolos en el nombre del Padre, del Hijo y del Espíritu Santo" (Mt 28,19).

La misión de bautizar, misión sacramental, está unida a la misión de evangelizar. El sacramento es preparado **por la Palabra de Dios y por la fe**.

"Los sacramentos están ordenados a la santificación de los hombres, a la edificación del Cuerpo de Cristo y, en definitiva, a dar culto a Dios, pero, como signos,

también tienen un fin instructivo. No sólo suponen la fe, también la fortalecen, la alimentan y la expresan con palabras y acciones; por eso se llaman sacramentos de la fe" (SC 59).

LA FE RECIBIDA DE LOS APÓSTOLES

La fe de la Iglesia es anterior a la fe del fiel. El fiel es invitado a adherirse a la fe de la Iglesia.

Cuando la Iglesia celebra los sacramentos, confiesa la fe recibida de los apóstoles. De ahí el adagio: "lex orandi, lex credendi" (la ley de la oración es la ley de la fe). La Iglesia cree como ora.

Por eso ningún rito sacramental puede ser modificado o manipulado a voluntad del ministro o de la comunidad. Tampoco la suprema autoridad de la Iglesia puede cambiar la liturgia a su arbitrio, sino solamente en virtud del servicio de la fe y en el respeto religioso al misterio de la liturgia.

LOS SACRAMENTOS DE LA SALVACIÓN

Cuando los sacramentos, se celebran dignamente en la fe, ellos confieren la gracia (de Dios) que significan. Son **eficaces** porque en ellos actúa Cristo mismo.

En cada sacramento la Iglesia expresa su fe en el poder del Espíritu. Como el fuego transforma en sí lo que toca, así el Espíritu Santo transforma en vida divina lo que se somete a su poder.

Tal es el sentido de las palabras del Concilio de Trento (DS1608): los sacramentos obran **"ex opere operato"**, es decir, por el hecho mismo de que se realicen (de que se celebren), en virtud de la obra salvífica de Cristo.

EL SACRAMENTO ACTÚA POR EL PODER DE DIOS

De ahí lo que afirma santo Tomás de Aquino: "El sacramento no actúa en virtud de la justicia (de la santidad o méritos) del que lo da o del que lo recibe, sino por el poder de Dios" (S. th. 3,68,8).

Por ende, cuando un sacramento es celebrado conforme a la intención de la Iglesia, el poder de Cristo y de su Espíritu actúa en él y por él, independientemente de la santidad personal del ministro.

Sin embargo, los frutos de los sacramentos dependen también de las disposiciones del que los recibe.

Los sacramentos de la Nueva Alianza **son necesarios para la salvación** (cf Cc de Trento DS1604).

El fruto de la vida sacramental consiste en que el Espíritu de adopción diviniza a los fieles, uniéndolos vitalmente al Hijo único, el Salvador (cf 2 P1, 4).

LOS SACRAMENTOS DE LA VIDA ETERNA

La Iglesia celebra el misterio de su Señor Jesús "hasta que Él venga" (1 Co 11,26).
En los sacramentos de Cristo, la Iglesia recibe ya las arras de su herencia, participa ya en la vida eterna. "Aguardando la feliz esperanza y la manifestación de la gloria del gran Dios y Salvador nuestro Jesucristo". (Tt 2,13).
"El Espíritu y la Esposa (la Iglesia) dicen: ¡Marana tha! ¡Ven!...¡Ven, Señor Jesús!" (1 Co 16,22; Ap 22,17.20)

PREGUNTAS:

1) ¿Qué son los sacramentos? Son signos eficaces de la gracia, instituidos por Jesucristo y confiados a la Iglesia para comunicarnos la vida divina. Esos ritos visibles significan y realizan la gracia propia del sacramento.

2) ¿Cómo el Espíritu Santo nos dispone a recibir los sacramentos? Por la Palabra de Dios y por la fe que suscita en nuestros corazones.

3) ¿Cuál es el fruto de los sacramentos? Es personal y eclesial. En los fieles, es la vida de Dios en Cristo Jesús; y en la Iglesia, el crecimiento en la caridad y en la misión de testimonio.

ACLAMEMOS:

1) Cristo crucificado y resucitado es el único Sumo Sacerdote del Santuario verdadero (cf Hb 4,14-15).

2) Cristo es el mismo "que ofrece y que es ofrecido, que da y que es dado".

3) En nuestra Liturgia se nos manifiesta "el río de Vida que brota del Trono de Dios y del Cordero".

4) Participan en el servicio de la alabanza de Dios el nuevo Pueblo de Dios, la Santísima Madre de Dios y una *"muchedumbre inmensa que nadie podrá contar de toda nación, razas, pueblos y lenguas" (Ap 7,9).*

5) *"Marana tha", "Ven, Señor Jesús" (Ap 22,17-20).*

Se puede recitar el salmo 146.

EJEMPLO:

En todas las comunidades cristianas debemos formar bien el equipo de liturgia, y que éste a su vez, prepare bien las celebraciones. Se deben ensayar antes los cantos con la gente para que cante su fe todo el Pueblo de Dios. Muchas comunidades cristianas son ejemplo en vivir su liturgia.

Estas celebraciones bien realizadas son un verdadero anticipo de la liturgia celestial. Son muchos los fieles alejados y los no-creyentes en quienes se suscita la fe y la vivencia del Dios vivo, observando la liturgia en nuestras comunidades cristianas. Por eso, la Iglesia siempre ha considerado la liturgia como un excelente medio de evangelizar.

Canto: Bendeciré al Señor con toda mi alma...

35

QUIÉN, CÓMO, CUÁNDO, DÓNDE CELEBRAR LA LITURGIA

Anuncio:
"Llénense del Espíritu. Reciten entre ustedes (en asamblea) salmos, himnos y cánticos inspirados, canten y toquen en su corazón al Señor" (Ef 5,18-20).

Lecturas:
Lucas 9, 28-36; Juan 2,13-22; 4,19-26; Efesios 5,15-20; Colosenses 3,12-17; Apocalipsis 8,3-4; 19,4-9; 22,1-5; 1 Pedro 2,4-8; 1 Reyes 8,22-30.

¿QUIÉN CELEBRA?
Celebración de la Liturgia celestial

La liturgia es celebración del "Cristo total" (es decir, de Cristo, Cabeza de la Iglesia, y de la misma Iglesia, Cuerpo de Cristo).

Cristo crucificado y resucitado es el único Sumo Sacerdote del santuario verdadero (cf Hb 4, 14-15).

El mismo (Cristo) es "el que ofrece y es ofrecido, que da y que es dado" (Liturgia de san Juan Crisóstomo, Anáfora).

Se revela "el Río de Vida que brota del Trono de Dios y del Cordero" (Ap 22,1). Es uno de los más bellos símbolos del Espíritu Santo (cf Jn 4, 10-14; Ap 21, 6).

"Unidos en Cristo" participamos en el servicio de la alabanza a Dios y en la realización de su designio. En la liturgia (en la celebración de los sacramentos), el Espíritu y la Iglesia nos hacen participar de la Liturgia eterna.

LOS CELEBRANTES DE LA LITURGIA SACRAMENTAL

Todos participamos de la celebración unidos a Cristo-Cabeza.

Las acciones litúrgicas no son acciones privadas, sino celebraciones de la Iglesia, que es "sacramento de unidad".

No todos tienen las mismas funciones. De entre la Iglesia, algunos por el sacramento del Orden (al presidir la celebración), actúan en representación de Cristo-Cabeza.

Pero, también "los acólitos, lectores, comentadores, y el coro desempeñan un auténtico ministerio litúrgico" (SC 29).

Toda la asamblea es "liturgo", es decir, se une y participa activamente de la celebración litúrgica en virtud de su sacerdocio bautismal (cf SC28).

¿CÓMO CELEBRAR?
(signos y símbolos)

Una celebración sacramental está tejida de signos y de símbolos.

Según la pedagogía divina de la salvación, su significación tiene su raíz en la obra de la creación y en la cultura humana y se perfila en los acontecimientos de la Antigua Alianza y se revela en plenitud en la persona y la obra de Cristo.

En la vida humana los signos y símbolos ocupan un lugar importante. Porque el hombre es un ser corporal y espiritual. Y

Dios habla al hombre a través de la creación visible. La primera Alianza (de Dios con su pueblo), tiene sus signos y símbolos. También Cristo los usa en su predicación y en sus curaciones. (Véanse los nn. del 1145 al 1152).

En las celebraciones litúrgicas también hay palabras y acciones, canto y música (véanse los n. del 1153 al 1158).

Los cantos constituyen un tesoro de valor inestimable. Es parte necesaria de la liturgia solemne (cf SC 112). Dice san Agustín que "el que canta ora dos veces" (Sal 72,1).

También **Las Imágenes Sagradas** hacen referencia a Cristo que es glorificado en los santos (Véanse del n. 1159 al 1162).

Decía san Juan Damasceno: Como las flores y plantas del campo me elevan a Dios, así también el color y belleza de las imágenes estimulan mi oración.

¿CUÁNDO CELEBRAR?

La santa Madre Iglesia considera que es su deber celebrar la obra de salvación de su divino Esposo con un sagrado recuerdo.

Cada semana, el domingo, "día del Señor", conmemora su resurrección. Una vez al año celebra su santa pasión (y resurrección) en la solemnidad de la Pascua. A lo largo de todo el año desarrolla todo el misterio de Cristo (cf SC 102).

Cuando la Iglesia celebra el misterio de Cristo hay una palabra que jalona (marca) su oración: ¡Hoy!, como eco de la oración que enseñó su Señor (Mt 6,11) y de la llamada del Espíritu Santo (Hb 3,7-4,11). Es "el Hoy del Dios vivo" al que el hombre está llamado a entrar. Es la Hora de la Pascua de Jesús, que es eje de toda la historia humana.

Por tradición apostólica, la Iglesia celebra el misterio pascual (la resurrección de Cristo) el domingo, "primer día de la semana", en que Cristo resucitó.

En esta celebración los fieles deben reunirse para escuchar la Palabra de Dios y participar de la Eucaristía. Así recuerdan (y reviven) la pasión, resurrección y gloria del Señor Jesús. Se da gracias a Dios, que nos hizo renacer a la esperanza viva por la resurrección de Jesucristo de entre los muertos (SC 106) (Se aviva la esperanza de su retorno).

El día de la Resurrección de Cristo es a la vez "el primer día de la semana" memorial del primer día de la creación y "el octavo día en que el mismo Cristo, tras su 'reposo" del gran Sabbat, inaugura el Día 'que hace el Señor", el 'día que no conoce ocaso" (Liturgia Bizantina).

EL AÑO LITÚRGICO

El año litúrgico es el desarrollo de los diversos aspectos del único misterio pascual. Esto vale muy particularmente para el ciclo de las fiestas en torno al Misterio de la Encarnación (Anunciación, Navidad, Epifanía), que conmemoran el comienzo de nuestra salvación y nos comunican las primicias del misterio de Pascua.

EL SANTORAL EN EL AÑO LITÚRGICO

"En la celebración de este circulo anual de los misterios de Cristo, la santa Iglesia venera con especial amor a la bienaventurada Madre de Dios, la Virgen María, unida con un vinculo indisoluble a la obra salvadora de su Hijo; en ella mira y exalta el fruto excelente de la redención y contempla con gozo, como en una imagen purísima, aquello que ella misma, toda entera, desea y espera ser" (SC 103).

Cuando la Iglesia, en el ciclo anual, hace memoria de los mártires y los demás santos "proclama el misterio pascual cumplido en ellos, que padecieron con Cristo y han sido glorificados con Él; propone a los fieles sus ejemplos, que atraen a todos por medio de Cristo al Padre, y por sus méritos implora los beneficios divinos" (SC 104; cf SC 108 y 111).

El "triduo pascual" es la fuente de luz que llena todo el año litúrgico con su resplandor. Por eso la pascua es "la fiesta de las fiestas".

LA LITURGIA DE LAS HORAS

El Misterio de Cristo también la Iglesia lo celebra en la Liturgia de las Horas. Según las recomendaciones apostólicas "orar sin cesar" (1 Ts 5,17; Ef 6,18). En esta Liturgia de las Horas la Iglesia consagra el día entero a la alabanza a Dios (cf SC 84).

"Es oración pública de la Iglesia" (SC 98). En ella (clérigos, religiosos y laicos) ejercen el sacerdocio real de los bautizados (cf SC 84).

Para esto se debe "adquirir una instrucción litúrgica y bíblica más rica, especialmente sobre los salmos" (SC 90).

En la Liturgia de las Horas la **lectio divina** o la lectura de la Palabra de Dios, la de los santos Padres y maestros espirituales, nos revelan más profundamente el sentido del Misterio celebrado. Todo ayuda a la inteligencia de los salmos y prepara para la oración silenciosa.

La Liturgia de las Horas es como la prolongación de la celebración eucarística.

¿DÓNDE CELEBRAR?

En la nueva Alianza, el culto (a Dios) "en espíritu y en verdad" (Jn 4,24) no está ligado a un lugar exclusivo. Toda la tierra es santa y ha sido confiada a los hijos de los hombres. Incorporados a Cristo por el Espíritu Santo, "somos templo de Dios vivo" (2 Co 6,16) (Véanse los No. del 1179 al 1186).

Pero también los cristianos construyen edificios dedicados al culto divino.

"En la casa de oración se celebra y se reserva la Sagrada Eucaristía, se reúnen los fieles y se venera, para ayuda y consuelo de los fieles, la presencia del Hijo de Dios, nuestro Salvador, ofrecido por nosotros en el altar del sacrificio. Esta casa de oración debe ser hermosa y apropiada para la oración y para las celebraciones sagradas" (P.O.5).

(Véase: el altar, el tabernáculo, el Santo Crisma, la Sede, el Ambón, la Pila Bautismal, el lugar de la reconciliación (el confesonario) del n. 1182 al 1186.

Finalmente, el templo tiene una significación escatológica.

Para entrar en la casa de Dios ordinariamente se franquea un umbral símbolo del paso desde el mundo herido por el pecado al mundo de la vida nueva, a la que todos los hombres son llamados.

La Iglesia visible simboliza la casa paterna hacia la cual el pueblo de Dios está en marcha, y donde el Padre "enjugará toda lágrima de sus ojos" (Ap 21, 4). Por eso también la Iglesia es la casa de todos los hijos de Dios, ampliamente abierta y acogedora.

PREGUNTAS:

1) ¿En qué consiste la liturgia celestial? Es la que celebra en el cielo el Cristo total, Cabeza y Cuerpo, o sea, Jesucristo, Sumo Sacerdote, con la Santa Madre de Dios, los apóstoles, todos

los santos y todos los seres humanos que ya han entrado en el Reino.

2) En una celebración litúrgica (en la tierra), ¿quién es el liturgo? El liturgo es toda la asamblea, que goza del sacerdocio bautismal. Pero algunos fieles son ordenados por el sacramento del Orden para representar a Cristo Cabeza.

3) ¿De qué está compuesta la celebración litúrgica? De signos y símbolos que se refieren a la creación (luz, agua, fuego) y a la vida humana (lavar, ungir, partir el pan; a la historia de la salvación (los ritos de la pascua). Todos están insertos en el mundo de la fe y asumidos por la fuerza del Espíritu Santo, y así estos elementos cósmicos, estos ritos humanos y estos gestos del recuerdo de Dios se hacen portadores de la acción salvífica y santificadora de Cristo.

4) ¿Y la liturgia de la Palabra? Es parte integrante de la celebración.

5) ¿Y el canto y la música? Están en estrecha conexión con la liturgia.

6) ¿Y las imágenes Sagradas? Están destinadas a despertar y alimentar nuestra fe en el Misterio de Cristo. Veneramos a quienes en ellas son representados.

7) ¿Qué es el domingo para el cristiano? Es "el día del Señor"; es el día principal de la celebración de la Eucaristía, porque es el día de la Resurrección (SC106).

ACLAMACIONES:

1) Acerquémonos al Señor, la piedra viva. También nosotros somos piedras vivas para la construcción del Templo del Espíritu (cf 1 P2,4-5).

2) Somos templos de Dios y el Espíritu de Dios habita en nosotros (cf 1 Co 3,16-17).

3) Al celebrar nuestra liturgia pregustamos la liturgia celestial de la Jerusalén celeste.

4) *El domingo es "Día del Señor"*. *Se ha de reservar para participar de la Eucaristía, para el descanso y para la unión y gozo de la familia.*

Se puede recitar el salmo 84 (83) ó el 95 (94).

EJEMPLO:

Las liturgias bien celebradas ayudaron mucho a san Agustín para llegar a la plena conversión. Dice él que lloraba mucho de emoción cuando oía cantar los himnos y los cánticos; que los diversos coros de la Iglesia (de niños, jóvenes, adultos, hombres y mujeres) le conmovían suavemente, y le inflamaban su corazón de afecto y de piedad (cf Conf. IX, 6,14).

Canto: *Qué alegría cuando me dijeron...*

36. LOS SIETE SACRAMENTOS DE LA IGLESIA

Anuncio:
*"Andábamos extraviados. Eramos esclavos de pasiones y placeres de todo género; comidos de envidia, nos odiábamos unos a otros; pero se hizo visible la bondad de Dios y su amor por los hombres.
Por su misericordia, Dios nos salvó con el baño regenerador y renovador, con el Espíritu Santo que Él derramó sobre nosotros"*
(Tt 3,3-5).

Lecturas:
Juan 3,1-13; Mateo 28, 16-20; Marcos 1,9-13; Hechos 2,14-40; Romanos 5,12-21; Romanos 6,1-10; Colosenses 2, 6-13; Tito 3,1-11.

Los sacramentos de la Nueva Alianza son siete y fueron instituidos por Jesucristo: Bautizo, Confirmación, Eucaristía, Penitencia, Unción de los Enfermos, Orden Sacerdotal y Matrimonio.

Corresponden a los momentos importantes del cristiano: nacimiento a la vida divina (Bautismo); crecimiento (Confirmación y Eucaristía); curación (Penitencia y Unción de los Enfermos); y los que están al servicio de la comunidad: (Orden Sacerdotal y Matrimonio).

Hay cierta semejanza entre las etapas o pasos de la vida natural y la vida espiritual o cristiana.

Los sacramentos de la iniciación cristiana son: Bautismo, Confirmación y Eucaristía. Estos ponen los fundamentos de la vida cristiana: "La participación en la vida divina, mediante la gracia de Cristo".

36-1. EL SACRAMENTO DEL BAUTISMO

El Santo Bautismo es:

- El fundamento de la vida cristiana
- el pórtico de la vida en el espíritu
- la puerta de entrada a los demás sacramentos

Por el bautismo:

- somos liberados del pecado y regenerados como hijos de Dios
- llegamos a ser miembros de Cristo
- somos incorporados a la Iglesia y hechos partícipes de su misión (DS1314; can. 204.1)

EL NOMBRE DE ESTE SACRAMENTO

Bautizar (en griego) significa "sumergir", "introducir dentro del agua". Simboliza el acto de sepultar al catecúmeno en la muerte de Cristo, de donde sale por la Resurrección con Él, como "nueva criatura" (cf Rm 6,3-4; Col 2,12; 2 Co 5,17; Ga 6,15).

Este sacramento es llamado también **"baño de regeneración y de renovación del Espíritu Santo"** (Tt 3,5), porque realiza ese nacimiento "del agua y del Espíritu, sin el cual nadie puede entrar en el reino de Dios" (Jn 3,5).

Dice san Justino que este baño es llamado **iluminación**, porque quienes reciben esta enseñanza (catequética) su espíritu es iluminado (cf Jn 1,9; Hb 10,32; 1 Ts 5,5; Ef 5,8).

Añade san Gregorio Nacianceno que el Bautismo es el más bello y magnífico de los dones de Dios.

"El Bautismo es el más bello y magnífico de los dones de Dios... lo llamamos don, gracia, unción, iluminación, vestidura de incorruptibilidad, baño de regeneración, sello, y todo lo más precioso que hay. Don, porque es conferido a los que no aportan nada; gracia, porque, es dado incluso a culpables; bautismo, porque el pecado es sepultado en el agua; unción, porque es sagrado y real (tales son los que son ungidos) iluminación, porque es luz resplandeciente; vestidura, porque cubre nuestra vergüenza, baño, porque lava; sello, porque nos guarda y es el signo de la soberanía de Dios (S. Gregorio Nacianceno, or. 40, 3-4)".

FIGURAS DEL BAUTISMO EN LA ANTIGUA ALIANZA

Desde el origen del mundo, el agua, criatura humilde y admirable, es la fuente de la vida y de la fecundidad. La Sagrada Escritura dice que el Espíritu se cernía sobre ella (cf Gn 1,2).

La Iglesia ha visto en el arca de Noé una prefiguración de la salvación por el bautismo (cf 1 Pe 3,20).

Sobre todo el paso del Mar Rojo, verdadera liberación de Israel de la esclavitud de Egipto, es el que anuncia la liberación obrada por el bautismo.

El bautismo es prefigurado en el paso del Jordán, por el que el pueblo de Dios recibe el don de la tierra prometida a la descendencia de Abraham, imagen de la vida eterna.

EL BAUTISMO DE CRISTO

Todas las prefiguraciones de la Antigua Alianza culminan en Cristo Jesús. Su vida pública comienza después de hacerse bautizar por Juan el Bautista en el Jordán (cf Mt 3,13). Después de su Resurrección, confía esta misión a sus apóstoles de evangelizar y bautizar (cf Mt 28, 19-20; Mc 16,15-16).

El hecho de someterse Jesús libremente al Bautismo es una manifestación de "su anonadamiento", de su humildad (Fil 2,7); pero Dios Padre lo exalta, llamándole "mi Hijo amado" (Mt 3,16-17).

En su Pascua (muerte y resurrección), Cristo abrió a todos los hombres las fuentes del Bautismo. La sangre y el agua que brotaron de su costado traspasado en la cruz (cf Jn 19,34), son figuras del Bautismo y de la Eucaristía, sacramentos de la vida nueva (cf 1 Jn 5, 6-8). Desde entonces es posible "nacer del agua y del Espíritu" para entrar en el reino de Dios (Jn 3,5).

Considera dónde eres bautizado, de dónde viene el Bautismo: de la cruz de Cristo, de la muerte de Cristo. Ahí está todo el misterio: Él padeció por ti. En Él eres rescatado, en Él eres salvado (S. Ambrosio, sacr. 2, 6).

EL BAUTISMO EN LA IGLESIA

Desde el día de Pentecostés, en que bajó el Espíritu Santo a los Apóstoles, la Iglesia ha celebrado y administrado el Santo Bautismo. Así lo declara san Pedro ante la multitud conmovida. (Véase Hch 2,38).

El Bautismo siempre aparece ligado a la fe: "Ten fe en el Señor Jesús y te salvarás tú y tu casa" (Hch 16,31-33).

Por el Bautismo el creyente participa en la muerte y resurrección de Cristo (cf Rm 6,3-4; Col 2,12).

Los bautizados se han "revestido de Cristo" (Ga 3,27). Por el Espíritu Santo, el Bautismo es un baño que purifica, santifica y justifica (cf 1 Co 6,11; 12,13).

Dice san Agustín: "Se une la palabra a la materia, y se hace el sacramento" (Es la eficacia de la palabra de Cristo en el Espíritu Santo y el agua).

LA CELEBRACIÓN DEL SACRAMENTO DEL BAUTISMO

Desde los apóstoles, para llegar a ser cristiano hay que seguir un camino por varias etapas. Algunos hacen este camino rápidamente; otros, lentamente. Estas etapas son:

- el anuncio de la Palabra de Dios
- la acogida del Evangelio que lleva a la conversión (el encuentro con Cristo)

- la profesión de fe
- el Bautismo
- la efusión del Espíritu Santo (la Confirmación)
- el acceso a la Comunión Eucarística.

Para los adultos, este largo camino constituye el **catecumenado**. En el bautismo de los niños todo se reduce a un solo acto; pero se exige un **catecumenado** después del bautismo.

MISTAGOGIA DE LA CELEBRACIÓN

"El sentido y la gracia del Sacramento del Bautismo aparecen claramente en los ritos de su celebración.

Cuando se participa atentamente en los gestos y las palabras de esta celebración, los fieles se inician en las riquezas que este Sacramento significa y realiza en cada nuevo bautizado".

Véase esta mistagogia de la celebración del bautismo (desde n. 1235 al 1243). (Es importante hacer esta explicación a los catecúmenos antes del día de la celebración), la señal de la cruz, **el anuncio de la palabra de Dios, el agua bautismal, el rito esencial, o sea, el Bautismo, la unción con el santo crisma, la vestidura blanca, el cirio pascual, y el rezo del Padre Nuestro por el bautizado, como nuevo hijo de Dios. La primera comunión eucarística; y la bendición solemne.** (Incluso se debe ensayar este acto con los catecúmenos antes del día de la celebración, y enseñarles cantos apropiados a esa liturgia).

PREGUNTAS:

1) ¿Cómo se realiza la iniciación cristiana? Mediante el conjunto de tres sacramentos: el bautismo, que es el comienzo de la vida nueva; la Confirmación, que es su afianzamiento; y la Eucaristía, que alimenta al cristiano con el Cuerpo y la Sangre de Cristo para ser transformado en Él.

2) ¿En qué pasajes del Evangelio Jesucristo habla del Bautismo? Busque y señale estos textos bíblicos.

3) ¿Es necesario el Bautismo para salvarse? Con el Bautismo se nace a la vida nueva en Cristo; por eso, según la voluntad del Señor, es necesario para la salvación, como lo es la misma Iglesia a la cual se entra por el Bautismo.

4) ¿En qué consiste el rito esencial del Bautismo? Consiste en sumergir al candidato en el agua o derramar agua sobre su cabeza, pronunciando la invocación de la Santísima Trinidad, o sea, diciendo: "N.... Yo te bautizo en el nombre del Padre y del Hijo y del Espíritu Santo".

REFLEXIÓN:

Jesús, siendo el Santo de los Santos, no necesitaba ser bautizado, por eso dice un santo Padre que Él baja al agua, no para santificarse Él, sino para santificarla a ella y darle poder de purificación y salvación a favor de nosotros. Fuerza de purificación y salvación que adquirió esa agua con su muerte en la cruz y con su resurrección.

ACLAMEMOS:

1) *Dice el Señor: "El que no nace del agua y del Espíritu no puede entrar en el Reino de Dios" (Jn 3,5).*

2) *"Vayan y hagan discípulos míos a todas las gentes, bautizándolas en el nombre del Padre, del Hijo y del Espíritu Santo, y enseñándoles a guardar todo lo que les he mandado" (Mt 28,19-20).*

3) *"Un sólo Señor, una sóla fe, un sólo Bautismo, un sólo Dios y Padre de todos, que está sobre todos, entre todos y en todos" (Ef 4,5-6).*

Salmo: 23, "El Señor es mi pastor; o el 34, "Bendigo al Señor en todo momento".

EJEMPLO:

En un pueblecito de la India llamado Damosh, se formó un grupo de catecúmenos. Entre ellos había una ancianita, que ardía en deseos de conocer al misionero católico y hacerse cristiana. Siempre esperándole, le llegó su hora postrera; pero Dios no abandona a los que de veras le buscan. Momentos antes de expirar, se sienta en el lecho y exclama llena de gozo: "¡Oh! qué cosas tan bellas, ¡qué feliz soy! Tres doncellas vestidas de oro y plata me conducen al paraíso!; ¡me invitan en el nombre del Padre y del Hijo y del Espíritu Santo! ¡Adiós!" Se dejó caer sobre el lecho y expiró dulcemente. Quince días después vino el misionero y se enteró del hecho con todos sus pormenores por los testigos oculares.

Canto: ¡Oh! hay que nacer del agua...

37

OTROS ASPECTOS Y DONES DEL BAUTISMO

Anuncio:
"Conviértanse y que cada uno de ustedes
se haga bautizar en el nombre de Jesucristo,
para el perdón de sus pecados
y recibirán el don del Espíritu Santo" (Hch 2,38).

Lecturas:
Génesis 17, 1-7; Deuteronomio 6,1-7; Oseas 11,1-9;
2 Reyes 5,9-15; Romanos 8,14-17; Romanos 10,8-13;
Marcos 7,31-37; Juan 11,3-17; Hechos 8,26-38;
Hechos 16,11-15; Hechos 16,16-34; 1 Corintios 12,12-13;
Efesios 4,1-10; 2 Pedro 1,1-8.

¿Quién puede recibir el bautismo?
"Todo ser humano, aún no bautizado" (Can. 864).

EL BAUTISMO DE ADULTOS

En los orígenes de la Iglesia se anunciaba por primera vez el Evangelio de Cristo. Por eso la práctica más común era el Bautismo de adultos. El catecumenado (preparación para el Bautismo) ocupaba un lugar importante.

Había que iniciar adecuadamente a los catecúmenos en el misterio de la salvación, en la práctica de las costumbres evangélicas y en los ritos sagrados que han de celebrarse en los tiempos sucesivos.

También hay que introducir a los catecúmenos en la vida de fe, la liturgia y la caridad del Pueblo de Dios (cf AG 14).

LOS CATECÚMENOS YA PERTENECEN A LA IGLESIA

"Los catecúmenos están ya unidos a la Iglesia, pertenecen ya a la casa de Cristo y muchas veces llevan ya una vida de fe, esperanza y caridad" (AG 14). "La madre Iglesia los abraza ya con amor, tomándolos a su cargo" (LG 14; cf CIC can. 206; 788, 3)".

(Como decíamos, en peligro de muerte se acorta el proceso. Y si muere repentinamente, ya tiene el **bautismo de deseo**. Y convertido de corazón, Dios le acoge en su infinita misericordia).

EL BAUTISMO DE NIÑOS

Puesto que los niños también heredan el pecado original, necesitan también el nuevo nacimiento en el Bautismo (cf DS 1514; Col 1,12-14; Can 867).

Los padres cristianos deben reconocer que esta práctica corresponde también a su misión de alimentar la vida que Dios les ha confiado (cf LG 11; 41; GS 48;Can 868).

"La práctica de bautizar a los niños pequeños es una tradición inmemorial de la Iglesia. Está atestiguada explícitamente desde el siglo II. Sin embargo, es muy posible que, desde el comienzo de la predicación apostólica, cuando "casas" enteras recibieron el Bautismo (cf Hch 16, 15.33; 18, 8; 1 Co 1, 16), se haya bautizado también a los niños (cf CDF mstr "Pastoralis actio": AAS 72 [1980] 1137-1156)".

(Algunos sectarios alegan que en la Biblia no se habla de bautizar a los niños; pero lo que se prueba es lo contrario, es decir, que la

Biblia no los excluye; y no los puede excluir de ese don de regeneración que les hace hijos de Dios).

FE Y BAUTISMO

El Bautismo es el sacramento de la fe (cf Mc 16, 16); pero la fe tiene necesidad de la comunidad de creyentes.
Sólo en la fe de la Iglesia puede creer cada uno de los fieles. La fe que se requiere para el Bautismo no es una fe perfecta y madura, sino un comienzo que está llamado a desarrollarse.
"Al catecúmeno o a su padrino se le pregunta: "¿Qué pides a la Iglesia de Dios?" Y él responde: "¡La fe!".

"En todos los bautizados, niños o adultos, la fe debe crecer **después** del Bautismo. Por eso, la Iglesia celebra cada año en la noche pascual la renovación de las promesas del Bautismo. La preparación al Bautismo sólo conduce al umbral de la vida nueva. El Bautismo es la fuente de la vida nueva en Cristo, de la cual brota toda la vida cristiana".

"Para que la gracia bautismal pueda desarrollarse, es importante la ayuda de los padres. Ese es también el papel del padrino o de la madrina, que deben ser creyentes sólidos, capaces y prestos a ayudar al nuevo bautizado, niño o adulto, en su camino de la vida cristiana (cf CIC can. 872-874). Su tarea es una verdadera función eclesial (officium; cf SC 67). Toda la comunidad eclesial participa de la responsabilidad de desarrollar y guardar la gracia recibida en el Bautismo".

(De suyo los papás deben ser los primeros catequistas de sus hijos, pero como eso no siempre se cumple, es necesario formar bien en cada comunidad buenos catequistas de niños y de adultos).

QUIÉN PUEDE BAUTIZAR

Los ministros ordinarios son el obispo, el presbítero y el diácono. Pero en caso de necesidad, cualquier persona, incluso no bautizada, puede bautizar, si procede con la intención de hacer lo que hace la Iglesia al bautizar, y usa la fórmula bautismal Trinitaria.

(En peligro de muerte, con las condiciones antes dichas: Se pronuncia el nombre del bautizando, y se echa el agua natural en su cabeza, diciendo: N.____   Yo te bautizo en el nombre del Padre, y del Hijo y del Espíritu Santo).

(Si está cerca uno de los ministros ordinarios, se le debe llamar para que lo haga él, y se debe luego completar el rito, y anotar en el libro de bautismo de la parroquia).

(Es un abuso que se debe evitar: cualquier persona echar el agua o bautizar al niño sin estar en peligro de muerte, o estando cerca el ministro ordinario).

LA NECESIDAD DEL BAUTISMO

"El Señor mismo afirma que el Bautismo es necesario para la salvación" (cf Jn 3, 5). Por ello mandó a sus discípulos a anunciar el Evangelio y bautizar a todas las naciones (cf Mt 28. 19-20; cf DS 1618; LG 14; AG 5).

El Bautismo es necesario para la salvación en aquellos a los que el Evangelio ha sido anunciado y han tenido la posibilidad de pedir este sacramento (cf Mc 16. 16).

La Iglesia no conoce otro medio que el Bautismo para asegurar la entrada en la bienaventuranza eterna; por eso está obligada a no descuidar la misión que ha recibido del Señor de hacer renacer del agua y del espíritu a todos los que pueden ser bautizados.

Dios ha vinculado la salvación al sacramento del Bautismo, pero su intervención salvífica no queda reducida a los sacramentos.

Desde siempre la Iglesia posee la firme convicción de que quienes padecen la muerte por razón de la fe, sin haber recibido el Bautismo, son bautizados por su muerte con Cristo y por Cristo. Este **Bautismo de sangre** como **el de deseo del Bautismo**, produce los frutos del Bautismo sin ser sacramento.

"A los **catecúmenos** que mueren antes de su Bautismo, **el deseo explícito de recibir el Bautismo**, unido al arrepentimiento de sus pecados y a la caridad, les asegura la salvación que no han podido recibir por el sacramento".

LOS QUE SIN CULPA NO CONOCEN A CRISTO NI A SU IGLESIA

Cristo murió por todos. Por eso debemos esperar que el Espíritu Santo ofrezca a todos la posibilidad de asociarse al Misterio Pascual de Jesucristo, por caminos que sólo Dios conoce.

Toda persona que (sin culpa) no conoce el Evangelio de Cristo ni su Iglesia, pero busca la verdad y hace la voluntad de Dios (según su conciencia), puede ser salvado. Se supone, que **habría deseado explícitamente el Bautismo, si hubiere** conocido su necesidad (cf Gs 22; LG 16; Ag 7).

En cuanto a los niños muertos sin el Bautismo, la Iglesia sólo puede confiarlos a la misericordia de Dios, como hace en el rito de exequias por ellos.

Y, dado que Dios quiere que todos los hombres se salven (cf 1 Tm 2,4), y la ternura de Jesús con los niños (cf Mc 10,14); todo eso nos lleva a confiar en que haya un camino de salvación para los niños que mueren sin el bautismo.

(Pero eso, jamás debe llevar a negligencia a los ministros ordinarios y a la misma Iglesia por bautizarlos "en el agua y en el Espíritu". Debemos preocuparnos por hacerlo, pues es un mandato expreso de Jesucristo, y la vía claramente revelada a nosotros para la salvación).

LA GRACIA DEL BAUTISMO

La inmersión en el agua evoca los simbolismos de la muerte y purificación. También los de la regeneración y renovación. Son la purificación de los pecados y el nuevo nacimiento en el Espíritu (cf Hch 2,38; Jn 3,5).

Para la remisión de los pecados... (profesamos en el Credo)

Por el bautismo son perdonados **todos los pecados**, el original y los personales, así como las penas del pecado (cf DS 1316). Ni el pecado heredado de Adán, ni el pecado personal le impide entrar en el Reino de Dios. (pues por el bautismo ya están perdonados. Se supone que el catecúmeno ha sido llamado al arrepentimiento, pues el "arrepiéntanse" es condición previa al bautismo).

No obstante, en el bautizado quedan ciertas consecuencias temporales del pecado, como los sufrimientos, la enfermedad y la muerte; así como la inclinación al pecado, que la Tradición llama concupiscencia. Pero Jesucristo le da la gracia para luchar con coraje (y "no ceder a la tentación"). Además "el que legítimamente luchare, será coronado" (2 Tm 2,5; DS1515).

PREGUNTAS:

1) ¿Qué finalidad tiene el catecumenado? iniciar a los catecúmenos en el misterio de la salvación, en la práctica de las costumbres evangélicas y en los ritos de fe, la liturgia y la caridad del Pueblo de Dios (AG 14; can 206; 788).

2) ¿Se debe bautizar a los niños? Sí, porque nacen de una naturaleza humana caída y manchada por el pecado original; por eso también necesitan del nuevo nacimiento en el Bautismo (cf DS1514). Desde los tiempos más antiguos el bautismo es dado a los niños porque es un don y una gracia de Dios que no supone méritos humanos. Ese don le da acceso a la verdadera libertad. Se bautizan en la fe de la Iglesia y de los papás; pero después esa fe debe ser desarrollada en el niño.

3) La fe que se requiere para el bautismo, ¿es una fe perfecta y madura? No se requiere una fe perfecta y madura, sino un inicio en la fe que está llamada a desarrollarse. El bautismo sólo conduce al umbral de la vida nueva en Cristo. Pero tanto la comunidad cristiana como los papás y los padrinos están obligados a ayudarles a desarrollar y a vivir esa fe y esa vida nueva.

4) ¿Y las personas que no han conocido a la Iglesia ni el bautismo? Los que padecen la muerte a causa de la fe, así como los catecúmenos y todos los hombres que, bajo el impulso de la gracia, sin conocer la Iglesia, buscan sinceramente a Dios y se esfuerzan por cumplir su voluntad, pueden conseguir la salvación aunque no hayan recibido el Bautismo (cf LG 16).

REFLEXIÓN:

Hay que advertir que para lograr esta preparación en los catecúmenos no se puede hacer de un día para otro, es decir, en corto tiempo. Se necesita largo tiempo para que tomen conciencia y vivencia de todos estos misterios; a no ser en peligro de muerte, en que no hay más remedio que abreviar.

También hay que recordar que el Bautismo supone una conversión y arrepentimiento de los pecados personales. Por eso conviene algún acto penitencial con los adultos o niños que tienen uso de razón antes de recibir el bautismo. Y exhortarlos durante el catecumenado a esa conversión y arrepentimiento.

Si entre los catecúmenos adultos que se preparan para recibir el bautismo hay algunos amancebados, en la misma preparación se debe a la vez catequizar a la pareja sobre el sentido y valor del sacramento del matrimonio, o de casarse ante el Señor, para que, si están dispuestos lo hagan después del Bautismo. De todos modos, el obispo diocesano dará las orientaciones que convenga en cada lugar.

ACLAMEMOS

1) *Por el Bautismo fuimos sepultados con Cristo y hemos resucitado a una vida nueva (cf Rm 6,4).*

2) *Al ser bautizados somos movidos por el Espíritu Santo, y debemos dejar la vida de pecado y estamos sujetos no a los bajos instintos, sino al Espíritu (cf Rm 8,12-14).*

3) *Por el Bautismo podemos dirigirnos familiarmente a Dios como Padre y llamarle: ¡Abba! ¡Padre!*
   Se puede recitar uno de los salmos: 27 (26), 31 (30), 65 (66).

Canto: *Te amo ¡Oh Papá!*

EJEMPLOS:

1) *Santa Emerenciana era hermana de leche de Santa Inés, y haciendo oración junto a la tumba de esta Santa según costumbre de los cristianos de los primeros siglos, fue sorprendida por los paganos, que la apedrearon, cuando sólo era catecúmena. Así murió bautizada en su propia sangre, que derramó por Cristo (Perardi).*

2) **Vivamos nuestro Bautismo**, *como los santos. Por el don del Bautismo Dios nos hace* **"partícipes de su vida divina"** *(2P 1,4). En virtud de la divinidad y de la "gloria" de Jesucristo que Él nos ha manifestado, sobre todo en la Transfiguración y Resurrección (cf Jn 1, 14; Mc 16, 17, Hb 2, 4; 2P 1, 16-18). Por eso los Padres griegos hablan de nuestra "divinización"; y el Concilio nos lo recuerda (LG 2). El Nuevo Testamento nos revela ese* **estar y permanecer de Dios** *en nosotros (cf Jn 6, 56; 14, 20; 15, 4-5; 1Jn 3, 24; 4, 13-16). También san Pablo nos insiste en que "somos templos de Dios, del Espíritu". (1Co 3, 16-17; 6, 19; Rm 8, 9-11; Ga 2, 20). Creyentes de corazón sencillo y grandes santos, como santa Teresa (cf CC14), y san Juan de La Cruz (cf L 4, 14) han sentido en su alma esa* **delicia**, *"ese abrazo" de Dios.*

38

POR EL BAUTISMO SOMOS "UNA CRIATURA NUEVA"

Anuncio:
"*Miren qué magnífico regalo nos ha hecho el Señor, que nos llamemos hijos de Dios; y en realidad lo somos. Hijos míos, que nadie los extravíe. Quien ha nacido de Dios y lo vive no comete pecado*" *(1 Jn 3,1.7.9.).*

Lecturas:
2 Corintios 5,11-17; Gálatas 4,1-7; 1 Corintios 6,12-20; 12,27-31; 13,1-13; 2 Pedro 1,1-11; 1 Corintios 12,12-20; 1 Pedro 2,1-10; Efesios 5,1-20; Efesios 1,11-14; 2 Corintios 1,18-22.

El Bautismo no solamente purifica de todos los pecados. Hace también del neófito "*una nueva creación*" *(2 Co 5, 17)*, un hijo adoptivo de Dios *(cf Ga 4, 5-7)* que ha sido hecho "*partícipe de la naturaleza divina*" *(2 P 1, 4)*, miembro de Cristo *(cf 1 Co 6, 15; 12, 27)*, coheredero con Él *(Rm 8, 17)* y templo del Espíritu Santo *(cf 1 Co 6, 19)*.

La Santísima Trinidad da al bautizado **la gracia santificante, la gracia de la justificación** que:

- le hace capaz de creer en Dios, de esperar en Él y de amarlo, mediante las **virtudes teologales**;

- le concede poder vivir y obrar bajo la moción del Espíritu Santo, mediante los **dones del Espíritu Santo**;

- le permite crecer en el bien, mediante las **virtudes morales**.

Así todo el organismo de la vida sobrenatural del cristiano tiene su raíz en el santo Bautismo.

INCORPORADOS A LA IGLESIA, CUERPO DE CRISTO

El Bautismo hace de nosotros miembros del Cuerpo de Cristo. "Por tanto... somos miembros los unos de los otros" (Ef 4, 25). El Bautismo nos **incorpora a la Iglesia**.

De las fuentes bautismales nace el único pueblo de Dios de la Nueva Alianza, que trasciende todos los límites naturales o humanos de las naciones, las culturas, las razas y los sexos. "Porque en un sólo Espíritu hemos sido todos bautizados, para no formar más que un cuerpo" (1 Co 12, 13).

Los bautizados vienen a ser "piedras vivas" para "edificación de un edificio espiritual, para un sacerdocio santo" (1 P 2, 5).

Por el Bautismo participan del sacerdocio de Cristo, de su misión profética y real, son "linaje elegido, sacerdocio real, nación santa, pueblo adquirido, para anunciar las alabanzas de Aquel que les ha llamado de las tinieblas a su admirable luz" (1 P 2, 9). **El Bautismo hace participar en el sacerdocio común de los fieles.**

EL BAUTIZADO DEBE SER PERSONA DE SERVICIO

Hecho miembro de la Iglesia, el bautizado ya no se pertenece a sí mismo (1 Co 6, 19), sino al que murió y resucitó por nosotros (cf 2 Co 5, 15). Por tanto, está llamado a someterse a los demás (Ef 5, 21; 1 Co 16, 15-16), a servirles (cf Jn 13, 12-15) en la comunión de la Iglesia, y a ser "obediente y dócil" a los pastores de la Iglesia (Hb 13, 17) y a considerarlos con respeto y afecto (cf 1 Ts 5, 12-13).

Del mismo modo que el Bautismo es la fuente de responsabilidades y deberes, el bautizado goza también de derechos en el seno de la Iglesia: recibir los sacramentos, ser alimentado con la palabra de Dios y ser sostenido por los otros auxilios espirituales de la Iglesia (cf LG 37; CIC can. 208-223; CCEO can. 675, 2).

Los bautizados, por su "nuevo nacimiento como hijos de Dios están obligados a confesar delante de los hombres la fe que recibieron de Dios por medio de la Iglesia" (LG 11), y de participar en la actividad apostólica y misionera del Pueblo de Dios (cf LG 17; AG 7, 23).

EL VÍNCULO SACRAMENTAL DE LA UNIDAD DE LOS CRISTIANOS

El bautismo constituye el fundamento de la comunión entre todos los cristianos. Incluso cierta comunión con los que ritualmente han sido verdaderamente bautizados, aunque no estén en comunión perfecta con la Iglesia Católica (cf UR22).

UN SELLO ESPIRITUAL INDELEBLE

Incorporado a Cristo por el Bautismo, el bautizado es configurado con Cristo (cf Rm 8, 29). El Bautismo imprime en el cristiano un **sello espiritual indeleble** (character) de su pertenencia a Cristo. Este sello no es borrado por ningún pecado, aunque el pecado mortal impida que el Bautismo dé frutos de salvación (cf DS 1609-1619). Dado una vez por todas, el Bautismo no puede ser reiterado.

Incorporados a la Iglesia por el Bautismo, los fieles deben servir a Dios mediante una participación viva en la liturgia de la Iglesia, y con el testimonio de una vida santa y una caridad eficaz (mutua ayuda y solidaridad entre los hermanos) (cf LG 10).

"**El sello del Señor**" es el sello con que el Espíritu Santo nos ha marcado "para el día de la redención" (Ef 4, 30; cf Ef 1, 13-14; 2 Co 1, 21-22).

El cristiano que "guarde el sello" hasta el fin, es decir, que permanezca fiel a la exigencias del Bautismo, podrá morir marcado con "el signo de la fe" (MR Canon Romano 197), en espera de la visión bienaventurada de Dios y en la esperanza de la resurrección.

EL COMPROMISO TEMPORAL DEL BAUTIZADO

(El bautizado tiene un gran compromiso cristiano con Cristo, con la Iglesia y con su conciencia de hijo de Dios. Pero también tiene un compromiso temporal, tratando de ordenar los asuntos temporales y la familia según Dios, en justicia y santidad. Debe capacitarse bien para desempeñar bien su oficio en el mundo. Debe trabajar por implantar la justicia y el orden en el mundo, y con el ejemplo y la lucha, tratar de corregir la corrupción y la injusticia).

(Está obligado a esforzarse para que se viva la hermandad en esta tierra; y ser persona de bien y de servicio). (Para salvarse no le basta el bautismo. Al final de su vida será juzgado en cuanto a la práctica de la justicia y la caridad con sus hermanos) (cf Mt 25, 31-46).

PREGUNTAS:

1) ¿Cuál es el fruto que el Bautismo produce en nosotros? La gracia bautismal, que es una realidad rica, pues comprende el perdón del pecado original y de todos los pecados personales, y el nacimiento a la vida nueva.

2) ¿Qué produce en nosotros esta vida nueva? Nos hace hijos adoptivos de Dios Padre, miembros de Cristo y templo del Espíritu Santo; además nos incorpora a la Iglesia y nos hace partícipes del sacerdocio de Cristo.

3) ¿Qué imprime el Bautismo en el alma? Imprime un signo espiritual, indeleble: el carácter que consagra al bautizado al Padre, al Hijo y al Espíritu Santo. Por esta razón el Bautismo no puede ser repetido (DS1609 y 1624).

REFLEXIÓN:

Insistimos en la necesidad de dar mucho tiempo a la preparación de los catecúmenos al Bautismo. Se les deben leer y explicar muchas veces los textos bíblicos, donde se nos revela qué es el sacramento del Bautismo. Hacerlo evangelizando, es decir, exponiéndolos con gozo y produciendo gozo en los catecúmenos. Se ha de meditar mucho en sus efectos y frutos. Con el Bautismo, por los méritos de Jesucristo se nos da el "baño regenerador y renovador con el Espíritu Santo" (Tt 3,46). Se nos perdonan todos nuestros pecados. Nos hace "una criatura nueva" (cf 2 Co 5,17), hijos adoptivos de Dios (cf Ga 4,5-7), partícipes de la naturaleza divina" (2 P 1, 4; 3) "miembro de Cristo" (cf 1 Co 6,15; 12,27) coherederos con Él del Reino de Dios (Rm 8,17) y, Templo del Espíritu Santo (cf 1 Co 6,19). Nos incorpora a la Iglesia (cf 1 Co 12,13).

LA NOBLEZA OBLIGA

Un adagio dice que "nobleza obliga". Es decir, el que ha sido educado y distinguido debe dejar la vida desarreglada y debe llevar una vida ordenada y noble. El candidato debe iniciarse en la práctica de las virtudes evangélicas. Hay que insistirles mucho en el cambio de vida y compromiso cristiano.

San Pedro Apóstol tiene palabras muy duras para el bautizado, revestido de gracia de Dios, que vuelve al pecado y al vicio. Es como el que, vestido de un traje blanco, nuevo, se tira otra vez al fango. Dice el texto bíblico: "Más le habría valido no conocer el camino de la rectitud, que, después de conocerlo, volverse atrás del mandamiento santo que le transmitieron. Les ha sucedido lo de aquel proverbio tan acertado: "el perro vuelve a su propio vómito; y la cerda lavada se revuelca en el fango" (2 P 2,21-22).

Claro que, como se dice antes, nuestra naturaleza sigue débil y muchas veces movida por la concupiscencia; pero el cristiano está obligado a tomar los medios para no caer, y si cae, para levantarse. Esos medios que Jesucristo le dejó: la oración, los sacramentos, y evitar la ocasión de pecado.

ACLAMACIONES:

1) *"Todos hemos sido bautizados en un solo Espíritu, para formar un solo cuerpo" (1 Co 12,13).*
2) *"Somos linaje elegido, sacerdocio real, nación santa, para anunciar las alabanzas de Aquel que nos ha llamado de las tinieblas a su luz admirable" (1 P 2,9).*
3) *Al bautizarnos, somos elegidos "no para ser servidos, sino para servir" (cf Jn 13,12-15).*

Salmo 84 (83)

EJEMPLOS:

1) - *Hace algunas décadas vinieron varias familias japonesas a Constanza. Una niña japonesa estudiaba en el colegio católico y aprendió de memoria todo el catecismo, pero no quería bautizarse. Una vez el párroco le preguntó a solas por qué no se bautizaba. Ella, apenada, le contestó que no quería ser como los bautizados católicos de su barrio, que vivían peleando y llevando una vida*

desordenada. ¡Qué daño hace el mal ejemplo de muchos que se llaman católicos!

2) *En cambio, un misionero de la India cuenta que le informaron que, entre los nuevos cristianos que él había preparado y bautizado, estaba uno para morir. Él fue a administrarle los últimos sacramentos, y le preguntó si tenía algún pecado y si se quería confesar. El enfermo le contestó: Pero, Padre, ¿es que un bautizado, hijo de Dios, puede volver a pecar?" Él no comprendía eso. Y hay tantos católicos que juegan con el pecado.*

3) *San Vicente Ferrer todos los años, hasta su muerte, celebró el aniversario de su bautismo. Con este motivo mandaba decir una misa de acción de gracias en la capilla de la Iglesia de San Esteban de Valencia, donde había sido bautizado.*

Canto: *Yo tengo un gozo en el alma...*

39

LA CONFIRMACIÓN

Anuncio:
Esto dice el Señor: "Derramé sobre ustedes un agua pura que les purificará de todas sus inmundicias e idolatrías. Les daré un corazón nuevo y les infundiré un espíritu nuevo. Haré que caminen según mis preceptos" (Ez 36,25-27).

Lecturas:
Isaías 61,1-9; Ezequiel 36,24-28; Joel 2,23-30; Hechos 2,1-11; Hechos 2,14-28; Hechos 8,14-17; Hechos 19,1-6; Romanos 8,1-8; 1 Corintios 12,4-13; Gálatas 5,13-24; Lucas 4,16-22; Juan 7,37-39; Juan 14,15-17; 15,18-27; 16,5-13.

El Bautismo, la Eucaristía y la Confirmación son "los sacramentos de la iniciación cristiana". Hay que tener en cuenta su unidad. Es preciso explicar a los fieles que la recepción de este sacramento (la Confirmación) es necesaria para la plenitud de la gracia bautismal (cf OCf, Praenot. 2).

La Confirmación nos une más íntimamente a la Iglesia y nos enriquece con una fortaleza especial del Espíritu Santo.

De esta forma nos comprometemos mucho más para ser auténticos testigos de Cristo y extender y defender su fe con las palabras y con las obras (cf LG 11; OCf Praenot).

LA CONFIRMACIÓN EN LA HISTORIA DE NUESTRA SALVACIÓN

En el **Antiguo Testamento**, los profetas anunciaron que el Espíritu del Señor reposaría sobre el Mesías esperado (cf Is 11, 2) para realizar su misión salvífica (cf Lc 4,16-22; Is 61,1).

El Espíritu Santo bajó sobre Jesús cuando era bautizado por Juan. Así se demuestra que Él era el que debía venir, el Mesías, el Hijo de Dios (cf Mt 3,13-17; Jn 1,33-34). Jesús realiza su misión en comunión total con el Espíritu Santo.

Ahora bien, esa plenitud del Espíritu Santo no debía permanecer únicamente en el Mesías, sino que debía ser comunicada a **todo el pueblo mesiánico** (cf Ez 36,25-27; Jl 3,1-2).

En repetidas ocasiones, Jesús prometió esta efusión del Espíritu (cf Lc 12, 12; Jn 3,5-8; 7,37-39; 16,7-15; Hch 1,8).

SE CUMPLE LA PROMESA

Esta promesa se cumplió el día de Pascua (Jn 20,22), y de manera manifiesta el día de Pentecostés (cf Hch 2,1-4).

Pedro declara que esta efusión del Espíritu es el signo de los tiempos mesiánicos (cf Hch 2,17-18).

Desde ese tiempo los apóstoles, en cumplimiento de la voluntad de Cristo, comunican a los neófitos el don del Espíritu Santo mediante la imposición de las manos (cf Hch 8,15-17; 19,5-6).

En la Carta a los Hebreos, se recuerda la doctrina del Bautismo y de la imposición de las manos entre los primeros elementos de la formación cristiana (cf Hb 6,2).

La Tradición católica considera que esta imposición de las manos es el primitivo origen del sacramento de la Confirmación.

La Confirmación, en cierto modo, perpetúa en la Iglesia la gracia de Pentecostés (cf Pablo VI: Divinae Consortium Naturae).

Para mejor significar el don del Espíritu Santo, muy pronto se añadió a la imposición de las manos una unción con el óleo perfumado (el crisma).

Esta unción ilustra el nombre de "cristiano" que significa "ungido", y que tiene su origen en el nombre de Cristo, al que "Dios ungió con el Espíritu Santo" (Hch 10,38).

LOS SIGNOS Y RITOS DE LA CONFIRMACIÓN

En la Biblia **la unción** tiene numerosas significaciones. El aceite es signo de abundancia (cf Dt 11,14) y de alegría (cf Sal 23,5; 104,15); purifica y da agilidad. Es también signo de curación, pues suaviza las contusiones y las heridas (cf Is 1,6; Lc 10,34), y el ungido irradia belleza, santidad y fuerza.

La unción antes del Bautismo significa purificación y fortaleza; la de los enfermos expresa curación y consuelo. La unción del Santo Crisma después del Bautismo, en la Confirmación y en la Ordenación Sacerdotal, es el signo de una consagración.

LA UNCIÓN

Por la Confirmación, los cristianos son ungidos y participan plenamente de la misión de Jesucristo y de la plenitud del Espíritu Santo, de modo que toda su vida desprenda "el buen olor de Cristo" (cf 2 Co 2,15).

EL SELLO DEL ESPÍRITU SANTO

Por la unción, el confirmado también recibe el **sello** del Espíritu Santo. El sello es símbolo de la persona y signo de su propiedad (cf Dt 32,34).

Por la Confirmación somos Propiedad del Espíritu Santo.

Cristo mismo se declara marcado con el sello de su Padre (cf Jn 6,27). El cristiano está marcado con un sello. "Y es Dios el que nos conforta juntamente con ustedes en Cristo, y el que nos ungió, y el que nos marcó con su sello y nos dio en arras el Espíritu en nuestros corazones" (2 Co 1,22).

EL SELLO, SIGNO DE PERTENENCIA Y PROMESA DE PROTECCIÓN

Este sello del Espíritu Santo, marca la pertenencia total a Cristo, la puesta a su servicio para siempre, pero indica también la promesa de la protección divina en la gran prueba escatológica (cf Ap 7,2-3; 9,4; Ez 9,4-6).

LA CELEBRACIÓN DE LA CONFIRMACIÓN

La consagración del santo crisma el Jueves Santo (ver n. 1297; el rito romano n. 1298-1299).

EL RITO ROMANO

El obispo extiende las manos sobre todos los confirmandos e invoca la efusión del Espíritu Santo. Es un gesto que hacían los mismos apóstoles.

Luego **la unción** con el santo crisma en la frente, hecha imponiendo la mano, y con estas palabras: "Recibe por esta señal el don del Espíritu Santo". Y el beso o saludo de paz que significa y manifiesta la comunión eclesial con el obispo y con todos los fieles.

EFECTOS DE LA CONFIRMACIÓN

De la celebración se deduce que el efecto del sacramento es la efusión especial del Espíritu Santo, como fue concedida en otro tiempo a los apóstoles el día de Pentecostés.

Por este hecho, la Confirmación confiere crecimiento y profundidad a la gracia bautismal:

- nos introduce más profundamente en la filiación divina, que nos hace decir "Abba, Padre" (Rm 8, 15);
- nos une más firmemente a Cristo;
- aumenta en nosotros los dones del Espíritu Santo;
- hace más perfecto nuestro vínculo con la Iglesia (cf LG 11);
- y defender la fe mediante la palabra y las obras como verdaderos testigos de Cristo, para confesar valientemente el nombre de Cristo y para no sentir jamás vergüenza de la cruz (cf DS 1319; LG 11, 12):

Decía san Ambrosio a los que se confirmaban:

"Recuerda, pues, que has recibido el signo espiritual, el Espíritu de sabiduría e inteligencia, el Espíritu de consejo y de fortaleza, el Espíritu de conocimiento y de piedad, el Espíritu de temor santo; guarda lo que has recibido. Dios Padre te ha marcado con su signo, Cristo Señor te ha confirmado y ha puesto en tu corazón la prenda del Espíritu" (S. Ambrosio, Myst. 7, 42).

QUIÉN PUEDE RECIBIR ESTE SACRAMENTO

Todo bautizado, aún no confirmado (cf Can 889,1). ¿La edad? La costumbre, desde hace siglos, indica "la edad del uso de razón" como punto de referencia para recibir la Confirmación; pero en peligro de muerte se debe confirmar a los niños, aun antes del uso de razón (cf can. 891;893).

A veces se habla de la Confirmación como del "sacramento de la madurez cristiana" pero no hay que confundir la edad adulta de la fe con la edad adulta del crecimiento natural.

Dice santo Tomás que "incluso en la infancia, el ser humano puede recibir la perfección de la edad espiritual de que habla la Sabiduría (4,8). (Un niño puede tener más madurez de fe que un adulto).

PREPARACIÓN PARA LA CONFIRMACIÓN

La preparación para la Confirmación debe tener como meta conducir al cristiano a una unión más íntima con Cristo, a una familiaridad más viva con el Espíritu Santo: su acción, sus dones y sus llamadas, a fin de poder asumir mejor las responsabilidades apostólicas de la vida cristiana. Por ello, la catequesis de la Confirmación se esforzará por suscitar el sentido de la pertenencia a la Iglesia de Jesucristo, tanto a la Iglesia universal como a la comunidad parroquial. Esta última tiene una responsabilidad particular en la preparación de los confirmandos (cf OCf, Praenotanda 3).

Para recibir la Confirmación es preciso hallarse en estado de gracia. Conviene recurrir al sacramento de la Penitencia para ser purificado, en atención al don del Espíritu Santo. Hay que prepararse con una oración más intensa para recibir con docilidad y disponibilidad la fuerza y las gracias del Espíritu Santo (cf Hch 1, 14).

Para la Confirmación, como para el Bautismo, conviene que los candidatos busquen la ayuda espiritual de un padrino o de una madrina. Conviene que sea el mismo que para el Bautismo, a fin de subrayar la unidad entre los dos sacramentos (cf OCf, Praenotanda 5; 6; CIC can. 893, 1.2).

EL MINISTRO DE LA CONFIRMACIÓN
(Ver CEC del n. 1312 al 1314)

PREGUNTAS:

1) ¿Celebraban los apóstoles el sacramento de la Confirmación? Sí, se narra el pasaje en Hechos 8,14-17.

2) ¿Cuáles son los frutos de la Confirmación? Nos da al Espíritu Santo para enraizarnos más como hijos de Dios y discípulos de Cristo, y hace más sólido nuestro vínculo con la Iglesia, asociándonos a su misión de dar testimonio de nuestra fe por la palabra y las obras.

3) La Confirmación, ¿imprime en el alma un sello indeleble? Sí, igual que el Bautismo. Por eso se recibe sólo una vez en la vida.

3) ¿Cuándo y quién administra la Confirmación? En el Oriente, inmediatamente después del bautismo; en la Iglesia Latina, cuando se tiene uso de razón; y ordinariamente se reserva al obispo, como signo de vínculo eclesial.

4) ¿Qué condiciones se exige en los candidatos? Deben profesar la fe y estar en gracia de Dios, y estar conscientes y preparados para la tarea de servicio a la Iglesia y a la comunidad, como discípulos y testigos de Cristo.

5) ¿Cuál es el rito esencial? La unción con el santo crisma en la frente del bautizado, con la imposición de la mano del ministro, y las palabras: "Recibe por esta señal el don del Espíritu Santo".

REFLEXIÓN:

1) Para que los adolescentes y adultos tengan oportunidad de profundizar en la fe y el compromiso cristiano, la preparación a la confirmación debe ser seria y prolongada, al menos por seis meses, y mejor si se preparan por grupos en cada sector de la parroquia. El párroco debe preparar antes a los que van a dirigir esos cursos.

2) Durante las lecciones se deben enseñar los cantos y breves invocaciones al Espíritu Santo.

3) Así mismo, también durante el tiempo de las lecciones, se debe inculcar el espíritu de servicio a los candidatos, y que hagan algunas prácticas de servicio en la comunidad. Deben ser promotores de la fe y del bien espiritual y social.

ACLAMEMOS:

1) "El Espíritu del Señor está sobre mí, porque el Señor me ha ungido" (Is 61,1).

2) "Derramaré sobre ustedes un agua pura que les purificará. Les daré un corazón nuevo, les infundiré un espíritu nuevo" (Ez 36,24-28).

3) El Señor "me ha enviado para dar la Buena Noticia a los que sufren, para vendar los corazones desgarrados, para proclamar el año de gracia del Señor" (Is 61,2).

4) "El amor de Dios se ha derramado en nuestros corazones por el Espíritu Santo que habita en nosotros" (Rm 5,5;10,11).

5) "Ven, Espíritu Santo, llena los corazones de tus fieles, y enciende en ellos la llama de tu amor".

Se puede recitar parte del salmo 103 (102) con el estribillo: "Envía tu Espíritu, Señor, y repuebla la faz de la tierra".

40

EL SACRAMENTO DE LA EUCARISTIA

Anuncio:
Nos dice Jesús: "Yo soy el pan vivo bajado del cielo. El que come de este pan vivirá para siempre... el que come mi Carne y bebe mi Sangre vive en mí y yo en él, y tiene vida eterna" (Jn 6,51.54.56)

Lecturas:
Génesis 14,18-20; Deuteronomio 8,2-16; Exodo 24,3-8; Hebreos 9,11-15; 1 Corintios 11,23-26; Juan 6,26-40; Marcos 14,12-26; Lucas 22,1-13.

Nota: Cuando se imparte esta lección a niños o adultos para el bautismo o para la primera comunión, se les debe enseñar a la vez las oraciones y cantos eucarísticos. Asimismo, ir familiarizándoles con la visita y adoración al Santísimo Sacramento.

Con la Sagrada Eucaristía se completa la iniciación cristiana.

"Nuestro Salvador en la Ultima Cena, la noche en que iba a ser entregado, instituyó el sacrificio eucarístico de su Cuerpo y su Sangre".

Así "nuestro Señor quiso perpetuar el sacrificio de la cruz por los siglos, hasta que vuelva".

Así "confió a su Esposa amada, la Iglesia, el memorial de su muerte y resurrección, sacramento de piedad, signo de unidad".

"Este sacramento es también vínculo de amor, banquete pascual en que se recibe a Cristo, el alma se llena de gracia y se nos da una prenda de la gloria futura" (SC47).

LA EUCARISTÍA, FUENTE Y CUMBRE DE LA VIDA DE LA IGLESIA

Todos los demás sacramentos, ministerios y obras de la Iglesia, están unidos a la Eucaristía y a ella se dirigen, porque en ella está Cristo mismo, nuestra pascua (cf PO5).
En ella se significa y se realiza la comunión de vida con Dios y la unidad del Pueblo de Dios.
En ella Cristo santifica al mundo, y en el Espíritu Santo se da culto a Dios Padre.
Con la Eucaristía nos unimos a la liturgia del cielo (cf P. O. 5; 1 Co 15,28).

EL NOMBRE DE ESTE SACRAMENTO

Eucaristía porque es acción de gracias a Dios (cf Lc 22,19; 1 Co 11,24).
Banquete del Señor (1 Co 11,20), porque se trata de la **Cena** que el Señor celebró con sus discípulos la víspera de su pasión. También es la anticipación del **banquete de las bodas del Cordero** en el cielo (cf Ap 19,9).
Fracción del pan, propio del banquete judío, rito utilizado por Jesús (cf Mt 14,19;26,26; 1 Co 11,24).
Asamblea Eucarística, porque es celebrada en la asamblea de los fieles, expresión visible de la Iglesia (cf 1 Co 11,17-34).
Memorial de la pasión y de la resurrección del Señor.
Santo Sacrificio, porque actualiza el único sacrificio de Cristo Salvador (por nuestra redención).
Comunión, porque con este sacramento nos unimos a Cristo que nos hace partícipes de su cuerpo y su sangre para formar un solo cuerpo (cf 1 Co 10,16-7).
La Santa Misa, porque al final de esta liturgia se hace el envío de los fieles ("missio") a fin de que, cumplan la voluntad de Dios en la vida diaria.

LOS SIGNOS DEL PAN Y DEL VINO

La Iglesia continúa haciendo lo que hizo Cristo la víspera de su pasión, hasta su retorno glorioso.
En la Antigua Alianza, entre las primicias de la tierra, el pan y

el vino eran ofrecidos en sacrificio, como reconocimiento al Creador (cf Gn 14,18).
Se le ofrece también a Dios el "cáliz de bendición" (1 Co 10,16).
(Véase CEC del n. 1333 al 1336).

Los milagros de la multiplicación de los panes, cuando el Señor dijo la bendición, partió y distribuyó los panes por medio de sus discípulos para alimentar la multitud, prefiguran la sobreabundancia de este único pan de su Eucaristía (cf Mt 14, 13-21; 15, 32-39).

El signo del agua convertida en vino en Caná (cf Jn 2, 11) anuncia ya la Hora de la glorificación de Jesús. Manifiesta el cumplimiento del banquete de las bodas en el Reino del Padre, donde los fieles beberán el vino nuevo (cf Mc 14, 25) convertido en Sangre de Cristo.

El primer anuncio de la Eucaristía dividió a los discípulos, igual que el anuncio de la pasión los escandalizó: "Es duro este lenguaje, ¿quién puede escucharlo?" (Jn 6, 60).

La Eucaristía y la cruz son piedras de tropiezo. Es el mismo misterio, y no cesa de ser ocasión de división. "¿También ustedes quieren marcharse?" (Jn 6, 67).

Esta pregunta del Señor resuena a través de las edades, como invitación de su amor a descubrir que sólo Él tiene "palabras de vida eterna" (Jn 6, 68), y que acoger en la fe el don de su Eucaristía es acogerlo a Él mismo.

LA INSTITUCIÓN DE LA EUCARISTÍA

Jesús escogió el tiempo de la Pascua para realizar lo que había anunciado en Cafarnaúm: dar a sus discípulos su Cuerpo y su Sangre.

El Señor, habiendo amado a los suyos, los amó hasta el fin (léase) Jn 13, 1-17).

En la **Última Cena** el Señor les dio el mandamiento nuevo del amor; instituyó la Eucaristía y ordenó a los apóstoles celebrarla hasta su retorno, constituyéndolos así en sacerdotes del Nuevo Testamento (Cc de Trento DS 1740).

Los tres evangelios sinópticos y san Pablo nos relatan la institución de la Eucaristía (véase Mt 26,26-29; Mc 14,32-35; Lc 22,14-20; 1 Co 11,17-34).

San Juan nos relata la promesa que hizo Jesús de instituir la Eucaristía (Jn 6,22-66).

Al celebrar la última Cena con sus apóstoles en el transcurso del banquete pascual, Jesús dio su sentido definitivo a la pascua judía. En efecto, el paso de Jesús a su Padre por su muerte y resurrección, la Pascua nueva, es anticipada en la Cena y celebrada en la Eucaristía, que da cumplimiento a la pascua judía y anticipa la pascua final de la Iglesia en la gloria del Reino.

HAGAN ESTO EN MEMORIA MÍA

El mandamiento de Jesús de repetir sus gestos y sus palabras "hasta que venga" (1 Co 11, 26), no exige solamente acordarse de Jesús y de lo que hizo.

Requiere la celebración litúrgica por los apóstoles y sus sucesores del memorial de Cristo, de su vida de su muerte, de su resurrección y de su intercesión junto al Padre.

Desde su comienzo, la Iglesia fue fiel a la orden del Señor, celebrando la Eucaristía (Véase Hch 2, 42.46; 20,7; 1 Co 11,23-32).

Era sobre todo "el primer día de la semana", es decir, el domingo, el día de la resurrección de Jesús, cuando los cristianos se reunían para "partir el pan" (Hch 20, 7). Desde entonces hasta nuestros días la celebración de la Eucaristía se ha perpetuado, de suerte que hoy la encontramos por todas partes en la Iglesia, con la misma estructura fundamental. Sigue siendo el centro de la vida de la Iglesia.

Así, de celebración en celebración, anunciando el misterio pascual de Jesús "hasta que venga" (1 Co 11, 26), el pueblo de Dios peregrinante "camina por la senda estrecha de la cruz" (AG 1) hacia el banquete celestial, donde todos los elegidos se sentarán a la mesa del Reino.

LA MISA DE TODOS LOS SIGLOS

Ya en el siglo II, hacia el año 155, san Justino mártir explica al emperador pagano Antonino Pío lo que hacen los cristianos en sus reuniones (refiriéndose a la misa o celebración de la Eucaristía). Él expone las partes fundamentales de la misa que han permanecido invariables hasta nuestros días (véase el n. 1345).

1) **La Liturgia de la Palabra**, con las lecturas (de la sagrada Escritura), la homilía y la oración universal.

2) **La Liturgia Eucarística**, con la presentación del pan y del vino, la acción de gracias consecratoria y la comunión.

Pero los dos momentos constituyen "un sólo acto de culto" (SC56).

Es el mismo dinamismo del banquete pascual de Jesús resucitado con sus discípulos: "Les explicaba las Escrituras, luego, sentándose a la mesa con ellos "Tomó el pan, pronunció la bendición, lo partió y se lo dio" (cf Lc 22,13-35).

EL DESARROLLO DE LA CELEBRACIÓN

Todos se reúnen. A su cabeza está Cristo mismo, que es el actor principal de la Eucaristía. Él es el sumo sacerdote de la Nueva Alianza. Cristo es quien preside invisiblemente toda celebración eucarística.

El obispo o el presbítero, actuando "in persona Christi capitis", en la persona de Cristo Cabeza, preside la asamblea.

Todos tienen parte activa en la celebración, cada uno a su manera: los lectores, los que presentan las ofrendas, los que dan la comunión, y el pueblo entero, cuyo "**Amén**" manifiesta su participación (Véase n. 1348-1355).

PREGUNTAS:

1) ¿En qué pasaje del Evangelio prometió Jesús que iba a instituir la Eucaristía? Repita del capt. 6 de san Juan, los versos 51, 54 y 56.

2) ¿Qué es la Eucaristía para la Iglesia? Es el corazón y la cumbre de la vida de la Iglesia, y todos los miembros se unen a Cristo en su sacrificio de alabanza y acción de gracias a su Padre Dios, ofrecido una vez por todas en la cruz, y actualizado en la Eucaristía.

3) ¿Qué comprende la celebración de la Eucaristía? Comprende la proclamación de la Palabra de Dios, la acción de gracias a Dios Padre por todos sus beneficios, sobre todo por el don de su

Hijo, la consagración del pan y del vino, y la participación en el banquete litúrgico por la recepción del Cuerpo y de la Sangre del Señor. Todo forma un solo y un mismo acto de culto.

4) ¿Qué es la Eucaristía? Es el memorial de la Pascua de Cristo, es decir de la obra de salvación realizada por la vida, la muerte y la resurrección de Cristo, obra que se hace presente por la acción litúrgica.

5) ¿Quién ofrece este sacrificio eucarístico? El mismo Cristo, sumo y eterno sacerdote de la nueva Alianza, por el ministerio de los sacerdotes. El mismo Cristo, realmente presente bajo las especies de pan y de vino, es la ofrenda del sacrificio Eucarístico.

6) ¿Quiénes pueden presidir la Eucaristía? Sólo los presbíteros válidamente ordenados pueden presidir la Eucaristía y consagrar el pan y el vino, para que se conviertan en el Cuerpo y la Sangre del Señor.

7) ¿Cuáles son los ritos esenciales del sacramento eucarístico? Los signos esenciales del Sacramento eucarístico son pan de trigo y vino de vid, sobre los cuales es invocada la bendición del Espíritu Santo y el presbítero pronuncia las palabras de la consagración dichas por Jesús en la Última Cena: "Esto es mi Cuerpo entregado por vosotros... Este es el cáliz de mi Sangre..."

ACLAMEMOS:

1) *"Bendito sea Dios, Padre de Nuestro Señor Jesucristo, porque nos has bendecido desde el cielo con toda bendición del Espíritu"* (Ef 1,3).

2) *"Yo soy el pan vivo bajado del cielo, dice el Señor; quien coma de este pan vivirá para siempre"* (Jn 6,51-52).

3) *"Te ofreceré un sacrificio de alabanza, invocando tu nombre, Señor"* (Sal 116,17).

4) *"Quien come mi cuerpo y bebe mi sangre vive en mí y yo en él, dice el Señor"* (Jn 6,57).

5) *Cada vez que comemos de este pan y bebemos de esta copa proclamamos la muerte del Señor hasta que Él vuelva (cf 1 Co 11,26).*

Se puede recitar el salmo 116.

EJEMPLO:

1) *Se puede narrar una de las escenas en que Jesús multiplicó los panes para demostrarnos su poder divino y su bondad, o cuando manda a preparar la Pascua o la Última Cena en que instituye la Eucaristía.*

2) *Recordemos el caso de aquel hereje que negaba la presencia real de Jesucristo en la Eucaristía. Desafió a san Antonio de Padua para que, después de tres días, viniera a la plaza pública con el Santísimo. El hereje iba a dejar su mula sin comer esos días, para que ella eligiera entre la comida o dar señal de la presencia de Cristo en la Eucaristía. San Antonio se pasó esos días en oración. Cuando llegó el día, la mula hambrienta dejó la comida, y se postró ante el Santísimo Sacramento. El hereje lloró y se convirtió.*

Canto: *Yo soy el Pan de Vida...*

41

LA EUCARISTIA: SACRIFICIO, ACCION DE GRACIAS, PRESENCIA DE CRISTO, COMUNION

Anuncio:
"Lo mismo que yo recibí y que venía del Señor se lo transmití a ustedes: que el Señor Jesús, la noche en que iban a entregarlo, tomó pan, dio gracias, lo partió y dijo: Esto es mi cuerpo que se entrega por ustedes; hagan lo mismo en memoria mía..." (1 Co 11,23-24).

Lecturas:
Exodo 13,1-10; Exodo 15,1-6; Hebreos 7,15-28; 1Corintios 10,14-22; 1 Corintios 11,27-34; 2 Pedro 3,8-18; Juan 6,44-59; Mateo 26,26-30; Lucas 22,14-23.

El amor a la eucaristía debe llevarnos al amor de los pobres y necesitados: Mateo 25,31-46.

Los cristianos celebramos la Eucaristía desde su comienzo. Y no cambia en las cosas fundamentales, a pesar de la diversidad de épocas, de culturas y de liturgias. Es que estamos sujetos al mandato del Señor, dado la víspera de su pasión: "Hagan esto en memoria mía" (1 Co 11,24-25).

Celebramos **el memorial del sacrificio** del Señor. Ofrecemos al Padre lo que Él mismo nos ha dado: Los dones de la creación: el pan y el vino convertidos en el Cuerpo y la Sangre de Cristo, por el poder del Espíritu Santo y las palabras del mismo Cristo. Así, Cristo se hace real y misteriosamente **presente**.

Por tanto, debemos considerar la Eucaristía:

- como acción de gracias y alabanza **al Padre (Dios)**;
- **como memorial del sacrificio de Cristo** y de su Cuerpo;

- como presencia de Cristo, por el poder de su Palabra y su Espíritu.

LA ACCIÓN DE GRACIAS Y ALABANZA AL PADRE
(Véase n. 1359-1361)

El memorial sacrificial de Cristo y de su Cuerpo que es la Iglesia.

En todas las plegarias eucarísticas encontramos, después de las palabras de la institución, una oración llamada **anamnesis** o memorial.

En el sentido empleado por la Sagrada Escritura, **el memorial** no es sólo el recuerdo de los acontecimientos del pasado, sino la proclamación de las maravillas que Dios ha realizado en favor de los hombres (cf Ex 13,3).

En la celebración litúrgica, estos acontecimientos se hacen, en cierta forma, presentes y actuales.

Cuando la Iglesia celebra la Eucaristía, hace memoria de la Pascua de Cristo, y ésta se hace presente: el sacrificio que Cristo ofreció de una vez para siempre en la cruz, permanece siempre actual (cf Hb 7,25-27).

Por ser memorial de la Pascua de Cristo, la **Eucaristía es también un sacrificio**. "Esto es mi Cuerpo, que será entregado por ustedes" y esta copa es la Nueva Alianza en mi Sangre, que será derramada por ustedes" (Lc 22,19-20).

La Eucaristía representa (=hace presente) el sacrificio de la cruz, porque es su **memorial** y **aplica** su fruto.

El sacrificio de Cristo y el sacrificio de la Eucaristía, son, pues **un único sacrificio**. "Es una y la misma víctima, que se ofrece ahora por el ministerio de los sacerdotes, que se ofreció a sí mismo entonces sobre la cruz; sólo difiere la manera de ofrecer".

En el altar de la cruz Cristo se ofreció de manera cruenta (sangrienta). En la misa se ofrece de manera incruenta.

LA EUCARISTÍA ES IGUALMENTE EL SACRIFICIO DE LA IGLESIA

Ella, que es el Cuerpo de Cristo, participa en la ofrenda de su Cabeza.

Así, la vida de los fieles, su alabanza, su sufrimiento, su oración y su trabajo se unen a los de Cristo y a su total ofrenda, y adquieren así un valor nuevo.

TODA LA IGLESIA SE UNE A LA OFRENDA Y A LA INTERCESIÓN DE CRISTO

Por medio del ministerio de los presbíteros, se realiza el sacrificio espiritual de los fieles en unión con el sacrificio de Cristo, único mediador (cf PO 2).

En la celebración de la Eucaristía se nombra al Papa como signo y servidor de la unidad de la Iglesia Universal. También el **Obispo** del lugar, que es siempre responsable de la Eucaristía, incluso cuando es presidida por un **presbítero** con la asistencia de los **diáconos**.

Y san Ignacio de Antioquía, ordenado Obispo por san Pedro, declara: "Que sólo sea considerada como legítima la Eucaristía que se hace bajo la presidencia del Obispo o de quien él ha señalado para ello".

A esta ofrenda de Cristo no sólo se unen los fieles de la tierra, sino también los que ya están **en la gloria del cielo**. También se ofrece **por los fieles difuntos** "que todavía no están plenamente purificados" (Cc. de Trento DS1743).

LA PRESENCIA DE CRISTO POR EL PODER DE SU PALABRA Y DEL ESPÍRITU SANTO

Jesucristo está en su palabra, en la oración de su Iglesia, y "donde dos o tres están reunidos en mi nombre" (Mt 18,20). También en los pobres, en los enfermos y en los presos (Mt 25, 31-46); y en los sacramentos de los que Él es el autor.

PERO, "SOBRE TODO (ESTÁ PRESENTE) BAJO LAS ESPECIES EUCARÍSTICAS" (SC7)

El modo de presencia de Cristo en la Eucaristía es singular.

En el Santísimo Sacramento de la Eucaristía están contenidos **verdadera, real y substancialmente** el Cuerpo y la Sangre, junto con el alma y la divinidad de nuestro Señor Jesucristo, y por consiguiente, **Cristo entero** (Cc de Trento OS1651).

Véase la explicación de este admirable misterio (CEC n. 1373-1377).

Mediante la **conversión** del pan y del vino en su Cuerpo y en su Sangre, Cristo se hace presente en este sacramento.

Así, san Juan Crisóstomo declara que "No es el hombre quien hace que las cosas ofrecidas se conviertan en cuerpo y sangre de Cristo, sino Cristo mismo, que fue crucificado por nosotros. El sacerdote pronuncia estas palabras, pero su eficacia y su gracia provienen de Dios".

Por la consagración del pan y del vino se opera el cambio de toda la substancia del pan en la substancia del Cuerpo de Cristo, Nuestro Señor, y de toda la substancia del vino en la substancia de su Sangre.

La Iglesia Católica ha llamado a este cambio "transubstanciación" (cf DS1642).

La presencia eucarística de Cristo comienza en el momento de la consagración, y dura todo el tiempo que subsisten las especies eucarísticas.

(San Agustín explica que también en el orden natural hay transformación de la substancia o realidad de una cosa en otra. Por ejemplo, el grano sembrado se convierte en una planta, y los frutos de la planta se convierten en sangre y vida nuestra. Dios es Todopoderoso para hacer cambios milagrosos, que superan aún la misma naturaleza).

EL CULTO A LA EUCARISTÍA

Nuestra fe en la presencia real de Jesucristo en la Eucaristía nos lleva a la adoración: arrodillándonos o inclinándonos profundamente ante Él.

Ese culto a la Eucaristía se debe tener no sólo en la misa, sino también fuera de la celebración (De ahí la visita al Santísimo y la Hora Perpetua ante el Señor en el Sagrario, que se ha de ir inculcando a los que se preparan para recibir este sacramento).

Es el memorial del amor con que Cristo nos ha amado "hasta el fin" (Jn 13,1).

Dice santo Tomás de Aquino que la presencia de Cristo en este sacramento no se conoce por los sentidos, sino sólo por la fe, que se apoya en las palabras de Cristo, que es La Verdad. Profesamos nuestra fe con santo Tomás de Aquino:

Te adoro con fervor, Deidad oculta
que estás bajo estas formas escondida;
a tí mi corazón se rinde entero,
y desfallece todo si te mira.

Se engaña en Tí la vista, el tacto, el gusto,
más tu palabra engendra fe rendida;
cuanto el Hijo de Dios ha dicho, creo,
pues no hay verdad como la verdad divina.

En la cruz la Deidad estaba oculta,
aquí la humanidad ya escondida;
y uno y otro creyendo y confesando,
imploro yo lo que imploraba Dimas.

Jesús, a quien ahora miro oculto,
cumple, Señor, lo que mi pecho ansía,
que a cara descubierta contemplándote
por siempre goce de tu clara vista.

Amén.

"TOMEN Y COMAN TODOS DE ÉL": LA COMUNIÓN

El Señor nos dirige una invitación urgente a recibirle en el sacramento de la Eucaristía:"En verdad, en verdad os digo: si no comen la Carne del Hijo del hombre y no beben su Sangre, no tendrán vida en ustedes" (Jn 6,53).

Para responder a esta invitación, debemos **prepararnos**. San Pablo nos exhorta a examinar nuestra conciencia antes de comulgar, pues "Quien coma el pan o beba el cáliz del Señor indignamente, se hace reo del Cuerpo y de la Sangre del Señor" (1 Co 11,27-29). Quien tiene conciencia de estar en pecado grave, debe antes recibir el Sacramento de la Reconciliación o Confesión.

Antes de comulgar, la Iglesia pone en nuestros labios las palabras del Centurión al Señor: "Señor, no soy digno de que entres en mi casa, pero una palabra tuya bastará para sanarme" (Mt 8,8).

La Iglesia obliga a los fieles a participar los domingos y días de fiesta en la divina liturgia, y a recibir la Eucaristía al menos una vez al año, si es posible en tiempo pascual (cf CIC, can 920), preparados por el Sacramento de la Reconciliación.

Pero la Iglesia recomienda la comunión (si se está debidamente preparado) todos los domingos, incluso todos los días.

Los fieles, en el mismo día, pueden recibir la Santísima Eucaristía sólo una segunda vez y que sea dentro de la misa de la que participa (cf Commisio CIC Authentice interpretando AAS-76 (1984) 746.

El que se halla en peligro de muerte puede volver a recibir la comunión, aunque la haya recibido ese mismo día (cf can. 921).

LOS FRUTOS DE LA COMUNIÓN

La comunión bien recibida:

- acrecienta nuestra unión con Cristo. Lo que es el alimento material para nuestro cuerpo, lo es la Comunión para nuestra vida espiritual (cf Jn 6,56);
- borra los pecados veniales y nos fortalece;
- reaviva nuestra caridad y nos preserva de futuros pecados mortales;
- fomenta la unión (y la práctica de la justicia) entre los cristianos (que así deben dar ejemplo al mundo);
- nos lleva a cumplir nuestro compromiso con los pobres (cf Mt 25,40);
- también se nos da una prenda, una garantía de la gloria futura.

Oración (Muy antigua):

"Oh Sagrado banquete en que Cristo es nuestra comida; se celebra el memorial de su pasión; el alma se llena de gracia y se nos da la prenda de la gloria futura".

Es nuestra gran esperanza: la de los cielos nuevos y la tierra nueva en los que habitará la justicia (cf 2 Pe 3,13).

PREGUNTAS:

1) ¿Qué se realiza por las palabras de la consagración en la misa? Por la consagración se realiza la transubstanciación del pan y

del vino en el Cuerpo y la Sangre de Cristo. Bajo las especies consagradas del pan y del vino, Cristo mismo, vivo y glorioso, está presente de manera verdadera, real y substancial, con su Cuerpo, su Sangre, su alma y su divinidad (cf Cc. de Trento: DS 1640; 1651).

2) ¿Por qué otras intenciones se ofrece la Eucaristía? Se ofrece en acción de gracias y alabanzas a Dios Padre; y en cuanto sacrificio, la Eucaristía es ofrecida también en reparación de los pecados de los vivos y los difuntos, y para obtener de Dios beneficios espirituales o temporales.

3) ¿En qué condiciones se debe recibir a Cristo en la Eucaristía? El que quiere recibir a Cristo en la Comunión eucarística debe hallarse en estado de gracia. Si uno tiene conciencia de haber pecado mortalmente, no debe acercarse a la Eucaristía sin haber recibido previamente la absolución en el Sacramento de la Penitencia.

4) ¿Qué frutos produce la Comunión en el que comulga? La comunión del Cuerpo y de la Sangre de Cristo acrecienta la unión del comulgante con el Señor; le perdona los pecados veniales y lo preserva de pecados graves. Puesto que los lazos de caridad entre el comulgante y Cristo son reforzados, la recepción de este sacramento fortalece la unidad de la Iglesia, Cuerpo Místico de Cristo.

5) ¿Cuándo se debe comulgar? La Iglesia recomienda vivamente a los fieles que reciban la Sagrada Comunión cada vez que participan en la celebración de la Eucaristía, y les impone la obligación de hacerlo al menos una vez al año.

6) ¿Qué deber tenemos con Jesucristo presente en la Eucaristía? Puesto que Cristo mismo está presente en el Sacramento del Altar, es preciso honrarlo con culto de adoración. "La visita al Santísimo Sacramento es una prueba de gratitud, un signo de amor y un deber de adoración hacia Cristo, nuestro Señor" (MF).

7) ¿Qué otros bienes nos proporciona la Sagrada Comunión? Cristo, que pasó de este mundo al Padre, nos da en la Eucaristía la prenda de la gloria que tendremos junto a Él: la participación

en el Santo Sacrificio nos identifica con su Corazón, sostiene nuestras fuerzas a lo largo del peregrinar por esta vida, nos hace desear la vida eterna y nos une ya desde ahora a la Iglesia del cielo, a la Santísima Virgen María y a todos los santos.

REFLEXIÓN:

1) *Para los cristianos, la misa es el supremo acto de culto a Dios. Es un sacrificio 1) Latréutico, o sea, de adoración a Dios Padre; 2) Eucarístico: de acción de gracias y alabanza también a Dios Padre; 3) expiatorio: ofrecido por la remisión de nuestros pecados; 4) impetratorio: que impetra u obtiene de Dios todos los bienes.*

2) *Debemos meditar con frecuencia en este augusto Sacramento, y purificarnos cada vez más al acercarnos a él. Las personas amancebadas, las casadas sólo civilmente y las divorciadas y vueltas a casar, deben aprovechar los frutos de la misa y hacer una comunión espiritual. Y mientras estén en ese estado, no hacer la comunión sacramental. Pedirle a Dios y hacer lo que sea necesario para resolver el problema. "Lo que es imposible al hombre, es posible a Dios" (Mt 19,26).*

3) *Dice Juan Pablo II: "Por medio de la adoración (al Señor presente en la Eucaristía), el cristiano contribuye misteriosamente a la transformación radical del mundo y a la difusión del Evangelio. Toda persona que ora ante el Señor arrastra tras de sí al mundo entero y lo eleva a Dios" (Carta sobre la Adoración Eucarística, XLVII Congr. Intern. Roma, 18-25 Junio 2000).*

4) *En las celebraciones eucarísticas se deben dejar algunos momentos de silencio para que cada persona se concentre en la presencia amorosa de Jesucristo, sobre todo, mientras se distribuye la comunión y se da gracias al Señor.*

ACLAMEMOS:

1) *"Señor no soy digno de que entres en mi casa, pero una palabra tuya bastará para sanarme" (Mt 8,8).*

2) *"Donde haya dos o tres reunidos en mi nombre, yo estoy en medio de ellos", dice el Señor (Mt 18,20).*

3) *"Te adoro con fervor, Deidad oculta, que estás bajo estas formas escondida. A ti mi corazón se rinde entero y desfallece todo si te mira" (Sto. Tomás).*

4) *"Señor, que tu gracia venga y que este mundo pase" (Didaché 10,6).*

Aprendamos de memoria: "¡Oh sagrado banquete, en que Cristo es nuestra comida; se celebra el memorial de su pasión; el alma se llena de gracia, y se nos da la prenda de la gloria futura". Se puede recitar alguno de los salmos 145 (144); 147 (146); 148; Dan 3, 52-90.

Nota: Se deben aprender cantos y oraciones eucarísticas.

EJEMPLOS:

1) *"El célebre Clot Bey, que fue el fundador de la primera facultad de medicina en Egipto, encontrábase en cierta ocasión en Marsella con algunos de sus discípulos, cuando un sacerdote de la parroquia pasó, llevando el viático a un moribundo. Clot Bey se puso de rodillas. Un discípulo musulmán se atrevió a preguntarle: Pero doctor, usted puede creer que Dios esta realmente en esa pequeña partícula de pan? ¿Usted puede creer que Dios se va a poner en las manos de un pobre sacerdote? -Si, lo creo", respondió Clot Bey. -Ustedes los musulmanes no lo creen, porque sólo ven en Dios su omnipotencia; nosotros los cristianos sí lo creemos, porque vemos en Dios además su amor infinito. La fe y el amor nos dicen que Dios está en la Sagrada Hostia cuando vamos a comulgar" (Saturnino Junquera S. J.: La Santa Misión, pag. 530, Edit. Sal Terrae, Santander, 1953).*

2) *Al convertirse a la fe católica viva, el filósofo Manuel García Morente, decía al obispo que él no comulgaba porque se sentía pecador e indigno. El Obispo le respondió: "Jesucristo viene a nosotros, no porque somos buenos, sino porque Él es bueno. Y para que nosotros seamos buenos".*

3) *Decía el Santo Cura de Ars que el mundo está sediento de amor y de felicidad. Pero lo triste es que está junto a una fuente de agua pura y abundante, y por no abajarse a beber, se muere de sed.*

Cuando lleguemos a la frontera de la eternidad nos daremos cuenta de lo que hemos perdido, o no quisimos aprovechar. Pero ya será tarde.

El mismo Santo Cura de Ars decía que así como se derrite un bloque de hielo ante un sol ardiente, así se derriten nuestras penas ante Jesús Sacramentado, Sol de justicia y santidad.

Canto: *Te conocimos, Señor, al partir el pan...*

42

EL SACRAMENTO DE LA PENITENCIA Y DE LA RECONCILIACIÓN

SACRAMENTO DE LA PENITENCIA O CONFESIÓN

Anuncio:
"En la tarde de Pascua, el Señor Jesús se mostró a sus apóstoles y les dijo: Reciban el Espíritu Santo. A quienes perdonen los pecados, les quedan perdonados; a quienes se los retengan les quedan retenidos"
(Jn 20,22-23).

Lecturas bíblicas:
Mateo 4,12-17; Lucas 15,11-32; Génesis 4,1-15; Exodo 20,1-21;
Isaías 53,1-12; Isaías 58,1-11; Isaías 59,1-15; 12,1-13;
2 Samuel 12,1-13;

Nota: se debe aprovechar estas lecciones para aprender de memoria el Acto de Contrición.

-Por los sacramentos de la iniciación cristiana recibimos la vida nueva de Cristo, pero llevamos esta vida nueva "en vasos de barro" (2 Co 4,7).

Necesitamos la penitencia y la reconciliación.

El Señor Jesucristo, médico de nuestras almas y de nuestros cuerpos, que perdonó los pecados al paralítico y le devolvió la salud del cuerpo (cf Mc 2,1-12), quiso que su Iglesia continuase su obra de curación y de salvación con la fuerza del Espíritu Santo.

Esta es la finalidad de los dos sacramentos de la curación: el de la Penitencia y el de la Unción de los Enfermos.

A este sacramento de la Penitencia se le denomina **Sacramento de la Conversión,** porque por medio de él realizamos sacramentalmente la llamada de Jesús a la conversión (cf Mc 1,15); el regreso a la Casa del Padre (cf Lc 15,18), del que el hombre se había alejado por el pecado.

Se llama también **Sacramento de la Penitencia**, porque exige un proceso de conversión, de arrepentimiento y de reparación por parte del cristiano pecador.

Es llamado **Sacramento de la Confesión**, porque también exige la declaración o confesión de los pecados ante el sacerdote. A la vez que se confiesa, se alaba la santidad de Dios y su misericordia con nosotros pecadores.

Se denomina **Sacramento de Reconciliación,** porque otorga al pecador arrepentido el perdón, la reconciliación, el amor y la paz de Dios. San Pablo nos dice: "Déjense reconciliar con Dios" (2 Co 5,20), y el Señor nos dice: "Ve primero a reconciliarte con tu hermano" (Mt 5,24).

LA CONVERSIÓN EN LOS YA BAUTIZADOS

"Por el bautismo ustedes han sido lavados, han sido santificados en el nombre del Señor Jesucristo y por el Espíritu de nuestro Dios" (1 Co 6,11).

Es para que nos demos cuenta que el pecado es algo que no cabe en aquel que "se ha revestido de Cristo" (Ga 3,27).

Pero el Apóstol san Juan dice también: "Si decimos: No tenemos pecado, nos engañamos, y la verdad no está en nosotros" (1 Jn 1,8).

Y el mismo Señor nos enseñó a orar: "perdona nuestras ofensas" (Lc 11,4).

La vida nueva recibida en los sacramentos de iniciación cristiana no suprime la fragilidad y la debilidad de la naturaleza humana. También está en nosotros la inclinación al pecado, la llamada concupiscencia, que permanece en los bautizados.

EL CONTINUO COMBATE

Eso nos obliga a vivir en el **continuo combate** de la vida cristiana, ayudados por la gracia de Dios.

Así, en el Bautismo tuvimos la primera conversión a Cristo y a su Iglesia.

Pero esta llamada de Cristo a la conversión sigue resonando en la vida de los cristianos. Esta segunda conversión es una tarea ininterrumpida. Es el movimiento del "corazón contrito" (Sal 51,19), atraído y movido por la gracia (cf Jn 6,44), a responder al amor misericordioso de Dios.

San Ambrosio habla acerca de las dos conversiones en los bautizados, en la Iglesia: "Existen el agua y las lágrimas: el agua del bautismo y las lágrimas de la penitencia" (para lavar los pecados).

LA PENITENCIA INTERIOR

Jesús llama principalmente a la **conversión del corazón, la penitencia interior.**

La penitencia interior es una reorientación radical de toda la vida, un retorno a Dios, una ruptura con el pecado (evitando a la vez la ocasión de pecado).

Comprende el deseo y la resolución de cambiar de vida, confiados en la misericordia de Dios y ayudados de su gracia.

Esto conlleva cierto dolor y tristeza saludables, que los Santos Padres llaman "aflicción del espíritu". Es el arrepentimiento del corazón (cf Cc de Trento: DS1676-1678) (Es como una breve crisis que luego lleva a la paz de sentirnos perdonados por Dios).

El corazón del hombre es duro y endurecido. Es necesario que Dios le dé "un corazón nuevo" (cf Ez 36,26-27).

"Tengamos los ojos fijos en la sangre de Cristo y comprendamos cuán preciosa es a su Padre, porque, habiendo sido derramada para nuestra salvación, ha conseguido para el mundo entero la gracia del arrepentimiento" (San Clem. Rom. Cor 7).

"Después de Pascua, el Espíritu Santo "convence al mundo en lo referente al pecado" (Jn 16, 8-9), a saber,

que el mundo no ha creído en el que el Padre ha enviado. Pero este mismo Espíritu, que descubre el pecado, es el Consolador (cf Jn 15, 26) que da al corazón del hombre la gracia del arrepentimiento y de la conversión (cf Hch 2, 36-38; Juan Pablo II, Dev 27-48)".

DIVERSAS FORMAS DE PENITENCIA

La Sagrada Escritura y los Santos Padres insisten, sobre todo, en tres formas de penitencia: la oración, el ayuno y la limosna (cf Tob 12,8; Mt 6,1-18).

Esas formas expresan la conversión con relación a sí mismo, con relación a Dios y con relación a los demás.

Las ayudas a otros, la práctica de la caridad, "cubre multitud de pecados" (1 Pe 4,8).

La atención a los pobres, el ejercicio y la defensa de la justicia y del derecho ayuda a la sincera conversión (cf Am 5,24; Is 1,17). Pero todo debe ser acompañado del reconocimiento de nuestras faltas ante Dios y ante los hermanos, el examen de conciencia y la aceptación de los sufrimientos (que nos purifican).

El proceso de la conversión y de la penitencia fue descrito maravillosamente por Jesús en la parábola del hijo pródigo. (Véase Lc 15, 11-24).

"El pecado es, ante todo, ofensa a Dios, ruptura de la comunión con Él. Al mismo tiempo, atenta contra la comunión con la Iglesia. Por eso la conversión implica a la vez el perdón de Dios y la reconciliación con la Iglesia, que es lo que expresa y realiza litúrgicamente el sacramento de la Penitencia y de la Reconciliación (cf G 11).

PREGUNTAS:

1) ¿En qué pasaje del Evangelio dio Jesús a sus apóstoles el ministerio de perdonar los pecados en su nombre? Repita el texto Juan 20,22-23.

2) ¿Cómo se llama el sacramento instituido por Jesucristo para perdonar los pecados después del Bautismo? Sacramento de la conversión, de la confesión, de la penitencia o de la reconciliación.

3) ¿Qué ofensas se cometen con el pecado? Quien peca lesiona el honor de Dios y su amor, pues desprecia su santa voluntad y su obra; además, ofende su propia dignidad de hombre, llamado a ser hijo de Dios, y el bien espiritual de la misma Iglesia.

4) ¿Cuál es el mal más grave? A los ojos de la fe, ningún mal es más grave que el pecado, y nada tiene peores consecuencias. (El pecado es el mal más grande porque mata el bien más grande, que es el amor de Dios y de los hermanos. Además, si el pecado es mortal y el pecador no se arrepiente, le causa la muerte eterna).

5) ¿Cómo se vuelve a la comunión con Dios y con la Iglesia? Por la conversión del corazón, la cual es un movimiento que nace de la gracia de Dios, rico en misericordia. Es necesario pedir a Dios esa gracia del arrepentimiento.

6) ¿Qué implica esta conversión? Implica un dolor de haber ofendido a Dios, y propósito de no volver a pecar (huir de las ocasiones del pecado).

ACLAMACIONES:

1) *"Padre, he ofendido a Dios y te he ofendido a ti; ya no merezco llamarme hijo tuyo" (Lc 15,21).*

2) *"Misericordia, Dios mío, por tu bondad, por tu inmensa compasión borra mi culpa" (Sal 51,1).*

3) *"Yo reconozco mi culpa, tengo siempre presente mi pecado" (Sal 51,5).*

4) *"Borra en mí toda culpa. Devuélveme la alegría de la salvación" (Sal 51,11.14).*

5) *"Alégrense los honrados, aclamen al Señor. Porque tú, Señor, perdonaste mi pecado" (Sal 32,11.5).*

Nota: En las diversas lecciones o actos de penitencia se puede terminar con uno de los siete salmos penitenciales, que son: 6,32,38,51,102, 130,143.

Repetir hasta aprender de memoria el *"Yo confieso..."* y el *"Señor mío Jesucristo...."*

Canto: *Sí, me levantaré...*

EJEMPLOS:

1) *Se puede contar el del hijo pródigo (Lucas 15,11-32); el de María Magdalena (Lucas 7,36-50), u otro de la Biblia sobre el pecado y el arrepentimiento.*

2) *Un noruego protestante, Lors Eskeland, hombre de mucha ciencia, se ha convertido al catolicismo porque sentía que no tenía tranquilidad en la conciencia, mientras un ministro autorizado de Cristo no le dijese que estaba perdonado.*

3) *Clemente Bretano, poeta alemán, confiaba sus angustias y zozobras a la escritora Luisa Hensel. Por consejo de ésta, fue a postrarse a los pies de un sacerdote y halló en la confesión la paz anhelada para su alma (Spirago).*

43

EL SACRAMENTO DE LA PENITENCIA: ACTOS DEL PENITENTE Y EL MINISTRO

Anuncio:
"Ustedes han sido rescatados del vivir idolátrico. Despojados de toda maldad, de toda doblez, hipocresía, envidia, maledicencia, como niños recién nacidos, ansíen la leche auténtica, ya que han saboreado lo bueno que es el Señor" (1 P 1,18; 2,1-3).

Lecturas:
Jeremías 7,3-11; Jeremías 2,1-13; Efesios 4,17-32; Lucas 13,1-9; Colosenses 3,3-15; 1 Juan 1,5-9; Juan 8,1-11; Mateo 18,21-35; Romanos 6,16-23.

Sólo Dios perdona los pecados (cf Mc 2, 7). Porque Jesús es el Hijo de Dios, dice de sí mismo: "El Hijo del hombre tiene poder de perdonar los pecados en la tierra" (Mc 2, 10) y ejerce ese poder divino: "Tus pecados están perdonados" (Mc 2, 5; Lc 7, 48).

Más aún, en virtud de su autoridad divina, Jesús confiere este poder a los hombres (cf Jn 20, 21-23) para que lo ejerzan en su nombre. (El ministro es un mero instrumento visible, un representante de Cristo. El que verdaderamente perdona es Cristo, Dios, pero usa al ministro para el signo visible).

Cristo nos obtuvo el perdón y la reconciliación al precio de su sangre. Y el mismo Jesucristo quiso confiar el poder de la absolución y de la reconciliación al ministerio apostólico (cf 2 Co 5,18).

Jesús, en su vida pública, no sólo perdonó a los pecadores; también los vuelve a integrar en la comunidad del Pueblo de Dios.

El mismo Señor dice a Simón Pedro: "A ti te daré las llaves del reino de los cielos, y lo que ates en la tierra quedará atado en los cielos, y lo que desates en la tierra quedará desatado en los cielos" (Mt 16,19).

Lo mismo dijo a todos los apóstoles, unidos a la cabeza, a Pedro (cf Mt 18,18). Todo ministerio y poder que Jesús da a los apóstoles, también lo da a los sucesores de ellos.

Atar y desatar significa excluir de la comunión con la Iglesia, y volver a recibir en esa comunión.

La reconciliación con la Iglesia es inseparable de la reconciliación con Dios.

EL SACRAMENTO DEL PERDÓN

La celebración de este sacramento comprende dos elementos esenciales:

1) los actos del penitente que se convierte bajo la acción del Espíritu Santo, a saber: la contrición, la confesión de los pecados y la satisfacción;
2) la acción de Dios por el ministerio de la Iglesia (el obispo o el presbítero).

LOS ACTOS DEL PENITENTE

La contrición es "un dolor o pesar del alma y una detestación del pecado cometido, con la resolución de no volver a pecar" (Cc de Trento: DS1676).

Si ese pesar es movido por el amor de Dios, amado sobre todas las cosas, se llama contrición perfecta. Obtiene ya el perdón de los pecados, incluso mortales, si comprende la firme resolución de recurrir a la confesión sacramental (cf Cc de Trento; DS 1677) (pero si hay pecados mortales no se debe comulgar hasta hecha la confesión sacramental).

Se llama contrición imperfecta (o **atrición**), cuando nace de la consideración de la fealdad del pecado o del temor de la condenación y de las penas con que es amenazado el pecador. También es un don de Dios, un impulso del Espíritu Santo.

Antes de la confesión conviene hacer el **examen de conciencia, a la luz de la Palabra de Dios; sobre todo, lo referente a los diez mandamientos y la catequesis moral de los Evangelios.**

LA CONFESIÓN DE LOS PECADOS

Aun en el sentido humano, nos libera y facilita nuestra reconciliación con los demás.

En el Sacramento de la Confesión se deben acusar todos los pecados mortales de que se tiene conciencia, después de un examen serio, siguiendo los diez mandamientos. También se debe decir el número de veces cometido, más o menos, teniendo en cuenta también los pecados secretos, como son: de pensamiento y deseo, consentidos deliberadamente, contra el noveno y décimo mandamiento (cf Ex 20,17; Mt 5,28).

Dice san Jerónimo: "Si el enfermo se avergüenza de descubrir su llaga al médico, la medicina no cura lo que ignora".

Y san Agustín declara: "El comienzo de las obras buenas es la confesión de las obras malas".

No es estrictamente necesaria la confesión de los pecados veniales, pero la Iglesia lo recomienda vivamente. Eso ayuda a formar la conciencia y a luchar contra las malas inclinaciones, así como a progresar en la vida del Espíritu.

LA SATISFACCIÓN

Muchos pecados causan daño al prójimo. Es preciso hacer lo posible para repararlo (por ejemplo, restituir las cosas robadas, restablecer la reputación del que ha sido calumniado).

La simple justicia exige esto.

Pero además el pecado hiere y debilita al pecador mismo, así como sus relaciones con Dios y con el prójimo. La absolución quita el pecado, pero no remedia todos los desórdenes que el pecado causó (cf Cc. de Trento: DS 1712).

Liberado del pecado, el pecador debe todavía recobrar la plena salud espiritual. Por tanto, debe hacer algo más para reparar sus pecados: debe "satisfacer" de manera apropiada o "expiar" sus pecados. Esta satisfacción se llama también "penitencia".

La penitencia que el confesor impone debe tener en cuenta la situación personal del penitente y buscar su bien espiritual. Puede consistir en la oración, en las ofrendas, en obras de misericordia, servicios al prójimo, privaciones voluntarias, sacrificios; y sobre todo, la aceptación paciente de la cruz que debemos llevar.

EL MINISTRO DE ESTE SACRAMENTO

Son los obispos, sucesores de los apóstoles,y los presbíteros, sus colaboradores (cf Jn 20,23; 2 Co 5,18).

Hay ciertos pecados más graves, sancionados con la excomunión y otras penas. En esos casos la absolución sólo puede ser concedida por el Papa, el obispo del lugar o los sacerdotes autorizados por ellos (cf Can 1331; 1354-7; 1431; 1434; 1420). Pero en peligro de muerte, cualquier sacerdote puede absolver de esos pecados (cf Can 976; 725).

El sacerdote ejerce el ministerio del Buen Pastor y del Justo Juez. El confesor no es el dueño, sino el servidor del perdón de Dios. Debe orar y hacer penitencia por los penitentes, confiándolos a la misericordia de Dios.

Obliga al sacerdote el **secreto absoluto**, y no debe hacer uso de los conocimientos adquiridos en la confesión, aunque no se refieran a los pecados.

Este secreto que no admite excepción se llama "sigilo sacramental", porque lo que el penitente ha manifestado al sacerdote queda "sellado" por el sacramento.

El sacerdote debe exhortar y preparar a los fieles para el Sacramento de la Confesión.

LOS EFECTOS DE ESTE SACRAMENTO

(En los temas sobre la confesión o penitencia se puede recitar uno de los siete salmos penitenciales: 6; 32; 38; 51; 102; 130; 143).

"Toda la virtud de la penitencia reside en que nos restituye a la gracia de Dios y nos une con Él con profunda amistad" (Catech. R. 2, 5, 18).

El fin y el efecto de este sacramento son pues, la reconciliación con Dios. En los que reciben el sacramento de la Penitencia con un corazón contrito y con una disposición religiosa "tiene como resultado la paz y la tranquilidad de la conciencia, a las que acompaña un profundo consuelo espiritual" (Cc. de Trento: DS 1674).

En efecto, el Sacramento de la Reconciliación con Dios produce una verdadera "resurrección espiritual", una restitución de la dignidad y de los bienes de la vida de los hijos de Dios, el más precioso de los cuales es la amistad de Dios (Lc 15, 32)".

Además, reconcilia al penitente con la Iglesia. Tiene un efecto vivificante sobre la Iglesia, que ha sufrido por el pecado de uno de sus miembros (cf 1 Co 12,26).

El penitente perdonado queda también reconciliado consigo mismo. Y así le es más fácil reconciliarse con sus hermanos.

LA CELEBRACIÓN DE LA PENITENCIA

La liturgia bizantina posee expresiones diversas de absolución, por ejemplo: "Que el Dios que por el profeta Natán, perdonó a David cuando confesó su pecado; a Pedro cuando lloró amargamente, y a la pecadora cuando derramó lágrimas sobre sus pies... que ese mismo Dios, por medio de mí, pecador, te perdone en esta vida y en la otra..." Amén.

En el rito latino usamos esta fórmula

Dios, Padre Misericordioso, que reconcilió consigo al mundo por la muerte y resurrección de su Hijo y derramó al Espíritu Santo para la remisión de los pecados, te conceda por el ministerio de la Iglesia el perdón y la paz. Y yo te absuelvo de tus pecados en el nombre del Padre, del Hijo y del Espíritu Santo.

R. Amén

El Sacramento de la Penitencia puede también celebrarse en el marco de una celebración comunitaria, en la que los penitentes se preparan juntos a la confesión, con la lectura de la Palabra de Dios, examen de conciencia dirigido en común, y súplica de perdón. Luego cada uno se confiesa individualmente y en privado, e individualmente recibe la absolución (Se supone que si son muchos fieles habrá varios sacerdotes), y al final se hace en común la acción de gracias por el perdón recibido.

"La Confesión individual e íntegra y la absolución continúan siendo el único modo ordinario para que los fieles se reconcilien con Dios y con la Iglesia; a no ser que una imposibilidad física o moral excuse de este modo de confesión" (OP 31).

EL VALOR DE LAS INDULGENCIAS

Para entender el sentido y el valor de las indulgencias hay que reflexionar en las siguientes verdades de fe:

1) El pecado tiene una doble consecuencia negativa a) la ofensa a Dios, menospreciando su santa voluntad y su ley. Esto se perdona con un sincero arrepentimiento (y en un católico, se añade el sacramento de la reconciliación). b) el desorden o mancha que el pecado deja en el alma, que hay que lavar con oración y penitencia.

2) Por la comunión de los santos, o intercambio de bienes, la Iglesia dispone de un tesoro espiritual, compuesto por los méritos infinitos de Jesucristo, los de la Santísima Virgen, de los mártires y santos, y las buenas acciones de los cristianos que están en gracia de Dios.

3) Jesucristo dio "las llaves" del Reino de Dios y por ende de este "tesoro espiritual", a Pedro y a sus Sucesores (cf Mt 16,19). De ahí que a los que cumplen con los debidos requisitos, el Papa en nombre de Jesucristo, les condona también parte o toda la pena temporal que merecen sus pecados.

Es mucho más dura la purificación de las penas temporales de los pecados en la otra vida, o sea, en el purgatorio. Por eso es muy provechoso aprovechar los medios que Jesucristo nos deja, a través de su Iglesia, para pagar en esta vida esta deuda temporal de nuestros pecados. Siempre se debe añadir la oración, la penitencia y las obras de caridad.

Las indulgencias se aplican por uno mismo o por los difuntos. (Véase CEC n. 1471-1479).

PREGUNTAS:

1) ¿Qué actos constituyen el Sacramento de la Penitencia? Los actos del penitente: arrepentimiento, confesión de los pecados, propósito de la enmienda y las obras de penitencia; y la absolución por parte del sacerdote.

2) ¿Cómo es el arrepentimiento? Se llama "perfecto" cuando brota del amor a Dios; e "imperfecto" cuando está fundado en otros motivos, pero siempre movido por la fe.

3) ¿Es necesario confesar todos los pecados graves? Sí, y además el número, que buenamente se recuerde, después de examinar la conciencia. Es conveniente, pero no necesario, confesar los pecados veniales.

4) ¿Por qué el sacerdote impone alguna penitencia al penitente? Para reparar el daño causado por el pecado.

¿Cuáles son los frutos de la penitencia?

- Se reconcilia con Dios y recupera su gracia
- Se reconcilia con la Iglesia y con los hermanos
- la remisión de la pena eterna, merecida por los pecados mortales
- la remisión, al menos en parte, de las penas temporales
- la paz de la conciencia y consuelo espiritual
- se le aumentan las fuerzas para el combate cristiano

6) ¿Cuál es el medio ordinario en un cristiano para la reconciliación con Dios? La confesión individual e íntegra de los pecados graves seguida de la absolución es el único medio ordinario para la reconciliación con Dios y con la Iglesia.

7) ¿Qué bienes nos alcanzan las indulgencias? Mediante las indulgencias, los fieles pueden alcanzar para sí mismos y también para las almas del Purgatorio la remisión de las penas temporales, consecuencia de los pecados.

REFLEXIÓN:

1) *No debemos olvidar el sacramento de la confesión. Nos ayuda a mantener el sentido de pecado como ofensa a Dios Padre; y a vivir más la presencia amorosa de Dios en nuestro corazón.*
   El que tiene conciencia de pecado mortal no debe comulgar sin antes confesarse. La Biblia habla de pecados dignos de muerte y de que quienes los cometen no heredan el reino de los cielos. Es decir, que son mortales (cf Rm 1,24-32; Gálatas 5,19-21).
   Los sacerdotes no debemos huir de este ministerio. La Reconciliación, la Eucaristía y la Unción de los Enfermos son ministerios exclusivamente del presbítero, por voluntad de Jesucristo. Todo lo demás lo puede delegar en ciertos casos. Los fieles tienen derecho a pedir al sacerdote pastor estos servicios ministeriales. Por eso el Papa Juan Pablo II, nos manda dejar otras actividades, pero nunca estos ministerios estrictamente sacerdotales. En estos servicios, realizados con generosidad, el sacerdote encuentra la santidad. Sé de algunos que han hecho promesa de no rehuir de nadie que le pida la confesión. Es uno de los ministerios principales de la caridad pastoral.

2) *El sacramento de la penitencia o el acto penitencial pueden concluirse con la indulgencia plenaria en peligro de muerte, que otorgará el ministro, si es sacerdote, con una de las dos fórmulas siguientes:*

Ministro:
En nombre de nuestro Santo Padre el Papa... te concedo indulgencia plenaria y el perdón de todos los pecados. En el nombre del Padre y del Hijo y del Espíritu Santo.

Enfermo:
Amén

O bien esta otra:

Ministro:
Que Dios Todopoderoso, por la muerte y resurrección de Cristo, te perdone todas las penas de esta vida y de la otra, te abra las puertas del paraíso y te lleve a los gozos eternos.

Enfermo:
Amén

Los sacerdotes debemos tener en cuenta esta indulgencia plenaria en peligro de muerte, y los fieles para que se lo reclamen a ellos.

ACLAMACIONES:

1) *"Puríficame con el hisopo, Señor, y quedaré limpio. Anúnciame el gozo y la alegría" (Sal 51,9-10).*
2) *"Oh Dios, crea en mí un corazón puro, renuévame por dentro con el espíritu firme".*
3) *"Recuerda, Señor, que tu ternura y tu misericordia son eternas. No te acuerdes de mis pecados" (Sal 25,6).*
4) *"El Señor es bueno y recto y enseña el camino a los pecadores" (Sal 25,8)*
5) *"Dios mío, ten compasión de este pecador" (Lc 18,13).*
6) Dice Jesús: *"a quien mucho ama, mucho se le perdona. Tus pecados están perdonados. Vete en paz" (Lc 7,47-50).*
7) Declara Jesús: *"¿Ninguno te ha condenado? Tampoco yo te condeno. En adelante no vuelvas a pecar".*

Se puede recitar uno de los salmos penitenciales, ya referidos, 6, 32, 38, 51, 102, 130, 148.

Nota: *En los temas sobre la confesión o penitencia se puede recitar uno de los siete salmos penitenciales: 6; 32; 38; 51; 102; 130; 143.*

Canto: *Este es el día del Señor, este es el tiempo de la misericordia...*

EJEMPLOS:

1) *Refiere el P. Ladrón de Guevara que confesó a un enfermo apartado de la Iglesia desde hacía varios años, y después de absolverle, preguntaba el penitente: "Padre, ¿estoy absuelto...? ¿estoy perdonado...? ¿no tengo ningún pecado...? Deme un abrazo... ¡Qué satisfacción tan grande se siente cuando se ve uno libre de pecados! ¡Gracias a usted, padre mío! "¡Gracias a Dios, hijo mío!", le contestó el Padre.*

2) *El niño Guido de Fontgalland, después de su primera confesión, le decía a su madre: "Mamá, si vieras qué contento estoy!, yo quisiera que todos los hombres fueran tan dichosos como yo".*

3) La mística doctora de la Iglesia Santa Teresa de Jesús, en su elevada unión con Dios, dice que obtuvo del Señor conocer el destino inmediato de algunas personas que morían. De algunas conoció que iban a purificarse al purgatorio. Cuenta de una que fue condenada al infierno, y de otras que fueron directamente al cielo por haber aprovechado, antes de morir, las indulgencias (cf Vida Capt. XXXVIII, 24-32).

LA UNCIÓN DE LOS ENFERMOS

Anuncio:
"Con la sagrada unción de los enfermos y con la oración de los presbíteros, toda la Iglesia entera encomienda a los enfermos al Señor sufriente y glorificado para que los alivie y los salve. Incluso los anima a unirse libremente a la pasión y muerte de Cristo, y contribuir así al bien del Pueblo de Dios" (LG 11). (CIC 1499).

Lecturas:
1 Reyes 19,1 -8; Job 7,1 -11; Isaías 35,1 -10; Mateo 8,5-17; Mateo 26,36-46; Lc 24,1 -12; Santiago 5,10-15; 1 Corintios 5,1-10; Filipenses 2,25-30; Colosenses 1,22-29.

Con la enfermedad, el hombre experimenta su impotencia y su finitud. La enfermedad puede llevar a la angustia si no se suscita en el enfermo la fe y la resignación cristiana, unido a Jesucristo en la cruz.

Si se toma la enfermedad con madurez humana y con fe, el enfermo puede sacar mucho provecho humano y espiritual.

Entonces la enfermedad se convierte en medio de reflexión y camino de conversión (y de gran santidad).

EL SACRAMENTO DE LOS ENFERMOS
EL ENFERMO ANTE DIOS

El hombre del Antiguo Testamento ve su enfermedad de cara a Dios (cf Sal 38), y acude al Señor implorando su curación (cf Sal 6,3).

La enfermedad se convierte en camino de conversión (cf Sal 38,5), y el perdón de Dios inaugura la curación (cf Sal 32,5).

Israel experimenta que la enfermedad, de una forma misteriosa, se vincula al pecado y al mal. Pero la fidelidad de Dios le devuelve la vida: "Yo, el Señor, soy el que te sana" (Ex 15,26).

El profeta entrevé que el sufrimiento también puede tener un sentido redentor por los pecados de los demás (cf Is 53,11).

CRISTO MÉDICO

Lecturas: Isaías 53,1-12; Hechos 3,11-16; Hebreos 4,14-16; 5,7-9; Mateo 8,14; 8,5-17; 15,29-31.

Jesucristo vino a curar al hombre entero, alma y cuerpo (cf Mc 2,17). Él se identifica con los enfermos (cf Mt 25,36). "Él tomo nuestras flaquezas y cargó con nuestras enfermedades" (cf Mt 8,17; Isaías 53,4).

La Iglesia continúa llevando ese cariño, ese perdón, ese alivio, a los enfermos que sufren.

San Pablo nos enseña que hay que padecer algo (como miembros que somos de Cristo Cabeza, que tanto sufrió por nosotros).

La compasión de Cristo hacia los enfermos y las curaciones que hace son un signo de que "Dios ha visitado a su pueblo" (Lc 7,16).

Jesús no sólo tiene poder de curar, sino también de perdonar los pecados (cf Mc 2,5-12). Es el médico que los enfermos necesitan (cf Mc 2,17).

La compasión de Cristo le lleva a identificarse con los enfermos: "Estuve enfermo y me visitaron" (Mt 25,36). Ese amor y predilección de Cristo sigue, pues Él suscita en los cristianos la atención a los que sufren.

"SANEN A LOS ENFERMOS"

Cristo invita a sus discípulos a seguirle tomando a su vez su cruz (cf Mt 10,38). Así, da una nueva visión sobre la enfermedad y sobre los enfermos. Nos asocia a su vida pobre y humilde.

"En mi nombre impondrán las manos sobre los enfermos y se pondrán bien" (Mc 16,17-18). El Espíritu Santo da a algunos un carisma especial de curación (cf 1 Co 12, 9.28.30). Así se manifiesta la fuerza de la gracia del Resucitado.

Sin embargo, ni siquiera las oraciones más fervorosas obtienen la curación de todas las enfermedades.

Así el Señor enseñó a san Pablo que "mi gracia te basta, que mi fuerza se muestra perfecta en la flaqueza" (2 Co 12,9).

Y también le hace decir al mismo san Pablo: "Completo en mi carne lo que falta a las tribulaciones de Cristo, en favor de su cuerpo, que es la Iglesia" (Col 1,24).

UN SACRAMENTO DE LOS ENFERMOS

La Iglesia ha recibido del Señor la tarea de proporcionar cuidados a los enfermos, y de hacer oración por ellos.

La Iglesia apostólica tuvo un rito propio en favor de los enfermos, atestiguado por Santiago: "¿Está enfermo alguno de ustedes? Llame a los presbíteros de la Iglesia que oren sobre él y le unjan con óleo en el nombre del Señor. Y la oración de la fe salvará al enfermo, y el Señor hará que se levante, y si hubiera cometido pecados, le serán perdonados" (St 5, 14-15).

La Tradición ha reconocido en este rito uno de los siete sacramentos de la Iglesia (cf DS 216; 1324-1325; 1695-1696; 1716-1717).

La unción santa de los enfermos fue instituida por Cristo, como un sacramento. Fue insinuado por Marcos (cf Mc 6,13) y recomendado a los fieles y promulgado por Santiago apóstol y hermano del Señor (cf St 5,14-15; Cc de Trento OS 1695).

¿QUIÉN RECIBE ESTE SACRAMENTO?

En caso grave de enfermedad

La Unción de los enfermos "no es un sacramento sólo para aquellos que están a punto de morir. Por eso, se considera tiempo oportuno para recibirlo cuando el fiel empieza a estar en peligro de muerte por enfermedad o vejez" (SC 73; cf CIC can. 1004, 1; 1005; 1007; CCE0 can. 738).

Si un enfermo que recibió la unción recupera la salud, puede, en caso de nueva enfermedad grave, recibir de nuevo este sacramento. En el curso de la misma enfermedad, el sacramento puede ser reiterado si la enfermedad se agrava.

Es apropiado recibir la Unción de los Enfermos antes de una operación importante. Y esto mismo puede aplicarse a las personas de edad avanzada cuyas fuerzas se debilitan.

¿QUIÉN LO ADMINISTRA?

"...llame a los presbíteros de la Iglesia"

Los sacerdotes (obispos y presbíteros) son ministros de la Unción de los Enfermos (cf Cc. de Trento: DS 1697; 1719; CIC can. 1003; CCEO can. 739, 1). Es deber de los pastores instruir a los fieles sobre los beneficios de este sacramento. Los fieles deben animar a los enfermos a llamar al sacerdote para recibir este sacramento. Y que los enfermos se preparen para recibirlo en buenas disposiciones, con la ayuda de su pastor y de toda la comunidad eclesial, a la cual se invita a acompañar muy especialmente a los enfermos con sus oraciones y sus atenciones fraternas.

LA CELEBRACIÓN DEL SACRAMENTO

Se celebra de forma litúrgica y comunitaria (cf SC27). Puede ser en familia, en el hospital o en la iglesia; para un solo enfermo o para un grupo de enfermos.

Si las circunstancias lo permiten, la celebración debe ir precedida por el Sacramento de la Penitencia, y seguida del Sacramento de la Eucaristía.

En cuanto sacramento de la Pascua de Cristo, la Eucaristía debería ser siempre el último sacramento de la peregrinación terrenal: el "viático" para "el paso" a la vida eterna.

Efectos saludables de este sacramento

Lecturas: 2 Co 5,1-10; Ga 4,12-18; Flp 2,25-30; Mt 10,1-15.

Los frutos son:

- **Un don particular del Espíritu Santo: una gracia de consuelo, de paz y de ánimo para vencer las dificultades.**

- **Le renueva la fe y la confianza en Dios y le fortalece contra las tentaciones del maligno.**
- **La unión a la pasión de Cristo.** Recibe esa gracia y esa fuerza.
- **Una gracia eclesial**, contribuyen al bien del Pueblo de Dios (LG 11).
- **Una preparación para el último tránsito.**

El viático (la Eucaristía) ha de ser el último sacramento del cristiano (cf Jn 6,54)

PREGUNTAS:

1) *Repita el texto de Santiago 5,14-15.*

2) *¿Cuál es la finalidad de este sacramento? El Sacramento de la Unción de los enfermos tiene por fin conferir una gracia especial al cristiano que experimenta las dificultades inherentes al estado de enfermedad grave o de vejez.*

3) *¿Cuándo se debe recibir? Cuando el fiel empieza a encontrarse en peligro de muerte a causa de enfermedad o de vejez.*

4) *¿Quiénes son los ministros de este sacramento? Los obispos y presbíteros.*

5) *¿En qué consiste este sacramento? El sacramento de la Unción de los Enfermos consiste en la unción que hace el sacerdote en la frente y en las manos del enfermo con el óleo bendecido, y pronunciando la oración que pide la gracia especial de este sacramento.*

6) *¿Cuáles son sus frutos?*

-une al enfermo a la pasión de Jesucristo;
-le produce consuelo, paz y fortaleza;
-el perdón de los pecados, si no ha podido obtenerlo con el sacramento de la penitencia;
-le da la salud corporal, si le conviene, y le prepara para el paso a la vida eterna.

REFLEXIÓN:

En cada comunidad cristiana se debe tener un equipo de fieles formados que visiten los enfermos, les lean la palabra de Dios, sobre todo la pasión de Nuestro Señor Jesucristo, oren por ellos, y los preparen para la visita del presbítero.

Si un enfermo se agrava y no hay tiempo de llamar al presbítero, los fieles formados le deben recordar los misterios principales de la fe: Dios Padre, la Santísima Trinidad, Cristo que muere por nuestros pecados, etc. Se les mueve al arrepentimiento con la oración de contrición y que con confianza se entregue a la misericordia de Dios.

Pero el presbítero debe imitar el Buen Pastor, a Jesucristo, y dejar todo cuando se trata de un caso de emergencia, para ir a prestar al enfermo o al moribundo los últimos auxilios de la Iglesia. Es la última oportunidad que tiene esa persona para prepararse al encuentro con Dios. Además, es una forma de atraer a la Iglesia a muchas familias alejadas.

ACLAMACIONES:

1)   Jesús "tomó nuestras dolencias y cargó con nuestras enfermedades" (Mt 8,17).

2)   "Salía de él, de Jesús, una fuerza que curaba a todos" (Lc 6,19).

3)   Dice Jesús a sus apóstoles: "En mi nombre impondrán las manos sobre los enfermos y se pondrán bien" (Mc 16,17-18).

4)   "Completo en mi carne lo que falta a las tribulaciones de Cristo en favor de su cuerpo, que es la Iglesia" (Col 1,24).

5)   "Está enfermo alguno? Llame a los presbíteros de la Iglesia, que oren sobre él y lo unjan en nombre del Señor" (St 5,14).

Se pueden recitar algunos de los siguientes salmos: 6;25; 34; 86; 103.

Canto: *Él sana los enfermos...*

EJEMPLOS:

1) *Me contó un párroco en Nueva York, que una vez lo llamaron del hospital a medianoche para atender a una señora grave, a quien le faltaban pocas horas para morir. Ella, todavía consciente, le dijo: Excúseme la molestia, Padre, pero dentro de unos minutos me presentaré ante el Señor y deseaba que su ministro en la tierra me preparara para ese encuentro.*

2) *El P. Copella, sacerdote encargado de un distrito obrero de París, se encontraba en su lecho de muerte y había recibido ya la Unción de los Enfermos. Uno de sus coadjutores le anunció que cierto feligrés estaba a punto de muerte y se resistía a recibir los sacramentos. ¡Ay!, pobre de mí. Si yo pudiera ir, quizá se confesase conmigo. Seguramente sí, le dijeron; pues le recuerda. El P. Copella, a pesar de su extrema debilidad, mandó que le vistiesen y llevasen a la cabecera del enfermo. Apenas podía hablar. Amigo, le dijo. Los dos estamos a punto de morir para ir a Dios y hemos de hacer juntos el viaje. Anda confiésate conmigo. Así lo hizo. Seguidamente, aunque con dificultad, el sacerdote le dio la Unción de los Enfermos. Una hora después los dos eran difuntos.*

3) *Es un sacramento que produce paz en el enfermo y en los familiares. Algunos creen que si hablan al enfermo y a los familiares de este sacramento, se van a asustar. Y es todo lo contrario. Cuando un servidor cumplía 6 años de edad vio morir a su papá después de una larga enfermedad. Quedé como traumatizado, y sentía miedo y tristeza pensar que iba a ver morir a mi mamá. Pero fue un sufrimiento de imaginación, pues se le acercó la muerte a mi mamá, y un servidor le administró la Unción de los Enfermos; y fue uno de los momentos de mi vida que he sentido más consuelo y paz.*

45

EL SACRAMENTO DEL ORDEN

Anuncio:
"Te recomiendo que reavives el carisma de Dios que está en ti por la imposición de mis manos. Porque no nos dio el Señor el espíritu de timidez, sino de fortaleza, de caridad y de templanza" (2 Tim 1,6-7).

Lecturas:
Números 3,5-9; 11,11-25; Hechos 6,1-7; Hechos 20, 17-36; Efesios 4,1-13; 2 Timoteo 1,6-14; Tito 4,9; Hebreos 5,1-10; 1 Pedro 5,1-4; Mateo 10,1-5; Marcos 3,13-19; Lucas 10,1-12; Juan 10, 11-16; 17, 6-19.

EL SACERDOCIO DE LA ANTIGUA ALIANZA

Gracias al sacramento del orden, la misión confiada por Jesucristo a los apóstoles sigue siendo ejercida en la Iglesia hasta el final de los tiempos.

El pueblo elegido fue constituido por Dios "como un reino de sacerdotes y una nación consagrada" (Ex 19,6; cf Is 61,6).

Pero dentro del pueblo de Israel, Dios escogió una de las Tribus, la de Leví, para el servicio litúrgico (cf Nm 1,48-53).

Un rito propio consagró los orígenes del sacerdocio de la Antigua Alianza (cf Ex 29,1-30; Lv 8).

En ella, los sacerdotes fueron establecidos "para intervenir en favor de los hombres en lo que se refiere a Dios, para ofrecer dones y sacrificios por los pecados (Heb 5,1).

Son prefiguraciones del ministerio ordenado de la Nueva Alianza.

EL ÚNICO SACERDOCIO DE CRISTO

Las prefiguraciones del sacerdocio de la Antigua Alianza encuentran su cumplimiento en Cristo Jesús: "único mediador entre Dios y los hombres" (1 Tm 2, 5). También es prefigurado por Melquisedec, "sacerdote del Altísimo" (Gen 14,18).

El único sacerdocio de Cristo se hace presente en el sacerdocio ministerial de la Iglesia, pero "sigue siendo sólo Cristo el verdadero sacerdote; los demás son ministros suyos" (S. Tomás de A. Hb 7,4).

DOS MODOS DE PARTICIPAR EN EL ÚNICO SACERDOCIO DE CRISTO

Toda la comunidad de los creyentes es, como tal, sacerdotal. Los fieles ejercen su sacerdocio bautismal a través de su participación, cada uno según su vocación propia, en la misión de Cristo, Sacerdote, Profeta y Rey (cf Ap 1,6; 5,9-10; 1 P 2,9).

Por los sacramentos del Bautismo y de la Confirmación los fieles son "consagrados para ser ... un sacerdocio santo" (LG10).

EL SACERDOCIO MINISTERIAL

Hay una diferencia esencial entre el sacerdocio común de los fieles y el sacerdocio ministerial o jerárquico de los obispos y de los presbíteros. El sacerdocio común se realiza en el desarrollo de la gracia bautismal (vida de fe, esperanza y caridad, según el Espíritu).

En cambio, el sacerdocio ministerial está al servicio del sacerdocio común, en orden al desarrollo de la gracia bautismal de todos los cristianos.

EN LA PERSONA DE CRISTO CABEZA

En el servicio eclesial de los ministros ordenados es Cristo mismo quien está presente. Cristo está como Cabeza de su cuerpo, Pastor de su rebaño, sumo sacerdote del sacrificio redentor, maestro de la Verdad.

Es lo que quiere decir la Iglesia cuando expresa que el sacerdote, en virtud del Sacramento del Orden, actúa "in persona Christi Capitis" (actúa en la persona de Cristo Cabeza) (cf LG 10; 28; SC 33; PO 2,6).

Esto, especialmente por el ministerio ordenado de los obispos y presbíteros.

Esto no significa que estos ministros están exentos de las flaquezas humanas y del pecado.

"Esta función, que el Señor confió a los pastores de su pueblo, es un verdadero servicio" (LG 24).

Está completamente referido a Cristo y a los hombres. Depende totalmente de Cristo y de su sacerdocio único.

El pecado del ministro no impide el fruto de la gracia en los fieles que reciben los sacramentos (pues la eficacia procede de Cristo).

"EN NOMBRE DE TODA LA IGLESIA"

Los sacerdotes en su ministerio actúan también en nombre de toda la Iglesia, en la asamblea de los fieles, sobre todo cuando ofrecen el Sacrificio Eucarístico (cf LG 10).

Lo cual no quiere decir que sean delegados de la comunidad. Pues la oración y la ofrenda de la Iglesia son inseparables de la oración y la ofrenda de Cristo, su Cabeza.

Toda la Iglesia ora y se ofrece "por Él, con Él y en Él", en la unidad del Espíritu Santo, a Dios Padre.

LOS TRES GRADOS DEL SACRAMENTO DEL ORDEN

El ministerio eclesiástico instituido por Dios se ejerce en diversos órdenes: "obispos, presbíteros y diáconos" (LG 28).

En los dos primeros grados hay una participación ministerial del sacerdocio de Cristo: el episcopado y el presbiterado; pero no los diáconos, que están destinados a ayudarles y a servirles al obispo y al presbítero.

Pero los tres grados son conferidos por un acto sacramental, o sea, por el sacramento del Orden.

LA ORDENACIÓN EPISCOPAL, PLENITUD DEL SACRAMENTO DEL ORDEN

Ocupa el primer lugar el ministerio de los obispos, que a través de una sucesión se remonta hasta los apóstoles (cf LG20).

Para realizar estas funciones tan sublimes, Jesucristo envió al Espíritu Santo a los apóstoles.

Los apóstoles comunicaron ese don espiritual a sus colaboradores y sucesores, mediante la imposición de las manos. Ese don espiritual se ha transmitido hasta nosotros en la consagración de los obispos (cf LG 21).

Los obispos reciben la plenitud del sacramento del Orden (cf LG 21). Por eso los obispos, en forma eminente y visible, hacen las veces del mismo Cristo (CD2). Son sucesores de los apóstoles.

LA ORDENACIÓN DE LOS PRESBÍTEROS, COOPERADORES DE LOS OBISPOS

Los presbíteros son colaboradores de los obispos para realizar adecuadamente la misión apostólica confiada por Cristo (PO 2).

Los presbíteros, por estar unidos al Orden Episcopal, participan de la autoridad con la que el mismo Cristo construye, santifica y gobierna su cuerpo (que es la Iglesia).

Por eso los sacerdotes, por este sacramento, mediante la unción del Espíritu, quedan marcados con un carácter especial. Son verdaderos sacerdotes de la Nueva Alianza, aunque dependen de los obispos en el ejercicio de su ministerio (cf LG 28; PO 2).

LA ORDENACIÓN DE LOS DIÁCONOS "EN ORDEN AL MINISTERIO"

En el grado inferior de la jerarquía están los diáconos. Se les imponen las manos "para realizar un servicio, y no para ejercer el sacerdocio" (LG 29).

Participan de una manera especial en la misión y la gracia de Cristo (cf LG 41). Por el sacramento del Orden quedan marcados con un **sello** ("carácter") que no se borra.

Quedan configurados con Cristo, que se hizo "diácono", es decir, servidor de todos (cf Mc 10, 45; san Policarpo, ep. 5, 2).

LA CELEBRACIÓN DE ESTE SACRAMENTO
(véase No. 1572-1574)

EL MINISTRO DE ESTE SACRAMENTO

El sacramento del Orden es el sacramento del ministerio apostólico. Por eso, corresponde a los obispos, sucesores de los apóstoles, transmitir "el don espiritual" (LG 21); "la semilla apostólica" (LG 20).

Los obispos válidamente ordenados, que están en la línea de la sucesión apostólica, confieren válidamente los tres grados del sacramento del Orden (cf DS794 y 802).

¿QUIÉN PUEDE RECIBIR ESTE SACRAMENTO?
(cf CEC del n.1577-1580)

Nadie tiene **derecho** a recibir el sacramento del Orden; es llamado por Dios (cf Hb 5,4). Quien crea que es llamado, debe someter humildemente su deseo a la autoridad de la Iglesia. Como toda gracia, el Sacramento sólo puede ser **recibido** como un don inmerecido. En la Iglesia Latina, los obispos y sacerdotes son elegidos sólo entre los hombres creyentes que han recibido de Dios y guardan el carisma del **celibato** "por el Reino de los cielos" (Mt 19,12).

LOS EFECTOS
DE ESTE SACRAMENTO

- imprime un carácter indeleble mediante una gracia especial del Espíritu Santo; para ser configurado con Cristo Sacerdote, Maestro y Pastor.

- da una gracia de fortaleza especial para realizar este ministerio. (Puesto que en último término es Cristo quien actúa, la indignidad del ministro no le impide a Cristo actuar) (Cc de Trento DS 1612).

Dice san Agustín: "La virtud espiritual de los sacramentos es semejante a la luz: los que deben ser iluminados la reciben en su pureza, y si atraviesa seres manchados, no se mancha" (ev Jo 5,15).

San Gregorio Nacianceno dice a los que ejercen este ministerio: "Es preciso empezar por purificarse antes de purificar a los otros; es preciso ser instruido para poder instruir; es preciso ser luz para iluminar; acercarse a Dios, para acercarle a los demás; ser santificado, para santificar, conducir de la mano y aconsejar con inteligencia" (or 2,71).

El santo Cura de Ars añade: "Si se comprendiese bien al sacerdote en la tierra, se moriría, no de pavor, sino de amor. El sacerdote es el amor del Corazón de Jesús".

PREGUNTAS:

1) Refiera algunos pasajes del Nuevo Testamento donde se habla de la institución de los apóstoles, obispos, presbíteros y diáconos.

2) ¿De qué sacerdocio participan los fieles? Por el sacerdocio bautismal, participan de la misión de Cristo profeta, sacerdote y rey.

3) ¿Es diferente el sacerdocio ministerial? Sí; los ministros ordenados, por voluntad de Cristo, ejercen su servicio al Pueblo de Dios mediante la enseñanza, el culto divino y el gobierno pastoral.

4) ¿Cuántos grados hay en el Orden Sagrado? Tres grados: obispos, presbíteros y diáconos. Sin ellos no se puede hablar de Iglesia, dice san Ignacio Mártir, quien fue ordenado obispo por san Pedro.

5) ¿Quiénes son los obispos? Los obispos reciben la plenitud del Orden Sagrado y forman el Colegio Episcopal; son sucesores de los apóstoles, en unión con el Papa, sucesor de Pedro.

6) ¿Y los presbíteros? Están unidos a los obispos en la dignidad sacerdotal, y dependen de ellos en sus funciones pastorales.

7) ¿Y los diáconos? Son ministros ordenados para las tareas de servicio de la Iglesia. Tienen funciones importantes en el ministerio de la Palabra, del culto divino, del gobierno pastoral y del servicio de la caridad, tareas que deben cumplir bajo la autoridad del Obispo.

8) ¿Cuál es el rito esencial en la celebración de este sacramento? La imposición de las manos, seguida de una solemne oración consecratoria.

9) ¿Quién puede conferir el Orden Sagrado? Corresponde al Obispo conferir el Orden Sagrado en los tres grados.

ACLAMACIONES:

1) *"La cosecha es abundante y los obreros pocos. Pidan al Señor de la mies que envíe trabajadores a su mies" dice el Señor (Mt 9,38).*

2) Los bautizados somos *"Linaje escogido, sacerdocio real, nación consagrada para publicar las hazañas del que nos llamó de las tinieblas a su maravillosa luz" (1 P 2,9).*

3) *"Vayan al mundo entero y proclamen mi Evangelio. Yo estoy con ustedes todos los días, dice el Señor" (Mt 28,19-20).*

4) *"Te recomiendo que reavives la gracia de Dios que está en ti por la imposición de mis manos" (1 Tm 1,6).*

5) Jesús, Sumo y Eterno Sacerdote, envía muchos y santos sacerdotes a tu Iglesia.

Se puede recitar parte de los salmos 88, 89, 110.

Canto: *Tú, has venido a la orilla...*

EJEMPLOS:

1) *Dos jóvenes esposos colocaron en la basílica de Lourdes un corazón encarnado con esta inscripción:* "Nosotros, N. y N. damos gracias a Nuestra Señora de Lourdes por el nacimiento de nuestro primogénito N., lo ponemos bajo su poderosa protección y nos comprometemos solemnemente a no oponernos a la vocación sacerdotal o religiosa de este niño, si Dios nos honra llamándole a su servicio".

2) *Santa Teresita del Niño Jesús escribe en su Autobiografía:* "En el espacio de un mes traté a muchos santos sacerdotes, entonces vi que si su dignidad sublime los eleva sobre los ángeles, no por eso dejan de ser hombres débiles y frágiles. Por tanto, si sacerdotes santos, a quienes llama Jesús en el Evangelio "sal de la tierra", muestran que tienen necesidad de oraciones, ¡qué diremos de los tibios! ¿Por ventura no son también de Jesús aquellas palabras: "Si la sal se vuelve sosa, ¿con qué se sazonará? "En el solemne examen que precedió a mi profesión, declaré que vine al Carmen para salvar almas, y sobre todo para rogar por los sacerdotes..."

Nota: Así como los sacerdotes oran y deben orar por sus fieles, también los fieles deben orar por la fidelidad y perseverancia de los sacerdotes, y para que el Señor suscite buenas vocaciones y nos ayude a formarlas conforme a su Divino Corazón.

Las familias cristianas deben apoyar todas las vocaciones, educando a sus hijos en un auténtico amor, preparándolos para ser buenos esposos y buenos padres de familia, y apreciando también las posibles vocaciones al sacerdocio y a la vida consagrada.

REFLEXIÓN:

¡ES LA HORA DE LOS LAICOS!

Lamentamos la escasez de sacerdotes y de personas de vida consagrada. Y con razón. Por eso debemos orar y tratar de promover esas vocaciones. Hay que llevar a cabo tantas obras apostólicas y sociales en las comunidades y en los barrios. Pero muchas veces en la práctica olvidamos que "toda la comunidad de creyentes es, como tal, sacerdotal. Los fieles ejercen su sacerdocio bautismal a través de su participación, cada uno según su vocación propia, en la misión de Cristo Sacerdote, Profeta y Rey" (CEC n. 1546; cf LG 10).

La Iglesia Católica tiene el peligro de perder muchos de sus miembros por dejar barrios y vecindarios pastoralmente abandonados o muy precariamente atendidos.

La Iglesia en busca de los alejados

Todavía hace falta que muchos sacerdotes se animen a aprovechar más a los laicos: orientándolos y ayudándolos a formarse, poniéndoles a trabajar y coordinando el trabajo. Con jornadas de estudio y con días de retiro los apóstoles laicos se van formando bien. Hay que imprimirles espíritu misionero dentro de la misma Iglesia Local.

No hay que sentarse a esperar que los alejados vengan a la Iglesia. Es la Iglesia quien debe ir a ellos. Esto es fácil hacerlo sectorizando la parroquia y con la pastoral de edificios (o visitas apostólicas a las casas) por medio de los laicos(as) formados, bajo la dirección y estímulo de los párrocos.

El Documento de Santo Domingo nos pide renovar en las parroquias la capacidad de acogida y su dinamismo misionero con los fieles alejados (cf No. 58-63; 155-263).

Así también las vivencias cristianas de fe, de culto, y de fraternidad se viven en esas pequeñas comunidades o sectores parroquiales. Sobre todo la hermandad y solidaridad.

"¡Ojalá todo el pueblo de Dios fuera profeta!"

El no aprovechar estas fuerzas vivas de los laicos(as), en muchos casos puede suponer desconocimiento práctico del valor de estos recursos apostólicos, o cierta pereza en orden a prepararlos y organizarlos, o en el subconsciente cierto celo egoísta sutil, como se revela en los mismos casos bíblicos aducidos.

Meditemos en la actitud de Moisés: "¡Ojalá todo el pueblo de Dios fuera profeta!" (Nm 11,29) y en la del mismo Jesús: "No se lo impidan. El que no está contra nosotros está a favor nuestro" (Mc 9,39-40).

Son florecientes las parroquias y diócesis donde se forma bien a los laicos(as) con cursos bíblicos y con catequesis permanente y se les ayuda a vivir su vocación bautismal, como miembros vivos y dinámicos de la misma Iglesia. ¡Es la hora de los laicos!

Para todo eso hay que orar mucho, pues es en la oración donde el Espíritu Santo infunde el amor, el celo apostólico. Es en la oración donde ese divino Espíritu "enciende la llama del amor" (cf Hch 1,8).

46

EL SACRAMENTO DEL MATRIMONIO

Anuncio:
"Al principio de la creación, Dios los creó hombre y mujer. Por eso abandonará el hombre a su padre y a su madre y se unirá a su mujer, y serán los dos una sola carne. Lo que Dios ha unido que no lo separe el hombre" (Mc 10, 6-9).

Lecturas:
Génesis 1,26-31; Tobías 7,9-17; Eclesiástico 26, 1-21; 1 Corintios 13,1-10; 1 Pedro 3,1-9; 1 Juan 4,7-12; Mateo 5,13-16; Mateo 19,3-6; Juan 2,1-11; Juan 17, 20-26.

Aspectos fundamentales

1) Hay que presentar el matrimonio como una verdadera vocación en el designio de Dios. Dios llama a la pareja humana a ser su colaboradora en transmitir la vida y el amor a otros seres humanos.

2) Herido este proyecto de Dios por el pecado del hombre, el egoísmo, Jesucristo viene a restablecerlo, a sanearlo, y lo eleva a la categoría de sacramento. En este sacramento la pareja cristiana encuentra la gracia y la fuerza para cumplir su misión de esposos y padres de familia.

EL MATRIMONIO EN EL PROYECTO DE DIOS

La Sagrada Escritura empieza con el relato de la creación del hombre y de la mujer, a imagen y semejanza de Dios (Gn 1, 26-27), y termina con la visión de las "bodas del Cordero" (Ap 19,7.9).

Desde el comienzo hasta el final, la Escritura habla del matrimonio y de su "misterio". Habla de su institución y del sentido que Dios le dio.

El matrimonio y su vínculo sagrado no dependen del arbitrio del hombre. El matrimonio no es una institución puramente humana. El mismo Dios es el autor del matrimonio (cf GS 48,1).

Muchos no ven con claridad la dignidad del matrimonio (ni la respetan), pero en todas las culturas existe un cierto sentido de la grandeza de la unión matrimonial.

La salvación de la persona y de la sociedad está ligada a la familia (bien establecida y organizada) (cf GS 47,1).

Dios es amor (cf 1 Jn 4,8.16). El amor mutuo entre el hombre y la mujer se convierte en imagen del amor de Dios.

EL MATRIMONIO BAJO LA ESCLAVITUD DEL PECADO

Vivimos la experiencia del mal. Esta experiencia toca también las relaciones entre el hombre y la mujer. Se revela en las discordias, el afán de dominar, las infidelidades, los celos y conflictos.

Pero estos males pueden ser más o menos superados. Todo esto tiene su origen en el pecado.

El pecado es ruptura con Dios. Y eso tiene como consecuencia la ruptura de la comunión original entre el hombre y la mujer (cf Gn 2,22; 3,12; 3,16).

Para sanar las heridas del pecado, el hombre y la mujer necesitan la ayuda de la gracia de Dios. Su misericordia infinita jamás se la ha negado (cf Gn 3,21).

EL MATRIMONIO EN LA PEDAGOGÍA DE LA ANTIGUA LEY

El matrimonio (vida entre el hombre y la mujer) ayuda a no encerrarse en sí mismo y a abrirse al otro, a la ayuda mutua, al don de sí. Ya en la Antigua Ley se desarrolló la conciencia moral relativa a la estabilidad e indisolubilidad del matrimonio (los dos unidos en forma estable y definitiva).

La Ley dada por Moisés se orienta a proteger a la mujer contra el dominio arbitrario del hombre (cf Mt 19, 8; Dt 24, 1). Aunque también ella lleva, según la palabra del Señor, las huellas de "la dureza de corazón" (Mt 19,8; Dt 24,1).

Los profetas fueron preparando la conciencia del pueblo elegido para una comprensión más profunda del matrimonio, con respeto a su unidad e indisolubilidad.

Esto, sobre todo, al exponer la Alianza de Dios con Israel bajo la imagen de un amor conyugal exclusivo y fiel (cf Ml 2, 13-17; Os 1-3; Is 54.62; Jr 2-3.31; Ez 16,62;23).

EL MATRIMONIO EN EL SEÑOR

La alianza nupcial entre Dios y su pueblo Israel había preparado la nueva y eterna alianza mediante la que el Hijo de Dios, encarnándose y dando su vida, se unió en cierta manera con toda la humanidad salvada por Él (cf GS 22), preparando así "las bodas del Cordero" (Ap 19, 7.9).

Jesús hizo su primer milagro en un banquete de bodas (cf Jn 2,1-11). La Iglesia da mucha importancia a la presencia del Señor en las bodas de Caná.

Lo ve como un anuncio de que en adelante el matrimonio será un signo eficaz de la presencia de Cristo.

En su predicación, Jesús enseñó con toda claridad que la unión del hombre y la mujer tenía que ser como Dios Creador lo estableció al comienzo, es decir, uno e indisoluble. "Lo que Dios unió que no lo separe el hombre" (Mt 19,6).

Esto puede aparecer como algo imposible al ser humano (cf Mt 19,10). Pero no es así. Jesús vino a restablecer el orden perturbado por el pecado. Además, Él da la fuerza y la gracia para vivir el matrimonio, como un fruto de la cruz del mismo Cristo, fuente de toda la vida humana. (Pero los esposos tienen que buscar esa gracia y esa fuerza en el mismo Cristo, por medio de la oración y los sacramentos).

Toda la vida cristiana está marcada por el amor esponsal de Cristo y de la Iglesia. El Bautismo es como el baño de bodas (cf Ef 5,26-27) que precede al banquete de bodas, que es la Eucaristía.

El matrimonio cristiano viene a ser signo eficaz, sacramento de la alianza de Cristo y de la Iglesia (cf DS 1800; can.1055,2).

LA VIRGINIDAD POR EL REINO DE DIOS

Cristo es el centro de la vida cristiana.

El vínculo que nos une con Él ocupa el primer lugar entre los demás vínculos familiares y sociales (cf Lc 14,26; Mc 10,28-31).

Así se explica cómo desde los comienzos de la Iglesia ha habido hombres y mujeres que han renunciado al gran bien del matrimonio:

- para seguir al Cordero (Cristo), dondequiera que vaya (cf Ap 14,4);

- para ocuparse de las cosas del Señor y agradarle (cf 1 Co 7,32);

- para ir al encuentro del esposo (Cristo) que viene (cf Mt 25,6);

Jesucristo invita a algunos a seguirle de este modo (cf Mt 19,12).

La virginidad (o celibato) por el Reino de los cielos es un desarrollo de la gracia bautismal.

Es un signo de la ardiente espera del retorno del Señor. Y nos recuerda que el matrimonio es una realidad que manifiesta el carácter pasajero de este mundo (cf 1 Co 7,31; Mc 12,25).

Estas dos realidades, el sacramento del matrimonio y el celibato por el reino de los cielos, vienen del mismo Señor (ambas cosas son dones del Señor).

La estima de la virginidad por el Reino de Dios y el sentido cristiano del matrimonio son inseparables y se apoyan mutuamente (cf LG 42; DC 12; OTIO.

LA CELEBRACIÓN DEL MATRIMONIO

Es conveniente que los esposos sellen su consentimiento en darse el uno al otro en el Sacrificio Eucarístico (la Santa Misa). En ella, la Santa Misa, se realiza el memorial de la nueva alianza en que Cristo se une a la Iglesia, su esposa amada por la que se entregó (cf LG 6).
También conviene que los futuros esposos se dispongan a la celebración de su matrimonio recibiendo el sacramento de la Penitencia.
Las diversas liturgias son ricas en oraciones de bendición sobre la nueva pareja.
El Espíritu Santo es el sello de la alianza de los esposos, la fuente siempre generosa de su amor, la fuerza con que se renueva su fidelidad.

PREGUNTAS:

1) ¿Qué dice san Pablo sobre el matrimonio? "Maridos, amen a sus mujeres como Cristo amó a su Iglesia... Gran misterio es éste, lo digo con respeto a Cristo y a la Iglesia" (Ef 5,25.32).

2) ¿Qué es el matrimonio cristiano? Es una alianza por la que un hombre y una mujer forman una íntima comunidad de vida y de amor, respetando sus leyes propias dadas por el Creador.

3) ¿Cuál es el fin del matrimonio? El bien de los cónyuges, así como la generación y educación de los hijos. Entre bautizados, el matrimonio es elevado por Jesucristo a la dignidad de sacramento (cf GS 48, 1; Can 1055,1).

4) ¿Qué significa y da el matrimonio cristiano? Significa la unión de Cristo con la Iglesia. Da a los esposos la gracia de amarse con el amor con que Cristo amó a su Iglesia, y les da fuerza para cumplir con sus deberes de esposos y de padres de familia (cf DS 1799).

REFLEXIÓN:

Insistimos en la necesidad de educar a los adolescentes y jóvenes en el verdadero amor y en la dignidad del matrimonio. Siendo una vocación tan delicada, no se puede tomar a la ligera. El abuso del sexo trae consecuencias graves. El verdadero amor sabe esperar y no se prostituye. Para llegar a un amor maduro entre esposos, se debe aprender a aceptar algunas veces los sacrificios y renuncias al placer propio, en aras del mismo amor. Buscar el placer en formas indebidas es falsificar el mismo amor.

Para todo eso hay que preparar diversos equipos que orienten y ayuden a los jóvenes antes del matrimonio, y a las nuevas parejas, así como a las que pasan por alguna crisis.

El primer esfuerzo y obligación de los esposos es salvar la pareja, salvar su unión matrimonial. Para eso tienen que disponerse seriamente a cultivar la unión y a deshacer todo obstáculo que la impidan, sea en ellos o en personas o circunstancias que les afectan, además de asumir los sacrificios que supone mantener esa unión. Jesucristo les ofrece el apoyo y la gracia con la lectura de la palabra de Dios, la oración y los sacramentos.

ACLAMACIONES:

1) Bendigo al Señor en todo momento, su alabanza está siempre en mi boca" *(Sal 33).*

2) *"Como un padre siente ternura por sus hijos, siente el Señor ternura por sus fieles" (Sal 102).*

3) *"Jóvenes y doncellas; viejos y niños, alaben el nombre del Señor" (Sal 148).*

4) *"Quien permanece en el amor, permanece en Dios y Dios en él"* (1 Jn 4,16).

Salmos 33, 34, 103

Canto: *El amor (Perales)*

EJEMPLO:

Hace algún tiempo, en la víspera de los Santos Reyes, un sacerdote preguntaba a unos niños pequeños qué deseaban que les trajeran los Santos Reyes.

Una niña de cinco años respondió: Quiero que me traigan un papá. Esto ha de cuestionar a muchos hombres que no se someten a la misión y responsabilidad de un único hogar, de una sola familia y dejan su propio hogar, o tienen hijos fuera de él. Con eso hieren el proyecto de Dios y hacen daño a sus hijos. Lo mismo podemos decir de la madre, si ella es la causa de tener esos hijos sin un padre responsable.

EL CONSENTIMIENTO MATRIMONIAL Y LA GRACIA DEL SACRAMENTO

Anuncio:
El verdadero amor "es paciente, es afable, no tiene envidia, no es grosero, ni busca lo suyo, no simpatiza con la injusticia".
El verdadero amor "sabe disculpar, confía siempre, aguanta siempre, siempre espera" (1 Co 13,4-7)

Lecturas:
Génesis 2,18-24; Tobías 8,5-10; Jeremías 31,31-34; Efesios 5,2.21-33; 1 Juan 3,18-24; Apocalipsis 19,1-9; Mateo 7,21-29; Marcos 10,6-9; Juan 15,12-16.

EL CONSENTIMIENTO MATRIMONIAL

Los protagonistas de la alianza matrimonial son un hombre y una mujer bautizados, libres para contraer el matrimonio y que, expresan libremente su consentimiento.

"Ser libre" quiere decir: no obrar por coacción; y no estar impedido por una ley natural o eclesiástica.

La Iglesia considera el intercambio de los consentimientos entre los esposos como el elemento indispensable "que hace el matrimonio" (CIC can. 1057, 1). Si el consentimiento falta, no hay matrimonio.

El consentimiento consiste en "un acto humano, por el cual los esposos se dan y se reciben mutuamente" (GS 48, 1; cf CIC, can. 1057, 2): "Yo te recibo como esposa", "Yo te recibo como esposo" (OcM 45). Este consentimiento que une a los esposos entre sí encuentra su plenitud en el hecho de que los dos "vienen a ser una sola carne" (cf Gn 2, 24; Mc 10, 8; Ef 5, 31).

El consentimiento debe ser un acto de la voluntad de cada uno de los contrayentes, libre de violencia o de temor grave externo (cf CIC can. 1103). Ningún poder humano puede reemplazar este consentimiento (CIC can. 1057, 1). Si esta libertad falta, el matrimonio es inválido.

Si faltó pleno consentimiento en los dos o en uno de los dos, el tribunal competente de la Iglesia puede estudiar el caso y declararlo **inválido**, por esta o por otras razones que lo hacen nulo, es decir, se declara que no existió tal matrimonio (cf CIC can 1095-1107). En estos casos los esposos quedan libres para casarse, aunque deben cumplir las obligaciones naturales nacidas de la unión anterior (cf can 1071).

(La mera falta de fidelidad o el adulterio no son causa suficiente para declarar nulo el matrimonio, ni el que lleven muchos años separados).

LA FORMA ECLESIÁSTICA

El sacerdote (o el diácono) que asiste a la celebración del matrimonio, recibe el consentimiento de los esposos en nombre de la Iglesia y da la bendición de la Iglesia. La presencia del ministro de la Iglesia (y también de los testigos) expresa visiblemente que el matrimonio es una realidad eclesial.

La Iglesia exige ordinariamente esta **forma eclesiástica** de la celebración del matrimonio (para la validez) (Cc de Trento, DS 1813-1816; Can 1108)

1) porque es un acto litúrgico;
2) porque crea derechos y deberes dentro de la misma Iglesia
3) es un estado de vida dentro de la Iglesia. Por eso, exige certeza de su celebración; y de ahí la obligación de tener testigos;
4) porque el carácter público del "sí" una vez dado, exige protección.

LOS MATRIMONIOS MIXTOS Y DISPARIDAD DE CULTO

Hay casos de matrimonios mixtos (entre católico y otro bautizado no católico), o con disparidad de culto (entre católico y no bautizado), pero exigen una atención especial de los cónyuges y de los pastores.

La diferencia de religión entre los cónyuges no es un obstáculo insuperable cuando cada uno vive su fidelidad a Cristo y (saben entenderse y respetarse), pero hay que reconocer que pueden surgir (serias) dificultades. Corren el peligro de vivir en el hogar el drama de la desunión de los cristianos. Cuando se trata de disparidad de culto, las dificultades se agravan. (La Iglesia católica analiza estos casos antes de permitir su celebración) (cf n. 1633-1637).

De ahí que es de primera importancia **la preparación para el matrimonio**.

LA PREPARACIÓN PARA EL MATRIMONIO

El ejemplo y la enseñanza dados por los papás y las familias (a sus hijos) es el camino privilegiado para esta preparación al matrimonio.

Es indispensable el papel de los pastores y de la comunidad cristiana, "como familia de Dios", en transmitir los valores humanos y cristianos del matrimonio y de la familia (can. 1063).

Sobre todo ahora, en que muchos jóvenes conocen la experiencia de hogares rotos.

Los jóvenes deben ser instruidos adecuada y oportunamente sobre la dignidad, tareas y ejercicio del amor conyugal, sobre todo en el seno de la misma familia, para que, educados en el cultivo de la castidad, puedan pasar, a la edad conveniente, de un honesto noviazgo vivido, al matrimonio (GS 49, 3).

(El sexo y el matrimonio son un proyecto divino del cual no se debe abusar. El verdadero amor sabe esperar. No se debe ir al matrimonio a tontas y a locas. Los mismos esposos, y sobre todo los hijos, pagarán las graves consecuencias. Hay que usar la cabeza y saber elegir bien la persona con quien se va a unir para toda la vida).

Los efectos del Sacramento del Matrimonio

a) **El vínculo matrimonial**

Del matrimonio válido se origina entre los cónyuges un **vínculo** perpetuo y exclusivo; y los esposos son fortalecidos y consagrados por un **sacramento peculiar** para los deberes y la dignidad de su estado (Can 1134).

Esa unión indisoluble (perpetua) es sellada por el mismo Dios (cf Mc 10,9). La Iglesia no tiene poder para pronunciarse contra esta disposición de la sabiduría divina (cf Can 11,41). (Por eso, la Iglesia nunca concede el divorcio. Sólo, en algunos casos, declara nulo, que no ha existido un matrimonio, por haberse celebrado sin verdadero consentimiento o con algún impedimento invalidante).

b) **la gracia del sacramento**

Los esposos reciben una gracia especial destinada a perfeccionar el amor de los cónyuges y a fortalecer su unidad indisoluble.

Jesucristo sale al encuentro de los esposos cristianos, y mediante este sacramento del matrimonio permanece con ellos.

Jesucristo les da la fuerza para seguirle, tomando su cruz; levantarse después de las caídas, perdonarse mutuamente, y llevar unos las cargas de los otros (cf Ga 6,2; Ef 5,21).

En las alegrías de su amor y de su vida familiar el Señor les da, ya aquí, un gusto anticipado del banquete de la bodas del Cordero.

BIENES Y EXIGENCIAS
DE LA VIDA CONYUGAL

El amor conyugal debe llevar a los esposos a no tener más que un solo corazón y una sola alma.

Su donación recíproca exige que (guarden) la indisolubilidad y la fidelidad entre sí, y que estén abiertos a la **fecundidad** (cf FC 13; Mt 19,6; Gn 2,24).

La poligamia (o andar con otras mujeres o con otros hombres), es contraria a la igual dignidad de uno y de otro y ofende al amor conyugal, que es único y exclusivo.

Por el sacramento del matrimonio los esposos deben representar y testimoniar la fidelidad de Dios a su alianza; de Cristo a su Iglesia.

Con todo, puede haber situaciones difíciles para la convivencia matrimonial. En esos casos extremos la Iglesia admite la **separación** física de los esposos. Pero siguen siendo esposos delante de Dios, no pueden contraer otra nueva unión, y deben continuar poniendo todos los medios para la reconciliación. La comunidad está llamada a ayudar a estas parejas (cf CIC. Can. 1151-1155).

Algunos recurren al **divorcio** civil para contraer otras uniones civiles. Pero la Iglesia se mantiene fiel a la palabra de Jesucristo: "Quien repudie a su mujer y se case con otra, comete adulterio contra aquella; y si ella repudia a su marido y se casa con otro, comete adulterio" (Mc 10,11-12).

Si los divorciados se vuelven a casar civilmente, contradicen a la ley de Dios, por lo cual no pueden acceder a la comunión eucarística ni ejercer ciertas responsabilidades eclesiales. Asimismo el sacramento de la reconciliación, mientras persista esta situación.

Pero por eso no se deben considerar separados de la Iglesia, en cuya vida pueden y deben participar como bautizados, y educar cristianamente a sus hijos.

Estas parejas, escuchando la palabra de Dios, frecuentando el sacrificio de la misa, perseverando en la oración y haciendo obras de caridad y de justicia, imploran de este modo, día a día, la gracia de Dios (cf F.C. 84). (Dios les irá abriendo el camino para resolver el problema. "Lo que es imposible al hombre, es posible a Dios)" (Mt 19,26).

LA APERTURA A LA FECUNDIDAD

Los hijos son el don más excelente del matrimonio, y contribuyen mucho al bien de los mismos padres (cf GS 48,1; 50,1).

Los padres son los primeros y principales educadores de sus hijos (cf GE3).

La comunidad cristiana debe ayudarlos (Para eso, en cada parroquia se deben preparar parejas buenas que orienten y asesoren a las demás).

LA IGLESIA DOMÉSTICA

Cristo quiso nacer y crecer en el seno de la Sagrada Familia de José y de María. La Iglesia no es otra cosa que la "familia de Dios".

Desde sus orígenes, el núcleo de la Iglesia estaba a menudo constituido por los que, "con toda su casa", habían llegado a ser creyentes (cf Hch 18, 8). Cuando se convertían deseaban también que se salvase "toda su casa" (cf Hch 16, 31 y 11, 14).

Estas familias convertidas eran islotes de vida cristiana en un mundo no creyente.

Hay que tener en cuenta esto hoy día, en un mundo frecuentemente extraño, incluso hostil a la fe.

Los padres de familia deben ser los primeros evangelizadores y catequistas de sus hijos, con la palabra y con el ejemplo.

PREGUNTAS:

1) ¿En qué se funda el matrimonio? Se funda en el consentimiento de los cónyuges; es decir, en la voluntad de darse mutua y definitivamente para vivir una alianza de amor fiel y fecundo.

2) ¿Cómo ha de ser la celebración del matrimonio cristiano? Ya que el matrimonio establece a los cónyuges en un estado público de vida en la Iglesia, ordinariamente la celebración se ha de hacer en forma pública, en un acto litúrgico, ante el sacerdote (o el testigo cualificado de la Iglesia), los testigos y la asamblea de fieles.

3) ¿Cuáles son las cualidades esenciales del matrimonio? La unidad (un solo hombre con una sola mujer), la indisolubilidad (unión perpetua), y la apertura a la fecundidad. La poligamia hiere la unidad del matrimonio; el divorcio pretende separar lo que Dios ha unido, y el rechazo de la fecundidad priva del "don más excelente": el hijo (cf GS 50,1).

4) ¿Y los divorciados que contraen nuevo matrimonio? Si el primer matrimonio fue válido y sacramento, contradicen el plan y la ley de Dios, como Jesucristo lo enseña.

Los que están en esa situación no están separados de la Iglesia, pero no pueden acceder a la comunión eucarística. En lo demás, pueden y deben vivir su vida cristiana y educar sus hijos en la fe (Deben orar con confianza a Dios para que les abra el camino. Pueden hacer la comunión espiritual o de deseo).

5) ¿Cómo se llama el hogar cristiano? Se llama "Iglesia doméstica". En él los hijos deben recibir el primer anuncio de la fe; debe ser casa de gracia y de oración y escuela de virtudes humanas y cristianas.

ACLAMACIONES:

1) *"Dichoso el que teme al Señor y ama de corazón sus mandatos" (Sal 112).*

2) *"La descendencia del justo será bendita" (Sal 112).*

3) *"Bendito eres, Dios de nuestros padres. Tu creaste a Adán y a Eva su mujer: de los dos nació la raza humana. Apiádate de los que se unen en matrimonio".*

4) *"Cuando llegó Sara, mujer de su hijo, Tobías la bendijo así: ¡Bienvenida, hija! Bendito sea tu Dios que te ha traído aquí!" (Tb 11,17).*

5) *"Dios es amor. Amémonos unos a otros, como Dios nos ha amado" (1 Jn 4,8.11).*

Salmos: 128, 145, 149.

Canto: Amor es vida...

EJEMPLO:

Mons. Versiglia, Vicario Apostólico de Sin-Chow, refiere de una joven cristiana china que había prometido casarse con un pagano. Mas al recibir la confirmación se percató del peligro a que expondría su fe con aquel matrimonio, y propuso en su corazón que jamás consentiría en ello. Le decía al misionero: "Mire, Padre mio: "estoy tan firme en esta mi resolución, que antes de ceder, me dejaría cortar la cabeza". El Padre habló con el novio, quien al principio quedó consternado, pero después, admirando la virtud de la joven, decidió hacerse también católico y se casó con ella. (L. GENTILE).

REFLEXIÓN:

**Pastoral con los amancebados y con los
divorciados y vueltos a casar**

1) *Sobre la pastoral con las parejas ya unidas y con los casados sólo civilmente, que no han recibido el sacramento del matrimonio,*

hablamos con frecuencia en nuestras notas al Catecismo de la Iglesia Católica. Muchos son estables, pero no están suficientemente evangelizados sobre el sacramento del matrimonio. De ahí la necesidad de un equipo permanente en la parroquia que oriente y catequice a estas parejas. Estas parejas y los casados sólo civilmente no pueden recibir la Eucaristía hasta tanto no celebren el sacramento de su matrimonio cristiano.

2) **Pastoral con los divorciados y vueltos a casar**

La Iglesia se preocupa de los divorciados y vueltos a casar y les da seguimiento pastoral. Mientras dure esa situación deben abstenerse de recibir la comunión, pero siguen siendo hijos de la Iglesia y pueden y deben participar de tantos otros bienes y obras de la misma Iglesia; y también deben hacer la comunión espiritual o de deseo.

Las razones por las que no pueden recibir el sacramento de la Eucaristía, mientras persista esa situación son las siguientes:
1) Están en situación que contradice objetiva y gravemente la ley de Dios;
2) Si se les permite, cae por tierra el principio de indisolubilidad del matrimonio, principio que enseñó Jesucristo con severidad y gravedad;
3) Los cristianos unidos en matrimonio deben representar la unión esponsal entre Cristo y la Iglesia, y esa unión fiel y estable está rota en los divorciados y vueltos a casar.

La auténtica comprensión no está separada de la verdad. Tanto los que se hallan en esa situación irregular como los sacerdotes, debemos ser conscientes de que la auténtica comprensión y la genuina misericordia no están separadas de la verdad.

No es que la Iglesia los discrimine. Son problemas de situaciones reales, en que la Iglesia no tiene poder para dispensar. Así siempre lo ha enseñado la Iglesia, fundada en la Sagrada Escritura.

Pero recordemos:

1. Esos fieles pueden y deben participar de la celebración de la Palabra de Dios, deben participar de la misa y de las demás celebraciones religiosas y ayudar en muchas de las actividades y obras de la Iglesia. Eso les va abriendo el camino a la solución del problema. "Todo es posible al que cree" (Mc 9,23), con la oración humilde, confiada y perseverante.

2. *En muchos casos se debe acudir al Tribunal Eclesiástico, a ver si es posible estudiar la nulidad del matrimonio, si hay base para ello. Son cosas distintas, divorcio y declaración de nulidad. En el caso de nulidad no existió verdadero matrimonio.*

3. *Si están arrepentidos de haber violado el signo de la Alianza y de la fidelidad a Cristo, y no pueden separarse por motivos serios -como, por ejemplo, la educación de los hijos-, pero asumen el compromiso de no vivir maritalmente (separados, al menos de cama), previa confesión sacramental, pueden recibir la comunión. Pero hay obligación de evitar el escándalo. Para eso es mejor la consulta con el obispo del lugar (cf F.C. n. 84).*

4. *Estos casos lamentables nos han de llevar a pensar una vez más en la necesidad de no ir al matrimonio a la ligera, a reflexionar al elegir el cónyuge con quien se va a compartir toda la vida (el noviazgo no es para divertirse, sino para conocerse bien y decidir con verdadero discernimiento).*

Ir al matrimonio con responsabilidad

En fin, insistimos en la necesidad de tomar conciencia de lo que es el matrimonio: un regalo de Dios y una misión que cumplir; y para eso estar conscientes de la obligación de prepararse antes. Tristemente, muchos creen que esa preparación sólo se refiere a las cosas materiales, incluso celebraciones pomposas. Pero si no se han educado humana y cristianamente para esa sublime vocación de esposo(a) y de padre o madre, luego esa unión conyugal se quiebra.

Lo mejor es adaptarse al proyecto de Dios con la pareja humana. Sacrificar los caprichos y frenar las pasiones en aras del verdadero amor y de una familia unida y en paz.

Sabemos que hay casos imprevisibles en que los papás y los novios hacen lo que está a su alcance, y luego hay motivos graves para separarse. Las parejas cristianas deben elevar su nivel de fe y recordar que tenemos que aceptar las astillas de la cruz de Cristo en nuestras vidas. Si nos acercamos a Cristo, Él nos da la gracia y la fuerza (cf Cong. para la Doc. de la Fe: Carta a los Obispos de la Igl. Cat. sobre la recepción de la comunión por parte de los divorciados y vueltos a casar).

48

LOS SACRAMENTALES

"La Santa Madre Iglesia instituyó, además, los sacramentales. Estos son signos sagrados con los que, imitando de alguna manera a los sacramentos, se expresan efectos, sobre todo espirituales, obtenidos por la intercesión de la Iglesia. Por ellos, los hombres se disponen a recibir el efecto principal de los sacramentos y se santifican las diversas circunstancias de la vida" (SC 60; cf CIC can. 1166; CCEO can. 867) (CEC 1667).

"Los sacramentales proceden del sacerdocio bautismal: todo bautizado es llamado a ser una "bendición" (cf Gn 12, 2) y bendecir (cf Lc 6, 28; Rm 12, 14; 1 P 3, 9). Por eso los laicos pueden presidir ciertas bendiciones (cf SC 79; CIC can. 1168).

La presidencia de una bendición se reserva al ministerio ordenado (obispos, presbíteros o diáconos; cf Ben 16; 18), en la medida en que dicha bendición afecte más a la vida eclesial y sacramental" (CEC 1669).

Los sacramentales no confieren la gracia del Espíritu Santo a la manera de los sacramentos, pero por la oración de la Iglesia, preparan a recibirla y disponen a cooperar con ella (Por eso los pueden recibir también los que no se hallen en gracia de Dios).

Entre los sacramentales figuran, en primer lugar, las **bendiciones**: de personas, de la mesa, de objetos, de lugares. Toda bendición es alabanza de Dios y oración para obtener sus dones (cf Ef 1,3).

(También la imposición de la ceniza, el miércoles de ceniza).

EL EXORCISMO

Intenta expulsar a los demonios o liberar del dominio de Satanás, gracias a la autoridad espiritual que Jesús ha confiado a su Iglesia. El exorcismo solemne sólo puede ser practicado por un sacerdote y con permiso del obispo (las demás personas pueden y deben orar para que el Señor libere del dominio del demonio). Pero antes de proceder al exorcismo hay que asegurarse de que se trata de la presencia del maligno, y no de una enfermedad psíquica (can. 1172). Si se trata de enfermedad psíquica, el caso pertenece a la ciencia médica.

LA RELIGIOSIDAD POPULAR

Véase CEC n. 1674 -1679.

"Entre las formas de piedad popular están la veneración de las reliquias, las visitas a los santuarios, las peregrinaciones, las procesiones, el viacrucis, el rosario, las medallas (escapularios) etc. (DS601,603,1822)".

Se necesita discernimiento pastoral para sostener y apoyar la religiosidad popular, purificarlas si es necesario, y hacerlas progresar en el conocimiento del misterio de Cristo (cf CT54).

LAS EXEQUIAS CRISTIANAS

"Todos los sacramentos, principalmente los de la iniciación cristiana, tienen como fin último la Pascua definitiva del cristiano, es decir, la que a través de la muerte hace entrar al creyente en la vida del Reino. Entonces se cumple en él lo que la fe y la esperanza han confesado: "Espero la resurrección de los muertos y la vida del mundo futuro" (Símbolo de Nicea-Constantinopla)" (CEC 1680).

"El sentido cristiano de la muerte es revelado a la luz del Misterio pascual de la muerte y de la resurrección de Cristo, en quien radica nuestra única esperanza. El cristiano que muere en Cristo Jesús "sale de este cuerpo para vivir con el Señor" (2 Co 5,8) (CEC 1681).

REFLEXIÓN:

(San Ignacio Mártir, horas antes de derramar su sangre por Cristo en un doloroso martirio, exclamaba: "Se acerca ya el momento de mi nacimiento a la vida nueva. ¡Qué hermoso es que el sol de mi vida se ponga para el mundo y vuelva a salir para Dios!").

TERCERA PARTE

La Vida en Cristo

49

LA VIDA EN CRISTO

Anuncio:
"Cristiano, reconoce tu dignidad.
Puesto que ahora participas de la naturaleza divina,
no degeneres volviendo a la bajeza de tu vida pasada.
Recuerda a qué Cabeza perteneces y de qué Cuerpo eres miembro.
Acuérdate de que has sido arrancado del poder de las tinieblas
para ser trasladado a la luz del Reino de Dios"
(San León Magno, serm. 21, 2-3).

Lecturas:
Mateo 5,1-12; 5,13-20; Filipenses 2, 1-15;
2 Pedro 1,1-8; 1 Juan 3,1-12

El Símbolo de la Fe profesa la grandeza de los dones de Dios al hombre por la obra de su creación, y más aún, por la redención y la santificación.

Lo que confiesa la fe, los sacramentos lo comunican: por "los sacramentos que les han hecho renacer", los cristianos han llegado a ser "hijos de Dios" (Jn 1, 12; 1 Jn 3, 1), "partícipes de la naturaleza divina" (2 P 1, 4).

Los cristianos, reconociendo en la fe su nueva dignidad, son llamados a llevar en adelante una "vida digna del Evangelio de Cristo" (Flp 1, 27).

Por los sacramentos y la oración reciben la gracia de Cristo y los dones de su Espíritu que les capacitan para ello.

LOS CRISTIANOS DEBEMOS VIVIR LOS SENTIMIENTOS DE CRISTO

Cristo Jesús hizo siempre lo que agradaba al Padre (cf Jn 8, 29). Vivió siempre en perfecta comunión con Él. De igual modo, sus discípulos son invitados a vivir bajo la mirada del Padre "que ve en lo secreto" (cf Mt 6, 6), para ser "perfectos como el Padre celestial es perfecto" (Mt 5, 48).

Incorporados a Cristo por el bautismo (cf Rm 6, 5), los cristianos están "muertos al pecado y vivos para Dios en Cristo Jesús" (Rm 6, 11), participando así en la vida del Resucitado (cf Col 2, 12).

Siguiendo a Cristo y en unión con Él (cf Jn 15, 5), los cristianos pueden ser "imitadores de Dios, como hijos queridos y vivir en el amor" (Ef 5, 1), conformando sus pensamientos, sus palabras y sus acciones con "los sentimientos que tuvo Cristo" (Flp 2, 5) y siguiendo sus ejemplos (cf Jn 13, 12-16).

CON UN AMOR EN ACCIÓN, DAR LOS FRUTOS DEL ESPÍRITU

"Justificados en el nombre del Señor Jesucristo y en el Espíritu de nuestro Dios" (1 Co 6, 11), "santificados y llamados a ser santos" (1 Co 1, 2), los cristianos se convierten en "templo del Espíritu Santo" (cf 1 Co 6, 19).

Este "Espíritu del Hijo" les enseña a orar al Padre (cf Ga 4, 6) y, haciéndose vida en ellos, les hace obrar (cf Ga 5, 25) para dar "los frutos del Espíritu" (Ga 5, 22) por la caridad operante.

Sanando las heridas del pecado, el Espíritu Santo nos renueva interiormente mediante una transformación espiritual (cf Ef 4, 23), nos ilumina y nos fortalece para vivir como "hijos de la luz" (Ef 5, 8), "por la bondad, la justicia y la verdad" en todo (Ef 5, 9).

El ser humano ha sido creado "a imagen y semejanza" del Creador. Esta imagen divina fue alterada (empañada) por el primer pecado.

En Cristo Redentor y Salvador esa imagen ha sido restaurada en su belleza original y ennoblecida en la gracia de Dios (cf GS 22,2).

La imagen divina está presente en todo ser humano. Resplandece en la comunión de las personas, a semejanza de la unidad de las personas divinas entre sí.

EL CAMINO DE LA VIDA Y EL CAMINO DE LA PERDICIÓN

El camino de Cristo "lleva a la vida", un camino contrario "lleva a la perdición" (Mt 7, 13; cf Dt 30, 15-20). La parábola evangélica de los dos caminos está siempre presente en la catequesis de la Iglesia. Significa la importancia de las decisiones morales para nuestra salvación.

"Hay dos caminos, el uno de la vida, el otro de la muerte; pero entre los dos, una gran diferencia" (Didaje, 1, 1).

CÓMO SE DEBE DAR Y RECIBIR LA CATEQUESIS

En la catequesis es importante destacar con toda claridad el gozo y las exigencias del camino de Cristo (cf CT 29).

La catequesis de la "vida nueva" en Él (Rm 6, 4) será:

- una catequesis del Espíritu Santo, Maestro interior de la vida según Cristo, dulce huésped del alma que inspira, conduce, rectifica y fortalece esta vida;
- una catequesis de la gracia, pues por la gracia somos salvados, y también por la gracia nuestras obras pueden dar fruto para la vida eterna;
- una catequesis de las bienaventuranzas, porque el camino de Cristo está resumido en las bienaventuranzas, único camino hacia la dicha eterna a la que aspira el corazón del hombre;
- una catequesis del pecado y del perdón, porque sin reconocerse pecador, el hombre no puede conocer la verdad sobre sí mismo, condición del obrar justo, y sin el ofrecimiento del perdón no podría soportar esta verdad;
- una catequesis de las virtudes humanas que haga captar la belleza y el atractivo de las rectas disposiciones para el bien;
- una catequesis de las virtudes cristianas de fe, esperanza y caridad, que se inspire ampliamente en el ejemplo de los santos;
- una catequesis del doble mandamiento de la caridad (a Dios y al hermano) desarrollado en el Decálogo;
- una catequesis eclesial, pues en los múltiples intercambios de los "bienes espirituales" en la "comunión de los santos" es donde la vida cristiana puede crecer, desplegarse y comunicarse.

JESUCRISTO, CENTRO DE LA VIDA CRISTIANA

La referencia primera y última de esta catequesis será siempre Jesucristo, que es "el camino, la verdad y la vida" (Jn 14).

Contemplándole en la fe, los fieles de Cristo pueden esperar que Él realice en ellos sus promesas, y que, amándolo con el amor con que Él nos ha amado, realicen las obras que corresponden a su dignidad:

> *Les ruego que piensen que Jesucristo, Nuestro Señor, es su verdadera Cabeza, y que ustedes son uno de sus miembros. Él es, con relación a ustedes, lo que la cabeza es con relación a sus miembros; todo lo que es suyo es de ustedes, su espíritu, su Corazón, su cuerpo, su alma y todas sus facultades, y deben usar de ellos como de cosas que son de ustedes para servir, alabar, amar y glorificar a Dios. Ustedes son de Él como los miembros lo son de su cabeza. Así desea Él ardientemente usar de todo lo que hay en ustedes, para el servicio y la gloria de su Padre, como de cosas que son de Él (S. Juan Eudes, cord. 1, 5). Mi vida es Cristo (Flp 1, 21).*

50

LA VOCACIÓN DEL HOMBRE: LA VIDA EN EL ESPÍRITU

Nota: Nuestro catecismo de la Iglesia Católica trae temas muy iluminadores sobre la vocación del ser humano, sobre la vida que hemos de llevar movidos por el Espíritu. Se han de promover muchos programas de catequesis y cursos sobre estos puntos. Sólo expongo aquí los titulares cuyos temas se han de estudiar y meditar en esta misma fuente de nuestro Catecismo de la Iglesia Católica. Todo es tan interesante, que no vale la pena resumirlo. Sólo desarrollamos aquí un poco los temas sobre la conciencia moral y el pecado. Hago referencia a los números correspondientes.

TEMAS SOBRE
LA DIGNIDAD DE LA PERSONA HUMANA

1) La Dignidad de la Persona Humana n. 1700
2) El Ser Humano, Imagen de Dios n. 1701-1715
3) Nuestra Vocación a la Bienaventuranza (a la felicidad) n. 1716-1729
4) La Libertad del Hombre (libertad y responsabilidad) n. 1730-1742
5) La Moralidad de los Actos Humanos n. 1749-1775
6) La Conciencia Moral n. 1776-1802
7) Las Virtudes Humanas (virtudes cardinales) n. 1803-1811
8) Las Virtudes Teologales (Fe, Esperanza y Caridad) n. 1812-1845
9) La Misericordia y el Pecado n. 1846-1876

TEMAS SOBRE
LA COMUNIDAD HUMANA

1) La persona y la sociedad n. 1878-1888
2) La participación en la Vida Social y el Bien Común (n. 1897-1904-1927).
3) La justicia social n. 1928-1948

REFLEXIÓN:

1) Ante una mirada humana y natural, las bienaventuranzas que propone Jesucristo pueden aparecer infelices, pero en el fondo es todo lo contrario (cf Mt 5,3-10).
Con ellas, el Señor quiere liberarnos de las pasiones desordenadas, que en realidad son las que esclavizan al ser humano, y por otra parte, divinizarnos, porque preparan nuestro corazón para recibir con abundancia los dones mesiánicos. Dice san Agustín, que si una botella está llena de agua sucia, y queremos llenarla de un exquisito licor o de un delicado perfume, no hay más remedio que vaciarla y fregarla antes, para convertirla en un buen recipiente.

2) En cuanto a la libertad, es un don grande de Dios, pero hay que saber usar esa libertad, es decir, usarla con responsabilidad. Es la "libertad de los hijos de Dios" (Rom 8,21). Para eso necesitamos

de la súplica humilde y de la gracia de Dios, porque nuestra voluntad es débil.
Es un misterio "Dios quiso dejar al hombre en manos de su propia decisión" (Si 15,14).

3) En cuanto a los sentimientos y pasiones, son cosas propias del psiquismo de la persona humana. En sí mismos no son buenos ni malos. Todo depende de la razón y de la voluntad de cada uno. Las pasiones y sentimientos se convierten en buenas, si la razón y la voluntad sabe controlarlas, y enderezarlas hacia el bien. Son malas, si son desordenadas y no se dominan; o sea, la persona se deja llevar hacia el mal.

4) Es una tarea importante y delicada ayudar a educar a la persona, desde niño, en el autodominio, es decir, saber dominar sus caprichos, sus sentimientos, sus instintos, con el esfuerzo de la voluntad y con la gracia de Dios. De lo contrario se hace un desgraciado tiranizado por ellos; así sufre mucho y hace sufrir a los demás.

51

LA CONCIENCIA MORAL

Anuncio:
En lo más profundo de su conciencia, el ser humano descubre una ley a la que debe obedecer. Es la voz de Dios, que está en lo más íntimo de la conciencia. El ser humano tiene la ley de Dios inscrita en su corazón.
Dios le llama a amar, a hacer el bien y a evitar el mal (GS 16).

Lecturas:
Hechos 24, 10-16; Romanos 1,18-32; Romanos 2,14-16; 1 Juan 3,13-24; 1 Corintios 8,9-12; 1 Timoteo 1,5-11; Mateo 7,1-12; Lucas 6,27-45.

Todo ser humano se da cuenta de que en lo profundo de su conciencia hay una norma, una ley a la que tiene que obedecer.

A través de la voz de la conciencia, Dios le habla al hombre y le manda que debe hacer el bien y evitar el mal.

La voz de la conciencia es algo muy secreto en el hombre, que sólo oye el mismo hombre. Es como el sagrario donde se esconde Dios en el corazón del mismo ser humano (cf G.S. 16).

EL DICTAMEN DE LA CONCIENCIA

La conciencia moral está siempre presente en el corazón de la persona (cf Rm 2, 14-16) y le indica si lo que va a hacer es bueno o malo. Después que el hombre ha actuado, la conciencia le juzga, aprobando lo que es bueno y reprochando lo que es malo (cf Rm 1,32).

El hombre prudente, cuando escucha la conciencia moral, puede oir a Dios que le habla en todo lo que dice y hace. El ser humano está obligado a seguir fielmente lo que sabe que es justo y recto.

Para oir la voz de la conciencia, se exige que la persona sepa reflexionar, recapacitar, entrar dentro de sí, o sea la **interioridad**, pues la vida nos arrastra a la ligereza, a la irreflexión (Y así es difícil oir y seguir la conciencia moral).

La dignidad de la persona (para que actuemos como personas) nos exige caminar en la **rectitud de la conciencia moral**.

Para eso se necesita saber percibir los principios morales y aplicarlos a cada circunstancia concreta de nuestra vida. Es lo que se llama la "sindéresis", o discernimiento. Es el **dictamen prudente de la conciencia**.

El seguir la conciencia nos hace posible asumir la **responsabilidad** de los actos realizados.

Si desoyendo la voz de la conciencia, hemos hecho el mal y nos damos cuenta de esa falta cometida, recordemos que se ha de pedir perdón, y con la gracia de Dios seguir cultivando la virtud (cf 1 Jn 3,19-20).

LA FORMACIÓN DE LA CONCIENCIA

Hay que formar la conciencia y esclarecer el juicio moral. Una conciencia bien formada es recta y veraz.

Hay que saber educar la conciencia. Esta es una tarea de toda la vida, empezando desde niño. La educación de la conciencia trae la paz al corazón.

En la formación de la conciencia, la Palabra de Dios es la luz de nuestro caminar; es preciso que la asimilemos en la fe y la oración, y la pongamos en práctica.

Es preciso también que examinemos nuestra conciencia atendiendo a la cruz del Señor.

Estamos asistidos por los dones del Espíritu Santo, ayudados por el testimonio o los consejos de otros, y guiados por la enseñanza autorizada de la Iglesia (cf DH 14).

DECIDIR EN CONCIENCIA

Ante la necesidad de decidir moralmente, la conciencia puede formular un juicio recto de acuerdo con la razón y con la ley divina, o al contrario, un juicio erróneo que se aleja de ellas.

En todos los casos, son aplicables algunas reglas:

- Nunca está permitido hacer el mal para obtener un bien;
- La "regla de oro": "Todo cuanto quieran que les hagan los hombres, háganselo también ustedes" (Mt 7, 12; cf Lc 6, 31; Tb 4, 15).
- La caridad debe actuar siempre con respeto hacia el prójimo y hacia su conciencia: "Pecando así contra sus hermanos, hiriendo su conciencia..., pecan contra Cristo" (1 Co 8, 12). Lo bueno es... no hacer cosa que sea para tu hermano ocasión de caída, tropiezo o debilidad" (Rm 14, 91).

EL JUICIO ERRÓNEO

La persona humana debe obedecer siempre el juicio cierto de su conciencia. Si obrase deliberadamente contra esto último, se condenaría a sí mismo. Pero sucede que la conciencia moral puede estar afectada por la ignorancia, y puede formar juicios erróneos sobre actos proyectados o ya cometidos.

Esta ignorancia puede, con frecuencia, ser imputada a la responsabilidad personal. Así sucede "cuando el hombre no se preocupa de buscar la verdad y el bien y, poco a poco, por el hábito del pecado, la conciencia se queda casi ciega" (GS 16). En estos casos, la persona es culpable del mal que comete.

El desconocimiento de Cristo y de su Evangelio, los malos ejemplos recibidos de otros, la servidumbre de las pasiones, la pretensión de una mal entendida autonomía de la conciencia, el rechazo de la autoridad de la Iglesia y de su enseñanza, la falta de conversión y de caridad, pueden conducir a desviaciones del juicio en la conducta moral.

Si, por el contrario, la ignorancia es invencible, o el juicio erróneo sin responsabilidad del sujeto moral, el mal cometido por la persona no puede serle imputado. Pero no deja de ser un mal, una privación, un desorden. Por tanto, es preciso trabajar por corregir la conciencia moral de sus errores.

La conciencia buena y pura es iluminada por la fe verdadera, porque la caridad procede al mismo tiempo "de un corazón limpio, de una conciencia recta y de una fe sincera" (1 Tm 1, 5; 3, 9; 2 Tm 1,3; 1 P 3, 21; Hch 24, 16).

Cuanto mayor es el predominio de la conciencia recta, tanto más las personas y los grupos se apartan del arbitrio ciego y se esfuerzan por adaptarse a las normas objetivas de moralidad (GS 16).

PREGUNTAS:

1) ¿Qué es la conciencia? La conciencia es el núcleo más secreto y el sagrario del hombre, en el que está solo con Dios, cuya voz resuena en lo más íntimo de ella (GS 16).

2) ¿Qué es la conciencia moral? "La conciencia moral es un juicio de la razón por el que la persona humana reconoce la calidad moral de un acto concreto".

3) ¿De qué puede ser garantía el veredicto de la conciencia? Para el hombre que ha cometido el mal, el veredicto de su conciencia constituye una garantía de conversión y de esperanza.

4) ¿Cómo es una conciencia bien formada? "Una conciencia bien formada es recta y veraz. Formula sus juicios según la razón, conforme al bien verdadero querido por la sabiduría del Creador. Cada cual debe poner los medios para formar su conciencia".

5) Ante una decisión moral ¿cómo puede la conciencia formar un juicio? "Ante una decisión moral, la conciencia puede formar un juicio recto de acuerdo con la razón y la ley divina o, al contrario, un juicio erróneo que se aleja de ellas".

6) ¿El ser humano debe obedecer siempre el juicio cierto de su conciencia? Sí, debe siempre obedecerle.

7) La conciencia moral, ¿puede formar juicios erróneos? La conciencia moral puede permanecer en la ignorancia o formar juicios erróneos. Esta ignorancia y estos errores no están siempre exentos de culpabilidad.

8) ¿Cómo se forma una conciencia moral recta? La Palabra de Dios es una luz para nuestros pasos. Es preciso que la asimilemos en la fe y en la oración, y la pongamos en práctica. Así se forma la conciencia moral.

REFLEXIÓN:

La dicha más grande es vivir con paz en la conciencia. Pero hay personas que viven en la maldad y no sienten los remordimientos de la conciencia. Es que por desoirla y seguir pecando la han embotado. El que no obedece al despertador, después el despertador no le despierta.

Seamos fieles a la conciencia, haciendo lo que ella nos indica que es bueno y evitando lo que ella nos señala como malo. Si todos obedeciéramos a la conciencia, sería más fácil unirnos para buscar el bien y la verdad.

EL QUE PECA POR IGNORANCIA O JUICIO ERRÓNEO

Debemos saber que el que comete la maldad por ignorancia o juicio erróneo de conciencia tendrá un castigo menor que el que lo hace a ciencia y conciencia. Pero también será castigado según la sentencia de Jesucristo: "El empleado ése que, conociendo el deseo de su Señor, no prepara las cosas o no las hace como su Señor desea, recibirá muchos palos; en cambio, el que no lo conoce, pero hace algo que merece palos, recibirá pocos (palos)". (Lc 12,47-48), pero los recibirá. Es que el mal siempre es un mal.

Repitamos con frecuencia la oración del profeta David:

> *"Enséñame Oh Dios a conocer tus rectos juicios";*
> *"Enséñame, Señor, a caminar por tus sendas".*

Y digamos con Pablo de Tarso:

> *"¿Qué quieres, Señor, que haga?"*

EJEMPLOS:

1) Santo Tomás Moro, gran abogado y canciller de Inglaterra, fue condenado a muerte por el rey Enrique VIII. Ante los errores del Rey, no quiso apartarse de la fe católica. Le pidieron que aceptara lo que el Rey mandaba en contra de la Iglesia Católica. Pero Tomás Moro respondió: *"Tengo que obedecer a mi conciencia, antes que al rey".* Antes de dar la vida por Dios, exclamó: *"Yo nunca he hecho nada que fuera contra mi conciencia".*

Ojalá todos pudiéramos decir lo mismo a la hora de la muerte.

2) Uno de nuestros párrocos, que fue misionero en el Japón, cuenta que una vez un médico habló con él y le decía que practicaba abortos, y que de noche no podía dormir porque oía quejidos o gritos de niños. El padre le razonó sobre el crimen horrible del aborto voluntario, y le dijo que esos quejidos de niños que no le dejaban dormir era la voz de su conciencia, que le reprochaba esa maldad.

52

LAS VIRTUDES

Anuncio:
"Todo cuanto hay de verdadero, de noble, de justo, de puro, de amable, de honorable, todo cuanto sea virtud y cosa digna de elogio, todo eso ténganlo en cuenta" (Flp 4, 8).

Lecturas:
Levítico 19,1-15 Sabiduría 8,5-15; 1 Pedro 4,7-11; Mateo 10,16-33.

Nota: Aprovechar este tema para recitar y hacer aprender de memoria los actos de fe, esperanza y caridad.

La virtud es una disposición habitual y firme a hacer el bien. Permite a la persona no sólo realizar actos buenos, sino dar lo mejor de sí misma.

Con todas sus fuerzas sensibles y espirituales, la persona virtuosa tiende hacia el bien, lo busca y lo elige a través de acciones concretas.

El objetivo de una vida virtuosa consiste en llegar a ser semejante a Dios (S. Gregorio de Nisa, beat. 1).

Las virtudes humanas. Las tiene el que vive seriamente dispuesto a hacer el bien, controla las pasiones y los instintos, lleva una conducta conforme a la razón y a la conciencia. El que actúa así disfruta de mucha paz y gozo en el corazón.

(Entre otras, son virtudes humanas la laboriosidad, la honradez, la servicialidad, la gratitud, la fidelidad, la responsabilidad, la sinceridad, la cortesía, la puntualidad, etc.)

Las virtudes cardinales. Son cuatro: la prudencia, la justicia, la templanza y la fortaleza. Se llaman cardinales porque son fundamentales. El que se acostumbra a practicarlas, practica otras muchas más, porque se entrelazan unas con otras. Para adquirir estas virtudes hay que educarse poco a poco en el ejercicio de ellas.

La prudencia: Dispone la razón a discernir (distinguir) lo que se debe hacer en cada momento y elegir los medios rectos para realizarlo. "El hombre prudente piensa lo que va a hacer" (P 14,15). "La prudencia es la regla recta de la buena acción", dice santo Tomás (En cambio, el que habla y actúa a lo loco, ligeramente, comete muchos errores) (cf Sb 8,7).

La justicia: Es una virtud moral que consiste en tener siempre una voluntad decidida de dar a Dios y al prójimo lo que le es debido. La justicia para con Dios es llamada la "virtud de la religión". La justicia para con los hombres lleva a reconocer sus derechos y respetarlos.

La fortaleza: Es la virtud moral que da fuerza en las dificultades para perseverar en la práctica del bien, aunque suponga sacrificios grandes.

La templanza: Es la virtud moral que mantiene el autodominio en la atracción de los placeres. Procura el uso moderado de los bienes creados. Conserva el dominio de la voluntad sobre los instintos (sobre todo, el de la sexualidad y el de la comida y bebida). "No vayas detrás de tus pasiones. Tus deseos refrena" (Si 18, 30). Debemos "vivir con moderación" (Tt 2,12).

LAS VIRTUDES Y LA GRACIA

Para practicar las virtudes se necesita, como decíamos, educarse en ellas y acostumbrarse a luchar con actos buenos, deliberados. Se necesita el esfuerzo, pero también la ayuda divina, la gracia de Dios.

Somos débiles y heridos por el pecado. Por eso no es fácil guardar el equilibrio moral. Hay que pedir continuamente la gracia de la luz y de la fortaleza. Hay que recurrir a los sacramentos y ser dóciles al Espíritu Santo (también hay que evitar las ocasiones que nos inducen al pecado).

PREGUNTAS:

1) ¿Qué es la virtud? Es una disposición habitual y firme de hacer el bien.

2) ¿Cuáles son las virtudes cardinales? Prudencia, justicia, fortaleza, y templanza. Se llaman cardinales porque son el quicio o fundamento de las demás virtudes humana y morales.

3) ¿Qué es la prudencia? Es una virtud que nos dispone a discernir correctamente lo que debemos hablar o hacer en cada circunstancia.

4) ¿Qué es la justicia? Es una voluntad firme y constante de dar a Dios y al prójimo lo que le es debido.

5) ¿Qué es la fortaleza? Es una virtud que nos dispone a hacer el bien y evitar el mal, a pesar de las dificultades de la vida.

6) ¿Qué es la templanza? Es la virtud que nos lleva a moderar la atracción de los placeres sensibles (sobre todo en la comida,

bebida y en la sexualidad). Se necesita la reflexión y la gracia de Dios para adquirir ese autodominio.

REFLEXIÓN:

Para practicar las virtudes humanas vale mucho ser educado desde niño en ellas. Hay que tomar conciencia de nuestra dignidad de persona, así como de la dignidad de las demás personas.

Hay algo excelente en cada persona humana: Es ser imagen del Dios vivo, y dotado de inteligencia y voluntad y de capacidad de amar a los demás.

Esa excelencia en cada ser humano nos viene por ser imagen del Dios vivo.

Por no tener este concepto y este respeto a la persona, hay tantos que se degeneran o prostituyen, o no hacen un esfuerzo por desarrollar esa "chispa de divinidad" que Dios deposita en cada uno al crearnos, o no respetan las personas de los demás.

Se da el caso de personas paganas, no-cristianos, que practican más las virtudes humanas que muchos cristianos. Es una lástima.

En los hogares hay que inculcar y dar ejemplo a los niños de la vivencia de las virtudes humanas: aprecio del **trabajo honesto** para vivir; la honestidad: respetar las personas y las cosas de los demás; **la servicialidad**: pensar y atender al bienestar y necesidades de los demás: no enjaularse en su propio egoísmo; **la responsabilidad**: ser fieles y cumplir con la palabra dada y con los compromisos contraídos; **la gratitud**: ser agradecidos y saber dar las gracias por un favor recibido de otro, es propio de un corazón noble y educado.

Puntualidad: es propio de la fidelidad. Llegar y hacer cosas con puntualidad, a la hora convenida. ¡Cuántos disgustos y cuánto tiempo se pierde por no cumplir con el horario y las fechas fijadas! **La cortesía**: guardar las buenas formas al hablar y al tratar a las personas. Tratar a los demás como quieres que te traten a ti.

ACLAMACIONES:

1) "El hombre prudente medita sus pasos" (Pr 14,15).

2) "No hagas injusticias, ni para favorecer al pobre, ni por miedo al grande. Con justicia juzgarás a tu prójimo" (Lv 19,15).

3) *"En el mundo tendrán tribulaciones. Pero ¡ánimo! "Yo he vencido al mundo", nos dice Jesús (Jn 16,33).*

4) *"No vayas detrás de tus pasiones; refrena tus instintos" (Si 18,30).*

5) *"Vivan con moderación, justicia y piedad en el siglo presente" (Tt 21,12).*

Se puede recitar parte del salmo 119.

Canto: *El Señor es mi fuerza...*

EJEMPLO:

Por una mala carretera transitaba un autobús destartalado, abarrotado de gente. Subió un anciano al autobús, pero todo estaba lleno, y tuvo que ir de pie, agarrado de un asiento, y moviéndose de un lado para otro, por los saltos del autobús. Los demás iban bien sentados, hasta que un niño se paró de su asiento e invitó al anciano a que se sentara. Toda la gente empezó a aplaudir al niño. Entonces el anciano se incorporó un poco y alertó a todos diciendo: Señores, las virtudes no son sólo para aplaudir, sino más bien para practicar. Todos enmudecieron. Sólo el niño practicó la virtud con el anciano. Los demás se contentaron con aplaudir. Gran lección nos dan el niño y el anciano.

53

LAS VIRTUDES TEOLOGALES

(FE, ESPERANZA Y CARIDAD)

Anuncio:
"La fe es anticipo de lo que se espera, prueba de realidades que no se ven. Sin fe es imposible agradar a Dios" (Hb 11,1.6).

Lecturas:
Hebreos 11,1-7; 1 Corintios13,1-10; 1 Pedro 2,12-21. Tito 3,4-7; Romanos 4,16-25; Gálatas 5,13-24.

Las virtudes humanas de las que hemos hablado, se apoyan en las virtudes teologales.

Las virtudes teologales disponen al ser humano a la participación de la vida divina (cf 2 P 1,4).

Estas virtudes se refieren directamente a Dios. Nos relacionan con la Santísima Trinidad: Dios, Uno y Trino.

Estas virtudes teologales (fe, esperanza y caridad) las infunde Dios en el alma de los fieles. Así los hace capaces de obrar como hijos suyos y merecer la vida eterna. Son garantía de la presencia del Espíritu Santo en nuestros corazones (cf 1 Co 13,13).

LA FE

La fe es la virtud teologal por la que creemos en Dios y en todo lo que Él nos ha dicho y revelado, y que la Santa Iglesia nos propone, porque Él es la verdad misma.

Por la fe "el hombre se entrega entera y libremente a Dios" (DV 5).

Por eso el creyente se esfuerza por conocer y hacer la voluntad de Dios.

"El justo vivirá por la fe" (Rm 1, 17). La fe viva "actúa por la caridad" (Ga 5, 6).

El discípulo de Cristo no debe sólo guardar la fe y vivir de ella, sino también profesarla, testimoniarla con firmeza y difundirla.

"Todos vivan preparados para confesar a Cristo delante de los hombres y a seguirle por el camino de la cruz en medio de las persecuciones que nunca faltan a la Iglesia" (LG 42; cf DH 14).

LA ESPERANZA

La esperanza es la virtud teologal por la que aspiramos al Reino de los Cielos y a la vida eterna como felicidad nuestra.

Ponemos nuestra confianza en las promesas de Cristo y nos apoyamos no en nuestras fuerzas, sino en los auxilios de la gracia del Espíritu Santo.

"Mantengamos firme la confesión de la esperanza, pues fiel es el autor de la promesa" (Hb 10, 23).

"El Espíritu Santo que Él derramó sobre nosotros con largueza por medio de Jesucristo nuestro Salvador, para que, justificados por su gracia, fuésemos constituidos herederos en esperanza de vida eterna" (Tt 3, 6-7).

La virtud de la esperanza corresponde al anhelo de felicidad puesto por Dios en el corazón de todo hombre.

La esperanza protege del desaliento, sostiene en todo desfallecimiento, dilata el corazón en la espera de la bienaventuranza eterna.

El impulso de la esperanza preserva del egoísmo y conduce a la dicha de la caridad.

La esperanza cristiana se manifiesta desde el comienzo de la predicación de Jesús en la proclamación de las bienaventuranzas.

Las bienaventuranzas elevan nuestra esperanza hacia el cielo como hacia la nueva tierra prometida, trazan el camino hacia ella a través de las pruebas que esperan a los discípulos de Jesús.

Pero por los méritos de Jesucristo y de su pasión, Dios nos guarda en "la esperanza que no falla" (Rm 5, 5).

Podemos, por tanto, esperar la gloria del cielo prometida por Dios a los que le aman (cf Rm 8, 28-30) y hacen su voluntad (cf Mt 7, 21).

En toda circunstancia, cada uno debe esperar, con la gracia de Dios, "perseverar hasta el fin" (cf Mt 10, 22; cf Cc. Trento: DS 1541) y obtener el gozo del cielo, como eterna recompensa de Dios por las obras buenas realizadas con la gracia de Cristo.

En la esperanza, la Iglesia implora que "todos los hombres se salven" (1 Tm 2, 4). Espera estar en la gloria del cielo unida a Cristo, su esposo.

La esperanza se expresa y se alimenta en la oración, particularmente en la del **Padre Nuestro**.

LA CARIDAD

La caridad es la virtud teologal por la cual amamos a Dios sobre todas las cosas por Él mismo, y a nuestro prójimo como a nosotros mismos por amor de Dios.

Jesús hace de la caridad el **mandamiento nuevo** (cf Jn 13, 34). Amando a los suyos "hasta el fin" (Jn 13, 1), manifiesta el amor del Padre que ha recibido.

Amándose unos a otros, los discípulos imitan el amor de Jesús que reciben también en ellos.

Por eso Jesús dice: "Como el Padre me amó, yo también les he amado a ustedes; permanezcan en mi amor" (Jn 15, 9). Y también: "Este es el mandamiento mío: que se amen unos a otros como yo les he amado" (Jn 15, 12).

Fruto del Espíritu y plenitud de la ley, la caridad guarda los mandamientos de Dios y de Cristo: "Permanezcan en mi amor. Si guardan mis **mandamientos**, permaneceréis en mi amor" (Jn 15, 9-10; cf Mt 22, 40; Rm 13, 8-10).

Cristo murió por amor a nosotros cuando éramos todavía enemigos (cf Rm 5, 10). El Señor nos pide que amemos como Él hasta nuestros **enemigos** (cf Mt 5, 44), que nos hagamos prójimos del más lejano (cf Lc 10, 27-37), que amemos a los niños (cf Mc 9, 37) y a los pobres como a Él mismo (cf Mt 5, 40.45).

San Pablo nos explica en qué consiste la caridad (Véase 1 Co 13,1-10).

El ejercicio de todas las virtudes está animado e inspirado por la caridad.

La práctica de la vida moral animada por la caridad da al cristiano la libertad espiritual de los hijos de Dios.

Este no se halla ante Dios como un esclavo, en el temor servil, ni como el mercenario en busca de un jornal, sino como un hijo que responde al amor del "que nos amó primero" (1 Jn 4, 19).

DONES Y FRUTOS DEL ESPÍRITU SANTO

La vida moral de los cristianos está sostenida por los dones del Espíritu Santo. Estos son disposiciones permanentes que hacen al hombre dócil para seguir los impulsos del Espíritu Santo.

Los siete dones del Espíritu Santo son: sabiduría, inteligencia, consejo, fortaleza, ciencia, piedad y temor de Dios. Pertenecen en plenitud a Cristo, Hijo de David (cf Is 11).

Completan y llevan a su perfección las virtudes de quienes los reciben. Hacen a los fieles dóciles para obedecer con prontitud a las inspiraciones divinas.

Tu espíritu bueno me guíe por una tierra llana (Sal 143, 10). Todos los que son guiados por el Espíritu de Dios son hijos de Dios... Y. si hijos, también herederos; herederos de Dios y coherederos de Cristo (Rm 8, 14.17).

Los frutos del Espíritu son perfecciones que forma en nosotros el Espíritu Santo como primicias de la gloria eterna. La tradición de la Iglesia enumera doce: "caridad, gozo, paz, paciencia, longanimidad, bondad, benignidad, mansedumbre, fidelidad, modestia, continencia, castidad" (Ga 5, 22-23, vulg.).

PREGUNTAS:

1) ¿Qué son las virtudes teologales? Son las virtudes (fe, esperanza y caridad), que disponen a los cristianos a vivir en relación con la Santísima Trinidad; tienen como fin unirnos a Dios, conocido por la fe, esperado y amado por Él mismo.

2) ¿Qué hacemos por la fe? Por la fe creemos en Dios y creemos todo lo que Él nos ha revelado y que la Santa Iglesia nos propone como objeto de fe.

3) ¿Qué hacemos por la esperanza? Por la esperanza deseamos y esperamos de Dios con una firme confianza la vida eterna y las gracias para merecerla.

4) ¿Qué hacemos por la caridad? Por la caridad amamos a Dios sobre todas las cosas y a nuestro prójimo como a nosotros mismos por amor de Dios. Es el "vinculo de la perfección" (Col 3, 14), e informan y vivifican todas las virtudes morales.

5) ¿Cuáles son los siete dones del Espíritu Santo? Los siete dones del Espíritu Santo concedidos a los cristianos son: sabiduría, entendimiento, consejo, fortaleza, ciencia, piedad y temor de Dios.

ACLAMACIONES:

1) *"El justo vivirá de la fe"* *(Rm 1,17).*

2) *"Por la fe, el hombre se entrega entera y libremente a Dios"* *(DV5).*

3) *"La fe sin obras está muerta"* *(St 2,26).*

4) *Revistámonos con el escudo de la fe y la caridad; con la alegría de la esperanza (cf 1 Ts 5,8; Rm 12,12).*

5) *"Este es el mandamiento mío: que se amen unos a otros, como yo les he amado" (Jn 15,12).*

Puede recitarse el salmo 23.

Canto: Viva la fe, viva la esperanza...

EJEMPLOS:

1) *En la misma Biblia y en la vida de los santos tenemos magníficos ejemplos de todas las virtudes cristianas. Véase la fe de Abraham, Hebreos 11,8-21; de Moisés, Hebreos 11,23-40; la fe y la fortaleza de los jóvenes macabeos, 2 Mc 7,1-39; la caridad del buen samaritano, (Lc 10,25-37).*

2) *El Papa Pío IX iba en su coche de visita pastoral por las calles de Roma. Vio a un hombre enfermo tendido en la calzada. Mandó deternerse al cochero, pero el cochero le dijo que podían seguir porque se trataba de uno que era de otra religión. El Papa se molestó mucho con el cochero, recogió al enfermo y lo llevó a un centro de salud.*

54
EL PECADO

Anuncio:
*Por la respuesta que ustedes han dado a la verdad,
ya están purificados y llamados a participar de la naturaleza de Dios.
Despójense, pues, de toda maldad, y abandonen todo vivir idolátrico
para poder saborear cuán bueno es el Señor
(cf 1 P 1, 22; 2,1-3; 2 P 1,4).*

Lecturas:
*Génesis 4,2-16; Ezequiel 33,7-20; Romanos 1,21-32; 5,17-21; 8,1-11;
Mateo 18,15-20; Lucas 7,36-49; Lucas 15,11-24.*

Nota: Se debe aprovechar la exposición de este tema para hacer recitar y aprender de memoria el Acto de Contrición y algunas frases del salmo 51, así como cantos penitenciales.

LA MISERICORDIA Y EL PECADO

En el Evangelio, Jesucristo nos revela la misericordia de Dios con los pecadores (cf Lc 15, Mt 1,21;26,28).

Pero como dice san Agustín: "Dios nos ha creado sin nosotros, pero no ha querido salvarnos sin nosotros".

Es decir, para que la misericordia de Dios pueda actuar en nosotros, tenemos que reconocer y confesar nuestros pecados.

Si así lo hacemos, se cumple en nosotros lo que afirma san Pablo: "Donde abundó el pecado, sobreabundó la gracia" (Rm 5,20).

¿QUÉ ES EL PECADO?

Dice san Agustín que el pecado es "una palabra, un acto, un deseo contrario a la ley eterna" de Dios.

El pecado es una ofensa a Dios: "Contra ti, contra ti sólo he pecado, lo malo a tus ojos cometí" (Sal 51,6).

Por el pecado damos las espaldas a Dios y rechazamos su amor.

Igual que el primer pecado (de Adán y Eva) es "una desobediencia, una rebelión contra Dios, por el deseo de hacerse "como dioses" (cf Gn 3,5); (es decir, preferimos nuestro gusto a la voluntad de Dios. Buscamos nuestra voluntad por encima de la de Dios. Por eso el pecado es un mal muy grande, porque ofende la bondad de un Dios infinito).

Por esa exaltación orgullosa de sí, el pecado es diametralmente opuesto a la obediencia de Jesús que realiza nuestra salvación (cf Flp 2,6-9).

En su Pasión, la misericordia de Cristo vence al pecado, y brota una fuente inagotable de perdón (para el que se arrepiente de sus pecados).

LA DIVERSIDAD DE PECADOS

La variedad de pecados es grande. La Escritura contiene varias listas. La carta a los Gálatas opone las obras de la carne al fruto del Espíritu:

"Las obras de la carne son conocidas: fornicación, impurezas, libertinaje, idolatría, hechicería, odios, discordia, celos, iras, rencillas, divisiones, disensiones, envidias, embriagueces, orgías y cosas semejantes".

"Sobre las cuales los prevengo como los previne, que quienes hacen tales cosas no heredarán el Reino de Dios" (Ga 5, 19-21; cf Rm 1, 28-32; 1 Co 6, 9-10; Ef 5, 3-5; Col 3, 5-8; 1 Tm 1, 9-10; 2 Tm 3, 2-5).

(También hay que tener en cuenta el **pecado de omisión**. Dice Santiago Apóstol: "Peca de omisión el que pudiendo y debiendo hacer el bien no lo hace", 4,17).

LA GRAVEDAD DEL PECADO: PECADO MORTAL Y VENIAL

"Conviene distinguir los pecados según su gravedad. La distinción entre pecado mortal y venial, perceptible ya en la Escritura (cf 1 Jn 5, 16-17), se ha impuesto en la tradición de la Iglesia. La experiencia de los hombres la corroboran.

El pecado mortal destruye la caridad en el corazón del hombre por una infracción grave de la ley de Dios; aparta al hombre de Dios, que es su fin último y su bienaventuranza, prefiriendo un bien inferior.

El pecado venial deja subsistir la caridad, aunque la ofende y la hiere.

EL PECADO MORTAL

El pecado mortal, que ataca en nosotros el principio vital que es la caridad, necesita una nueva iniciativa de la misericordia de Dios y una conversión del corazón, que se realiza ordinariamente en el marco del Sacramento de la Reconciliación:

Cuando la voluntad se dirige a una cosa de suyo contraria a la caridad, por la que estamos ordenados al fin último, el pecado, por su objeto mismo, tiene causa para ser mortal... sea contra el amor de Dios, como la blasfemia, el perjuro, etc., o contra el amor del prójimo, como el homicidio, el adulterio, etc... (S. Tomás de A,s.th. 1-2.88).

CONDICIONES PARA QUE UN PECADO SEA MORTAL

Para que un pecado sea **mortal** se requieren tres condiciones: "Es pecado mortal lo que tiene como objeto una materia grave y que, además, es cometido con pleno conocimiento y deliberado consentimiento" (RP 17).

La materia grave es precisada por los Diez Mandamientos, según la respuesta de Jesús al joven rico: "No mates, no cometas adulterio, no robes, no levantes testimonio falso, no seas injusto, honra a tu padre y a tu madre" (Mc 10, 19).

La gravedad de los pecados es mayor o menor: un asesinato es más grave que un robo.

La cualidad de las personas lesionadas cuenta también: la violencia ejercida contra los padres es más grave que la ejercida contra un extraño.

El pecado mortal requiere **plena conciencia y entero consentimiento.** Presupone el conocimiento del carácter pecaminoso del acto, de su oposición a la Ley de Dios.

Implica también un consentimiento suficientemente deliberado para ser una elección personal.

La ignorancia afectada y el endurecimiento del corazón (cf Mc 3, 5-6; Lc 16, 19-31) no disminuyen, sino aumentan, el carácter voluntario del pecado.

La ignorancia involuntaria puede disminuir, si no excusar, la imputabilidad de una falta grave, pero se supone que nadie ignora los principios de la ley moral, que están inscritos en la conciencia de todo hombre.

Los impulsos de la sensibilidad, las pasiones, pueden igualmente reducir el carácter voluntario y libre de la falta, lo mismo que las presiones exteriores o los trastornos patológicos.

El pecado más grave es el que se comete por malicia, por elección deliberada del mal.

El pecado mortal causa la pérdida de la caridad y la privación de la gracia santificante, del estado de gracia.

El pecado mortal coloca la persona fuera del Reino de Dios y lleva a la muerte eterna del infierno. Esto, si es que el pecador no cambia con un sincero arrepentimiento y el perdón de Dios.

Aunque podamos juzgar que un acto en sí es falta grave, hay que dejar a Dios el juicio sobre las personas.

(Son pecados mortales porque la Sagrada Escritura los llama pecados dignos de muerte (cf Rm 1,24-32; Ga 5,19-21).

EL PECADO VENIAL

Se comete un pecado venial cuando no se observa en una materia leve la medida prescrita por la ley moral, o cuando se desobedece a la ley moral en materia grave, pero sin pleno conocimiento o sin entero consentimiento.

El pecado venial debilita la caridad; entraña un afecto desordenado a bienes creados; impide el progreso del alma en el ejercicio de las virtudes y la práctica del bien moral; merece penas temporales.
El pecado venial deliberado y que permanece sin arrepentimiento, nos dispone poco a poco a cometer el pecado mortal.
No obstante, el pecado venial no rompe la Alianza con Dios.
Es humanamente reparable con la gracia de Dios. "No priva de la gracia santificante, de la amistad con Dios, de la caridad, ni, por tanto, de la bienaventuranza eterna (RP 17)".

EL PECADO CONTRA EL ESPÍRITU SANTO

"Todo pecado y blasfemia será perdonado a los hombres, pero la blasfemia contra el Espíritu Santo no será perdonada" (Mt 12,31; Mc 3,29; Lc 12,10).
No hay límites a la misericordia de Dios, pero quien se niega deliberadamente a acoger la misericordia de Dios mediante el arrepentimiento, rechaza el perdón de sus pecados y la salvación ofrecida por el Espíritu Santo (cf DeV 46).
Semejante endurecimiento puede conducir a la condenación final y a la perdición eterna.

LA PROLIFERACIÓN DEL PECADO

El pecado crea una facilidad para el pecado, engendra el vicio por la repetición de actos.
De ahí resultan inclinaciones desviadas que oscurecen la conciencia y corrompen la valoración concreta del bien y del mal
Así, el pecado tiende a reproducirse y a reforzarse, pero no puede destruir el sentido moral hasta su raíz.
Los vicios pueden ser catalogados según las virtudes a que se oponen, o también pueden ser referidos a los pecados capitales que la experiencia cristiana ha distinguido siguiendo a S. Juan Casiano y a S. Gregorio Magno (mor. 31, 45). Son llamados capitales, porque generan otros pecados, otros vicios. Son la soberbia, la avaricia, la envidia, la ira, la lujuria, la gula, la pereza".

PECADOS QUE CLAMAN AL CIELO

"La tradición catequética recuerda también que existen "pecados que claman al cielo".
"Claman al cielo la sangre de Abel (cf Gn 4. 10); el pecado de los sodomitas (cf Gn 18, 90; 19, 13); el clamor del pueblo oprimido en Egipto (cf Ex 3. 7-10); el lamento del extranjero, de la viuda y el huérfano (cf Ex 22,20-22), la injusticia para con el asalariado (cf Dt 24, 14-15; Jc 5, 4). (Las violaciones de las personas, así como abusos graves contra menores).

EL PECADO SOCIAL

El pecado es un acto personal, pero nosotros tenemos una responsabilidad en los pecados cometidos por otros cuando **cooperamos a ellos**:

- participando directa y voluntariamente;
- ordenándolos, aconsejándolos, alabándolos o aprobándolos;
- no revelándolos o no impidiéndolos cuando se tiene obligación de hacerlo;
- protegiendo a los que hacen el mal.

Así el pecado convierte a los hombres en cómplices unos de otros; hace reinar entre ellos la concupiscencia, la violencia y la injusticia.
Los pecados provocan situaciones sociales e instituciones contrarias a la bondad divina.
Las "estructuras de pecado" son expresión y efecto de los pecados personales.
Inducen a sus víctimas a cometer a su vez el mal. En un sentido analógico, constituyen un "pecado social" (cf RP 16).

PREGUNTAS:

1) ¿Todos necesitamos del perdón de Dios? Sí, "Dios encerró a todos los hombres en la rebeldía, para usar con todos ellos de misericordia (Rm 11,32).

2) ¿Qué es el pecado? Es "una palabra, un acto o un deseo contrario a la Ley eterna" de Dios (S. Agustín). Es una desobediencia, una ofensa a Dios Padre.

3) ¿El pecado va también contra la razón? Sí, es contrario a la razón, hiere la misma naturaleza del hombre, y atenta contra la solidaridad humana.

4) ¿Qué es el pecado mortal? Es hacer deliberadamente, o sea, sabiéndolo y queriéndolo, una cosa gravemente contraria a la ley de Dios y el fin último del hombre. El pecado mortal destruye la caridad, sin la cual es imposible salvarse. Si no hay verdadero arrepentimiento, tal pecado conduce a la muerte eterna.

5) ¿Qué es el pecado venial? Es un desorden moral, pero que no destruye la caridad en nosotros, ni nos priva de la gracia de Dios.

6) ¿Se deben evitar los pecados veniales? Sí, se deben evitar, porque van enfriando la caridad, y poco a poco se puede caer en el pecado mortal.

7) ¿Cuáles son los pecados capitales? Son la soberbia, la avaricia, la envidia, la ira, la lujuria, la gula y la pereza. Se llaman capitales porque son causa de muchos otros pecados.

ACLAMACIONES:

1) *El ángel anunció a José: "Tú le pondrás por nombre Jesús, porque Él salvará a su pueblo de sus pecados" (Mt 1,21).*

2) *"Dios nos ha creado sin nosotros, pero no ha querido salvarnos sin nosotros" (S.Ag).*

3) *"Contra ti, Señor, contra ti sólo he pecado; lo malo a tus ojos cometí" (Sal 51,6).*

4) *"Donde abundó el pecado, sobreabundó la gracia", la misericordia de Dios (Rm 5,20).*

(Se puede recitar uno de los siete salmos penitenciales que son: el 6;32;38;51;102;130;143).

REFLEXIÓN:

Si nos arrepentimos de veras y pedimos perdón a Dios, Él nos perdona la ofensa por los méritos de su Hijo, que murió por nosotros. Es decir, se cancela el reato de culpa; pero queda el reato de pena, por lo que hay que hacer penitencia y oración para que Dios nos purifique el corazón. Si no se paga suficientemente esa pena en esta vida, habría que borrarla en el purgatorio, lo cual sería más duro y doloroso.

Además de la diferencia entre pecado mortal y venial, entre el pecado personal y social, hay que tener presente la diferencia entre pecado original y pecado personal.

El original o de origen es el que heredamos de nuestros primeros padres, Adán y Eva. Nacemos privados de esa gracia y amistad especial de Dios.

El pecado personal, es, como se ha dicho, el que comete cada persona.

Penitencia interior y exterior

Por eso Cristo le advierte a todo ser humano, y especialmente al cristiano, que debe hacer penitencia,

1) *Penitencia interior: "Conviértanse y crean en el Evangelio (Mc 1,15); cambiando de actitud.*

"Hay que negarse a sí mismo" (Lc 9,23), o sea, el control o autodominio de las pasiones y de bajos apetitos desordenados; y por otra parte, aceptando las pruebas de la vida.

2) *La penitencia exterior: dominar los sentidos, acostumbrarse a dominarse un poco en las cosas lícitas, ayunando alguna vez y alguna otra penitencia corporal); para estar preparados para dominar la atracción de las cosas ilícitas.*

Claro, todo ha de ser ayudados de la gracia de Dios, que debemos pedir con humildad.

Por eso, una y otra vez nos advierte el Señor: "Si no hacen penitencia, todos perecerán del mismo modo" (Lc 13,5).

Muchos pecados se cometen en el mundo porque el ser humano actúa con ligereza y va detrás de males disfrazados de bienes atractivos, sobre todo placeres efímeros. La tentación ofusca y no deja ver las desgracias que provienen del pecado.

Una de las consecuencias graves del pecado es que deja el alma en tinieblas, y quiere huir de Dios (cf Gn 3,8;4,16). Y no puede huir de Dios porque se aleja del perdón y de la salvación que Dios le ofrece, si reconoce su pecado y se arrepiente.

Además, el pecado mortal deja la conciencia turbada, el corazón quebrado o dividido. Es la pérdida del "Edén", "del Paraíso" o de la paz interior, de la gracia de Dios (cf Gn 3,23;4,14). Esa paz interior que produce la gracia de Dios en el corazón del ser humano, no se puede cambiar por todos los tesoros del mundo, ni por todos los placeres de la carne.

Por otra parte, una persona con la conciencia turbada, con el corazón dividido, no puede proyectar paz en el hogar y en la comunidad. Todo lo contrario, proyecta lo que lleva dentro: egoísmo, división, discordia, etc. Debe reflexionar para llegar a la conversión a Dios y a los hermanos y eso le devolverá la paz al corazón.

Si el pecador se empecina y no busca la misericordia de Dios para sacarle la ponzoña al pecado mortal, permanece en el camino de la perdición eterna.

Hay que orar mucho por los pecadores, sobre todo, los empedernidos. Por eso, el pecado es el mayor mal del hombre, porque le priva del mayor bien, que es la gracia de Dios, el amor de Dios y de los hermanos.

Canto: Vengo ante Ti, mi Señor...

EJEMPLOS:

Se puede narrar el caso del rico necio.
Lc 12,13-20; del rico epulón, Lc 16,19-31;

1) Decía san Jerónimo, a propósito de confesar los pecados en el sacramento de la penitencia: si un enfermo se avergüenza de descubrir al médico su herida secreta, la medicina no le curará.

2) En una iglesia muy concurrida de peregrinos se exhibe un cuadro del profeta David, de rodillas, y un ángel ofreciendo a Dios sus lágrimas en una bandeja. En el mismo cuadro hay un letrero que dice: David pecó y lloró su pecado por toda la vida; y tú, ¿lloras tus pecados? Dice san Agustín que hay dos cosas que conmueven el corazón de Dios: la voz del inocente, y las lágrimas del arrepentido.

55

LA COMUNIDAD HUMANA

Nota: *En el capítulo segundo de esta tercera parte del Catecismo de la Iglesia Católica se tratan temas fundamentales sobre la persona y la sociedad, la participación en la vida social, la autoridad, el bien común, la justicia social y la solidaridad, puntos que se deben tratar detenidamente en una catequesis de adultos más ampliada.*

Véanse n. 1877-1948 del CEC

LA SALVACIÓN DE DIOS: LA LEY Y LA GRACIA

El hombre, llamado a la bienaventuranza, pero herido por el pecado, necesita la salvación de Dios.

La ayuda divina le viene en Cristo por la ley que lo dirige y en la gracia que lo sostiene: "Trabajen con temor y temblor por su salvación, pues Dios es quien obra en ustedes el querer y el obrar como bien le parece" (Flp 2, 12-23).

LA LEY MORAL

La ley moral es obra de la Sabiduría Divina. Se la puede definir en el sentido bíblico, como una instrucción paternal, una pedagogía de Dios.

Prescribe al hombre los caminos, las reglas de conducta que llevan a la bienaventuranza prometida.

Proscribe los caminos del mal que apartan de Dios y de su amor. Es a la vez firme en sus preceptos y amable en sus promesas.
La ley es una regla de conducta proclamada por la autoridad competente para el bien común. La ley moral supone el orden racional, establecido entre las criaturas para su bien y con miras a su fin, por el poder, la sabiduría y la bondad del Creador.
Toda ley tiene en la Ley Eterna su verdad primera y última.
La ley es declarada y establecida por la razón como una participación en la providencia del Dios vivo, Creador y Redentor de todos.
"Esta ordenación de la razón es lo que se llama la ley" (León XIII, enc. "Libertas praestantissimum" citando a Santo Tomás de Aquino, s. th. 1-2,901):

El hombre es el único entre todos los seres animados que puede gloriarse de haber sido digno de recibir de Dios una ley: animal dotado de razón, capaz de comprender y de discernir, regular su conducta, disponiendo de su libertad y de su razón, en la sumisión al que le ha entregado todo (Tertuliano, Marc. 2, 4).

EXPRESIONES DE LA LEY MORAL

Las expresiones de la ley moral son diversas, y todas están coordinadas entre sí: la Ley eterna, fuente en Dios de todas las leyes; la ley natural; la ley revelada, que comprende la Ley antigua y la Ley nueva o evangélica; finalmente, las leyes civiles y eclesiásticas.
La ley moral tiene en Cristo su plenitud y su unidad. Jesucristo es en persona el camino de la perfección. Es el fin de la ley, porque sólo Él enseña y da la justicia de Dios: "Porque el fin de la ley es Cristo para justificación de todo creyente" (Rm 10, 4).

LA LEY MORAL NATURAL

El hombre participa de la sabiduría y la bondad del Creador que le confiere el dominio de sus actos y la capacidad de gobernarse con miras a la verdad y al bien.
La ley natural expresa el sentido moral original que permite al hombre discernir mediante la razón lo que son el bien y el mal, la verdad y la mentira:

La ley natural está inscrita y grabada en el alma de todos y cada uno de los hombres, porque es la razón humana que ordena hacer el bien y prohibe pecar... Pero esta prescripción de la razón humana no podría tener fuerza de ley si no fuese la voz y el intérprete de una razón más alta a la que nuestro espíritu y nuestra libertad deben estar sometidos (León XIII, enc. "Libertas praestalitissimum").

LA LEY DIVINA Y NATURAL

La ley "divina y natural" (GS 89, 1), muestra al hombre el camino que debe seguir para practicar el bien y alcanzar su fin.

La ley natural contiene los preceptos primeros y esenciales que rigen la vida moral. Tiene por raíz la aspiración y la sumisión a Dios, fuente y juez de todo bien, así como el sentido del prójimo como igual a sí mismo. Está expuesta, en sus principales preceptos, en el Decálogo.

Esta ley se llama natural, no por referencia a la naturaleza de los seres irracionales, sino porque la razón que la proclama pertenece propiamente a la naturaleza humana:

¿Dónde, pues, están inscribas estas normas sino en el libro de esa luz que se llama la Verdad? Allí está escrita toda ley justa, de allí pasa al corazón del hombre que cumple la justicia; no que ella emigre a él, sino que en él pone su impronta a la manera de un sello que de un anillo pasa a la cera, pero sin dejar el anillo (S. Agustín, Trin. 1 4, 15, 21).

LA LEY NATURAL ES PARA TODOS

La ley natural no es otra cosa que la luz de la inteligencia puesta en nosotros por Dios; por ella conocemos lo que es preciso hacer y lo que es preciso evitar.

Esta luz o esta ley, Dios la ha dado a la creación (S. Tomás de A., dec. praec.).

La ley natural, presente en el corazón de todo hombre y establecida por la razón, es **universal** en sus preceptos, y su autoridad se extiende a todos los hombres. Expresa la dignidad de la persona y determina la base de sus derechos y sus deberes fundamentales.

Existe ciertamente una verdadera ley: la recta razón. Es conforme a la naturaleza, extendida a todos los hombres; es inmutable y eterna; sus órdenes imponen deber; sus prohibiciones apartan de la falta... Es un sacrilegio sustituirla por una ley contraria; está prohibido dejar de aplicar una sola de sus disposiciones; en cuanto a abrogarla enteramente, nadie tiene la posibilidad de ello (Cicerón. rep. 3, 22, 33).

LA LEY ANTIGUA

Dios, nuestro Creador y Redentor, eligió a Israel como su pueblo y le reveló su Ley, preparando así la venida de Cristo.

La Ley de Moisés contiene muchas verdades naturalmente accesibles a la razón. Estas están declaradas y autentificadas en el marco de la Alianza de la salvación.

La Ley antigua es el primer estado de la Ley revelada.

Sus prescripciones morales están resumidas en los Diez mandamientos.

Los preceptos del Decálogo establecen los fundamentos de la vocación del hombre, formado a imagen de Dios.

Prohiben lo que es contrario al amor de Dios y del prójimo, y prescriben lo que le es esencial.

El Decálogo es una luz ofrecida a la conciencia de todo hombre para manifestarle la llamada y los caminos de Dios, y para protegerle contra el mal:

Dios escribió en las tablas de la Ley lo que los hombres no leían en sus corazones
(S. Agustín, Sal. 57, 1).

EJEMPLO:

Respecto a la solidaridad que debemos tener los humanos, tanto en los bienes materiales como espirituales, es iluminadora la anécdota o parábola del P. Eusebio Navarro: un cojo se enteró de que en su vecindario la situación se iba a poner fea, con una trifulca y tiroteo y lo podían matar. El cojo que veía pero no podía caminar se lo comunicó a un ciego que no veía pero podía caminar. Entonces el ciego se echó al hombro al cojo y el cojo iba indicando al ciego por dónde debía caminar, y así ambos salvaron la vida ¡Cómo mejoraría el mundo si cada uno pusiera lo que está a su alcance a favor del otro!

Canto: *Señor, Tú tienes Palabras...*

56

LA LEY NUEVA O LEY EVANGÉLICA

La Ley nueva o Ley evangélica es la perfección aquí abajo de la ley divina, natural y revelada.

Es obra de Cristo y se expresa particularmente en el Sermón de la Montaña.

Es también obra del Espíritu Santo, y por él viene a ser la ley interior de la caridad:

"Concertaré con la casa de Israel una alianza nueva... pondré mis leyes en su mente, en sus corazones las grabaré; yo seré su Dios y ellos serán mi pueblo" (Hb 8.8-10; cf Jr 31, 31-34).

La Ley nueva es **la gracia del Espíritu Santo** dada a los fieles mediante la fe en Cristo.

Actúa por la caridad, utiliza el Sermón del Señor para enseñarnos lo que hay que hacer, y los sacramentos para comunicarnos la gracia de realizarlo:

El que quiera meditar con piedad y perspicacia el Sermón que nuestro Señor pronunció en la montaña, según lo leemos en el Evangelio de S. Mateo, encontrará en él sin duda alguna la carta perfecta de la vida cristiana... Este Sermón contiene todos los preceptos propios para guiar la vida cristiana (S. Agustín, serm. Dom. 1, 1).

LOS DISPUESTOS A ACOGER CON FE ESTA NUEVA ESPERANZA

La Ley evangélica "da cumplimiento" (cf Mt 5. 17-19), purifica, supera, y lleva a su perfección la Ley antigua.

En las "Bienaventuranzas" da cumplimiento a las promesas divinas, elevándolas y ordenándolas al "Reino de los cielos".

Se dirige a los que están dispuestos a acoger con fe esta esperanza nueva: los pobres, los humildes, los afligidos, los limpios de corazón, los perseguidos a causa de Cristo, trazando así los caminos sorprendentes del Reino.

La Ley evangélica lleva a plenitud los mandamientos de la Ley.

El Sermón del monte, lejos de abolir o devaluar las prescripciones morales de la Ley antigua, extrae de ella sus virtualidades ocultas y hace surgir de ella nuevas exigencias: revela toda su verdad divina y humana.

No añade preceptos exteriores nuevos, pero llega a reformar la raíz de los actos, el corazón, donde el hombre elige entre lo puro y lo impuro (cf Mt 15, 18-19), donde se forman la fe, la esperanza y la caridad, y con ellas las otras virtudes.

El Evangelio conduce así la Ley a su plenitud mediante la imitación de la perfección del Padre celestial (cf Mt 5, 48), mediante el perdón a los enemigos y la oración por los perseguidores, según el modelo de la generosidad divina (cf Mt 5, 44).

UNA PERFECCIÓN QUE DEBE BROTAR DE DENTRO

La Ley nueva practica los actos de la religión: la limosna, la oración y el ayuno, ordenándolos al "Padre que ve en lo secreto", por oposición al deseo "de ser visto por los hombres" (cf Mt 6, 16; 16-18). Su oración es el Padre Nuestro (Mt 6, 9-13).

La Ley evangélica entraña la elección decisiva entre "los dos caminos" (cf Mt 7, 13-14) y la práctica de las palabras del Señor (cf Mt 7, 21-27).

Está resumida en **la regla de oro**: "Todo cuanto quieran les hagan los hombres, háganlo también **ustedes**, porque esta es la Ley y los profetas" (Mt 7, 12; cf Lc 6, 31).

Toda la Ley evangélica está contenida en el "**mandamiento nuevo**" de Jesús (Jn 13, 34): amarnos los unos a los otros como Él nos ha amado (cf Jn 15, 12).

EL AMOR DESINTERESADO Y SIN FINGIMIENTOS

Al Sermón del monte conviene añadir la **catequesis moral de las enseñanzas apostólicas**, como Rm 12-15; 1 Co 12-13; Col 3-4; Ef 4-5, etc.

Esta doctrina transmite la enseñanza del Señor con la autoridad de los apóstoles, especialmente exponiendo las virtudes que se derivan de la fe en Cristo y que anima la caridad, el principal don del Espíritu Santo.

"Su caridad sea sin fingimiento... amándose cordialmente los unos a los otros... con la alegría de la esperanza; constantes en la tribulación; perseverantes en la oración; compartiendo las necesidades de los santos; practicando la hospitalidad" (Rm 12, 9-13).

Esta catequesis nos enseña también a tratar los casos de conciencia a la luz de nuestra relación con Cristo y con la Iglesia (cf Rm 14; 1 Co 5-10).

La Ley nueva es llamada **ley de amor**, porque hace obrar por el amor que infunde el Espíritu Santo más que por el temor.

Ley de gracia, porque confiere la fuerza de la gracia para obrar mediante la fe y los sacramentos.

Ley de libertad (cf St 1, 25; 2, 12), porque nos libera de las observancias rituales y jurídicas de la Ley antigua, nos inclina a obrar espontáneamente bajo el impulso de la caridad.

Nos hace pasar de la condición del siervo "que ignora lo que hace su señor", a la de amigo de Cristo, "porque todo lo que he oído a mi Padre se lo he dado a conocer" (Jn 15, 15), o también a la condición de hijo heredero (cf Ga 4, 1-7. 21-31; Rm 8, 15).

LA LEY NUEVA Y LOS CONSEJOS EVANGÉLICOS

Más allá de sus preceptos, la Ley nueva contiene **los consejos evangélicos**. La distinción tradicional entre mandamientos de Dios y consejos evangélicos se establece por relación a la caridad, perfección de la vida cristiana.

Los preceptos están destinados a apartar lo que es incompatible con la caridad.

Los consejos tienen por fin apartar lo que, incluso sin serle contrario, puede constituir un impedimento al desarrollo de la caridad (cf S. Tomás de Aquino, s.th. 2-2, 184,3).

Canto: Un mandamiento nuevo...

57

LA GRACIA Y JUSTIFICACIÓN

Anuncio:
"Crezca la gracia y la paz entre ustedes por el conocimiento de Dios y de Jesús, Señor nuestro. Él nos llamó con su divino poder a participar de la naturaleza de Dios" (2 P 1,2-4).

Lecturas:
Romanos 6,1-5; 8,12-17; Romanos 8,28-30; 2 Pedro 1,1-8; 1 Juan 3,13-20; 1 Corintios 2,6-12; 12,1-11; Mateo 5, 1-17; Juan 1, 6-14).

El Espíritu Santo con su gracia nos lava de nuestros pecados y nos santifica (cf Rm 3,22; 6,34).

La primera obra del Espíritu Santo es producir en nosotros la **conversión** (cf Mt 4, 17). Luego nos viene la **justificación** por la fe en Jesucristo, que nos la mereció por su pasión y muerte.

La justificación nos viene por la **colaboración entre la gracia de Dios y la libertad del hombre**. Dios toca el corazón del hombre, y a la vez el hombre, con esa gracia de Dios, se abre a esa obra de salvación. El ser humano puede, con su libertad, aceptar o rechazar esa obra de salvación que, le viene de Dios por Jesucristo.

La justificación es la obra más excelente del amor de Dios, manifestado en Cristo Jesús y concedido por el Espíritu Santo.

S. Agustín afirma que "la justificación del impío es una obra más grande que la creación del cielo y de la tierra".

Porque "el cielo y la tierra pasarán, mientras la salvación y la justificación de los elegidos permanecerán" (ev. Jo. 72, 3).

Dice incluso que la justificación de los pecadores supera a la creación de los ángeles en la justicia porque manifiesta una misericordia mayor.

El Espíritu Santo es el maestro interior. Haciendo nacer al "hombre interior" (Rm 7, 22; Ef 3, 16), la justificación implica la **santificación** de todo el ser:

> Si en otros tiempos ofrecieron sus miembros como esclavos a la impureza y al desorden hasta desordenarse, ofrézcánlos igualmente ahora a la justicia para la santidad... al presente, libres del pecado y esclavos de Dios, fructifiquen para la santidad y el fin, la vida eterna (Rm 6, 19.22).

LA GRACIA

La gracia de Dios es **el favor, el auxilio gratuito** que Dios nos da para responder a su llamada, y llegar a ser hijos de Dios (cf Jn 1,12-18; Rm 8,14-17; 2 P 1,3-4; Jn 17,3).

La gracia es una **participación en la Vida de Dios**. Nos introduce en la intimidad de la vida Trinitaria. Se inicia por el Bautismo, por el que somos incorporados a Cristo.

Esta vocación a la vida eterna es **sobrenatural**. Depende de la iniciativa gratuita de Dios (cf 1 Co 2,7-9). Es la gracia **santificante o divinizadora,** recibida en el Bautismo.

La preparación del hombre para acoger la gracia es ya una obra de la gracia.

Esta es necesaria para suscitar y sostener nuestra colaboración a la justificación mediante la fe y a la santificación mediante la caridad.

Dios completa en nosotros lo que Él mismo comenzó, "porque Él, por su acción, comienza haciendo que nosotros queramos; y termina cooperando con nuestra voluntad ya convertida" (S. Agustín, grat. 17):

> Ciertamente nosotros trabajamos también, pero no hacemos más que trabajar con Dios que trabaja. Porque su misericordia se nos adelantó para que fuésemos curados: nos sigue todavía para que, una vez sanados, seamos vivificados; se nos adelanta para que seamos llamados, nos sigue para que seamos glorificados; se nos adelanta para que vivamos según la piedad, nos sigue para que vivamos por siempre con Dios, pues sin Él no podemos hacer nada (S. Agustín, nat. et grat. 31).

LIBRE INICIATIVA DE DIOS Y RESPUESTA LIBRE DEL HOMBRE

La libre iniciativa de Dios exige la respuesta libre del hombre, porque Dios creó al hombre a su imagen, concediéndole, con la libertad, el poder de conocerle y amarle. El alma sólo libremente entra en la comunión del amor. Dios toca inmediatamente y mueve directamente el corazón del hombre.

Dios puso en el hombre una aspiración a la verdad y al bien que sólo Él puede colmar. Las promesas de la "vida eterna" responden, por encima de toda esperanza, a esta aspiración.

La gracia es, ante todo y principalmente, el don del Espíritu Santo que nos justifica y santifica. Pero también se nos conceden los dones de ese mismo Espíritu para asociarnos a su obra.

LAS GRACIAS SACRAMENTALES

Son dones propios de los distintos sacramentos. Son, además, **las gracias especiales** llamadas también **"carismas"** (dones gratuitos).

Entre las gracias especiales conviene mencionar **la gracia de estado**, (para cumplir los deberes propios de cada uno, de su vocación), que acompaña el ejercicio de las responsabilidades de la vida cristiana y de los ministerios en el seno de la Iglesia:

Teniendo dones diferentes, según la gracia que nos ha sido dada: si es el don de profecía, ejerzámoslo en la medida de nuestra fe; si es el ministerio, en el ministerio; la enseñanza, enseñando; la exhortación, exhortando. El que da, con sencillez; el que preside, con solicitud; el que ejerce la misericordia, con jovialidad (Rm 12, 6-8).

EL MÉRITO Y LA SANTIDAD CRISTIANA

El término **"mérito"** designa **retribución debida** por una obra buena, digna de recompensa. Si es mala, es merecedora de castigo. Frente a Dios, en sentido estricto, no hay mérito por parte del hombre. El mérito del hombre ante Dios, en la vida cristiana, proviene de la promesa del mismo Dios. **Dios ha dispuesto libremente asociar al hombre a la obra de su gracia.**

Por la adopción filial, Dios nos hace partícipes de la naturaleza divina. Esto por pura gracia de Dios. Según esa justicia gratuita de

Dios a nosotros, se nos confiere **un verdadero mérito**. Pero esos méritos de nuestras buenas obras son dones de la bondad divina (cf Cc de Trento: DS 1448).

LA CARIDAD DE CRISTO EN NOSOTROS ES LA FUENTE DE TODOS NUESTROS MÉRITOS

LA SANTIDAD CRISTIANA

"Sabemos que en todas las cosas interviene Dios para bien de los que le aman... a los que de antemano conoció, también los predestinó a reproducir la imagen de su Hijo.

Para que fuera Él (su Hijo) el primogénito entre muchos hermanos; y a los que predestinó, a esos también los llamó. Y a los que llamó, a esos también los justificó; a los que justificó, a esos también los glorificó" (Rm 8, 28-30).

"Todos los fieles, de cualquier estado o régimen de vida, son llamados a la plenitud de la vida cristiana y a la perfección de la caridad" (LG 40). Todos son llamados a la santidad: "Sean perfectos como su Padre celestial es perfecto" (Mt 5, 48):

Para alcanzar esta perfección, los creyentes han de emplear sus fuerzas, según la medida del don de Cristo, para entregarse totalmente a la gloria de Dios y al servicio del prójimo. Lo harán siguiendo las huellas de Cristo, haciéndose conformes a su imagen, y siendo obedientes en todo a la voluntad del Padre. De esta manera, la santidad del Pueblo de Dios producirá frutos abundantes, como lo muestra claramente en la historia de la Iglesia la vida de los santos" (LG 40).

EL PROGRESO ESPIRITUAL

"El progreso espiritual tiende a la unión cada vez mas íntima con Cristo.

Esta unión se llama "mística", porque participa del misterio de Cristo mediante los sacramentos -"los santos misterios"- y en Él, en el misterio de la Santísima Trinidad.

Dios nos llama a todos a esta unión íntima con Él, aunque las gracias especiales o los signos extraordinarios de esta vida mística

sean concedidos solamente a algunos para manifestar así el don gratuito hecho a todos.
El camino de la perfección pasa por la cruz. No hay santidad sin renuncia y sin combate espiritual (cf 2 Tm 4).
El progreso espiritual implica la ascesis y la mortificación que conducen gradualmente a vivir en la paz y el gozo de las bienaventuranzas:

> *El que asciende no cesa nunca de ir de comienzo en comienzo mediante comienzos que no tienen fin. Jamás el que asciende deja de desear lo que ya conoce (S. Gregorio de Nisa, hom. in Cant. 8)".*

Los hijos de nuestra madre la Santa Iglesia esperan justamente la gracia de la perseverancia final y de la recompensa de Dios, su Padre, por las obras buenas realizadas con su gracia en comunión con Jesús (cf Cc. de Trento: DS 1576).

"Siguiendo la misma norma de vida, los creyentes comparten la "bienaventurada esperanza" de aquellos a los que la misericordia divina congrega en la "Ciudad Santa, la nueva Jerusalén, que baja del cielo, de junto a Dios, engalanada como una novia ataviada para su esposo" (Ap 2 l, 2).

PREGUNTAS:

1) ¿Cómo el Espíritu Santo nos confiere la justificación? Por medio de la fe y el bautismo nos une a la pasión y resurrección de Cristo y nos hace participar de la vida divina.

2) ¿Qué entraña la justificación? Entraña el perdón de los pecados, y la santificación, renovando al hombre interior.

3) ¿Quién nos mereció la justificación? Nos la mereció Jesucristo por su pasión y muerte; y se nos concede mediante el bautismo. Es la obra más excelente de la misericordia de Dios.

4) ¿Qué es la gracia? La gracia es el auxilio que Dios nos otorga para responder a la vocación de hijos de Dios, e introducirnos en la intimidad de la vida Trinitaria.

5) ¿Qué es la gracia santificante? Es el don gratuito que Dios nos hace de participar de su vida divina. El Espíritu Santo la infunde en nuestra alma para curarla del pecado y santificarla.

6) ¿Qué nos hace la gracia santificante? Nos hace "agradables a Dios". Los carismas y gracias especiales están ordenados a la gracia santificante, y tienen por fin el bien común de la Iglesia. Dios así actúa en nosotros con gracias actuales, que se distinguen de la gracia habitual que promueve en nosotros.

7) ¿Tiene el hombre mérito ante Dios? Por sí mismo el ser humano no tiene méritos ante Dios; pero Dios ha determinado asociarlo a la obra de su gracia. Así el mérito pertenece, en primer lugar, a la gracia de Dios; y en segundo lugar, a la colaboración del hombre. El mérito del hombre retorna a Dios.

8) ¿Todos los fieles están llamados a la santidad? Sí, están llamados a la perfección cristiana. "Sean perfectos como nuestro Padre celestial es perfecto" (Mt 5,48).

9) Para llegar a la perfección de la vida cristiana ¿hay que aceptar la cruz de Cristo? Sí, muchas veces es necesaria la renuncia. "Si alguno quiere venir en pos de mí, niéguese a sí mismo, tome su cruz y sígame" (Mt 16,24).

REFLEXIÓN:

El mérito en orden a la gloria

Todas las cosas del mundo pasan. Pero a las obras buenas que hacemos Dios les concede un mérito que llega y perdura en la vida eterna. Si tenemos una fe viva vamos aprovechando los actos de paciencia y de amor que a diario debemos hacer. tanto el sacrificio de servir en el hogar, como en la comunidad y en la Iglesia. Y eso va aumentando "el peso de gloria" la gran corona de gloria de que nos habla san Pablo (cf 2 Co 4, 17-18).

Ya dice Jesús que en el cielo hay diversas mansiones (cf Jn 14,2), distintas unas de otras, es decir, depende del grado de gloria que con la gracia de Dios hemos ido ganando o mereciendo ahora en la tierra. No debemos esperar la muerte "con las manos vacías".

El llamado a la Santidad

Todos los bautizados, y con mayor razón los sacerdotes y personas de vida consagrada, debemos cultivar el deseo de la santidad.

La santidad no es más que ir trabajando en conformar nuestra voluntad con la de Dios, que es perfecta; nuestra vida, con la vida de Cristo. Con la fidelidad en la continua oración y con la gracia de Dios, debemos ir esforzándonos en llegar a la perfección cristiana.

Dice el Señor: "Sean perfectos como su Padre celestial es perfecto" (Mt 5,48).

Y declara Tomás de Kempis, en la "Imitación de Cristo" que si el que se propone caminar hacia la perfección tiene fallas ¿qué será el que nunca se lo propone?

Añade Tanquerey que el primer paso que damos hacia la perfección es desearla de verdad, con ardor y constancia. Y si no se tiene ese deseo hay que pedírselo a Dios.

Cuando se ordenó sacerdote el Santo Cura de Ars, hizo pocos propósitos. Uno de ellos fue aspirar siempre a la santidad, y el otro, leer con frecuencia vida de santos, porque, decía él: los manuales de espiritualidad presentan la virtud en teoría, pero los santos la ponen en acción.

Muchos sacerdotes, personas de vida consagrada y fieles formados tenemos el peligro de quedarnos en una vida mediocre o adocenada, por no cultivar seriamente el deseo de la perfección cristiana y pedírsela a Dios con humildes súplicas.

ACLAMACIONES:

1) *El Espíritu Santo es nuestro maestro interior. Nos purifica y nos santifica. Seamos dóciles a Él.*

2) *El Espíritu Santo "comienza haciendo que nosotros queramos y termina cooperando con nuestra voluntad ya convertida" (S. Ag.).*

3) *"Sabemos que en todas las cosas interviene Dios para bien de los que le aman" (Rm 8,28).*

4) *Nos dice el Señor: "Sean perfectos como su Padre Celestial es perfecto" (Mt 5,48).*

5) *No hay santidad sin renuncia y sin combate espiritual (cf 2 Tm 4).*

6) *"Padre Santo "no te pido que los saques del mundo, sino que los preserves de la maldad" (Jn 17,15).*

Salmo 84.

(Este tema se presta para revisar y seguir aprendiendo las oraciones que debe conocer y hacer todo cristiano).

EJEMPLOS:

1) *Se encontraba un sacerdote en un barrio catequizando a un grupo de niños pobres. Se acercó un caballero y le dijo: "No sé cómo usted puede querer esos muchachos sucios y malolientes". El buen sacerdote se limitó a contestar: "Son hijos de Dios".*

2) *Una señora acudió a san Francisco de Sales porque tenía un hijo extraviado. Le decía: Hablo a mi hijo de Dios, y va cada vez peor. San Francisco le contestó: está bien, hable a su hijo de Dios; pero hable más a Dios de su hijo (es decir, que hiciera más oración por él) y se convertirá.*

Canto: *Sin santidad nadie verá al Señor...*

58
LA IGLESIA MADRE Y EDUCADORA

El cristiano realiza su vocación en la Iglesia, en comunión con todos los bautizados.

De la Iglesia recibe la Palabra de Dios, que contiene las enseñanzas de la ley de Cristo (Ga 6, 2).

De la Iglesia recibe la gracia de los sacramentos que le sostienen en el camino. De la Iglesia aprende **el ejemplo de la santidad**; reconoce en la Bienaventurada Virgen María la figura y modelo de esa santidad.

Discierne esa santidad en el testimonio auténtico de los que la viven; la descubre en la tradición espiritual y en la larga historia de los santos que le han precedido y que la liturgia celebra a lo largo del santoral.

LA VIDA MORAL ES UN CULTO ESPIRITUAL

Ofrecemos nuestros cuerpos "como una hostia viva, santa, agradable a Dios" (Rm 12,1).

LA VIDA MORAL Y EL MAGISTERIO DE LA IGLESIA

La Iglesia, "columna y fundamento de la verdad" (1 Tm 3, 15), "recibió de los apóstoles este solemne mandato de Cristo de anunciar la verdad que nos salva" (LG 17).

"Compete siempre y en todo lugar a la Iglesia proclamar los principios morales, incluso los referentes al orden social. Así como dar su juicio sobre cualesquiera asuntos humanos, en la medida en que lo exijan los derechos fundamentales de la persona humana o la salvación de las almas" (CIC can. 747, 2).

Los mandamientos de la Iglesia se sitúan en la línea de una vida moral referida a la vida litúrgica y que se alimenta de ella.

El carácter obligatorio de estas leyes positivas promulgadas por la autoridad eclesiástica tiene por fin garantizar a los fieles el mínimo indispensable en el espíritu de oración y en el esfuerzo moral, en el crecimiento del amor de Dios y del prójimo.

Los mandamientos más generales de la Santa Madre Iglesia son cinco:

El primer mandamiento ("Oir misa entera los domingos y demás fiestas de precepto y no realizar trabajos serviles") exige a los fieles que santifiquen el día en el cual se conmemora la Resurrección del Señor y las fiestas litúrgicas principales en honor de los misterios del Señor, de la Santísima Virgen María y de los santos, en primer lugar participando en la celebración eucarística, y descansando de aquellos trabajos y ocupaciones que puedan impedir esa santificación de estos días.
cf CIC, can. 1246-1248; CCEO, can. 880, § 3;881,§§ 1. 2.

El segundo mandamiento ("Confesar los pecados al menos una vez al año") asegura la preparación a la Eucaristía mediante la recepción del sacramento de la Reconciliación, que continúa la obra de conversión y de perdón del Bautismo.
cf CIC, can. 989; CCEO, can. 719.

El tercer mandamiento ("Recibir el sacramento de la Eucaristía al menos por Pascua") garantiza un mínimo en la recepción del Cuerpo y la Sangre del Señor en conexión con el tiempo de Pascua, origen y centro de la liturgia cristiana.
cf CIC, can. 920; CCEO, can. 708. 881,§ 3.

El cuarto mandamiento ("Abstenerse de comer carne, y ayunar en los días establecidos por la Iglesia) asegura los tiempos de ascesis y de penitencia que nos preparan para las fiestas litúrgicas y para adquirir el dominio sobre nuestros instintos, y la libertad del corazón.
cf CIC, can. 1249-1251; CCEO, can. 882.

El quinto mandamiento ("Ayudar a las necesidades de la Iglesia") enuncia que los fieles están además obligados a ayudar, cada uno según su posibilidad, a las necesidades materiales de la Iglesia.
cf CIC, can. 222; CCEO, can. 25. Las Conferencias Episcopales pueden además establecer otros preceptos eclesiásticos para el propio territorio. cf CIC, can. 455.

LA VIDA MORAL Y TESTIMONIO MISIONERO

La fidelidad de los bautizados es una condición primordial para el anuncio del Evangelio y para **la misión de la Iglesia en el mundo**.

Para manifestar ante los hombres su fuerza de verdad y de irradiación, el mensaje de la salvación debe ser autentificado por el testimonio de vida de los cristianos.

"El mismo testimonio de la vida cristiana y las obras buenas realizadas con espíritu sobrenatural son eficaces para atraer a los hombres a la fe y a Dios" (AA 6).

REFLEXIÓN:

Los mandamientos de la Iglesia están basados en la misma Escritura o Palabra revelada. Sobre el primer mandamiento, a todo cristiano se le impone celebrar "el día del Señor" con los demás hermanos en la fe (cf Hch 2,42). La tradición apostólica lo enseña como una obligación vital, grave.

El segundo mandamiento está basado en Jn 20, 22-23; 1 Co 11,28-29.
El tercer mandamiento, capt. 6 de San Juan.
El cuarto mandamiento: Mc 1,15; Lc 9,23; Lc 13,5; sobre el ayuno y sobre entrar por la puerta estrecha, Mt 6, 16-18; 7, 13-14.
El quinto mandamiento sobre dar el diezmo para las obras de culto y desarrollo de la religión (cf Dt 14,22; Eclo 35,6-15; Mt 23,23; Hb 7,2).

También se debe tener presente que:

1) Por reverencia al Cuerpo del Señor, se debe guardar una hora de pleno ayuno antes de recibir la comunión. Mucha gente desconoce u olvida esta norma

2) En la Iglesia Universal quedan como días obligatorios, sólo de abstinencia (no comer carne) todos los viernes del año que no caen en fiestas de precepto; y la abstinencia y ayuno, Miércoles de Ceniza y los viernes de Cuaresma. En Rep. Dominicana se han disminuido más. El ayuno y abstinencia sólo los Miércoles de Ceniza y Viernes Santo; y sólo abstinencia los demás viernes de Cuaresma. Pero los verdaderos cristianos, siguiendo el ejemplo y mandato de Jesucristo, deben voluntariamente aumentar esa penitencia.

Canto: *Iglesia soy...*

59

LOS DIEZ MANDAMIENTOS

Anuncio:
*"A la pregunta del joven a Jesucristo:
¿qué tengo que hacer para conseguir la vida eterna?
El Señor le contesta: guarda los mandamientos" (Mt 19,16-17).*

Lecturas:
Exodo 20,2-17; Deuteronomio 5,6-29; Mateo 19,16-19;
Mateo 5, 17-48; Mateo 22,34-40; Juan 15,1-13.

Un joven preguntó a Jesús "¿Qué he de hacer para conseguir la vida eterna?" Jesús le declara: "Si quieres entrar en la vida eterna guarda los mandamientos" (Mt 19, 16-19).

EL DECÁLOGO
EN LA SAGRADA ESCRITURA

La palabra decálogo significa "diez palabras" (Ex 34,28; Dt 4,13). Estas "diez palabras" las reveló Dios a su pueblo en la montaña santa.

Las "diez palabras" resumen y proclaman la ley de Dios: «Esas palabras dijo el Señor a toda vuestra asamblea, en la montaña, de en medio del fuego, la nube y la densa niebla, con voz potente, y nada más añadió. Luego las escribió en dos tablas de piedra y me las entregó a mí» (Dt 5, 22).

Por eso estas dos tablas son llamadas "el Testimonio" (Ex 25, 16), pues contienen las cláusulas de la Alianza establecida entre Dios y su pueblo.

Estas "tablas del Testimonio" (Ex 31, 18; 32, 15; 34, 29) se debían depositar en el "arca" (Ex 25, 16; 40, 1-2).

La Iglesia, fiel a la Sagrada Escritura, siguiendo el ejemplo de Jesús y la Tradición, le da mucha importancia al decálogo o diez mandamientos (Mt 19, 16-19).

OCUPAN UN LUGAR IMPORTANTE
EN LA CATEQUESIS

Desde san Agustín, "los diez mandamientos" ocupan un lugar fundamental en la catequesis de los futuros bautizados y de los fieles. En el siglo XV se tomó la costumbre de expresar los mandamientos en fórmulas rimadas, fáciles de memorizar.

Los diez mandamientos enuncian las exigencias del amor de Dios y del prójimo. Los tres primeros se refieren más al amor de Dios y los otros siete más al amor del prójimo.

La Iglesia enseña que los cristianos deben cumplir los mandamientos para conseguir la salvación (cf LG 24). Los diez mandamientos forman un conjunto, de modo que transgredir un mandamiento es quebrantar los otros (cf St 2,10-11). No se podría adorar a Dios sin amar a todos los hombres, que son sus criaturas.

EL DECÁLOGO Y LA LEY NATURAL

Desde el comienzo, Dios había puesto los preceptos de la ley natural en el corazón del hombre. Aunque accesibles a la sola razón, los preceptos del Decálogo han sido revelados por Dios en la Escritura.

LA OBLIGACIÓN DEL DECÁLOGO

Los diez mandamientos, por expresar los deberes fundamentales del hombre hacia Dios y hacia su prójimo, revelan en su contenido primordial obligaciones graves.

Son básicamente inmutables, y su obligación vale siempre y en todas partes.

Nadie podría dispensar de ellos. Los diez mandamientos están grabados por Dios en el corazón del ser humano.

DENTRO DE LOS MANDAMIENTOS PUEDE HABER NORMAS QUE SEAN LEVES

La obediencia a los mandamientos implica también obligaciones cuya materia es, en sí misma, leve.

Así, la injuria de palabra está prohibida por el quinto mandamiento, pero sólo podría ser una falta grave en razón de las circunstancias o de la intención del que la profiere.

SIN MÍ NO PUEDEN HACER NADA

Jesús dice: "Yo soy la vid; ustedes, los sarmientos. El que permanece en mí como yo en él, ése da mucho fruto; porque sin mí no pueden hacer nada" (Jn 15, 5).

El fruto evocado en estas palabras es la santidad de una vida hecha fecunda por la unión con Cristo.

Cuando creemos en Jesucristo, participamos en sus misterios y guardamos sus mandamientos, el Salvador mismo ama en nosotros a su Padre y a sus hermanos, nuestro Padre y nuestros hermanos.

Su persona (la de Cristo) viene a ser, por obra del Espíritu, la norma viva e interior de nuestro obrar. "Este es el mandamiento mío: que se amen los unos a los otros como yo los he amado" (Jn 15, 12).

PREGUNTAS:

1) ¿Qué hay qué hacer para obtener la vida eterna? "Jesús responde: 'Si quieres entrar en la vida, guarda los mandamientos". (Mt 19,16-17).

2) Jesús, ¿dio importancia a la guarda de los mandamientos? Sí, tanto en su modo de actuar como en su predicación, Jesús afirmó el valor perenne del Decálogo.

3) ¿En qué ambiente de vida fue concedido el don del Decálogo a los hombres? Fue concedido dentro del marco de la Alianza de Dios con su pueblo.

4) La Iglesia, ¿siempre ha dado importancia al Decálogo? Sí, y en esto ha sido fiel a la Escritura, al ejemplo de Jesús y a la tradición.

5) El Decálogo, ¿forma una unidad, un conjunto? Sí. Transgredir un mandamiento es quebrantar toda la Ley (cf St. 2,10-11).

6) Los mandamientos, ¿contienen obligaciones graves? Sí, aunque hay casos en que las obligaciones son leves porque la materia es leve.

7) ¿Es posible al hombre guardar los mandamientos? Por sus propias fuerzas es difícil guardarlos, pero el Señor nos ofrece su ayuda y su gracia para que los cumplamos. (Hay que hacer súplicas humildes al Señor, y evitar la ocasión de pecado).

ACLAMACIONES:

1) *"Si quieres entrar en la vida, guarda los mandamientos".*

2) *El primer mandamiento es "Amarás al Señor tu Dios con todo tu corazón"; y "el segundo, no menos importante: amarás a tu prójimo como a ti mismo" (Mt 22,38-39).*

3) *"Dichoso el que con vida intachable, camina según la voluntad del Señor" (Sal 119,1).*

4) *"Dichoso el que guardando sus preceptos, lo busca de todo corazón" (Sal 119,2).*

5) *"Mucha paz tienen, Señor, los que aman tus leyes" (Sal 119,165).*
Meditar salmo 119,1-8.

EJEMPLOS:

1) Nuestro modelo en el cumplimiento de la Ley de Dios es Jesucristo. Jesucristo vino del cielo a la tierra para darnos ejemplo de vida. Por eso dijo en el sermón de la montaña: *"No he venido a quebrantar la ley (de Dios), sino a cumplirla".* Y ¡qué bien cumplió todos los mandamientos de Dios Padre! Por eso pudo retar a sus enemigos diciendo: *"¿Quién de ustedes podrá argüirme de pecado?"* Cuando niño, el más bueno entre los niños; cuando joven, el mejor entre los jóvenes. No hay que extrañar: es Dios y en Él no hubo ni podía haber la más pequeña falta o imperfección.

2) La práctica de los mandamientos conduce a la vida, y el quebrantar los mandamientos hace daño a nuestro misma naturaleza. Cicerón, el antiguo escritor latino, decía: *"Una juventud entregada a las pasiones y desarreglada, no deja a la vejez más que un cuerpo debilitado. La pérdida de nuestras fuerzas se debe más a los vicios que a las enfermedades de los años".* Ese mismo filósofo pagano repetía: *"No es, pues, útil lo que no es honesto".*

3) Santo Tomás de Aquino añade: *"Nada es prohibido por la ley de Dios, sino porque está en contra del bien del propio ser humano".*

Canto: *Bendito eres, Señor...*

Se puede recitar el salmo 119,1-8.

Se debe aprovechar esta lección para hacer aprender de memoria los mandamientos y alguna breve explicación de ellos.

60

PRIMER MANDAMIENTO: AMARÁS A DIOS SOBRE TODAS LAS COSAS

Anuncio:
"Amarás al Señor tu Dios con todo tu corazón, con toda tu alma, con toda tu mente". Este es el mandamiento principal y el primero, pero hay un segundo no menos importante: "Amarás a tu prójimo como a ti mismo". De estos dos mandamientos penden la Ley entera y los Profetas" (Mt 22,37; cf Lc 10,27).

Lecturas bíblicas:
Exodo 20,1-21; Deuteronomio 6,1-7; Mateo 22,36-40.

Jesús resumió los deberes del hombre para con Dios en estas palabras: "Amarás al Señor tu Dios con todo tu corazón, con toda tu alma y con toda tu mente" (Mt 22, 37; cf Lc 10, 27: "...y con todas tus fuerzas"). Estas palabras siguen inmediatamente a la llamada solemne: "Escucha, Israel: el Señor nuestro Dios es el único Señor" (Dt 6, 4).

Dios nos amó primero. El amor del Dios Unico es recordado en la primera de las "diez palabras".

Los mandamientos explicitan a continuación la respuesta de amor que el hombre está llamado a dar a su Dios.

Dios se da a conocer recordando su acción todopoderosa, bondadosa y liberadora (cf Dt 6,13-14).

Dios llama al ser humano para que le acoja y adore (como creador y soberano de todas las cosas). Es una justa exigencia del Señor, pues Él es el único y verdadero Dios, quien revela ante todo su gloria a Israel (cf Ex 19,16-25; 24, 15-18).

El ser humano es llamado a reconocer a Dios y a darlo a conocer, pues es hecho "a imagen y semejanza de Dios".

DIOS ES FIEL Y PERFECTAMENTE JUSTO

"El primero de los preceptos abarca la fe, la esperanza y la caridad".

En efecto, quien dice Dios, dice un ser constante, inmutable, siempre el mismo, fiel, perfectamente justo. De ahí se sigue que nosotros debemos necesariamente aceptar sus palabras y tener en Él una fe y una confianza completa.

Él es todopoderoso, clemente, infinitamente inclinado a hacer el bien.

¿Quién podría no poner en Él todas sus esperanzas?

¿Y quién podrá no amarlo, contemplando todos los tesoros de bondad y de ternura que ha derramado en nosotros?

De ahí esa fórmula que Dios emplea en la Sagrada Escritura, tanto al comienzo como al final de sus preceptos: "Yo soy el Señor" (Catec. R. 3, 9, 4).

LA FE

Nuestras obligaciones morales dimanan de la misma fe en Dios, que nos revela su amor. San Pablo habla de la "obediencia de la fe" (Rm 1,5.16,26) como de la primera obligación.

El mismo san Pablo nos hace ver que todas las desviaciones morales nacen del desconocimiento de Dios (cf Rm 1,18-32).

Se peca contra la fe en Dios cuando se acepta **la duda voluntaria** de algunas de las verdades que Dios nos ha revelado y que nos propone la Iglesia.

La duda involuntaria es cierta vacilación en creer, por la dificultad de superar las objeciones con respecto a la fe, o por la ansiedad suscitada por la oscuridad de ésta.

(En estos casos se deben evitar **esas tentaciones**, pedir a Dios la gracia de la fe: "Señor, yo creo, pero aumenta mi fe"; también se debe ilustrar la fe con el estudio de una verdadera catequesis).

Si uno se empeña en querer pasar las verdades de la fe por el cedazo de su raciocinio o razón natural, puede caer en la ceguera del espíritu.

La incredulidad es el menosprecio o rechazo de la verdad de fe revelada por Dios. Se llama **herejía** cuando la niega pertinazmente, después de haber recibido el bautismo. Es cuando se trata de una verdad que debe creerse con fe divina y católica.

La **apostasía** es el rechazo total de la fe cristiana. **Cisma** es el rechazo de la sujeción al Sumo Pontífice, o de la comunión de los miembros de la Iglesia a él sometidos (cf CIC can. 751).

LA ESPERANZA

El ser humano no puede responder con sus propias fuerzas a la llamada y al amor de Dios. Debemos esperar que Dios nos dará esa fuerza, esa capacidad para corresponderle con el amor y la práctica de los mandamientos.

La esperanza es aguardar confiadamente (y acudir a Él) para obtener esa bendición divina; y la bienaventurada visión de Dios. Eso conlleva temor de ofender el amor de Dios y de provocar su castigo.

Se peca contra la **esperanza** cayendo en **la desesperación**, dejando de esperar en el perdón de Dios y en su misericordia.

También se peca con el pecado contrario, o sea, con **la presunción**, cuando el hombre pretende mantenerse en gracia de Dios y salvarse sin la ayuda de Dios, o abusando de la bondad de Dios, esperando conseguir el perdón de Dios sin un verdadero arrepentimiento.

LA CARIDAD

Este primer mandamiento nos manda a amar a Dios sobre todas las cosas, y a las criaturas, por Él y a causa de Él (cf Dt 6, 4-5).

Contra el amor de Dios se peca con la **indiferencia**. No se piensa en el amor que Dios nos ha demostrado, y al que nosotros debemos corresponder. También con la **ingratitud** que no reconoce ese amor de Dios a nosotros (que todo nos lo ha dado). **Con la tibieza**, o sea, negligencia en el amor a Dios, en cumplir sus mandamientos.

(Es distinto a la **aridez,** o sentirse en oscuridad o sequedad, lo cual tiene más mérito delante de Dios).

(La diferencia está en que el que se deja llevar de la tibieza no hace esfuerzo por buscar a Dios y cumplir sus mandamientos; en cambio, el que pasa por la prueba de la aridez o sequedad hace ese esfuerzo y cumple sus deberes con Dios y con el prójimo, aunque sea a disgusto).

Pecado tremendo es el **odio a Dios**. Puede venir por el orgullo, la soberbia. Niega y maldice la bondad de Dios porque condena el pecado e inflige penas.

PREGUNTAS:

1) ¿Hay que amar a Dios por encima de todas las cosas? Sí; "Amarás al Señor tu Dios con todo tu corazón, con toda tu alma y con todas tus fuerzas" (Dt 6, 5).

2) ¿Qué virtudes principales hay que practicar para con Dios? La fe, la esperanza y la caridad. El primer mandamiento nos manda creer en Dios, esperar en Dios y amarlo sobre todas las cosas.

REFLEXIÓN:

1) Hoy más que nunca, ante la invasión de las sectas, el cristiano católico está obligado a ilustrar su fe, y como dice san Pedro: "Estén dispuestos a dar razón de su fe a todo el que les pida una explicación" (1 Pe 3,15).

2) Dice san Juan de la Cruz que un acto de amor a Dios tiene más mérito y más importancia que todas las buenas obras reunidas; (cuando estas buenas obras están vacías de ese verdadero amor de Dios). Dice también san Juan de la Cruz que, al caer de la tarde, a la hora de la muerte, todos seremos examinados en el amor (a Dios y al prójimo).

3) Un acto perfecto de amor a Dios realiza inmediatamente el misterio de la unión del alma con Dios, y adquiere la gracia de Dios, aunque el alma esté en pecado mortal, pero con la condición de la sucesiva confesión sacramental.

4) No es necesario sentir siempre un amor sensible hacia Dios. Basta con un amor apreciativo, de entendimiento y de voluntad.

Señal de que uno ama a Dios sobre todas las cosas, es esforzarse por cumplir sus mandamientos, y desear que su reino venga a nosotros y que se cumpla su voluntad en la tierra, aunque no tengamos, repetimos, un amor sentimental, emotivo hacia Dios, que Él a veces nos da. Pero lo importante es el aprecio de Dios en nuestro entendimiento, y la decisión firme en la voluntad de hacer lo que le agrada y de no ofenderle. Decía santa Teresita que tiene más mérito ante Dios rezar un Padrenuestro, un Avemaría en sequedad, sin sentir fervor sensible, que todo el rezo del rosario recitado con gran gusto sensible.

ACLAMEMOS:

1) *"Señor Dueño nuestro, qué admirable es tu nombre en toda la tierra" (Sal 8,1). (Repetir y aprender de memoria los actos de fe, esperanza y caridad).*
2) *Tenemos que amar a Dios porque "Él es la causa de todo lo que existe; la luz donde se percibe toda verdad; la fuente donde se bebe toda felicidad" (S. Ag.).*
3) *Rezar con fe y confianza el Padre Nuestro, cuyas expresiones son actos de amor a Dios, y meditar el salmo 119,8-16.*

Canto: *Señor, dueño nuestro...*

61

OTRAS OBLIGACIONES QUE SE DERIVAN DEL PRIMER MANDAMIENTO

Anuncio:
"Al Señor tu Dios adorarás y sólo a Él darás culto" (Mt 4,10).

Lecturas:
Daniel 14,1-30; Salmo 115; Mateo 4,1-10; Juan 4,19-26.

"A Él sólo darás culto". Este primer mandamiento nos sigue recordando lo que debemos dar a Dios en cuanto que somos simples criaturas de Él. A esta actitud nos dispone **la virtud de la religión**.

La adoración es el primer acto de la virtud de la religión. Adorar a Dios es reconocerle (afectuosamente) como Dios, como Creador y Salvador, Señor y Dueño de todo lo que existe.

Adorar a Dios es reconocer con respeto y sumisión "la nada de la criatura", que sólo existe por Dios.

Siguiendo el ejemplo de la Virgen María en el Magnificat, nos humillamos, reconocemos nuestra nada, y a la vez alabamos, exaltamos a Dios (por las maravillas que ha hecho en nosotros) (cf Lc 1,46-49).

(Esos actos no nos humillan. Más bien nos alegran y llenan el corazón).

La Oración. Los actos de fe, esperanza y caridad que ordena el primer mandamiento se realizan en la oración. Es la elevación del Espíritu, del alma, a Dios, para alabarle y darle gracias. La oración también es súplica de la gracia de Dios para cumplir con nuestra vida cristiana y con los mandamientos. "Es preciso orar siempre sin desfallecer" (Lc 18,1).

El sacrificio. Es justo ofrecer a Dios sacrificios en señal de adoración y de gratitud, de súplica y de comunión: "Toda acción realizada para unirse a Dios en la Santa Comunión y poder ser bienaventurado es un verdadero sacrificio" (S. Agustín, civ. 10, 6).

El sacrificio exterior, para ser auténtico, debe ser expresión del sacrificio espiritual. "Mi sacrificio es un espíritu contrito..." (Sal 51, 19).

Los profetas de la Antigua Alianza denunciaron con frecuencia los sacrificios hechos sin participación interior (cf Am 5, 21-15) o sin relación con el amor al prójimo (cf Is 1, 10-20).

Jesús recuerda las palabras del profeta Oseas: "Misericordia quiero, que no sacrificio" (Mt 9, 13; 12, 7; cf Os 6,6). El único sacrificio perfecto es el que ofreció Cristo en la cruz en ofrenda total al amor del Padre y por nuestra salvación (cf Hb 9, 13-14). Uniéndonos a su sacrificio, podemos hacer de nuestra vida un sacrificio para Dios.

En varias circunstancias, el cristiano es llamado a hacer promesas a Dios.

El bautismo y la confirmación, el matrimonio y la ordenación las exigen siempre (esas promesas). Por devoción personal, el cristiano puede también prometer a Dios un acto, una oración, una limosna, una peregrinación, etc. La fidelidad a las promesas hechas a Dios es una manifestación de respeto a la Majestad Divina y de amor hacia el Dios fiel.

(En los momentos de prueba es mejor orar intensamente a Dios Padre, como lo hizo Jesucristo, y tener cuidado en esos momentos de no ofrecer votos o promesas que después será difícil cumplirlas. En casos justificados, la autoridad competente de la Iglesia puede conmutarla, pero se debe hacer un esfuerzo por cumplirlas y ser fiel).

EL DEBER SOCIAL DE LA RELIGIÓN Y EL DERECHO A LA LIBERTAD RELIGIOSA

"Todos los hombres están obligados a buscar la verdad, sobre todo en lo que se refiere a Dios y a su Iglesia, y, una vez conocida, a abrazarla y practicarla" (DH1).

Esto no se opone al "respeto sincero" hacia las diversas religiones, que "no pocas veces reflejan, sin embargo, un destello de aquella Verdad que ilumina a todos los hombres" (NA2).

Tampoco se opone a la exigencia de la caridad que empuja a los cristianos a "tratar con amor, prudencia y paciencia a los hombres que viven en el error o en la ignorancia de la fe" (DH14).

El deber de rendir a Dios un culto auténtico corresponde al hombre, individual y socialmente considerado.

La Iglesia manifiesta la realeza de Cristo sobre toda la creación y, en particular, sobre las sociedades humanas (cf León XIII, enc. Inmortal Dei").

"En materia religiosa, ni se obligue a nadie a actuar contra su conciencia, ni se le impida que actúe conforme a ella, pública o privadamente" (DH2).

El derecho a la libertad religiosa no es ni permisión moral de adherirse al error (cf León XIII, Libertas Paest.) ni un supuesto derecho al error (cf Pío XII, Disc. 6 Dic. 1953).

NO HABRÁ PARA TI OTROS DIOSES DELANTE DE MÍ

El primer mandamiento prohibe honrar a dioses distintos del Único Señor que se ha revelado a su pueblo. Proscribe la superstición y la irreligión. La superstición representa en cierta manera una perversión, por exceso, de la religión. La irreligión es un vicio opuesto por defecto a la virtud de la religión.

LA SUPERSTICIÓN

La superstición es la desviación del sentimiento religioso y de las prácticas que impone.

Por ejemplo, atribuir una importancia mágica a ciertas prácticas religiosas.

También atribuir la eficacia a la sola materialidad de las oraciones o de los signos sacramentales, prescindiendo de las disposiciones interiores que se exige en la persona (cf Mt 23,16-22).

LA IDOLATRÍA

Se condena el **politeísmo** o creer en dioses diversos del Dios verdadero.

Nuestro Dios es el "Dios vivo" (Jos 3,10; Sal 42,3) que da vida e interviene en la historia.

El ser humano puede caer en la idolatría, divinizando lo que no es Dios. La idolatría puede darse con referencia a los demonios (satanismo); o dando valor absoluto al poder, al placer (sexo), la raza, el Estado, el dinero.

El que se ciega divinizando esas cosas, desaloja de su corazón al Único y verdadero Dios, Creador y Señor de todas las cosas.

Dice Jesús: "No pueden servir a Dios y al dinero" (Mt 6,24).

La vida humana se unifica cuando cumple con adorar en su corazón al Único Dios. De lo contrario se dispersa (se esclaviza por las cosas y los negocios).

Idólatra es quien, en la práctica (aunque diga que cree en Dios) da valor absoluto a las criaturas, ocupando ellas el puesto de Dios en su corazón (cf Orígenes Cels. 2,40).

ADIVINACIÓN O MAGIA

Dios puede revelar el porvenir a sus profetas o a otros santos. Sin embargo, la actitud cristiana justa consiste en entregarse con confianza en las manos de la Providencia en lo que se refiere al futuro y en abandonar toda curiosidad malsana al respecto.

Sin embargo, la imprevisión puede constituir una falta de responsabilidad.

Todas las demás formas de adivinar deben rechazarse (cf Dt 18,10; Jr 29,8). Asimismo, se debe rechazar **la magia o hechicería**, por la que se pretende domesticar potencias ocultas para ponerlas a su servicio. El **espiritismo** implica con frecuencia prácticas adivinatorias o mágicas.

LA IRRELIGIÓN

La irreligión se manifiesta en varias formas. **Tentar a Dios** es querer poner a prueba la bondad y omnipotencia de Dios, como Satán, que dijo a Jesús que se tirara del techo del templo para obligar a Dios a que enviara a sus ángeles a recogerlo (cf Lc 4,9). (Es cosa distinta acudir con humildad y confianza a Dios Todopoderoso en un momento de gran necesidad).

EL SACRILEGIO

El sacrilegio es profanar o tratar indignamente los sacramentos, o las acciones litúrgicas, así como las personas, cosas y lugares consagrados a Dios (cf Can 1367; 1376). El sacrilegio es un pecado (muy) grave, sobre todo cuando es cometido contra la Eucaristía.

La simonía (cf Hch 8, 9-24) es pretender la compra o venta de cosas espirituales.

(Cosa distinta es hacer una ofrenda a la Iglesia con ocasión de un servicio prestado, para contribuir a los gastos. De todos modos, si una persona no da esa ofrenda, la Iglesia no deja de prestarle el servicio).

El ateísmo niega a Dios. Puede ser en forma de un **materialismo práctico** que prescinde de Dios, o que con ideas y palabras rechaza la existencia de Dios (cf Rm 1,18).

El agnosticismo muchas veces equivale a un ateísmo práctico. Puede contener cierta búsqueda de Dios, pero a la vez manifiesta que es imposible probarla.

EL SENTIDO DE LAS IMÁGENES EN LA IGLESIA

"No te harás escultura alguna" (Dt 4, 15-16). Dios se nos revela como absolutamente **trascendente**, es decir, no ligado a materia alguna. "Él lo es todo", pero al mismo tiempo "está por encima de todas sus obras" (Si 43,27-28).

Sin embargo, ya en el Antiguo Testamento Dios ordenó o permitió la institución de imágenes que conducirían simbólicamente a la salvación por el Verbo encarnado: la serpiente de bronce (cf Nm 21, 4-9; Sb 16, 5-14; Jn 3, 14-15), el arca de la Alianza y los querubines (cf Ex 25, 10-12; 1 R 6, 23-28; 7, 23-26).

PREGUNTAS:

1) ¿Cuáles son los actos de religión a Dios? Son los actos de adoración como supremo Señor: alabarle, ofrecerle culto, cumplir los votos y darle gracias.

2) ¿Cómo se debe dar culto a Dios? A nivel personal y comunitariamente, o sea, en privado y en público.

3) ¿Qué es la superstición? Es un culto desviado, hecho en forma indebida.

4) ¿Qué es tentar a Dios? Es poner a prueba a Dios, exigir a Dios milagros, sin necesidad y por pura curiosidad.

5) ¿Por qué está permitida la veneración a las imágenes sagradas? Porque después que se hizo hombre el Hijo de Dios, cambia el sentido de las imágenes. No se identifica a Dios con las imágenes, sino que éstas son medios para ir a Dios, que es trascendente.

REFLEXIÓN:

Hay que tener muy en cuenta que lo que se condena en el Antiguo Testamento, es identificar a Dios con la imagen. Eso es idolatría, como en el caso de los antiguos paganos.

Pero para los cristianos está muy claro que las imágenes no son lugar del Trascendente, de Dios, sino medios para llegar a Él.

Después que el Hijo de Dios vino al mundo y se hizo hombre, con figura visible, el sentido de las imágenes cambia totalmente.

Dice Jesús: "Felipe, el que me ha visto a mí, ha visto al Padre" Dios (Jn 14,9).

Al igual que las palabras, las imágenes sagradas nos transmiten el mensaje del evangelio.

Por otra parte, dice san Basilio: "El que venera una imagen, está venerando a la persona que representa".

Recordamos también que mientras nuestra alma está "encarcelada" en nuestro cuerpo, los conocimientos nos entran por los sentidos (cf nuestro libro "Vive y Defiende tu Fe Católica, Cap. 22".

ACLAMEMOS:

1) Creo en ti, Dios mío, te adoro, te amo, espero en ti.

2) Te adoro, Santísima Trinidad, Padre Hijo y Espíritu Santo, tres Personas distintas y un solo Dios.

3) Me postro, Dios mío, en el abismo de mi nada, ante tu divina majestad.

4) Gloria al Padre, al Hijo y al Espíritu Santo; como era en el principio, ahora y siempre. Amén.

Canto: Señor te adoramos...

62

SEGUNDO MANDAMIENTO: NO TOMARÁS EL NOMBRE DE DIOS EN VANO (Ex 20, 17; Dt. 5,11)

Anuncio:
"El nombre de Dios es santo". Por eso el hombre lo debe guardar en la memoria, en un silencio de adoración amorosa (cf Za 2, 17). Se empleará el nombre de Dios para bendecirlo, alabarlo y glorificarlo (cf Sal 29,2;96,2;113,1-2).

Lecturas:
Levítico 19,12; 2 Macabeos 6,18-31; Mateo 5,34-37; Salmos 29,96,113.

El nombre del Señor es santo. Este mandamiento nos ordena respetar el nombre del Señor.

Entre todas las palabras de la revelación hay una, singular, que es la revelación de su Nombre. Dios confía su Nombre a los que creen en Él; se revela a ellos en su misterio personal.

El don del Nombre pertenece al orden de la confidencia y la intimidad. "El nombre del Señor es santo".

Por eso el hombre no puede usar mal de él. Lo debe guardar en la memoria en un silencio de adoración amorosa (cf Za 2, 17). No lo empleará en sus propias palabras, sino para bendecirlo, alabarlo y glorificarlo (cf Sal 29, 2; 96, 2; 113, 1-2).

Al hablar del **nombre** de Dios debemos sentirnos en la presencia del Misterio de Dios y tener **sentido de lo sagrado**. Por la fe debemos tener los sentimientos que tendríamos, y en un grado intenso, si estuviéramos en el cielo, con la visión del Dios soberano (cf Newman, par. 5,2).

El fiel cristiano debe dar testimonio del nombre del Señor, confesando su fe sin ceder al temor (cf Mt 10, 32; 1 Tm 6, 12).

La predicación y la catequesis deben estar penetradas de adoración y de respeto hacia el nombre de Nuestro Señor Jesucristo.

LO QUE PROHIBE ESTE MANDAMIENTO

Este segundo mandamiento prohibe **abusar** del nombre de Dios, de Jesucristo, de la Virgen María y de los santos. No se deben pronunciar con irrespeto.

Las promesas hechas a otro en nombre de Dios comprometen la fidelidad y veracidad divinas. Se deben cumplir, para no hacer de Dios un mentiroso (cf 1 Jn 1,10).

La blasfemia es proferir contra Dios palabras de odio, de reproche, de desafío. Es injuriar a Dios (cf St. 2,7). Es, de suyo, un pecado grave (cf Can. 1369).

NO TOMAR EL NOMBRE DEL SEÑOR EN VANO.

Este segundo mandamiento prohibe el juramento **en falso**, es decir, poner a Dios por testigo en una mentira. Eso se opone a Dios, que es la misma Verdad.

Es **perjuro** quien, bajo juramento, hace una promesa que no tiene intención de cumplir, o que, después de haber prometido bajo juramento, no la mantiene.

El perjurio constituye una grave falta de respeto hacia el Señor, que es dueño de toda palabra.

Comprometerse mediante juramento a hacer una obra mala es contrario a la santidad del Nombre divino.

(En ese caso, es pecado prometer hacer esa obra mala; pero aún así no se debe cumplir, por ser mala).

JESÚS NOS ENSEÑA A HABLAR LLANAMENTE

Jesús expuso el segundo mandamiento en el Sermón de la Montaña: "Han oído que se dijo a los antepasados: 'no perjurarás, sino que cumplirás al Señor tus juramentos'. Pues yo les digo que no juren en modo alguno... sea su lenguaje: 'sí, sí'; 'no, no': que lo que pasa de aquí viene del maligno" (Mt 5, 33-34.37; cf St 5, 12).

Jesús enseña que todo juramento implica una referencia a Dios, y que la presencia de Dios y de su verdad debe se honrada en toda palabra.

La discreción del recurso a Dios al hablar va unida a la atención respetuosa de su presencia, reconocida o menospreciada en cada una de nuestras afirmaciones.

¿CUÁNDO ES CORRECTO EL JURAMENTO?

Siguiendo a san Pablo (cf 2 Co 1, 23; Ga 1, 20), la tradición de la Iglesia ha comprendido las palabras de Jesús en el sentido de que no se oponen al juramento cuando éste se hace por causa grave y justa (por ejemplo, ante el tribunal).

"El juramento es decir, la invocación del Nombre de Dios como testigo de la verdad, sólo puede prestarse con verdad, con sensatez y con justicia" (CIC can. 1199,1).

No se puede recurrir a la santidad del nombre de Dios y hacer juramento por motivos fútiles, sin importancia. Tampoco cuando es requerido indebidamente por una autoridad.

LOS FIELES DEBEN PONER NOMBRES CRISTIANOS A SUS HIJOS

Se nos confiere el Bautismo "en el nombre del Padre y del Hijo y del Espíritu Santo" (Mt 28,19).

En el Bautismo, el nombre del Señor santifica al hombre, y el cristiano recibe su nombre en la Iglesia.

En el can. 855 se nos ordena: "Procuren los padres, los padrinos y el párroco que no se imponga un nombre ajeno al sentir cristiano". Puede ser el nombre de un santo bajo cuyo patrocinio se pone el cristiano. Puede también ponerse un nombre que exprese un misterio cristiano o una virtud cristiana.

El cristiano comienza su jornada, sus oraciones y sus acciones con la Señal de la Cruz: "En el nombre del Padre y del Hijo y del Espíritu Santo. Amén".

El bautizado consagra la jornada a la gloria de Dios, e invoca la gracia del Señor, que le permite actuar en el Espíritu como hijo del Padre.

La Señal de la Cruz nos fortalece en las tentaciones y en las dificultades.

EL NOMBRE DE TODO SER HUMANO ES SAGRADO

Dios llama a cada uno por su nombre (cf Is 43, 1; Jn 10, 3). El nombre de todo hombre es sagrado. El nombre es la imagen de la persona. Exige respeto en señal de la dignidad del que lo lleva.

El nombre recibido es un nombre de eternidad. En el reino de Dios, el carácter misterioso y único de cada persona marcada con el nombre de Dios brillará a plena luz.

"Al vencedor... le daré una piedrecita blanca, y grabado en la piedrecita, un nombre nuevo que nadie conoce, sino el que lo recibe" (Ap 2, 17).

"Miré entonces y había un Cordero, que estaba en pie sobre el monte Sión, y con él ciento cuarenta y cuatro mil, que llevaban escrito en la frente el nombre del Cordero y el nombre de su Padre" (Ap 14, 1).

PREGUNTAS:

1) ¿Qué ordena el segundo mandamiento? Ordena respetar el nombre del Señor. El nombre del Señor es santo.

2) ¿Qué prohíbe el segundo mandamiento? Prohíbe el uso indebido o irrespetuoso del nombre de Dios.

3) ¿En qué consiste la blasfemia? En usar en forma injuriosa el nombre de Dios, de Jesucristo, de la Virgen María y de los santos.

4) ¿En qué consiste el juramento falso? En invocar el nombre de Dios o poner a Dios por testigo en una mentira. Es pecado grave.

5) ¿Qué nombres se deben poner a los hijos? En el Bautismo, los padres, los padrinos y el párroco deben dar un nombre cristiano al bautizado. El nombre de un santo le sirve de modelo y le asegura su intercesión.

6) ¿Cómo comienza el cristiano sus oraciones y sus acciones? Con la señal de la cruz: "En el nombre del Padre, y del Hijo y del Espíritu Santo".

REFLEXIÓN:

Es una pena que los fieles pongan a sus hijos nombres raros e incorrectos, a veces de novelas, o en otro idioma, con frecuencia mal pronunciados. En los calendarios hay nombres bíblicos y cristianos muy bellos y significativos, entre los cuales deben elegir.

ACLAMEMOS:

1) *"Señor, Dios nuestro, ¡qué admirable es tu nombre en toda la tierra!" (Sal 8,2).*

2) *"Hijos de Dios, aclamen al Señor. Aclamen la gloria del nombre del Señor: postrémonos ante el Señor" (Sal 29).*

3) *"Canten al Señor, bendigan su nombre" (Sal 96,1).*

Práctica: *Trazar bien la Señal de la Cruz en nosotros, invocando con fe a la Santísima Trinidad: "En el nombre del Padre y del Hijo y del Espíritu Santo".*

Meditar salmo 119, 32,40

Canto: *No hay Dios tan grande como Tú...*

EJEMPLO:

Cómo castiga Dios las blasfemias.—Un israelita, hijo de un egipcio y una israelita, en una riña se atrevió a blasfemar contra Dios. Al punto lo cogieron los demás y lo llevaron a Moisés. Moisés lo puso en la cárcel y se fue a consultar con Dios qué castigo debía imponerse a aquel hombre. Y le dijo el Señor: "Saca a ese blasfemo fuera del campamento, y todos los que le oyeron pongan sus manos sobre la cabeza de él; y apedréele todo el pueblo. Y dirás a los hijos de Israel: "el que maldiga a su Dios pagará la pena de su pecado; el que blasfeme del nombre del Señor, morirá irremisiblemente..." Dijo esto Moisés a los israelitas, sacaron fuera del campamento al blasfemo y lo mataron a pedradas (Levítico).

63

TERCER MANDAMIENTO: SANTIFICAR LAS FIESTAS

Anuncio:
Esto dice el Señor: "El sábado ha sido instituido para el hombre, no el hombre para el sábado. De suerte que el Hijo del Hombre, Cristo, es dueño del sábado" (Mc 2,27-28).

Lecturas:
Génesis 2,1-3; Exodo 20,8-10; Deuteronomio 5,13-14; Marcos 2,23-28; Hebreos 20,7-12.

"El día séptimo será día de descanso completo, consagrado al Señor" (Ex 31,15).

A este propósito, la Escritura hace **memoria de la creación** (cf Ex 20,11).

La Escritura ve también en el día del Señor **un memorial de la liberación de Israel** de la esclavitud de Egipto: "Acuérdate de que fuiste esclavo en el país de Egipto y de que el Señor tu Dios te sacó de allí con mano fuerte y tenso brazo; por eso el Señor tu Dios te ha mandado guardar el día del sábado" (Dt 5, 15).

Dios confió a Israel el sábado para que lo guardara como signo de la alianza inquebrantable (cf Ex 31, 16). El sábado es para el Señor, santamente reservado a la alabanza de Dios, de su obra de creación y de sus acciones salvíficas en favor de Israel.

En este día el hombre también debe "descansar", y hacer que los demás, sobre todo los pobres "recobren el aliento" (Ex 23,12).

"EL SÁBADO ES PARA EL HOMBRE"

El Evangelio relata numerosos incidentes en que Jesús fue acusado de quebrantar la ley del sábado. Pero Jesús nunca falta a la santidad de este día (cf Mc 1, 21- Jn 9, 16), sino que, con autoridad, da la interpretación auténtica de esta ley: "El sábado ha sido instituido para el hombre y no el hombre para el sábado" (Mc 2, 27).

Con compasión, Cristo proclama que "es lícito en sábado hacer el bien en vez del mal, salvar una vida en vez de destruirla" (Mc 3, 4).

El sábado es el día del Señor de las misericordias y del honor de Dios (cf Mt 12, 5; Jn 7, 23). "El Hijo del hombre es Señor del sábado" (Mc 2, 28).

EL DÍA DEL SEÑOR

¡Este es el día que ha hecho el Señor, exultemos y gocémonos en él! (Sal 118,24).

EL DÍA DE LA RESURRECCIÓN: LA NUEVA CREACIÓN

Jesús resucitó de entre los muertos "el primer día de la semana" (Mt 28, 1; Mc 16, 2; Lc 24, 1; Jn 20, 1).

En cuanto es el "primer día", el día de la resurrección de Cristo recuerda la primera creación.

En cuanto es el "octavo día", que sigue al sábado (cf Mc 16, 1; Mt 28, 1), significa la nueva creación inaugurada con la resurrección de Cristo.

Para los cristianos vino a ser el primero de todos los días, la primera de todas las fiestas, el día del Señor ("He kyriaké hémera", "dies dominica"), el "domingo":

EL DOMINGO, PLENITUD DEL SÁBADO

El domingo sustituye al sábado para los cristianos. La ley antigua preparaba el misterio de Cristo.

San Ignacio de Antioquía, discípulo de los Apóstoles, decía que: el orden antiguo de las cosas ha pasado a la nueva esperanza, no observando ya el sábado, si no el día del Señor (el domingo).

Celebrando el domingo, se cumple con la obligación moral de dar a Dios un culto exterior y público (Santo Tomás).

LA EUCARISTÍA DOMINICAL

Desde los apóstoles, celebrando el misterio pascual de Cristo, el domingo es fiesta obligatoria o de precepto. En este día hay obligación de participar de la celebración de la palabra de Dios y de la Eucaristía (cf can 1246), (Hch 2,42-46; 1 Co 11,17; Hb 10, 25).

La parroquia es el lugar donde todos los fieles pueden reunirse para la celebración dominical de la Eucaristía (cf can. 515,1).

LA OBLIGACIÓN DEL DOMINGO

"El domingo y las demás fiestas de precepto los fieles tienen obligación de participar en la misa" (can 1247).

"Se cumple en cualquier lugar donde se celebre el rito católico, tanto el día de la fiesta, como el día anterior por la tarde" (can 1248,1).

En esto se fundamenta y confirma la vida cristiana (y recibe fuerzas y aliento para el cumplimiento de los deberes cristianos y morales).

Los que deliberadamente faltan a esta obligación cometen pecado grave, a no ser que haya una excusa seria (p. e., enfermedad, cuidado de niños pequeños, etc.), o dispensados por su propio pastor (cf Can. 1245).

DÍA DE GRACIA Y DE DESCANSO

Así como Dios "cesó el día séptimo de toda la tarea que había hecho" (Gn 2,2), así también la vida humana sigue un ritmo de trabajo y descanso.

La institución del día del Señor contribuye a que todos disfruten del tiempo de descanso y de solaz suficiente que les permita cultivar su vida familiar, cultural, social y religiosa (cf GS 67, 3).

Durante el domingo y otras fiestas de precepto, los fieles no deben entregarse a actividades que le impidan el culto debido a Dios, la alegría propia del Día del Señor, la práctica de las obras de misericordia y el descanso necesario del espíritu y del cuerpo (cf can 1247). Hay excusa para las necesidades familiares o una gran utilidad social. Pero los fieles deben tener cuidado de que no se introduzcan hábitos en contra del espíritu de la ley.

El domingo es un espacio de reflexión, de silencio, de cultura y de meditación, que favorecen el crecimiento de la vida interior y cristiana. Para cumplir esto se exige un esfuerzo común de todos.

PREGUNTAS:

1) ¿Por qué los católicos celebramos el domingo en vez del sábado? El sábado, que representaba la coronación de la primera creación, es sustituido por el domingo, que recuerda la nueva creación, inaugurada por la resurrección de Cristo.

2) ¿Qué celebramos el domingo? La Iglesia celebra el día de la Resurrección de Cristo el octavo día, que es llamado con toda razón día del Señor, o domingo (cf SC 106).

3) ¿Es obligación grave participar de la Eucaristía los domingos y demás días de precepto? Sí, es obligación grave participar esos días de la misa, a no ser por causa justificada. Ese día, por tradición apostólica, los cristianos celebramos el misterio pascual de Cristo.

4) ¿Con qué otros fines celebramos el domingo y demás días de precepto? Esos días no se debe trabajar para dar culto a Dios, disfrutar de la alegría propia del "Día del Señor", y para cultivar la vida familiar, cultural y social.

REFLEXIÓN:

1) "Sábado" o Sabat, en hebreo, significa descanso. No hay que dar valor absoluto al día específico de la semana en que se debe tener.

Todo depende de la determinación de la autoridad competente. Jesucristo, como Hijo de Dios, tiene autoridad sobre el sábado (cf Mt 12, 8).

2) *Al resucitar Jesús en domingo (cf Mc 16,9), y seguir apareciéndose en domingo a los apóstoles (cf Jn 20,26), éstos y la primitiva Iglesia entendieron que los cristianos debían celebrar la fiesta en domingo, "Día del Señor" (cf Hch 20,7), y lo hicieron con la autoridad del que es dueño del sábado (cf Mc 2,27-28). Además, como se ha dicho, en el proyecto de Dios, el sábado que representaba la coronación de la primera creación, es sustituido por el domingo que recuerda la nueva creación, inaugurada por la resurrección de Jesucristo.*

3) *La Eucaristía es el ágape, la fiesta del amor divino. Por eso, más que una obligación, es una invitación que nos hace el Señor. Y "el que es de Dios" oye esta invitación de amor (cf Jn 8,47; 2 Jn 4,6). Es una obligación vital para mantener el espíritu, la vida cristiana, como el pan material para el cuerpo (cf Mt 4,4).*

4) *Esto conlleva también un esfuerzo en los hogares para evitar pasar todo el día ante la televisión, de modo que haya tiempo para la meditación y el diálogo de que se ha hablado. Hay que educar a los niños y jóvenes en esto. De lo contrario, vivirán en la ligereza y vacíos de toda reflexión, y perderán el aprecio a los grandes valores morales y espirituales.*

ACLAMEMOS:

1) *"Jesús resucitó en la madrugada del domingo" (Mt 6,9)*

2) *Los domingos, los cristianos celebramos el "Día del Señor", hasta que Él vuelva".*

3) *Desde los apóstoles, se tiene como obligación grave, vital, participar los cristianos de la fiesta de "Día del Señor".*

Recitar salmo 119, 40-50

Canto: *Este es el día ...*

EJEMPLOS:

1) *Y va de chiste: Un judío cayó en una fosa en día de sábado. Acudieron los cristianos a sacarle y él les dijo: "Hoy no, que es*

día festivo para mí..." Al llegar el domingo clamaba para que le sacasen, pero le contestaron los cristianos: "Hoy tampoco, que es día festivo para nosotros" (Spirago).

2) **Cómo castiga Dios a los que profanan las fiestas.**—Un gran doctor escribía en su libro de apuntes: "Llevo veinte años viajando por el mundo. De las muchas familias desgraciadas que he conocido, he contado hasta 342, donde no reinaba la paz; de éstas, 320 vivían como paganos y no asistían a misa los domingos. De 417 jóvenes que eran la desgracia y deshonra de sus padres, sólo doce frecuentaban la iglesia; los demás casi nunca se acercaban a ella. De 23 industriales que han hecho bancarrota fraudulentamente, ni uno siquiera pisaba la iglesia; y es que en la Iglesia se condena la injusticia. De 40 almacenes abiertos los días festivos, sólo a trece les suceden bien los negocios. De 25 hijos despiadados para con sus padres ancianos, veinticuatro no se preocupaban para nada de la misa del domingo... Los pueblos donde más se profana el domingo son los más miserables física y moralmente" (Perardi).

64

CUARTO MANDAMIENTO: HONRA A TU PADRE Y A TU MADRE

Anuncio:
Dice Jesús a sus discípulos:
"Ámense los unos a los otros como yo les he amado"
(Jn 13,34).

Lecturas:
Exodo 20,12; Eclesiástico 3,1-18; Efesios 5,22-33;
Marcos 12,29-31; Lucas 2,23-39; 1 Pedro 3,1-7; Colosenses 3,18-21.

Jesús nos enseña que todos los mandamientos se resumen en amar a Dios y al prójimo (cf Mc 12, 29-31), y san Pablo lo recuerda: "El que ama al prójimo ha cumplido la ley" (Rm 13,8-10).

"Honra a tu padre y a tu madre" (Ex 20,12). Jesús insistió en la fuerza de este cuarto "mandamiento de Dios" (cf Mc 7, 8-13) (Ver también Ef 6,1-3).

Los tres primeros mandamientos exponen nuestras relaciones y deberes con Dios. Los otro siete, nuestras relaciones y deberes con nuestro prójimo (con nuestros hermanos). Esta segunda tabla se encabeza con la honra y caridad con los papás que nos dieron la vida. Y a la vez la honra y respeto a todos los que Dios, para nuestro bien, ha investido de su autoridad.

Este mandamiento también incluye los deberes de los padres con los hijos y de los superiores (los que ejercen la autoridad o un servicio público) para con sus subalternos.

El que cumple este mandamiento tiene una recompensa especial de Dios (cf Ex 20,12, Dt. 5,16) y recibe muchos frutos espirituales; y también temporales, de paz y prosperidad.

Y el no cumplirlos entraña grandes daños para las personas y para las comunidades.

LA FAMILIA EN EL PLAN DE DIOS

Un matrimonio está basado en el consentimiento de ambos esposos (alianza de amor). Está establecido por Dios para el bien de los esposos y para la procreación y educación de los hijos.

Un hombre y una mujer unidos en matrimonio forman con sus hijos una familia. En la familia, sus miembros son personas iguales en dignidad, aunque con diversidad de responsabilidades, de derechos y de deberes.

LA FAMILIA CRISTIANA

La familia cristiana puede y debe decirse **iglesia doméstica**, pues es como una prolongación de la vida eclesial (cf Fc 21; LG 11). Es una comunidad de fe, esperanza y caridad, como aparece en el Nuevo Testamento (cf Ef 5,21-6,4; Col 3,18-21; 1 P 3,1-7).

LA FAMILIA CRISTIANA ES REFLEJO E IMAGEN DE LA COMUNIÓN DEL PADRE Y DEL HIJO Y DEL ESPÍRITU SANTO

La familia cristiana es una comunión de personas, reflejo e imagen de la comunión del Padre y del Hijo en el Espíritu Santo.

Su actividad procreadora y educativa es reflejo de la obra creadora de Dios. La familia está llamada a participar en la oración y el sacrificio de Cristo.

La oración cotidiana y la lectura de la Palabra de Dios fortalecen en ella la caridad. La familia cristiana es evangelizadora y misionera.

LA FAMILIA Y LA SOCIEDAD

La Familia es la "célula original de la vida social". Es la sociedad natural (la pequeña comunidad) en que el hombre y la mujer son llamados al don de sí en el amor y en el don de la vida.

La autoridad, la estabilidad y la vida de relación en el seno de la familia constituyen los fundamentos de la libertad, de la seguridad, de la fraternidad en el seno de la sociedad.

La familia es la comunidad en la que, desde la infancia, se pueden aprender los valores morales, se comienza a honrar a Dios y a usar bien de la libertad.

La vida de familia es iniciación a la vida en sociedad

La familia debe vivir de manera que sus miembros aprendan el cuidado y la responsabilidad de los demás: pequeños y mayores, enfermos y pobres prestan ayuda a las otras familias más necesitadas (cf St. 1,27).

(Es decir, la familia debe estar abierta a las necesidades de las demás familias y personas, y en esa actitud educar a los hijos).

La familia debe ser ayudada y defendida con medidas sociales apropiadas. Esto, por la importancia que tiene la familia para la vida y bienestar de la sociedad (cf GS 47, 1; 52,2).

LOS DEBERES DE LA COMUNIDAD POLÍTICA CON LAS FAMILIAS (cf n. 2211)

El cuarto mandamiento **ilumina las demás obligaciones en la sociedad**, como las justas relaciones entre gobernantes y ciudadanos, patronos y empleados, etc. (Si en la familia se cumplen los derechos y deberes, también se cumplirán en la sociedad; si no se cumplen, tampoco se cumplirán en la sociedad).

DEBERES DE LOS HIJOS

La paternidad humana se deriva de la paternidad divina (cf Ef 3,14). De ahí el honor y respeto debidos a los padres (cf Pr 1,8; Tb 4,3-4; Ex 20,12).

Es la **piedad filial y gratitud** para quienes, mediante el don de la vida, su amor y su trabajo, han traído sus hijos al mundo y le han ayudado a crecer en estatura, en sabiduría y en gracia (cf Si 7, 27-28).

Ese respeto filial debe expresarse en la docilidad y la **obediencia** verdaderas (cf Pr 13,1;6,20-22). Sobre todo, mientras los hijos viven en el domicilio de sus padres (cf Col 3,20; Ef 6,1). Pero aún cuando los hijos se hacen mayores, deben seguir respetando a sus padres y solicitar sus consejos.

PREGUNTAS:

1) ¿Cuál es el cuarto mandamiento? "Honra a tu padre y a tu madre" (Dt 5,16; Mc 7,10).

2) ¿Qué quiere Dios con este mandamiento? Dios quiere que, después que a Él, honremos a nuestros padres y a los que tienen alguna autoridad para nuestro bien.

3) ¿Sobre qué se basa el matrimonio y la familia, y para qué los creó Dios? Se basa en la Alianza de amor y el consentimiento de ambos esposos. El matrimonio y la familia están ordenados al bien de los cónyuges, y a la procreación y educación de los hijos.

4) ¿Tiene importancia la familia en la sociedad? Sí, el bien de la persona y de la sociedad está ligado a la familia bien constituida y unida.

5) ¿Qué deben los hijos a los padres? Les deben respeto, gratitud, justa obediencia y ayuda. Eso favorece la armonía de toda la vida familiar.

REFLEXIÓN:

Esto supone que los padres, los maestros y superiores saben mandar. Si se manda algo y el hijo o el súbdito en conciencia ve que es malo, no está obligado a seguir esa orden.

Una vez más, se insiste en la necesidad y obligación que tienen los jóvenes de prepararse para un verdadero matrimonio; que no se repentice el matrimonio por la demasiada confianza y abuso sexual entre los adolescentes o jóvenes. Así ya se empieza mal.

Decía el escritor Manjón: No vale para ser papá o mamá el que no sabe educar. Si no sirve para educador, será padre o madre por equivocación.

Para que los hijos maduren en el amor y en la vida, hay que ayudarles para que olviden y perdonen a sus papás cuando éstos no han cumplido los deberes graves con los hijos.

El cuarto mandamiento recuerda a los hijos mayores sus **responsabilidades para con los padres** *cuando éstos están en necesidad material o moral (cf Mc 7, 10-12), en la medida en que esta ayuda esté al alcance de los hijos (cf Si 3,12-13.16).*

El respeto a los papás se irradia en el ambiente familiar, con las buenas relaciones entre hermanos y hermanas (cf Ef 4,12).

Los cristianos también están en obligación de gratitud para con aquellos de quienes reciben el don de la fe (cf 2 Tm 1,5).

ACLAMEMOS:

1) *"El que ama al prójimo ha cumplido con la ley" (Rm 13,8).*

2) *"Honra a tu padre y a tu madre, para que se prolonguen tus días sobre la tierra" (Ex 20,12).*

3) *"La religión pura e intachable ante Dios Padre es ésta: visitar a los huérfanos y a las viudas en su tribulación, y conservarse incontaminado del mundo" (St 1,27).*

4) *"Sopórtense unos a otros en la caridad, en toda humildad, dulzura y paciencia" (Ef 4,2).*

Recitar el salmo 119, 40-50.

Recordar y aprender de memoria las obras de misericordia: las espirituales y las corporales.

Canto: *Como brotes de olivo...*

EJEMPLOS:

1) *El Papa Juan XXIII amaba mucho a los niños. En cierta ocasión dijo a los romanos: "Cuando vuelvan a sus hogares, abracen a sus hijos de mi parte. Díganles que es la caricia del Papa".*
Una niña de Segovia le escribió pidiéndole el vestido para su primera comunión, pues eran muchos hermanos y su papá no podía comprárselo. Enseguida recibió una comunicación del Vaticano, pagándole el vestido y el viaje a Roma de ella y de su padre, para que pudiera saludar al Papa.

2) *Lo que cuesta y vale la educación.—Del famoso legislador de Esparta llamado Licurgo, se cuenta que le rogaron un día que hablase al pueblo sobre educación. Él prometió hacerlo, pero pidió un año de tiempo para prepararse. Largo parecía el plazo a los espartanos, pero accedieron, y en el día señalado se presentó con dos conejos y dos lobos. Mandó a convocar a una asamblea, y en presencia de todos soltó el conejo, que echó a correr desesperado. Soltó después el lobo, que fue tras él, lo alcanzó y se lo comió. Después, sin decir nada, soltó el otro conejo y el otro lobo, y los dos se pusieron muy tranquilos a jugar; no corrían, ni se hacían mal alguno, y cuando Licurgo les llamaba acudían presurosos, le lamían la mano, se le echaban a los pies y le hacían otras mil caricias. Tomó Licurgo entonces la palabra y les dijo. "¿Ven lo que hace la educación? Hace un año eran lo mismo los dos conejos y los dos lobos; yo eduqué a un lobo y al conejo y ustedes han visto los resultados. Eso mismo pasa con los hombres".*

3) *Al célebre canciller de la Universidad de París, Juan Gerson cuando, era niño, le enseñaba su madre a rezar poniendo algunos dulces en la mano de la Santísima Virgen. El niño, de rodillas, había de decir las oraciones; si lo hacía bien, con mucha discreción hacía la madre como si la imagen dejase caer los dulces sobre el niño; si no acertaba, no le daba nada. Así aprendió el niño la devoción y piedad.*

65

OTROS DERECHOS Y DEBERES CONTENIDOS EN EL CUARTO MANDAMIENTO. DEBERES DE LOS PADRES

Anuncio:
Dice el Señor: "El que cumpla la voluntad de mi Padre celestial, éste es mi hermano, mi hermana y mi madre" (Mt 12,49). "Obren como personas libres, y no como quienes hacen de su libertad un pretexto para la maldad. Actúen como hijos de Dios" (1 P2,13.16).

Lecturas:
*Tobías 4,1-11; 4,12-21; Efesios 6,1-4; Lucas 2, 23-29;
1 Pedro 3,1-12).*

Los padres deben tener presente que no les basta procrear a los hijos y mantenerlos. Tienen también que educarlos moral y espiritualmente. Ese deber de educar a los hijos no se suple (por ejemplo, con mandarlos a la escuela). Los primeros educadores de los hijos son los mismos papás (cf GS 3, FC 36).

Los papás deben mirar a sus hijos como a **hijos de Dios**, y tratarlos como a **personas humanas**, educándolos en el cumplimiento de la ley de Dios.

Es el hogar la primera escuela para la **educación de las virtudes**, tanto humanas como cristianas. Aquí se requiere el aprendizaje de la abnegación (saber renunciar a los caprichos), el sano juicio, el dominio de sí, condiciones de una verdadera libertad.

(A la vez hay que inculcar en los hijos, desde pequeños, el aprovechamiento del tiempo y el trabajo honesto. También el respeto a lo ajeno; respeto a las personas, a la vida y a las cosas de los demás. Si las familias no se arreglan, no se arregla la sociedad).

(Los papás no pueden olvidar el diálogo entre sí y con sus hijos, razonando el porqué de una acción buena o mala. Pero el diálogo no puede ser hiriente, sino con paciencia y con amor, "sin exasperar a los hijos") (cf Ef 6,4).

Hay que enseñar a los hijos a subordinar las dimensiones materiales e instintivas a las interiores y espirituales (CA 36). (Esto supone que los mismos papás practican estas virtudes, pues si no dan ejemplo, de poco servirán los consejos) (cf Si 30, 1-2; Ef 6,4).

Hay que enseñar también a los hijos a guardarse de los peligros, malos ejemplos y depravaciones que hay en la sociedad (cf Hch 2,40).

LOS PAPÁS
"HERALDOS DE LA FE" PARA SUS HIJOS

Son los padres cristianos los primeros que deben **evangelizar a sus hijos**. Para los papás, esta misión es una responsabilidad y un privilegio. Para sus hijos, ellos son los "primeros heraldos de la fe" (LG11).

Asimismo, en el hogar se debe tener la catequesis familiar. Los papás deben ser los primeros catequistas de sus hijos.

Los padres deben enseñar a sus hijos a orar y descubrir su vocación de hijos de Dios.

ELECCIÓN DE LA ESCUELA Y DE LA VOCACIÓN

Los padres tienen derecho a **elegir para sus hijos la escuela** que corresponda a sus propias convicciones (cf GE6).

Pero, los hijos tienen el deber y derecho de **elegir su profesión y su estado de vida.** En esto deben pedir parecer y consejo a sus padres. Los padres deben cuidar de aconsejar prudentemente a sus hijos pero no presionarlos en cuanto a la elección de su profesión, y de su futuro cónyuge (Es cosa distinta el consejo prudente de la actitud de presionar).

Hay personas que no se casan para dedicarse a una obra de bien: cuidar a sus padres, hermanos o hermanas o para dedicarse más por motivos dignos a una profesión. Estas personas contribuyen mucho al bien de la familia humana.

LA FAMILIA Y EL REINO DE DIOS

Los vínculos de la familia son muy importantes, pero no absolutos. Cuando un hijo(a) tiene una vocación especial de Dios, debe seguirla. Y los papás deben favorecer esta llamada de Dios.

Hay que convencerse de que la vocación primera de un cristiano es **seguir a Jesús** (cf Mt 10,37; 16,25).

Hacerse discípulo de Jesús es aceptar la invitación a pertenecer a la familia de Dios (cf Mt 12, 49).

Los padres de familia deben acoger y respetar con alegría el llamamiento del Señor a uno de sus hijos (as) para la vida consagrada o el ministerio sacerdotal.

LAS AUTORIDADES EN LA SOCIEDAD CIVIL

Los que ejercen una autoridad deben ejercerla como un servicio (cf Mt 20,26). Ese ejercicio está regulado por su origen divino (toda autoridad viene de Dios) y por la dignidad de las personas a quienes sirve con esa autoridad (de ahí la maldad de todo autoritarismo, o querer mandar por puro capricho, por orgullo, o buscando provecho propio).

Los superiores deben ejercer la justicia distributiva con sabiduría. Una distribución equitativa (de cargas y beneficios entre todos), procurando la concordia y la paz.

Nunca anteponer el interés personal al bien comunitario (cf CA 25). (No dejarse llevar de fobias o filias, es decir, favorecer más a aquellos por quienes simpatiza, y menos, o rechazar, a aquellos por quienes siente antipatía; sería injusto).

El poder político está obligado a respetar los derechos fundamentales de la persona humana, y administrar la justicia en el respeto al derecho de cada uno, especialmente el de las familias y de los más necesitados.

DEBERES DE LOS CIUDADANOS

Hay que someterse a la autoridad legítima (cf Rm 13, 1-2; 1 P 2,13.16). Hay que cooperar con la autoridad civil al bien de la sociedad. Y es un deber de gratitud el amor y servicio a la **patria**.

(Antes de preguntar uno ¿qué hace la patria por mí? Debe preguntarse a sí mismo ¿qué hago yo por la patria?)

Todo esto exige moralmente el pago de los impuestos, el ejercicio del derecho al voto, la defensa del país (cf Rm 13,7; 1 Tm 2,2).

Las naciones más prósperas deben acoger, en cuanto sea posible, al extranjero que busca seguridad y medios de vida.

Hay obligación en conciencia de no seguir las órdenes de las autoridades civiles cuando son contrarias a la moral, a los derechos fundamentales de la persona humana, o al Evangelio (cf Mt 22, 21; Hch 5, 29; GS 74,5).

Véase: La resistencia a la opresión de quienes gobiernan (cf CIC n. 2243).

La Iglesia invita a las autoridades civiles a juzgar y decidir a la luz de la Verdad sobre Dios y sobre el hombre (cf CA 45;46).

Pertenece a la misión de la Iglesia emitir un juicio moral sobre cosas que afectan el orden político, cuando lo exijan los derechos humanos o la salvación de las almas. La Iglesia lo hace a la luz del Evangelio (cf GS 76,5). Así se han de entender los mensajes del Papa y las Cartas Pastorales de los Obispos sobre estos temas.

PREGUNTAS:

1) ¿Cuáles son las obligaciones de los padres? Además de alimentar y criar a sus hijos, deben educarlos en las virtudes humanas y cristianas.

2) Y ¿qué otras obligaciones? Han de respetar y favorecer la vocación de sus hijos, y enseñarles que la primera vocación del cristiano es seguir a Jesús.

3) ¿Cuál es el deber de toda autoridad pública? Respetar los derechos fundamentales de la persona humana, y ejercer la autoridad como un verdadero servicio al bien común, no para provecho propio o de su grupo, teniendo en cuenta la equidad en la distribución de los bienes.

4) ¿Cuál es el deber de los ciudadanos? Cooperar con la legítima autoridad para el bien común, dentro de la verdad, la justicia y la solidaridad.

5) ¿Están los ciudadanos obligados a obedecer cuando las leyes van en contra de la moral o de la religión? No; "Hay que obedecer a Dios antes que a los hombres" (Hch 5,29).

6) ¿Tiene la Iglesia derecho y obligación de orientar la vida social y política de los fieles, a la luz del Evangelio? Sí, la misión de la Iglesia no se ha de confundir con la política partidista, pero debe orientar a la luz del Evangelio todo lo que se refiere a la dignidad de la persona, la justicia y el bien común.

REFLEXIÓN:

1) El primer deber de una pareja es cultivar el amor y la unión entre los esposos y en la familia. Se debe defender contra toda persona, circunstancia interna o externa que pueda estorbar esa unión. Si se destruye ese amor y esa unión, ¿para qué sirven el dinero y los demás bienes materiales?

2) No se debe confundir la verdadera felicidad con el gozar de todos los placeres del mundo. Eso es superficial y efímero. Sólo deja el corazón quebrado, insatisfecho y dividido. La verdadera felicidad es la que brota de una conciencia en regla, en paz, y de un corazón que sabe sacrificarse y amar, abrirse a Dios y a los demás.

3) Los padres, sobre todo el esposo, no deben gastar todo su tiempo en el trabajo, en sus negocios o en los amigos. No debe comprometer el tiempo que debe dedicar a una presencia activa y amorosa en el hogar. Muchos creen que con llevar dinero y bienes materiales al hogar ya cumplen. Y están equivocados.

4) Según los hijos van creciendo, se les debe educar en el uso de una libertad responsable, evitando los extremos: dejarlos por su cuenta o darles excesiva protección.

5) Al orientar y corregir a los hijos, hacerlo con amor, no con ira o venganza. Dice san Pablo: "Padres, no hagan exasperar a sus hijos".

6) En el momento de los hijos elegir su profesión o estado, orientarlos, pero no presionarlos.

7) Preparar los hijos para un futuro matrimonio, educándolos en un verdadero amor. El verdadero amor sabe compartir las cargas y los logros, sabe tener en cuenta el bien del otro; no enjaularse sólo en sí mismo, en su capricho o egoísmo. Hay padres de familia que gastan mucho tiempo y dinero en dar una profesión a sus hijos, y en cambio no los educan para el amor y para la vida. Educarlos para el amor, la justicia, la solidaridad, en el autodominio de sí mismo, en la buena convivencia, en el temor de Dios, es lo que más vale para el porvenir de sus hijos.

8) Los papás deben dialogar entre sí con los hijos. El diálogo no debe ser hiriente. Debe ser afable, comprensivo, franco y basado en la sinceridad y la confianza. Si uno no está preparado para un diálogo así, debe esperar, orar y serenarse.

9) La familia cristiana debe sacar tiempo para leer la palabra de Dios y orar juntos.
¿Por qué hay familias divididas, en tensión, a la deriva? Porque no oran juntos. El verdadero amor y la paz sólo vienen de Dios. Es conveniente tener una hora fija al día para orar, y alguna oración fundamental ya determinada. La experiencia confirma el valor del rosario bíblico en familia, en que se van meditando los misterios de nuestra salvación. Con la Virgen María vamos al Hijo, y con el Hijo entramos en comunión con la Santísima Trinidad. El Papa reza los tres tercios al día. Dice que es la oración más sencilla y más profunda a la vez.

ACLAMEMOS:

1) *"Qué bueno es Dios para el honrado, el Señor para los limpios de corazón" (Sal 73,1).*

2) *"Vean: ¡qué dulzura, qué delicia, convivir los hermanos unidos!*

3) *"Porque allí, donde está la familia unida, manda el Señor la bendición, la vida para siempre" (Sal 73,3).*

4) Familia que reza unida, permanece unida.

Salmo 119, 65-80

Canto: Bendecid, Oh Señor, las familias...

EJEMPLOS:

Doña Marta, madre de san Luis Gonzaga, cuando vio a su hijo felizmente nacido, fue su primer cuidado dar gracias al buen Jesús y a su Santísima Madre, y ofrecérselo de nuevo, echándole su bendición maternal y haciendo sobre él la Señal de la Cruz (P. Cervos).

San Felipe Neri aconsejaba así a cierta mujer que se lamentaba de la dureza y poca afabilidad con que la trataba su marido. Después de oírla con paciencia le dijo: "Hija mía, vuelva a casa y desde hoy procure ser más condescendiente y cariñosa con su marido, y le aseguro que él, a su vez, se mostrará más amable con usted". Así ocurrió, en efecto, como el Santo le había predicho (Spirago).

66

QUINTO MANDAMIENTO: NO MATARÁS (Ex 20,13)

Anuncio:

"La vida humana es sagrada, porque desde su inicio es fruto de la acción creadora de Dios y permanece siempre en una especial relación con el Creador, su único fin. Sólo Dios es Señor de la vida desde su comienzo hasta su término; nadie, en ninguna circunstancia, puede atribuirse el derecho de matar de modo directo a un ser humano inocente" (CDF, instr. "Donum vitae" intr. 5).

Lecturas:
Génesis 4,2-16. Exodo 20,13; Hechos 2,22-36; Mateo 5,21-26; Lucas 23,33-49.

Desde los comienzos de la historia humana se revela la presencia de la ira y la codicia en el hombre, consecuencias del pecado original (cf Gn 4,8-12).

Pero cuando Dios se nos revela, nos hace un llamamiento a reconocer la vida humana, como un don divino. El ser humano ha sido creado a imagen de Dios. A quien vierte sangre humana, Dios se la reclama (cf Gn 9,5-6).

En el Sermón de la Montaña, el Señor Jesús recuerda el precepto "No matarás" (Mt 5,21), y rechaza la ira, el odio y la venganza (cf Mt 5,22-39).

(Desde el mismo hogar hay que infundir en los niños ese respeto a la vida de todo ser humano, como sagrada. Respeto también a la vida de los animales y vegetales, a no ser en caso de que sea para servicio necesario del mismo hombre).

LEGÍTIMA DEFENSA

El que defiende su vida no es culpable de homicidio, incluso cuando se ve obligado a asestar un golpe mortal a su agresor. Pero no puede ejercer la violencia más que lo necesario para defenderse. Si para defender la vida se hace una violencia mayor de lo necesario, sería ilícita.

La legítima defensa puede ser no solamente un derecho, sino un deber grave para el que es responsable de la vida de otros.

En caso de bien común y defensa de los derechos humanos, la legítima autoridad pública debe aplicar penas proporcionadas a la gravedad del delito.

La enseñanza tradicional de la Iglesia no excluye, si se comprueba la plena identidad y responsabilidad del culpable, el recurso a la pena de muerte, si es el único camino posible para defender eficazmente las vidas humanas del agresor injusto. Pero si bastan otros medios incruentos, no se debe recurrir a la pena de muerte, pues los medios incruentos son más conformes a la dignidad de la persona humana.

Hoy, el Estado tiene más posibilidad para reprimir eficazmente el crimen, quitando la agresividad al que lo ha cometido y dándole oportunidad para redimirse.

La Iglesia cree que hoy día los casos en que sea absolutamente necesaria la pena de muerte "suceden muy rara vez, si es que ya en realidad se dan algunos" (Evangelium Vitae, 56).

EL HOMICIDIO VOLUNTARIO

El quinto mandamiento condena como gravemente pecaminoso el homicidio *directo y voluntario*.

El que mata y los que cooperan voluntariamente con él cometen un pecado que clama venganza al cielo (cf Gn 4, 10).

El infanticidio, el fratricidio, el parricidio y el homicidio del cónyuge son crímenes especialmente graves.

Tampoco por razones de eugenesia o salud pública, se justifica el homicidio, aunque sea ordenado por las propias autoridades.

El quinto mandamiento también prohibe hacer algo con intención de provocar indirectamente la muerte de una persona, o exponer a alguien sin razón grave a un riesgo mortal, o negar la asistencia a una persona en peligro.

EL ABORTO

La vida humana debe ser respetada y protegida de manera absoluta desde el momento de la concepción.

Desde el primer momento de su existencia, el ser humano debe ver reconocidos sus derechos de persona, entre los cuales está el derecho inviolable de todo ser inocente a la vida (cf CDF, instr. "Donum vitae" 1,1).

Antes de haberte formado yo en el seno materno, te conocía; y antes que naciese te tenía consagrado (Jr 1, 5; cf Jb 10, 8-12; Sal 22, 10-11)

Y mis huesos no se te ocultaban, cuando era yo hecho en lo secreto, tejido en las honduras de la tierra (Sal 139, 15).

El que coopera formalmente a un aborto también comete falta grave. La Iglesia sanciona con pena canónica de excomunión este delito: "Quien procura el aborto, si éste se produce, incurre en excomunión" (Can 1398). Con esto la Iglesia no reduce el ámbito de la misericordia, sino que hace ver la gravedad del crimen (para liberarse de esa pena de excomunión hay que recurrir al Obispo o a un sacerdote delegado para esto. En peligro de muerte, del culpable arrepentido, todos los sacerdotes tienen esa facultad).

Son ilícitas las leyes que favorecen el aborto. (Es absurdo que la leyes de algunos Estados establecen que el no-nacido tenga derecho a heredar; y sin embargo no tenga derecho a la vida; o sea, se permita el aborto).
Por otra parte, es inmoral producir embriones humanos, destinados a ser explotados como "material biológico" (CDF inst. Domun vitae 1,6).

"*Algunos intentos de **intervenir en el patrimonio cromosómico y genético** no son terapéuticos, sino que miran a la producción de seres humanos seleccionados en cuanto al sexo u otras cualidades prefijadas. Estas manipulaciones son contrarias a la dignidad personal del ser humano, a su integridad y a su identidad" (CDF, inst. "Donum vitae" 1, 6)*.

LA EUTANASIA

Cualesquiera que sean los motivos y los medios, la eutanasia directa consiste en poner fin a la vida de personas disminuidas, enfermas o moribundas. Es moralmente inaceptable.

La interrupción de tratamientos médicos onerosos, peligrosos, extraordinarios o desproporcionados a los resultados puede ser legítima. Interrumpir estos tratamientos es rechazar el "encarnizamiento terapéutico". Con esto no se pretende provocar la muerte; se acepta no poder impedirla. Las decisiones deben ser tomadas por el paciente, si para ello tiene competencia y capacidad, o si no por los que tienen los derechos legales, respetando siempre la voluntad razonable y los intereses legítimos del paciente.

EL SUICIDIO

Sólo Dios es dueño de la vida que nos ha dado. Él es el propietario. Nosotros no disponemos de ella.
El suicidio es gravemente contrario al justo amor de sí mismo. Es contrario al amor del Dios vivo.
Trastornos psíquicos y la angustia pueden disminuir la responsabilidad del suicida.

Dios puede darles la ocasión de un arrepentimiento. La Iglesia ora por ellos.

EL ESCÁNDALO

El escándalo es la actitud o el comportamiento que induce a otro a hacer el mal. El que escandaliza se convierte en tentador del prójimo. El escándalo es grave si deliberadamente arrastra a otro a un pecado grave. Dice Jesús que el pecado es mayor si se escandaliza a pequeños (cf Mt 18, 6; 1 Co 8, 10-13).

Son culpables de escándalo los que establecen leyes que llevan a la degradación de las costumbres; los empresarios que imponen procedimientos que incitan al fraude; los educadores que "exasperan" a los alumnos (cf Ef 6,4; Col 3,21) y los que, manipulando la opinión pública, la desvían de los valores morales.

EL RESPETO DE LA SALUD

Debemos cuidar racionalmente de la vida y la salud. La moral exige el respeto de la vida corporal, pero no hace de ella un valor absoluto; se opone a la concepción neopagana de promover el **culto al cuerpo**.

La virtud de la templanza conduce a **evitar toda clase de excesos,** el abuso de la comida, del alcohol, del tabaco y de las medicinas.

Son gravemente culpables los que en estado de embriaguez, o por afición inmoderada de velocidad, ponen en peligro la vida de los demás y la suya propia.

(La Escritura incluye la borrachera entre los pecados que quienes los cometen no heredan el Reino de los Cielos (cf Ga 5,21). Más grave es todavía cuando en las borracheras se gasta dinero necesario para la familia).

El **uso de la droga** trae muchos daños a la salud y a la vida humana. Es falta grave, fuera de los casos por razones terapéuticas.

Los **secuestros**, y el tomar **rehenes**, así como el **terrorismo**, y la **tortura** son moralmente ilegítimas (pecados muy graves) que van contra el respeto a la persona y a la dignidad humana (y contra la misma sociedad).

Respeto a los muertos: Los moribundos deben ser atendidos, para que pasen sus últimos momentos con dignidad y paz. Los parientes les deben ayudar con la oración, y procurando que reciban con tiempo los sacramentos.

La Iglesia permite la incineración cuando con ella no se cuestiona la resurrección de los muertos (cf Can 1176,3).

EVITAR LA GUERRA
(cf n. 2307-2373)

Defensa de la paz

La cólera o ira es un deseo de venganza (cf Mt 5, 22). Dice santo Tomás de Aquino: es ilícito desear la venganza; pero es loable imponer una reparación" para la corrección de los vicios y el mantenimiento de la justicia.

El odio voluntario es contrario a la caridad. Es pecado grave cuando deliberadamente se desea un daño grave al prójimo (cf Mt 5, 44-45).

PREGUNTAS:

1) ¿Qué ordena el quinto mandamiento? No matarás.

2) ¿Por qué hay que respetar la vida humana? Porque toda vida humana, desde el momento de su concepción, es sagrada. La persona humana ha sido creada a imagen y semejanza de Dios.

3) ¿Está permitida la legítima defensa? Sí, es permitida la legítima defensa porque la sociedad tiene derecho a impedir que un injusto agresor le cause daño.

4) ¿Es un crimen el aborto? Sí, desde su concepción, el niño tiene derecho a la vida. El aborto directo es un práctica infame (cf GS 27,3). La Iglesia sanciona este delito con pena de excomunión.

5) ¿Es un homicidio la eutanasia o sea, adelantar la muerte con medios suaves? Sí, es un homicidio, por las mismas razones. Sólo Dios dispone de la vida humana.

6) El quinto mandamiento, ¿prohibe el suicidio? Sí, porque es gravemente contrario a la justicia, a la esperanza y a la caridad.

7) ¿Qué es el escándalo? Es inducir deliberadamente a otro a pecar. Es grave si se induce a un mal grave.

REFLEXIÓN:

1) *Jesús nos dice: "Bienaventurados los mansos, porque ellos heredarán la tierra" (Mt 5,4). Ser manso, según el Evangelio, no significa ser un conformista o un "lelo" y no defender sus derechos, y los de la familia. Puede pecar el que, por falta de diligencia, no defiende sus derechos y pierde lo que tiene para sostener su familia. Pero no se puede proceder con odio y sentimiento de venganza. Hay que tratar de serenarse y elaborar una respuesta capaz de hacer reflexionar al enemigo.*

2) *Si, por el contrario, sin ser culpables, somos nosotros los que nos sentimos subestimados u odiados, lo que vale en ese caso es tener grandeza de alma: tratar de sobrevolar esas cosas. Si se puede, se habla con esas personas que nos tienen aversión; y si eso no procede, quedarse uno en paz y poner todo en las manos de Dios. Y si hay que hacer algún bien a esas personas, se les hace. Con ese procedimiento llano y abierto, el enemigo puede cambiar su actitud. A eso se refiere san Agustín cuando dice "¿quiéres destruir a tu enemigo? conviértelo en tu amigo".*

A este respecto san Pablo nos dice: "No te dejes vencer por el mal, vence al mal a fuerza de bien" (Rm 12,21). Y el gran filósofo pagano Sócrates decía que "el mayor mal no es sufrir la injusticia, sino hacerla". Lo cual no significa ser indiferente ante la maldad o el crimen.

Pero hay que reconocer que nuestra naturaleza herida o maltratada, por sí sola, no tiene capacidad para perdonar; necesita de la gracia de Dios, que nos ha merecido el gran Perdonador, Jesucristo (cf Lc 23,34). Hay que pedir a Dios ese don divino de saber perdonar. Según se proclama en el prefacio de la misa de la Reconciliación, "el odio no nos deja ser felices".

Sobre el resentimiento: a veces nos sentimos disgustados, ofendidos, pero en realidad no ha habido tal ofensa, porque el otro tenía sus derechos y su razón al actuar como lo hizo. En ese caso debemos evitar ser quisquillosos.

En otros casos puede ser que nos hayan realmente ofendido. Si las circunstancias lo permiten, se debe dialogar con el ofensor seriamente, no con palabras hirientes, pues con iras y palabras hirientes ambos se ofuscarían más y no podrían llegar a la comprensión y reconciliación. Hay casos en que es mejor dejarlo todo al tiempo y a la oración. Es un proceso lento, pero si no hay sentimiento de venganza grave, deseando deliberadamente males graves para el ofensor, se puede comulgar.
El mismo Jesús Sacramentado va sanando la herida del corazón. Hay que tener humildad, paciencia, y orar incluso por los que nos han ofendido.

ACLAMEMOS:

1) El quinto mandamiento nos manda respetar la vida. No matar.

2) "Dios tiene en su mano el alma de todo ser viviente y el soplo de toda carne de hombre" (Jb 12,10).

3) Enséñanos, Señor, a respetar la vida. Que nunca se derrame sangre humana en nuestro pueblo. Que todos vivamos unidos hasta el día que vengas a buscarnos, para reinar contigo en el cielo. Amén.

EJEMPLOS:

1) De san Jerónimo se cuenta que tuvo una conferencia con un tal Rufino para convencerle de sus errores, y en ella se vio éste tan atajado, que, para salir airoso del trance, acudió al insulto diciendo: "Al fin y al cabo, de Jerónimo a asno no hay gran trecho". Graciosamente san Jerónimo le devolvió el insulto diciendo: "No hay más que lo largo de esta mesa". Y es que al cabo de la mesa estaba el tal Rufino.

2) Un hombre gastó todo su dinero bebiendo en los bares, y la familia quedó en la miseria. Tuvo un sueño muy raro que él no comprendía. Soñó que iban en fila dos ratas muy delgadas, una más grande y otra más pequeña. Les seguían, un ratón muy grande pero ciego, y detrás otro ratonazo muy gordo. Preguntó a la esposa alguna explicación, pero tampoco supo darla. Entonces dijo el hijo más pequeño: "Papá, yo tengo la explicación; esas dos ratas muy delgadas que iban delante representaban a mamá y a mí, que hemos

pagado las consecuencias de tus borracheras; el ratón ciego eres tú, que te dejaste inducir y cegar por tus falsos amigos; y el ratón muy gordo es el dueño del bar, que se ha enriquecido con el dinero de nuestra familia".

3) *En junio de 1816 llevaron a una mujer a un hospital de Alemania. Ella llamó a un sacerdote para confesar sus culpas, y luego ella misma pidió al Tribunal que la juzgara, y la condenaron a muerte, para tranquilidad de su conciencia. Se declaraba reo de haber asesinado a dos hijos suyos. Después de esos crímenes no había tenido paz en la conciencia, y quería pagar esos pecados con la pena de muerte. Pidió también que le cortaran los pies, porque en los bailes y discotecas había comenzado su vida de pecado.*

4) *Un sacerdote subió a un autobús, y a su lado estaban sentados dos farsantes descreídos. De burla le dijeron: "¿Sabe usted, señor cura, la gran noticia de estos días? ¿Cuál?, respondió el sacerdote. Han matado al demonio. El sacerdote les respondió: "Me da pena por ustedes, que han quedado huérfanos. Reciban mis más sentido pésame".*

5) *Gualberto, viendo que le habían vilmente matado a su hermano, corrió con un colín detrás del asesino para cortarle la cabeza. Cuando lo alcanzó, el criminal se puso de rodillas y dijo a Gualberto: "Reconozco mi culpa. En nombre de Jesucristo, que murió perdonando a los que le crucificaban, te pido perdón". Gualberto clavando la espada en la tierra, también se arrodilló y lo perdonó. Ese acto de perdón agradó tanto a Dios, que elevó a Gualberto a una gran santidad y ahora lo veneran como a san Gualberto. Su fiesta legítima se celebra el 12 de julio.*

Canto: *Amémenos de corazón...*

Nota: *Sobre evitar la guerra (véanse n. 2307-2317)*

67

SEXTO MANDAMIENTO: NO COMETERÁS ADULTERIO (Ex 20,14)

Anuncio:
"Por la fe en Jesucristo, ustedes son todos hijos de Dios;
y al bautizarse se han revestido de Cristo.
Ustedes han sido llamados a la libertad,
pero que esa libertad no de pie a los bajos instintos.
Al contrario, vivan al servicio de los demás"
(Ga 3, 26-27; 5,13).

Lecturas:
Exodo 20,14; Tobías 8,1-9; Romanos 1,18-32;
1 Corintios 6,9-20; Efesios 5,3-7. Mateo 5,27-30.

"Dios creó al hombre a imagen suya...hombre y mujer los creó" (Gn 1,27); Dios inscribe en cada uno la vocación al **amor**, pero un amor responsable (cf FC, 11).

La sexualidad se relaciona con todos los aspectos de la persona humana. Se refiere al afecto, a la capacidad de amar y de procrear y a establecer vínculos de comunión con el otro.

Hombre y mujer se diferencian y se complementan en las cualidades físicas, morales y espirituales. Todo en orden a los bienes del matrimonio y al desarrollo de la vida familiar.

Tanto el hombre como la mujer son iguales en dignidad. Ambos, de manera distinta, son imagen del poder y de la ternura de Dios (cf FC 22; GS 49,2).

Jesús vino a restaurar este proyecto de Dios con el matrimonio (que ha sido viciado por el egoísmo y el pecado de los hombres) (cf Mt 5, 27-28; 19,6).

LA VOCACIÓN A LA CASTIDAD

Este sexto mandamiento nos manda guardar la castidad .
La sexualidad debe estar integrada en la misma persona, en la unidad interior del hombre, en su ser corporal y espiritual. La virtud de la castidad es la que ayuda a mantener esa integridad y equilibrio.
La castidad supone educarse en el dominio de sí mismo. **No hay más que dos caminos: o el hombre controla sus pasiones y obtiene la paz, o se deja dominar por ellas y se hace desgraciado** (cf Si 1, 22).
El ser humano logra su dignidad personal cuando se libera de la esclavitud de las pasiones (cf GS 17).

PONER LOS MEDIOS NECESARIOS

El que quiere permanecer fiel a las promesas de su bautismo y resistir las tentaciones, debe poner los medios para ello: el conocimiento de sí, la práctica de una ascesis adaptada a las situaciones encontradas, la obediencia a los mandamientos divinos, la práctica de las virtudes morales, y la fidelidad a la oración.
"La castidad nos recompone; nos devuelve a la unidad que habíamos perdido dispersándonos" (S. Agustín, conf. 10, 29; 40)
La virtud de la castidad es parte de la virtud de la **templanza**. La templanza tiende a imponer la razón (y la voluntad de Dios) sobre las pasiones y los instintos.
El dominio de sí es una **obra que dura toda la vida**. Nunca se adquiere de una vez para siempre. Supone siempre un esfuerzo reiterado en todas las edades de la vida (y la continua súplica de la gracia de Dios) (cf Tt 2,1-6).

DOMINIO DE SÍ Y SÚPLICA DE LA GRACIA DE DIOS

La castidad es una virtud moral. Es también un don de Dios, una gracia, un fruto del trabajo espiritual (cf Ga 5, 22).
El Espíritu Santo concede al que ha sido regenerado por el agua del bautismo, imitar la pureza de Cristo (cf 1 Jn 3, 3).
En todas las virtudes debe estar la caridad, el amor. Para uno lograr y mantener la virtud de la castidad tiene que estar adiestrado en la escuela del dominio de sí y a la vez de la entrega, del amor, de la donación de sí. El que guarda la castidad es un testigo de la fidelidad y de la ternura de Dios.

(Con la castidad no se reprime el amor sexual. Más bien se sublima) y se desarrolla en la **sana amistad)**. La castidad es promesa de inmortalidad y conduce a la comunión espiritual (cf Jn 15,15).

DIVERSAS FORMAS DE LA CASTIDAD

Todo bautizado es llamado a la castidad. El cristiano se ha "revestido de Cristo" (Ga 3, 27), modelo de toda castidad.

Todos los fieles de Cristo son llamados a una vida casta según su estado de vida particular.

En el momento de su Bautismo, el cristiano se compromete a dirigir su afectividad en la castidad.

La castidad debe calificar a las personas según sus diferentes estados de vida: los que se determinan por la virginidad o celibato consagrado a Dios, con corazón indiviso; las personas casadas, llamadas a la castidad conyugal y a la fidelidad; y los no-casados, en la continencia. Todos guardando la ley moral, según su estado de vida.

LOS NOVIOS DEBEN VIVIR LA CASTIDAD EN LA CONTINENCIA

Con el mutuo respeto, aprenden a vivir la fidelidad. Deben reservar para el tiempo del matrimonio las manifestaciones específicas del amor conyugal. Deben respetarse el uno al otro para guardar la castidad. (Con ese mutuo respeto y continencia demuestran que van a ser fieles el uno al otro después del matrimonio).

(El verdadero amor espera. Si uno de los dos exige el acto conyugal prematrimonial indica que hay pura pasión y egoísmo, y no verdadero amor. Esos actos egoístas no garantizan un matrimonio feliz. Los jóvenes y los adultos se hacen mucho daño a sí mismos tomando el sexo de "relajo". El sexo entra dentro de un elevado proyecto divino: el amor de los esposos y la procreación de los hijos. No se puede profanar y falsificar ese proyecto. Además, esos embarazos inesperados, por el exceso de confianza y abuso del sexo entre los adolescentes y jóvenes, ¡cuántas penas y frustraciones traen a ellos y a sus familias!).

PECADOS CONTRA EL SEXTO MANDAMIENTO

La lujuria es un deseo o un goce desordenados del placer venéreo. El placer sexual es moralmente desordenado cuando es buscado por sí mismo, separado de las finalidades de procreación y de unión.

La masturbación es la excitación voluntaria de los órganos genitales para obtener un placer venéreo. Es un acto intrínseca y gravemente desordenado. El uso deliberado del sexo fuera del matrimonio contradice el fin para que fue creado. El sexo está ordenado a la procreación humana en el contexto de un amor verdadero (cf CDF, decl "Persona Humana" 9).

La inmadurez afectiva, la fuerza de los hábitos contraídos, el estado de angustia u otros factores psíquicos pueden atenuar o tal vez reducir al mínimo la culpabilidad moral. (También en esto hay que ayudar a los adolescentes y jóvenes a educarse en el autodominio, a evitar la ocasión de excitación y a recurrir a la oración).

La fornicación es la unión carnal del hombre y la mujer fuera del matrimonio. Es algo grave, y además se aumenta la gravedad con el escándalo, si se hace con menores.

La pornografía consiste en dar a conocer actos sexuales reales o simulados, exhibiéndolos ante terceras personas. Desnaturaliza la finalidad del acto sexual y ofende a la dignidad de la persona. Es un pecado grave. Las autoridades civiles deben impedir la producción y distribución de material pornográfico.

La prostitución atenta contra la dignidad de la persona que se prostituye, pues queda reducida al placer venéreo, mancha el cuerpo del bautizado, templo del Espíritu Santo (cf 1 Co 6,15-20).

La prostitución es una lacra social. Es aún más grave cuando se trata de niños y adolescentes. En ese caso es también pecado grave de escándalo. (El andar reclutando personas para eso, y más todavía llevarlas o retenerlas por engaño, miseria, chantaje o presión, es un pecado que clama al cielo).

La violación es forzar o agredir con violencia la intimidad sexual de una persona. Atenta contra el sexto mandamiento y contra la justicia. Es un acto siempre intrínsecamente malo. Más grave todavía es cuando se hace con miembros de la familia, por parte de los papás o hermanos (incesto) o de educadores con los niños que les están confiados. (Es un tremendo pecado que debe ser duramente castigado).

Homosexualidad consiste en las relaciones sexuales entre hombres o entre mujeres que sienten atracción por el mismo sexo.

La Sagrada Escritura las presenta como depravaciones graves (cf Gn 19, 1-29; Rm 1,24-27; 1 Co 6,10; 1 Tm 1,10). Es contrario a la ley natural. Es una dura prueba para los que sienten esa atracción; pero esas personas igualmente están obligadas a la castidad y a evitar esos actos. Si son cristianos, deben apoyarse en la oración, en la cruz de Cristo y en una amistad desinteresada. La sociedad debe tratar con respeto también a esas personas. Pero no justificar "los actos homosexuales (pues) son intrínsecamente desordenados" (CDF, ded "Persona Humana",8).

(La bestialidad es practicar el sexo con un animal. Es algo grave y vergonzoso).

PREGUNTAS:

1) ¿Cuál es la vocación fundamental del ser humano? "El amor es la vocación fundamental e innata de todo ser humano" (FC).

2) ¿Tienen igual dignidad el hombre y la mujer? Sí, al crear al ser humano, hombre y mujer, Dios le confiere la misma dignidad personal, ambos con derechos y deberes.

3) ¿Es obligatorio guardar la castidad? Sí, Cristo es el modelo de la castidad. Cada bautizado está llamado a llevar una vida casta, cada uno según su estado de vida.

4) ¿Qué es necesario para guardar la castidad? Se necesita educarse en el autodominio, en el control de los instintos, evitando las ocasiones que le puedan excitar, así como adiestrarse en la oración para obtener la gracia de Dios, y en el servicio a los demás.

5) ¿Cuáles son los pecados gravemente contrarios a la castidad? La masturbación, la fornicación, el adulterio, las actividades pornográficas y las prácticas homosexuales.

REFLEXIÓN:

Cualquiera puede creer, pensándolo a la ligera, que la guarda o no de la virtud de la castidad es un asunto de relación meramente personal. Algo que se queda en la intimidad o el ámbito privado. Sin embargo, es una virtud humana y cristiana de gran repercusión social. La disciplina sexual o el vicio contrario contribuyen a la dicha o desdicha de la persona y del hogar. ¡Cuánta felicidad en un hogar cuando los esposos son fieles entre sí, y los hijos adolescentes o jóvenes no mancillan ni corrompen la castidad de sus cuerpos y saben esperar sanos y limpios hasta el matrimonio!

La división y los sufrimientos son grandes en el seno de la misma familia cuando sucede lo contrario, es decir, cuando hay quiebra del orden establecido por Dios.

La misma fidelidad en cuanto al voto de castidad, en el sacerdote o en la persona consagrada, influye benéficamente en la comunidad cristiana. Y su incumplimiento trasciende negativamente.

Las ideas y proposiciones de Jesús en el Evangelio, muchas veces resbalan en la mente del hombre. Son ráfagas de luz que él más bien repele, si previamente no está auxiliado con la gracia de Dios. "El hombre que juzga sólo a lo natural no capta las cosas del Espíritu de Dios. Son necedad para él. Y no las puede conocer, pues sólo espiritualmente pueden ser juzgadas" (1 Cor 2.14).

Vivimos, como todos sabemos, en un mundo erótico que, por desgracia, invade la mentalidad de muchos cristianos. La virtud de la castidad se ha querido desvalorizar y hasta ridiculizar. A veces se quiere hacer caricatura de la misma castidad, diciendo que es efecto del tabú, cosa antinatural o anticuada, poca apertura para con el mundo, etc. Pero todo eso es signo de una palpable decadencia moral y pérdida del sentido de pecado. Es una muestra más de que cae por el suelo la escala de valores.

Todas las virtudes están entrelazadas. Si se subestima una, fácilmente se subestiman todas. Si se echa a rodar la moral sexual, se prostituye también la dignidad y estabilidad del matrimonio y del hogar.

El descontrol sexual hace envejecer el espíritu y atrofia mucho la voluntad para realizar grandes y nobles ideales.

Si los sacerdotes y personas de vida consagrada vivimos y apreciamos esta virtud, sin duda proyectaremos luz en los demás cristianos.

Por supuesto, siempre ha habido y habrá muchos fieles que valoran y guardan esta virtud, como las demás. (De nuestro libro: "Celibato y Virginidad por el Reino de Dios").

ACLAMACIONES:

1) *"Bienaventurados los limpios de corazón, porque ellos verán a Dios" (Mt 5,8).*

2) Por el bautismo, nuestro cuerpo es templo del Espíritu Santo (1 Co 6, 19).

3) "El Señor nos ha llamado a la libertad, pero una libertad responsable, que no dé pie a los bajos instintos" (Ga 5,13).

4) "Mucha paz tienen, Señor, los que aman tus leyes" (Sal 119,165).

Recitar salmo 119,89-104.

Canto: Eres más pura que el sol....

EJEMPLOS:

1) Se refiere del gran sabio santo Tomás de Aquino que, siendo él muy joven, se decidió a ser sacerdote y religioso en la Orden de los Dominicos. Para que desistiera de ese propósito, los hermanos de él, carentes de espíritu cristiano, lo encerraron solo en una casa, y le entraron desnuda una mujer "de vida alegre". Tomás corrió al fogón de la casa y tomó un tizón encendido para defenderse de la mujer agresiva, la cual tuvo entonces que huir de él. Dios le premió este acto heroico, pues parece que jamás en su vida sintió la concupiscencia de la carne.

2) Los cristianos debemos amar la pureza porque somos por la gracia miembros de Cristo. A san Nicolás de Tolentino, cuando sólo tenía siete años, se le apareció Jesucristo y le dijo: "¿Sabes por qué te quiero tanto y dejo que me veas? Porque eres puro y te pareces a mí en la inocencia. Consérvate casto y puro y seremos siempre amigos" (D. Llorente).

3) Un buen padre, al advertir los malos pasos de su hijo por los caminos de la lujuria, le llevó a un hospital de enfermos y le fue mostrando los lechos en que yacían los jóvenes en la flor de la edad, víctimas de este terrible pecado. En presencia del hijo preguntaba el padre a aquellos jóvenes la relación de su vida y causas de su enfermedad, y al fin le dijo: "¡Mira, hijo mío, cuál será tu paradero, si no te decides a cambiar de vida!". El joven se enmendó.

4) Dios vela por las personas castas. Ver el caso de José, el hijo de Jacob, Génesis 39,7-23; el de Susana, Daniel 13,1-64.

68

SEXTO MANDAMIENTO: LA FIDELIDAD ENTRE LOS ESPOSOS

Anuncio:
¿No han leído que el Creador, desde el comienzo, los hizo hombre y mujer? Por eso dejará el hombre a su padre y a su madre, y se unirá a su mujer, y los dos serán un solo ser. Pues bien, lo que Dios ha unido, no lo separe el hombre" (Mt 19,4-6).

Lecturas:
Exodo 20,14; Tobías 6,14-18; Mateo 5,27-32; 19,1-11; Gálatas 5,19-21; Colosenses 3,5-15; 3,18-25; 1 Corintios 5,1-13.

El sexo está ordenado al amor conyugal del hombre y la mujer, dentro del matrimonio. Así, es garantía de comunión espiritual. Entre bautizados, el matrimonio está santificado por el Sacramento (cf FC 11; Tb 8, 4-9). Sus actos son dignos y honestos.

Por la unión de los esposos se realiza el doble fin del matrimonio: el bien de los esposos y la transmisión de la vida, con la doble exigencia de la fidelidad y la fecundidad.

La alianza del matrimonio contraída libremente por los esposos, les impone la obligación de mantenerla una e indisoluble (cf CIC can. 1056; Mc 10,9; Mt 19,1-12; 1 Co 7, 10-11).

Dios es fiel. El sacramento del matrimonio hace entrar al hombre y a la mujer en el misterio de la fidelidad de Cristo para con su Iglesia.

LA FIDELIDAD

El matrimonio constituye una "íntima comunidad de vida y de amor conyugal, fundada por el Creador y provista de leyes propias".

Esta comunidad "se establece con la alianza del matrimonio, es decir, con un consentimiento personal e irrevocable de los esposos" (GS 48,1).

La fidelidad expresa la constancia en el mantenimiento de la palabra dada (a ejemplo de) Dios, que es fiel.

El sacramento del matrimonio hace entrar al hombre y a la mujer en el misterio de la fidelidad de Cristo para con su Iglesia.

Por la castidad conyugal (la fidelidad) dan testimonio ante el mundo de este misterio de Cristo con su Iglesia.

LA FECUNDIDAD DEL MATRIMONIO

La fecundidad es un don, un **fin del matrimonio**. El niño no viene de fuera a añadirse al amor mutuo de los esposos. El niño brota del corazón mismo de ese don recíproco, del que es fruto y cumplimiento.

"Todo acto matrimonial en sí mismo, debe quedar abierto a la transmisión de la vida" (HV 12).

Los cónyuges son cooperadores del amor de Dios Creador en transmitir la vida y educarla (cf GS 50,2).

Un aspecto particular de responsabilidad se refiere a la "regulación de la procreación".

Por razones justificadas, los esposos pueden espaciar el nacimiento de sus hijos, pero que no sea por puro egoísmo.

Llamados a dar la vida, los esposos participan del poder creador y de la paternidad de Dios (cf Ef 3, 14, Mt 23, 9). "En el deber de transmitir la vida humana y educarla, que han de considerar como su misión propia, los cónyuges saben que son cooperadores del amor de Dios Creador y en cierta manera sus intérpretes. Por ello, cumplirán su tarea con responsabilidad humana y cristiana" (GS 50, 2).

La continencia periódica, los métodos de regulación de nacimientos fundados en la auto-observación y el recurso a los períodos infecundos (cf HV, 16), son conformes a la moral. (Los esposos deben conocer estos métodos naturales). Por el contrario, es intrínsecamente mala toda acción que hace imposible la procreación (cf HV 14).

EL DON DEL HIJO

La Sagrada Escritura y la práctica tradicional de la Iglesia ven en las familias numerosas como un signo de la bendición divina y de la generosidad de los padres (cf GS 50,2).

Son gravemente deshonestas las técnicas que disocian la paternidad por la intervención de una persona extraña (donación de esperma o del óvulo, préstamo del útero). Lesiona el derecho del niño a nacer de un padre y de una madre conocidos de él y ligados entre sí por el matrimonio.

Estas técnicas practicadas dentro de la pareja (inseminación y fecundación artificiales homólogas) son quizás menos perjudiciales, pero no dejan de ser moralmente reprobables. Disocian el acto sexual del acto procreador. El acto fundador de la existencia del hijo ya no es un acto por el que los dos esposos se dan el uno al otro; sino que se confía la vida y la identidad del embrión al poder de los médicos y de los biólogos. Es contrario a la dignidad e igualdad que debe ser común a padres e hijos (cf Donum Vitae 2,4;82).

(Hay que tener presente que entre los seres humanos, la transmisión de la vida se hace en el amor. No es una reproducción, sino una procreación. El hijo no es un **derecho** sino un **don**, el don más excelente del matrimonio).

LA ESTERILIDAD FÍSICA

El Evangelio enseña que la esterilidad física no es un mal absoluto.

Los esposos que, tras haber agotado los recursos legítimos de la medicina, sufren por la esterilidad, deben asociarse a la Cruz del Señor, fuente de toda fecundidad espiritual.

Pueden manifestar su generosidad adoptando niños abandonados o realizando servicios abnegados en beneficio del prójimo.

OFENSAS A LA DIGNIDAD DEL MATRIMONIO

El adulterio. Es la infidelidad conyugal. Lo comete el hombre o la mujer, ya casados, teniendo el acto sexual con otra persona.

Jesucristo condena incluso el deseo del adulterio (cf Mt 5,27-28; 5, 32; 19,6; Mc 10,11; 1 Co 6,9-10).

Los profetas ven en el adulterio la imagen del pecado de idolatría (cf Os 2,7; Jr 5,7; 13,27). Es además un pecado de injusticia, y compromete el bien de los hijos, que necesitan la unión estable de los padres.

EL DIVORCIO

El Señor Jesús insiste en la intención original del Creador, que quería un matrimonio indisoluble (cf Mt 5, 31-32; 19, 3-9; Mc 10, 9; Lc 16, 18; 1 Co 7, 10-11), y deroga la tolerancia que se había introducido en la ley antigua (cf Mt 19, 7-9).

Entre bautizados "el matrimonio rato y consumado no puede ser disuelto por ningún poder humano, ni por ninguna causa fuera de la muerte" (can. 1141).

El divorcio es una ofensa grave a la ley natural. Atenta contra la alianza de salvación, de la cual es signo.

El hecho de contraer nueva unión, aunque sea reconocida por la ley, aumenta la gravedad de la ruptura. El cónyuge casado de nuevo está en adulterio público.

El divorcio y las nuevas uniones introducen el desorden grave en la célula familiar y en la sociedad: los hijos traumatizados y el efecto contagioso, que lleva a una plaga social.

Es reo de mayor pecado el cónyuge que es la causa culpable del divorcio, destruyendo un legítimo matrimonio (cf FC 84).

OTRAS OFENSAS A LA DIGNIDAD DEL MATRIMONIO

La Poligamia va contra la ley moral, y **contradice la comunión conyugal** (cf FC 19; GS 47,2).

Incesto es la relación carnal entre parientes dentro de los grados en que está prohibido el matrimonio (cf Lv 18, 7-20; 1 Co 5,4-5). El incesto corrompe las relaciones familiares y representa una regresión a la animalidad.

La unión libre, cuando el hombre y la mujer se niegan a dar forma jurídica y pública a su unión permanente (Y si son cristianos católicos, rehusan recibir el sacramento del matrimonio).

> Esta expresión abarca situaciones distintas: concubinato, rechazo del matrimonio en cuanto tal, incapacidad de unirse mediante compromisos a largo plazo (cf FC 81).
> Todas estas situaciones ofenden la dignidad del matrimo-

nio, destruyen la idea misma de la familia y debilitan el sentido de la fidelidad.

Son contrarias a la ley moral. El acto sexual debe tener lugar exclusivamente en el matrimonio; fuera de éste constituye siempre un pecado grave y excluye de la comunión sacramental.

La unión a prueba. La unión a prueba, aunque haya intención de casarse, no garantiza la sinceridad y la fidelidad del hombre y la mujer en legítimo matrimonio.

El verdadero amor no tolera "prueba". Exige un don total y definitivo de las personas entre sí (cf FC 80).

PREGUNTAS:

1) ¿Qué implica la alianza de amor entre los esposos? La alianza de amor que los esposos contraen libremente, implica un amor fiel. Tienen obligación de cultivar y defender el amor y la unión matrimonial hasta la muerte, pues su matrimonio es indisoluble.

2) ¿Qué se entiende por la fecundidad? La fecundidad es un bien, un don, un fin del matrimonio. Transmitiendo la vida y el amor a otros seres (a sus hijos), los esposos participan de la paternidad de Dios.

3) ¿Se puede regular la natalidad? Regular la natalidad es un aspecto de la paternidad responsable, pero no se justifica el recurso a medios moralmente reprobables (p. ej. la esterilización directa o los anticonceptivos). El uso de los métodos naturales es legítimo, y educa a los esposos en el autodominio de sus instintos, para madurar en un verdadero amor (deben informarse de esos métodos naturales).

4) ¿Cuáles son las ofensas graves a la dignidad del matrimonio? El adulterio y el divorcio, la poligamia y la unión libre. La unión libre o el concubinato ofenden gravemente la dignidad, porque demuestran que ellos no quieren asumir la total responsabilidad de un legítimo y verdadero matrimonio.

REFLEXIÓN:

1) Como tantas veces repetimos, hay que educar a los niños y a los jóvenes en el verdadero amor. Que tomen conciencia de que el matrimonio es un don de Dios y un compromiso. Una sublime vocación y tarea que cumplir. Hay que elegir con seriedad la persona con quien se va a comprometer toda su vida.

No se puede ir a tontas y locas al matrimonio, ni se puede prostituir el amor sexual. Hay que saber esperar, y eso demuestra que se aman en verdad.

Dice un gran sicólogo que muchos creen que sentirse enamorado es amar; y están equivocados. Así proceden los animalitos. Dios ha dado al ser humano una cabeza para pensar y una voluntad responsable de sus actos.

Esa torpe ligereza de muchos jóvenes es lo que luego les lleva a la separación, al divorcio, y de ahí a sus terribles consecuencias: el trauma en los hijos, la tensión en los esposos, y el desorden moral del mal ejemplo, que tanto daño hace en las familias y en la sociedad.

Hay que enseñar a los jóvenes que el matrimonio es algo serio para el que se deben preparar bien.

2) También repetimos que en las parroquias debe haber equipos que ayuden a preparar a los jóvenes al matrimonio y ofrecer a los amancebados oportunidad de formarse para recibir el sacramento del matrimonio, así como para orientar a las parejas, sobre todo jóvenes, en las posibles crisis que puedan venir.

3) Como enseña este mismo catecismo de la Iglesia Católica y ya se ha expresado, los divorciados y vueltos a casar no deben comulgar. El mismo Cristo dice que viven en adulterio (cf Mt 5, 27-32; 19, 1-11). Pero no deben perder la confianza en Dios, y deben participar de la misa y demás celebraciones religiosas. Pueden hacer la comunión de deseo y orar mucho. "Lo que es imposible al hombre es posible a Dios" (Lc 1,37). También los amancebados no están preparados para recibir la Eucaristía. Primero deben prepararse para recibir el sacramento del matrimonio.

ACLAMACIONES:

1) El matrimonio es un don de Dios y un compromiso: "Lo que ha unido Dios que no lo separe el hombre" (Mc 10, 9).

2) Jesús con sus discípulos fue invitado a una boda en Caná, y ahí comenzó a hacer milagros (cf Jn 2,1-12).

3) *El que repudia a su verdadera esposa, comete adulterio (cf Mc 10,11).*

4) *Los hijos son la corona de sus padres.*

5) *Respecto a un legítimo matrimonio, digo que es un gran misterio, porque representa a Cristo y la Iglesia (Ef 5,32).*

6) *Hijos, obedezcan a sus padres. Padres, no exasperen a sus hijos (cf Ef 6,1-4).*

Salmo 119, 105-112

Canto: *El amor es la cosa más linda...*

EJEMPLOS:

1) *Leonardo da Vinci, cuando preparaba un cuadro de la Última Cena, contrató a un joven en cuyo rostro se veían dibujados la inocencia, el candor y la pureza, para que sirviera de modelo del Divino Redentor. Meses más tarde necesitaba otro modelo para pintar a Judas, y contrató a un borracho perdido, que encontró en la calle y que parecía el tipo de la perfidia, del hombre dominado por las pasiones. Al copiar su retrato, vio semejanza en las facciones y se lo dijo al joven. Éste se echó a llorar, diciendo: "Sí, ciertamente; yo también serví de modelo para la imagen de Jesús, pero de entonces para acá, las malas compañías me han mudado".*

2) *Enrique VIII de Inglaterra, por sus nefandos amores con Ana Bolena, dejó la religión católica y quitó la vida a dos cardenales, dieciocho obispos, trece abades, doscientos sacerdotes, cincuenta doctores, trescientos sesenta señores, y setenta y dos mil víctimas. Pudo decir al morir: "No he perdonado en mi vida, ni a un hombre en mi cólera, ni a una mujer en mi sensualidad, y muero execrado de los hombres y maldito de Dios".*

69

SÉPTIMO MANDAMIENTO: NO ROBARÁS
(Ex 20,15; Mt 19,18)

Anuncio:
A cada ser humano Dios da la vocación al trabajo para colaborar con Él en el perfeccionamiento del mundo y para vivir con dignidad. Unida a Cristo por la fe y el amor, la fatiga del trabajo sirve para la expiación de los pecados.

Lecturas:
Exodo 20,15; 1 Reyes 21,1-19; Mateo 25,14-30; Lucas 16,1-13; Lucas 19,1-10; 1 Corintios 6,1-11; 2 Tesalonicenses 3,6-15.

"El séptimo mandamiento prohibe tomar o retener el bien del prójimo injustamente y perjudicar de cualquier manera al prójimo en sus bienes. Prescribe la justicia y la caridad en la gestión de los bienes terrenos y de los frutos del trabajo de los hombres. Con miras al bien común, exige el respeto del destino universal de los bienes y del derecho de propiedad privada. La vida cristiana se esfuerza por ordenar a Dios y a la caridad fraterna los bienes de este mundo".

EL DESTINO UNIVERSAL DE LOS BIENES Y LA PROPIEDAD PRIVADA

Dios ha confiado la tierra y sus recursos a la administración común de la humanidad, para que el hombre los domine mediante su trabajo y se beneficie de sus frutos (cf Gn 1, 26-29).
Los bienes de la creación están destinados a todo el género humano. Sin embargo, para garantizar la dignidad y la libertad de las personas y para ayudar a cada uno a atender a sus necesidades

fundamentales y a las de los que están a su cargo, es legítima la propiedad privada (o el derecho de propiedad).
Pero se debe vivir una solidaridad natural entre todos los hombres. (Es decir, el derecho de propiedad tiene sus límites, y además debe tener una función social).
El derecho a la propiedad privada adquirida por el trabajo o recibida de modo justo, no anula el **destino universal** de los bienes, que continúa siendo primordial, aunque la promoción del bien común exija el respeto de la propiedad privada.
Al poseer y servirnos de esos bienes, debemos considerar que no somos verdaderos dueños, sino administradores de la Providencia Divina.
Por tal razón esos bienes deben aprovechar no sólo a nosotros, sino también a los demás (cf GS 69,1); además, se deben usar con templanza (con moderación, y no derrocharlos).
La autoridad política tiene el derecho y el deber de regular, en función del bien común, el ejercicio legítimo del derecho de propiedad (cf GS 71, 4; SRS 42; CA 40; 48).

EL RESPETO
DE LAS PERSONAS Y DE SUS BIENES

En materia económica, el respeto de la dignidad humana exige la práctica de la virtud **de la templanza**, para moderar el apego a los bienes de este mundo; **de la justicia**, para preservar los derechos del prójimo y darle lo que le es debido; y **de la solidaridad**, siguiendo la regla de oro y según la generosidad del Señor, que, "siendo rico, por ustedes se hizo pobre a fin de que se enriquecieran con su pobreza" (2 Co 8, 9).

EL RESPETO DE LOS BIENES AJENOS

El séptimo mandamiento prohibe **el robo**, es decir, la usurpación del bien ajeno contra la voluntad razonable de sus dueño.
En atención al destino universal de los bienes, no es pecado tomar algo en el caso de una necesidad urgente y evidente en el que es el único medio de remediar necesidades esenciales e inmediatas (cf GS 69,1). (Se supone que son casos raros y excepcionales. Tampoco se puede provocar estos casos por la haraganería o por la mala administración, pues dice san Pablo que el que no trabaja que no coma (cf 2 Ts 3,10).

Toda forma de tener o retener injustamente el bien ajeno, aunque no esté penado por la ley civil, va contra este séptimo mandamiento.

Lo mismo retener deliberadamente bienes prestados u objetos perdidos, o defraudar en el ejercicio del comercio.

Así como pagar salarios injustos o elevar los precios, especulando con la ignorancia o necesidad ajenas (cf Dt 25, 13-16; 24, 14-15; St 5, 4; Am 8, 4-6).

OTROS ACTOS MORALMENTE ILÍCITOS

Son también moralmente ilícitos la **especulación**, *mediante la cual se pretende hacer variar artificialmente la valoración de los bienes con el fin de obtener un beneficio en detrimento ajeno;* **la corrupción**, *mediante la cual se vicia el juicio de los que deben tomar decisiones conforme a derecho;* **la apropiación** *y el uso privado de los bienes sociales de una empresa;* **los trabajos mal hechos; el fraude fiscal**; *la falsificación de cheques y facturas; los gastos excesivos;* **el despilfarro**. *Infligir voluntariamente un daño a las propiedades privadas o públicas es contrario a la ley moral, y exige reparación.*

Las **promesas** deben ser cumplidas, y los contratos rigurosamente observados en la medida en que el compromiso adquirido es moralmente justo. Lo mismo que el pago de las deudas contraídas.

La virtud de la justicia conmutativa y la **reparación** de la justicia exigen la **restitución** del bien robado a su dueño (cf Lc 19,8).

Los juegos no son en sí contrarios a la justicia (si se hacen con moderación). Pero son moralmente inaceptables cuando privan a la persona de lo que es necesario para atender sus necesidades o las de los demás (la familia).

Pero la pasión por el juego puede llegar a esclavizar, o a hacernos trampas. (Hay que tener cuidado para que no degenere eso en vicio).

El séptimo mandamiento proscribe (y condena) los actos o empresas que conducen a **esclavizar seres humanos**, a menospreciar su dignidad personal, a comprarlos, a venderlos o cambiarlos como mercancía.

EL RESPETO DE LA INTEGRIDAD DE LA CREACIÓN

El séptimo mandamiento exige el respeto de la integridad de la creación.

Los animales, como las plantas y los seres inanimados, están naturalmente destinados al bien común de la humanidad pasada, presente y futura (cf Gn 1, 28-31).

El uso de los recursos minerales, vegetales y animales del universo no puede ser separado del respeto a las exigencias morales.

El dominio concedido por el Creador al hombre sobre los seres inanimados y los seres vivos no es absoluto. Está regulado por el cuidado de la calidad de la vida del prójimo, incluyendo la de las generaciones venideras; exige un respeto religioso de la integridad de la creación (cf CA 37-38).

Los animales son criaturas de Dios, que los rodea de su solicitud providencial (cf Mt 6, 16).

Por su simple existencia, los animales bendicen y dan gloria a Dios (cf Dn 3, 57-58).

También los hombres deben aprecio a los animales. Recuérdese con qué delicadeza trataban a los animales S. Francisco de Asís y S. Felipe Neri.

No se debe hacer sufrir inútilmente a los animales ni sacrificar sus vidas sin necesidad. (Hay que infundir en los niños y en los jóvenes el respeto y aprecio a la naturaleza, a los animales, a las aves, a las plantas, al bosque, a los árboles, a los ríos, y el cuidado para evitar la suciedad y la contaminación).

También es indigno invertir en los animales grandes sumas de dinero, con lo que se podría remediar la miseria de muchos seres humanos.

PREGUNTAS:

1) ¿Qué prohibe el séptimo mandamiento? No robarás. "Ni los ladrones, ni los avaros...ni los rapaces heredarán el reino de Dios" (1 Co 6,10).

2) ¿Qué ordena el séptimo mandamiento? La práctica de la justicia y de la caridad en el uso de los bienes terrenos y de los frutos del trabajo de los hombres.

3) ¿A quiénes están destinados los bienes de la creación? Están destinados a todo el género humano. El derecho a la propiedad privada no anula este destino universal de los bienes. El derecho a la propiedad privada tiene sus límites y una función social.

4) ¿Qué es el robo? Es la usurpación del bien ajeno contra la voluntad razonable del dueño.

5) ¿Cómo se falta a este mandamiento? Con toda forma de tomar y usar injustamente un bien ajeno. La injusticia cometida exige reparación. La justicia conmutativa impone la restitución del bien robado.

6) ¿Qué más prohibe este mandamiento? Prohibe gravemente esclavizar a los seres humanos con fines mercantiles o totalitarios, o tratar a los obreros como a esclavos (son pecados que claman al cielo).

7) ¿Hay que respetar, administrar bien y conservar los recursos de la naturaleza? Sí, los recursos vegetales, minerales y los animales deben ser bien cuidados y bien administrados, pensando también en las generaciones venideras. Es una grave obligación moral.

REFLEXIÓN:

Entre los ladrones "que no heredarán el reino de Dios", pueden estar los comerciantes que quieren ganar demasiado y hacerse ricos en poco tiempo. También los que roban con "guantes blancos", como algunos funcionarios y administradores que tratan de "aprovecharse" en las "ventas de contratas", "los sueldos botellas", "los tanto por ciento" en las compras, no rendir en el trabajo, evasión de justos impuestos; todo eso tiene su aspecto de robo y es una verdadera deshonestidad.

El pecado de injusticia, como todos los demás desórdenes y abusos graves, colocan al hombre lejos del amor de Dios y del amor de los hijos de Dios.

*Esa **condición de dureza del corazón** puede arrebatarle la esperanza de toda salvación.*

De todos modos, Dios Padre le sorprende con un nuevo llamamiento a la conversión, a la gracia y al amor, como hizo Jesús con Zaqueo (cf Lc 19,1-10).

ACLAMACIONES:

1) Dios ha creado los bienes materiales para que sean lazos de amor entre los seres humanos.

2) *"El que trata de enriquecerse desordenadamente desvía su mirada de Dios. Por amor a la ganancia han pecado muchos" (Eclo 27,1).*

3) *"Entre venta y compra se introduce el pecado" (Eclo 27,2).*

4) *"El que no trabaja que no coma" (2 Ts 3,10).*

5) *"Los ladrones no heredarán el reino de Dios" (1 Co 6,10).*

Salmo 119,113-128

Canto: *Toda la vida es un don.*

EJEMPLOS:

1) El remordimiento del que hurtó fue siempre cosa tan sabida, que al morir en Roma un hombre famoso por sus fraudes y deudas, Julio César se apresuró a comprar su cama, porque decía tener virtud especial aquella cama, cuando en ella pudo dormir un hombre que tanto debía (Lo decía por ironía).

2) Séneca habla con elogio de un gentil que compró unos zapatos, y quedó en llevar el precio al día siguiente... Murió el vendedor sin dejar herederos; pero el que compró los zapatos no podía acallar su conciencia, que le decía: "Ese dinero no es tuyo y lo tienes que entregar". ¿Qué hace? Va a la casa del zapatero y por una rendija de la puerta arroja el dinero dentro. Su conciencia quedó tranquila.

3) Un dominicano rico fue de turista a Madrid, España. En el taxi del aeropuerto al hotel, se le quedó el maletín con diez mil dólares.

Estaba preocupado al verse sin dinero en el hotel. Al otro día le llamaron de la recepción del Hotel para que bajara, que le buscaba un señor. Era el taxista. Al entregarle los diez mil dólares, éste quiso gratificar al taxista con 500 dólares; pero él no lo aceptó. El taxista le dijo que no tenía que pagarle por cumplir con su deber y su conciencia. El turista dominicano quedó altamente impresionado al ver que en el mundo todavía hay hombres honestos a cabalidad.

70

SEPTIMO MANDAMIENTO: LA DOCTRINA SOCIAL DE LA IGLESIA

Anuncio:
"Vengan, benditos de mi Padre, hereden el reino preparado para ustedes desde la creación del mundo, porque tuve hambre y ustedes me dieron de comer" (Mt 25,34-35).

Lecturas:
Santiago 5,1-6; Amós 5,18-27; Mateo 25,31-46; Mateo 6,19-24; Lucas 16,19-31; Lucas 12,13-20.

El Evangelio nos lleva a una comprensión más profunda de las leyes de la vida social (cf GS 23,1).

Por eso, la Iglesia expresa un juicio moral en materia económica y social, "cuando lo exigen los derechos fundamentales de las personas o la salvación de las almas" (GS 76, 5).

En este sentido, la Iglesia ejerce una misión distinta de la que ejercen las autoridades políticas.

La Iglesia interpreta los acontecimientos (y situaciones del hombre) a la luz de la palabra revelada por Cristo Jesús y con la asistencia del Espíritu Santo (cf SRS 1;41). (Todo cuanto se trata del bien común, no de política partidista).

PROPONE PRINCIPIOS Y DA ORIENTACIONES

La doctrina social de la Iglesia propone principios de reflexión, extrae criterios de juicio, da orientaciones para la acción:

Todo sistema según el cual las relaciones sociales deben estar determinadas enteramente por los factores económicos, resulta contrario a la naturaleza de la persona humana y de sus actos (cf CA 24).

Una teoría que hace del lucro la norma exclusiva y el fin último de la actividad económica, es moralmente inaceptable. El apetito desordenado de dinero no deja de producir efectos perniciosos. Es una de las causas de los numerosos conflictos que perturban el orden social (cf GS 63, 3; LE 7; CA 35).

Un sistema que "sacrifica los derechos fundamentales de la persona y de los grupos en aras de la organización colectiva de la producción" es contrario a la dignidad del hombre (cf GS 65).

LA IDOLATRÍA DEL DINERO ESCLAVIZA AL HOMBRE

Toda práctica que reduce a las personas a no ser más que medios con vistas al lucro esclaviza al hombre, conduce a la idolatría del dinero y contribuye a difundir el ateísmo. "No pueden servir a Dios y al dinero" (Mt 6, 24; Lc 16, 13).

(Es pecado evadir los justos impuestos. Y el Estado tiene a la vez la grave obligación de administrarlos bien, con justicia y equidad, y para el bien común. Todo uso indebido de esos bienes por los funcionarios y servidores públicos es un puro robo. Así como no cuidar y dejar estropear los bienes y equipos materiales).

La Iglesia ha rechazado las ideologías totalitarias y ateas asociadas en los tiempos modernos al "comunismo" o "socialismo". Por otra parte, ha rechazado en la práctica del "capitalismo" el individualismo y la primacía absoluta de la ley de mercado sobre el trabajo humano (cf CA 10, 13.44).

La regulación de la economía por la sola planificación centralizada pervierte en su base los vínculos sociales; su regulación únicamente por la ley de mercado quebranta la justicia social, porque "existen numerosas necesidades humanas que no pueden ser satisfechas por el mercado" (CA 34).

Es preciso promover una regulación razonable del mercado y de las iniciativas económicas, según una justa jerarquía de valores y con vistas al bien común.

LA ACTIVIDAD ECONÓMICA Y LA JUSTICIA SOCIAL

La vida económica no tiende solamente a multiplicar los bienes producidos y a aumentar el lucro o el poder. Está ordenada, ante todo, al servicio de las personas y de toda la comunidad humana (cf GS 64).

Por otra parte, **el trabajo humano** es un deber (cf 2 Ts 3,10; 1 Ts 4,11). El trabajo honra los dones del creador y los talentos recibidos.

Todo ser humano nace con la vocación al trabajo, a perfeccionar el mundo, dominando la tierra (cf Gn 1,28).

El trabajo puede ser también redentor, en unión con Jesús, el carpintero de Nazaret (cf Gn 3,14-19; LE 27).

El haragán es un egoísta y es injusto porque quiere vivir a costa de los demás. Quiere vivir no del sudor de su frente, sino del sudor del de enfrente. Y san Pablo dice que "El que no trabaja, que no coma" (2 Ts 3,10).

En cambio, como dice el Papa Juan Pablo II, el trabajo honesto es manifestación de amor (cf Rdemp Custos).

La responsabilidad del Estado. "La actividad económica, en particular la economía de mercado, no puede desenvolverse en medio de un vacío institucional, jurídico y político.

Por el contrario supone una seguridad que garantiza la libertad individual y la propiedad, además de un sistema monetario estable y servicios públicos eficientes.

La primera incumbencia del Estado es, pues, la de garantizar esa seguridad, de manera que quien trabaja y produce pueda gozar de los frutos de su trabajo y, por tanto, se sienta estimulado a realizarlo eficiente y honestamente...

Otra incumbencia del Estado es la de vigilar y encauzar el ejercicio de los derechos humanos en el sector económico.

Pero en este campo la primera responsabilidad no es del Estado, sino de cada persona y de los diversos grupos y asociaciones en que se articula la sociedad" (CA 48).

LOS RESPONSABLES DE LAS EMPRESAS, EL ACCESO AL TRABAJO, EL SALARIO JUSTO, LA HUELGA

A los responsables de las empresas les corresponde ante la sociedad la responsabilidad económica y ecológica de sus operaciones (CA 37). Están obligados a considerar el bien de las personas, y no solamente el aumento de las ganancias. Sin embargo, estas son necesarias; permiten realizar las inversiones que aseguran el porvenir de las empresas, y garantizan los puestos de trabajo.

El acceso al trabajo y a la profesión debe estar abierto a todos sin discriminación injusta, a hombres y mujeres, sanos y disminuidos, autóctonos e inmigrados (cf LE 19; 22-23). Habida consideración de las circunstancias, la sociedad debe por su parte ayudar a los ciudadanos a procurarse un trabajo y un empleo (cf CA 48).

El salario justo es el fruto legítimo del trabajo. Negarlo o retenerlo puede constituir una grave injusticia (cf Lv 19, 13; Dt 24, 14-15; St 5, 4). Para determinar la justa remuneración se han de tener en cuenta a la vez las necesidades y las contribuciones de cada uno. "El trabajo debe ser remunerado de tal modo que se den al hombre posibilidades de que él y los suyos vivan dignamente su vida material, social, cultural y espiritual, teniendo en cuenta la tarea y la productividad de cada uno, así como las condiciones de la empresa y el bien común" (GS 67, 2). El acuerdo de las partes no basta para justificar moralmente la cuantía del salario.

La huelga es moralmente legítima cuando constituye un recurso inevitable, si no necesario, para obtener un beneficio proporcionado. Resulta moralmente inaceptable cuando va acompañada de violencias o también cuando se lleva a cabo en función de objetivos no directamente vinculados con las condiciones del trabajo o contrarios al bien común.

Es injusto no pagar a los organismos de seguridad social las cotizaciones establecidas por las autoridades legitimas.

La privación de empleo a causa de la huelga es casi siempre para su víctima un atentado contra su dignidad y una amenaza para el equilibrio de la vida. Además del daño personal padecido de esa privación, se derivan riesgos numerosos para su hogar (cf LE 18) (n. del 2432-2436).

(Pero hay que insistir en que las huelgas son un último recurso. No se deben hacer por puros motivos políticos, ni repetirlas con frecuencia, porque producirían muchos daños a la sociedad, pues impiden el trabajo y crean inestabilidad).

La justicia y solidaridad entre las naciones (Ver CEC del n. 2437 al 2442).

EL AMOR A LOS POBRES

Dios, bendice a los que ayudan a los pobres, y reprueba a los que se niegan a hacerlo: "A quien te pide, da; al que desee que le prestes algo, no le vuelvas la espalda" (Mt 5, 42). "Gratis lo recibieron, denlo gratis" (Mt 10, 8).

Jesucristo reconocerá a sus elegidos en lo que hayan hecho por los pobres (cf Mt 25, 31-36).

La buena nueva "anunciada a los pobres" (Mt 11, 5; Lc 4, 18) es el signo de la presencia de Cristo.

"El amor de la Iglesia por los pobres... pertenece a su constante tradición" (CA 57). Está inspirado en el Evangelio de las bienaventuranzas (cf Lc 6, 20-22), en la pobreza de Jesús (cf Mt 8, 20), y en su atención a los pobres (cf Mc 12, 41-44).

El amor a los pobres es también uno de los motivos del deber de trabajar, con el fin de "hacer partícipe al que se halle en necesidad" (Ef 4, 28).

No abarca sólo la pobreza material, sino también las numerosas formas de pobreza cultural y religiosa (cf CA 57).

El amor a los pobres es incompatible con el amor desordenado de las riquezas o su uso egoísta.

Dios, en la Sagrada Escritura, condena a los ricos sin entrañas para con el necesitado (Ver Santiago 5,1-6).

Dice san Gregorio Magno que cuando se da al pobre lo indispensable, le devolvemos lo que es suyo.

LAS OBRAS DE MISERICORDIA

Las obras de misericordia son acciones caritativas mediante las cuales ayudamos a nuestro prójimo en sus necesidades corporales y espirituales (cf Is 58, 6-7; Hb 13, 3).

Instruir, aconsejar, consolar, confortar, son obras de misericordia espiritual, como también lo son perdonar y sufrir con paciencia.

Las obras de misericordia corporales consisten especialmente en dar de comer al hambriento, dar techo a quien no lo tiene, vestir al desnudo, visitar a los enfermos y a los presos, enterrar a los muertos (cf Mt 25, 31-46). Entre estas obras, la limosna hecha a los pobres (cf Tb 4, 5-11; Si 17, 22) es uno de los principales testimonios de la caridad fraterna; es también una práctica de justicia que agrada a Dios (cf Mt 6, 2-4):

Amor preferencial por los pobres (ver CEC n. 2448)
Medidas jurídicas en el año jubilar, en el Antiguo Testamento (ver n. 2449).

PREGUNTAS:

1) La Iglesia, a la luz del Evangelio, ¿tiene derecho a emitir un juicio en materia económica y social? Sí, cuando lo exigen los derechos fundamentales de las personas y el bien común de los hombres, en razón de su ordenación al supremo bien, nuestro fin último.

2) ¿Qué lugar ocupa el ser humano en toda la vida económica y social? El hombre es su centro y fin, pues los bienes creados por Dios deben llegar a todos los seres humanos, según la justicia y la ayuda de la caridad.

3) ¿Tiene valor el trabajo del hombre? Sí, con él participa de la obra de la creación, y unido a Cristo, el trabajo puede ser redentor.

4) ¿En qué consiste el verdadero desarrollo en su integridad? En hacer crecer la capacidad de cada persona, a fin de responder a su vocación y vivir dignamente.

5) ¿En qué ha de consistir la ayuda a los pobres? Además de la caridad fraterna a los necesitados, sobre todo a los incapacitados para el trabajo, la ayuda ha de consistir en ayudar a promover al pobre, proporcionarle trabajo y pagarle con justicia (cf Amos 5,18-27).

6) ¿Podemos hoy reconocer a Lázaro el mendigo? Sí, en "los sin pan, sin techo y sin patria" (cf Lc 16,19-31). Ante ellos nos dice Jesús: "Lo que dejaron de hacer con uno de estos, también conmigo lo dejaron de hacer" (Mt 25,45).

REFLEXIÓN:

Hay comerciantes o empresarios que, por enriquecerse pronto y para gastar en fiestas y vanidades, pagan muy poco a los empleados. Regatean el salario justo a los obreros y a los empleadas domésticas y luego derrochan en cosas superfluas. Y los empleados son los que dan su tiempo y la vida por la empresa o el negocio. Otras veces recargan el precio a los consumidores, o evaden los impuestos.

Dice la Escritura que es preferible tener poco con la conciencia en paz, y no mucho con la conciencia turbada o cargada.

Hay otros empresarios y ricos que, para abultar sus riquezas, tienen ansias de reinvertir más y más, y nunca les queda para pagar con justicia a los empleados, para obras sociales y religiosas, y para ayuda a los pobres.

Muchos dejan fortunas a sus hijos, y con ellas les dejan también pleitos y peligros de caer en vicios, y de olvidar a sus mismos papás.

Por eso añade la Escritura: "Difícilmente se libra de pecado el negociante" (Eclo 26, 29); y "Entre compra y venta se introduce el pecado" (Eclo 27,2).

Y es que un comerciante honesto debe saber que con su trabajo puede vivir dignamente, pero no esperar hacerse rico "de la noche a la mañana", atropellando la propia conciencia y los derechos de los demás.

ACLAMACIONES:

1) Nos dice Dios por el profeta Amós: "No quiero oír tus canciones. Que fluya el derecho como agua, y la justicia como arroyo perenne" (5,23-25).

2) "Habrá un juicio sin misericordia para el que no tenga misericordia" (St 2,13).

3) "La ayuda al pobre libra de la muerte e impide caer en las tinieblas" (Tb 4, 10).

4) Esto dice el Señor: "Den y les darán; les vertirán una medida generosa. La medida que usen la usarán con ustedes" (Lc 6,38).

Salmo 119, 129-136

Canto: No me creas...

EJEMPLOS:

1) San Vicente Ferrer habla de una señora cristiana, esposa de un falsario, a quien su marido quería comprar un lujoso vestido. "No,

le respondió; que yo estoy muy bien vestida y tú tienes desnuda el alma. El pagar lo que debes será mi mejor vestido". "Si eso hiciera, contestó él, ni aún para comer nos quedaría, porque todo nos vino de la usura". "Pues mi dote no es de usura, replicó ella; yo te doy la mitad, para que pagues". Ante aquella valiente decisión de la esposa, el usurero pagó cuanto debía y quedó con la conciencia tranquila.

2) A san Pedro Nolasco un día le vio la ciudad de Barcelona llegar al puerto, acompañado de trescientos hombres cubiertos de llagas y cicatrices, consumidos por el hambre y la fiebre. Para ello vendió cuanto tenía, la casa en que vivía y la cama de dormir y tuvo que recogerse por caridad en una cama del hospital de Santa Eulalia, donde antes había ejercido la caridad. Fundó la Orden de la Merced.

3) Me contaron de un señor que tenía un amigo millonario en dólares. Este señor se apenaba por la vida de su amigo multimillonario y decía de él: "Ese amigo mío es un infeliz, un miserable. Lo único que tiene es mucho dinero". Parece que no tenía ninguna idea buena en la cabeza, ni amor en su corazón. Tenía el corazón frío, duro y amarillo como una bola de oro. Por eso el Concilio nos trasmite la máxima de Jesús: lo que más importa no es tener más, sino ser más; tener mucho amor en el corazón.

71

OCTAVO MANDAMIENTO
NO DARÁS FALSO TESTIMONIO
CONTRA TU PRÓJIMO
(Ex 20,16; Mt 5,33)

Anuncio:
Esto dice el Señor: «Caminen en la verdad. 'Cuando hablen, el sí de ustedes sea un sí, y el no, un no" (Todo lo demás es engaño) y viene del maligno» (Mt 5,37).

Lecturas:
Exodo 20,16; 23,7; Hechos 5,1-11; Juan 8,31-51; Mateo 5,33-37. Mateo 19,16-19. Juan 17,11-19. 1 Pedro 2,1-10).

Este mandamiento prohibe falsear la verdad. Estamos llamados a ser testigos de Dios, que es la verdad y quiere la verdad. La falsedad es como un rechazo a comprometerse con la rectitud moral.

VIVIR EN LA VERDAD

Dios es fuente de toda verdad (cf Pr 8,7; 2 S 7,28; Sal 119, 142). Puesto que Dios es "el Veraz" (Rm 3,4), los miembros de su pueblo están llamados a vivir en la verdad (cf Sal 119, 30).

En Jesucristo, la verdad de Dios se manifestó en plenitud "lleno de gracia y de verdad" (Jn 1,14).

El discípulo de Jesús "permanece en su palabra" para conocer "la verdad que hace libre" (cf Jn 8, 31-32) y que santifica (cf Jn 17, 17).

Jesucristo enseña a sus discípulos el amor incondicional a la verdad: "sea nuestro lenguaje: sí, sí; no, no" (Mt 5,37).

Dice santo Tomás de Aquino que "los hombres no podrían vivir juntos si no tuvieran **confianza recíproca, es decir, si no se manifestasen la verdad**".

Estamos obligados "a vivir en la verdad". "Si decimos que estamos en comunión con Él (el Señor) y caminamos en tinieblas, mentimos y no obramos conforme a la verdad" (1 Jn 1,6).

Ante Pilato, Cristo proclama que había "venido al mundo para dar testimonio de la verdad" (Jn 18,37). Y el cristiano no debe "avergonzarse de dar testimonio del Señor" (2 Tm 1,8).

El martirio es el supremo testimonio de la verdad de la fe; un testimonio que llega hasta la muerte.

El cristiano está obligado a hablar la verdad, pero también a andar y vivir en la verdad. Vivir en el pecado, en cierto sentido, es vivir en la mentira, en la falsedad (véase el salmo 15).

LAS OFENSAS A LA VERDAD

Los discípulos de Cristo se han "revestido del Hombre Nuevo, creado según Dios en la justicia y santidad de la verdad" (Ef 4, 24).

"Desechando la mentira" (Ef 4, 25), deben "rechazar toda malicia y todo engaño, hipocresías, envidias y toda clase de maledicencias" (1 P 2, 1).

FALSO TESTIMONIO Y PERJURIO

Una afirmación contraria a la verdad posee una gravedad particular cuando se hace públicamente. Ante un tribunal viene a ser un falso testimonio (cf Pr 19, 9).

Cuando la mentira es pronunciada bajo juramento, se trata de perjurio.

Estas maneras de obrar (con falso testimonio) contribuyen a condenar a un inocente, a disculpar a un culpable o a aumentar la sanción en que ha incurrido el acusado (cf Pr 18, 5); comprometen gravemente el ejercicio de la justicia y la equidad de la sentencia pronunciada por los jueces.

El juicio temerario, admite como verdadero un defecto moral del prójimo, sin tener pruebas suficientes.

Para evitar el juicio temerario, cada uno debe interpretar, en cuanto sea posible, en un sentido favorable, los pensamientos, palabras y acciones del prójimo.

La maledicencia, cuando sin razón justificada, se manifiestan los defectos y faltas de otros a personas que los ignoran (cf Si 21,28).

La calumnia, cuando alegando cosas falsas, se daña la reputación de otros.

La maledicencia (el chisme y la calumnia) destruyen la reputación y el honor del prójimo. Lesionan la virtud de la justicia y de la caridad.

La adulación, cuando con halagos se alienta y confirma al otro en la malicia y perversidad de su conducta.

La adulación es grave si se hace cómplice de vicios graves.

La vanagloria y jactancia es una falta contra la verdad. Todo lo que tenemos lo hemos recibido de Dios.

La Ironía, que trata de ridiculizar a uno o hace caricatura de manera malévola de un aspecto del comportamiento del otro.

(También hay personas que quieren hacerse los graciosos a costa del otro, exagerando algún defecto o falta. Hay que recordar lo que dice el Señor: "No hagas a otro lo que no quieres que te hagan a ti").

"**La mentira** consiste en decir falsedad con intención de engañar". Jesús llama al diablo "padre de la mentira" (cf Jn 8,44). La maldad de la mentira se mide por la verdad que deforma y por lo daños que ocasiona. La mentira en sí es pecado venial, pero puede llegar a ser mortal cuando lesiona gravemente la justicia y la caridad.

La mentira es funesta para toda sociedad: socava la confianza entre los hombres y rompe el tejido de las relaciones humanas.

Si la mentira lesiona la justicia y la verdad hay el deber de reparación, aunque su autor haya sido perdonado. Si es imposible reparar un daño públicamente, es preciso hacerlo en secreto.

EL RESPETO DE LA VERDAD

El derecho a la comunicación exige cumplir con el precepto evangélico del amor fraterno y exige también discreción cuando puede hacer escándalo.

Hay que tener también presente que nadie está obligado a revelar una verdad a quien no tiene derecho a conocerla (cf Si 27, 16; Pr 25,9-10). (De ahí lo que se llama en moral **restricción mental**).

(Restricción mental es disimular, ocultar la verdad si el otro no tiene derecho a preguntar o no es prudente decirla. Una vez los judíos preguntaron a Jesús si iba a la fiesta, al templo. Él les respondió que no iba. Y luego fue. Jesús no fue en forma pública, pero sí en forma privada) (cf Jn 7, 1-12).

(Así, sin hablar propiamente mentira, puede uno callar o desviar la pregunta curiosa o interesada del interlocutor, haciéndole otra pregunta a él).

También obliga el secreto profesional. Las confidencias hechas bajo secreto deben mantenerse en reserva.

El uso de los medios de comunicación social (ver n. del 2493 al 2499 del CEC).

Verdad, Belleza y Arte Sacro (ver n. del 2500 al 2503 CEC).

PREGUNTAS:

1) ¿Cuál es el octavo mandamiento? No mentirás, ni darás falso testimonio contra el prójimo.

2) ¿Por qué los cristianos, con mayor razón, deben vivir en la verdad? Porque "se han revestido del hombre nuevo, creado según Dios, en justicia y santidad de verdad" (Ef 4,24).

3) ¿En qué consiste la mentira? En decir algo falso con intención de engañar al prójimo.

4) ¿Qué otra cosa se prohibe? Toda palabra, maledicencia o calumnia contra el honor y la buena reputación de las personas. Esa falta exige reparación.

5) ¿Hay que guardar el secreto confiado? Sí. El sigilo sacramental en la confesión es inviolable. También hay que guardar el secreto profesional; y todo secreto que, por su reserva o por prudencia, no se debe divulgar.

6) ¿La sociedad tiene derecho a la información? Sí, pero una información fundada en la verdad y justicia. Hay que tener ética y prudencia en el uso de los medios de comunicación.

REFLEXIÓN:

1) **Testigos de la verdad.** *Una sociedad donde nadie pueda creer en nadie es una sociedad corrupta. Dios no habita donde está la falsedad y la deshonestidad.*
Si somos cristianos e imitamos a Cristo, debemos ser testigos de la verdad.
El chismoso, el embustero, el tramposo, son personas dignas de pena, que se hacen daño a sí mismas y a la comunidad. Un anciano decía que prefería vivir al lado de un ladrón, y no de un "jablador". Por que se podía defender del ladrón, pero no de la lengua "viperina". La gente dice que no sólo se mata con un cuchillo; también se mata con la lengua. Ayudémonos mutuamente a vivir con franqueza, con honradez y confianza el uno en el otro. Sólo así se vive una vida digna del ser humano y de un hijo de Dios. Se debe evitar el chisme, la mentira, sobre todo delante de los niños.

2) **El juicio temerario.** *Es muy arriesgado, temerario e injusto emitir un juicio sobre una persona por un simple detalle. Hay personas muy ligeras de juicio que lo que se imaginan del otro ya lo dan por hecho, por una realidad, sin verdaderas pruebas. Ante ciertas acciones de los demás, empiezan a tejer en la mente cosas negativas. Ni lo ángeles, ni los demonios, ni los hombres, podemos entrar en la conciencia de un ser humano. Sólo Dios.*
Por eso Jesús insiste en que: "No juzguen, para que Dios no les juzgue, porque Dios les juzgará del mismo modo que ustedes hayan juzgado, y les medirá con la misma medida con que hayan medido

a los demás. ¿Cómo es que ves la paja en el ojo de tu hermano y no adviertes la viga que hay en el tuyo?" (Mt 7,1-3).

También Jesús nos exhorta: "Traten a los demás como quieren que ellos les traten a ustedes" (Mt 7,12). ¡Ojalá meditáramos en esa máxima del Señor! Y pidamos al Señor nunca ser causa de humillación o sufrimiento de otras personas.

Cosa distinta es investigar con prudencia, cuando a una persona compete resolver un asunto y hay verdaderas sospechas. Pero sin adelantarse a decir lo que todavía no está probado, y menos a difamar. Pero cuando el caso lo requiere, es lícita y obligatoria la investigación realizada con las debidas formas. También hay que tener cuidado con las "fobias y filias". Si una persona cae antipática, siempre se interpretan mal sus palabras y acciones y se rechaza (fobia); y si cae bien todo se le interpreta bien y se le acoge (filia). Es un proceder discriminatorio, y eso es dejarse dominar por un ciego sentimentalismo, y no por la razón y el derecho.

3) **El chisme y la maledicencia** *son una triste secuela de la malicia humana. Hay personas que disfrutan murmurando y difamando. Tienen el paladar moralmente estragado. A veces lo hacen para echar fuera un resentimiento o porque tienen comidilla en la lengua. Dice la Escritura que "La necedad alegra al insensato" (Prov. 15,21).*

El que murmura o difama siempre hace algún daño, porque puede dejar aversión o antipatía en los corazones hacia las personas criticadas. Por eso el que murmura, si es sorprendido, se siente desconcertado. Es que no lo hace con amor. Una madre buena, al criticar a su hijo permanecería con toda naturalidad, porque lo hace con amor. Sé del caso de un joven que cometió un error, y algunos adultos se reunieron con el papá y la mamá para dialogar sobre el caso. Llegó un momento de la reunión en que la mamá se echó a llorar porque notó que uno del grupo criticó a su hijo sin amor. Ella también lo criticaba, pero con amor. San Agustín decía: "ama, y haz lo que quieras".

Las grandes personalidades y santos de la historia sufrieron enormemente estos ataques. Ya en el siglo quinto, en el Sermón 47, dice san Agustín: "Esta es nuestra gloria, el testimonio de nuestra conciencia. Hay hombres que juzgan temerariamente, que son detractores, chismosos, murmuradores, que se empeñan en sospechar lo que no ven, que se empeñan incluso en pregonar lo que ni sospechan; esos tales, ¿qué recurso queda sino el testimonio de nuestra conciencia? Y cita a san Pablo: "Si buscara agradar a los hombres, no sería siervo de Cristo".

Y san Ignacio de Antioquía en el siglo segundo exhorta: "Lo que necesita el cristiano en el mundo cuando es odiado no son palabras persuasivas, sino grandeza de alma".

Es una pena que, como dice san Agustín, también hoy y siempre habrá detractores y chismosos. Cuando es algo enfermizo necesitan una sanación espiritual en su mente y en su corazón: capacitarlos para amar. El resentimiento y el odio no dejan que la persona sea feliz. Hay que orar por esas personas que tienen esa enfermedad. Orar para que no lleguen a autodestruirse, pues el citado libro de la Biblia añade que: "La boca del necio es su ruina y sus labios una trampa para su vida" (18,6).

ACLAMACIONES:

1) Jesucristo, la verdad de Dios, *"se manifestó lleno de gracia y de verdad" (Jn 1,14).*

2) *"Sea vuestro lenguaje: sí, sí; no, no".*

3) *"Rechacemos toda malicia y todo engaño, hipocresías, envidias y toda clase de maledicencia" (1 P 2, 1).*

4) Jesús es *"el camino, la verdad y la vida". "Seguir a Jesús es vivir del Espíritu de verdad" (Jn 14,17).*

5) *"Lámpara es tu palabra, Señor; luz en mi sendero (Sal 119, 161-176 y 120).*

Canto: Cristo fue sincero...

EJEMPLOS:

1) *La calumnia causa graves daños en la sociedad. Voltaire ha pasado a la historia como maestro de la calumnia, y a su escuela se la llamó siempre la escuela de la calumnia. A él se atribuye el célebre dicho: "¡Calumnia, que algo queda!". Se burló de todo lo más santo: de Dios, de la Virgen, de los misterios y dogmas sagrados. Escribía a sus amigos: "Hagan que el pueblo pierda el respeto y*

veneraciones a los sacerdotes y habrán alcanzado el triunfo de la inmoralidad y de la anarquía". Con cuánta razón al entrar en la cárcel Luis XVI y ver el retrato de Voltaire y el de Rousseau, exclamó: "He aquí los dos hombres culpables de las desdichas que hoy padece Francia".

2) San Agustín mandó poner en el comedor de su casa este letrero: "Ninguno del ausente aquí murmure, y quien quiera en esto propasarse, procure de la mesa levantarse".

3) San Felipe Neri, a una mujer que murmuraba y calumniaba mucho, le mandó comprar una gallina, y que anduviera todo el pueblo desplumándola. Ella cumplió la penitencia. Ahora, le replicó, san Felipe Neri, vaya a recoger esas plumas. Cosa imposible. Así al que murmura y calumnia, le es muy difícil devolver la fama que ha quitado.

72

NOVENO MANDAMIENTO: NO DESEAR LA MUJER DE TU PRÓJIMO (cf Ex 20,17; Mt 5,28)

Anuncio:
Dice Jesús: "Lo que sale de dentro, eso sí mancha al hombre; porque de dentro, del corazón del hombre, salen las malas ideas; inmoralidades, robos, homicidios, adulterios, codicias, perversidades, fraudes, arrogancia, desatino. Todas esas maldades salen de dentro y manchan al hombre" (Mc 7,21-23).

Lecturas:
Exodo 20,17; Mateo 5,27-32; Marcos 7,14-23; Mateo 6,22-23.

San Juan distingue tres clases de codicia o deseos vehementes en el ser humano: la concupiscencia de la carne (o deseo de placeres sexuales); la concupiscencia de los ojos (la ambición de riquezas) y la soberbia de la vida (o deseo de poder y de fama) (cf 1 Jn 2,16). "Concupiscencia", significa deseos vehementes.

El noveno mandamiento trata de moderar la concupiscencia de la carne; y el décimo, la codicia del bien ajeno. San Pablo la identifica con la lucha que la "carne" sostiene contra el "espíritu" (cf Ga 5,16.17.24; Ef 2,3). Ese desorden de las facultades morales del ser humano procede de la desobediencia del primer pecado (cf Gn 3, 11); c. Trento; DS 1515).

Por eso existe cierta tensión en el hombre, compuesto de cuerpo y espíritu.

LA PURIFICACIÓN DEL CORAZÓN

Hay que estar atentos a los deseos del corazón. Dice Jesús: "De dentro del corazón salen las intenciones malas, asesinatos, adulterios, fornicaciones" (Mt 15,19).

(No basta con no cometer las obras malas. Hay que vigilar el corazón para que deliberadamente no se fomenten en él esos malos deseos).

Por eso dice también Jesús: "Bienaventurados los limpios de corazón porque ellos verán a Dios" (Mt 5,8).

EL COMBATE POR LA PUREZA

El Bautismo confiere al que lo recibe la gracia de la purificación de todos los pecados.

Pero el bautizado debe seguir luchando contra la concupiscencia de la carne y los apetitos desordenados. Con la gracia de Dios lo consigue:

1) Mediante **la virtud** y el don de la castidad, que ayudan a amar con un corazón recto y puro;

2) Mediante **la pureza de intención**, que busca el fin verdadero del hombre y la voluntad de Dios (cf Rm 12,2; Col 1,10);

3) Mediante **la pureza de la mirada** exterior e interior; mediante la disciplina de los sentidos y de la imaginación;

4) Mediante el rechazo de toda complacencia en los pensamientos impuros;

5) Mediante el control en la mirada. Dice el libro de la Sabiduría que "la vista despierta la pasión en los insensatos" (Sb 15,5);

6) Además de la vigilancia y evitar la ocasión, **es indispensable la oración**. Decía san Agustín: "Creía que la continencia dependía de mis propias fuerzas, y era necio, pues está escrito que nadie puede ser continente (casto) si Tú, Señor, no se lo das; por eso llamé con gemidos a tus oídos y con fe puse en tus manos mi cuidado".

LA PUREZA EXIGE EL PUDOR

La pureza exige el pudor, parte integrante de la templanza. El pudor no permite mostrar lo que debe permanecer velado. Controla las miradas y los gestos. El pudor o modestia (es guardiana de la castidad fiel).

El pudor protege el misterio de las personas y de su amor; invita a la paciencia y a la moderación en la relación amorosa; exige que se cumplan las condiciones del don y del compromiso definitivo del hombre y de la mujer entre sí.

El pudor es modestia: inspira la elección de la vestimenta; mantiene silencio o reserva donde se adivina el riesgo de una curiosidad malsana; se convierte en discreción.

La libertad debe dejarse educar por la ley moral.

Lo que se llama la permisividad de las costumbres es una concepción errónea de la libertad. (Es un libertinaje). La pureza cristiana exige una **purificación del clima social**, y educar en la ley moral.

CRISTO VIENE
A PURIFICAR LOS CORAZONES

"La buena nueva de Cristo renueva continuamente la vida y la cultura del hombre caído, combate y elimina los errores y males que brotan de la seducción, siempre amenazadora, del pecado. En fin, la buena nueva de Cristo purifica y eleva sin cesar las costumbres de los pueblos. Con las riquezas de lo alto, fecunda, consolida, completa y restaura en Cristo, como desde dentro, las bellezas y cualidades espirituales de cada pueblo o edad (GS 58, 4).

(Este noveno mandamiento nos manda frenar los mismos deseos o instintos del corazón, del interior, para que luego no se fomenten y se conviertan en obras malas. Y se refiere tanto al hombre como a la mujer. Pues hay mujeres que desean quitar los maridos a las otras).

(El simple deseo que brota espontáneamente no es pecado. Pecado es alimentarlo deliberadamente y consentirlo. Un deseo deliberadamente aceptado y consentido está a un paso de la mala acción. Dice un sabio que es imposible tener un corazón puro con ojo impuro).

PREGUNTAS:

1) ¿Cuál es el noveno mandamiento? No desear la mujer de tu prójimo.

2) ¿Qué nos manda el noveno mandamiento? Nos pone en alerta contra el desorden o concupiscencia de la carne. Cortar el mal ya cuando asoma en la mente y en el corazón.

3) ¿Cómo se obtiene la pureza de corazón? Con la vigilancia en la mirada y en los sentidos, con la práctica de la templanza, y con la ferviente súplica al Señor.

4) ¿Qué requiere la pureza del corazón? Requiere el pudor, que es modestia y mortificación en los sentidos. El pudor preserva la intimidad de la persona.

REFLEXIÓN:

1) Jesucristo nos enseña a precaver antes que tener que curar. Quiere que evitemos el mal en la raíz; o sea, en el pensamiento y en el deseo.
Nuestro corazón es como la oficina, el laboratorio donde se preparan nuestras acciones y obras, las buenas y las malas. Por eso hay que vigilarlo. Sobre todo, hay que tener cuidado con la mirada. El sabio dice: "Vigila tu corazón porque de él procede la vida"; y "La muerte entra por los ojos". David era un hombre serio y por el desenfreno en la mirada cometió un gran pecado (cf 2 Samuel 11,1-3).

Cosa distinta es que vengan ocurrencias a la mente, o se sientan los deseos de la naturaleza. En eso no hay nada de malo, si cuando puede llevar al mal no se fomenta eso, ni se consiente.
Por eso dice el Señor: "Bienaventurados los limpios de corazón, porque ellos verán a Dios" (Mt 5,8).
Hay que educar a los niños y jóvenes en el valor de la castidad, el pudor y la pureza de corazón. Eso no es tabú como creen algunos. Hay que cuidarse y cuidar a los niños/as y jóvenes de ese ambiente sensual, provocador, excitante, relajado, del mundo de hoy. Todo eso está alimentado lastimosamente por las novelas y películas televisadas y por modas indecentes y procaces. Eso atrofia nuestros jóvenes; enerva su voluntad y les empaña el candor y lozanía de su mente y de su corazón. Así se incapacitan para obras nobles y grandes y de bien. Por la corrupción son jóvenes de cuerpo, pero de espíritu anciano.
Para guardar la castidad ayuda mucho la tierna devoción a la Virgen María, Madre de la pureza. También ayuda estar siempre ocupado en el trabajo. Dice la Escritura que: la ociosidad es madre de todos los vicios. Así también el demonio tiene menos tiempo u ocasión para tentar.

2) *La educación en la castidad es sana. Algunos se atreven a afirmar que guardar la castidad puede afectar a la psicología de la persona. Es completamente falso. Un famoso psiquiatra, que era el encargado de las cátedras de psiquiatría de la Universidad Complutense de Madrid, Juan Antonio Vallejo-Nágera, dice sobre la castidad: "La educación en la castidad es sanísima, y nos ayudó mucho a superar los problemas de la edad. En cambio la presunta libertad sexual que se predica ahora, esa sí que llena de pacientes la consulta del psiquiatra".*
Añade sobre la homosexualidad: "Y no digamos la moda de decir que la homosexualidad es una alternativa tan válida como cualquier otra. Mentira. El ser homosexual es complicadísimo. Deben merecer toda nuestra comprensión y cariño, pero para intentar curarlos, no para animarles a serlo".
El mismo autor explica que la castidad consagrada a Dios o el celibato en sí, no tiene relación con la homosexualidad. Continúa diciendo: "Yo no me he encontrado ni uno solo (homosexual) en los muchos años que he estudiado con ellos (los consagrados)". (Juan Antonio Vallejo-Nágera_ José Luis Olailoza: Las Puertas de la Esperanza, Pág. 64. Ediciones Rialp, Edit. Planeta, Barcelona).

ACLAMACIONES:

1) *"Bienaventurados los limpios de corazón porque ellos verán a Dios" (Mt 5,8).*

2) *"Vigila tu corazón porque de él procede la vida".*

3) *Dice Jesús: "Si tu ojo (tu pensamiento) está limpio, todo tu cuerpo estará luminoso" (Mt 6,22).*

4) *"Si tu ojo (tu pensamiento) está malo, todo tu cuerpo estará a oscuras" (Mt 6,23).*

5) *"Crea en mí, oh Dios, un corazón puro" (Sal 51.12).*

Salmo 139 *(Señor, tú me sondeas).*

Canto: *Puríficame, Señor, con tu gracia...*

EJEMPLOS:

1) *A un niño le decía su padre espiritual; "¿Puedes tú acaso impedir que los pájaros se posen en un árbol cercano a tu casa?" - "No" -Pero ¿puedes impedir que allí hagan su nido?" - "Sí". "Eso ocurre con los malos pensamientos. No podemos impedir el que vengan a nosotros, pero sí el que dejen pecado" (Perardi).*

2) *Hay muchos ejemplos de jóvenes y personas muy atormentadas por malos pensamientos y deseos y con hábito de malas obras, y con la devoción a la Madre de Dios se fueron liberando.*

73

EL DÉCIMO MANDAMIENTO: NO DESEAR LOS BIENES AJENOS
(cf Ex 20,17; Dt 5,21; Mt 6,21)

Anuncio:
"Quien ama al mundo no lleva dentro el amor del Padre Dios. Porque de todo lo que hay en el mundo, los bajos apetitos, los ojos insaciables, la arrogancia del dinero, nada procede del Padre Dios. El mundo pasa y su codicia también. En cambio, el que cumple la voluntad de Dios permanece para siempre" (1 Jn 2, 15 -17).

Este mandamiento, igual que el anterior, se dirige a la mente y al corazón del hombre, manda moderar los pensamientos y deseos desordenados para no caer en la mala acción.

Lecturas:
Exodo 20,17-21; 2 Samuel 12,1-7; 1 Reyes 21,1-29; Miqueas 2,1-5; Lucas 12,13-21; Mateo 25,14-30; 1 Timoteo 6,7-11).

Este mandamiento prohibe la codicia del bien ajeno. Esta codicia es la raíz del robo, de la rapiña y del fraude (o de la explotación de los trabajadores y consumidores para abultar el capital). Es la "concupiscencia" de los ojos o ambición que lleva a la violencia y a la injusticia.

EL DESORDEN DE LA CONCUPISCENCIA

El décimo mandamiento prohibe **la avaricia** y el deseo de una apropiación inmoderada de los bienes terrenos. Prohibe el deseo desordenado nacido de la pasión inmoderada de las riquezas y de su poder.

Prohibe también el deseo de cometer una injusticia mediante la cual se dañaría al prójimo en sus bienes temporales:

> Cuando la Ley nos dice: -"No codiciarás"- nos dice, en otros términos, que apartemos nuestros deseos de todo lo que no nos pertenece.
> Porque la sed del bien del prójimo es inmensa, infinita y jamás saciada, como está escrito: "El ojo del avaro no se satisface con su suerte" (Si 14, 9) (Catec R. 3, 37).

No es contrario a este mandamiento desear obtener cosas que pertenecen al prójimo, pero por medios justos (como es la compra justa y sin presión).

> "¿Quiénes son los que más deben luchar contra sus codicias pecaminosas" y a los que, por tanto, es preciso "exhortar más a observar este precepto?": "Son los comerciantes, que desean la escasez o la carestía de las mercancías; que ven con tristeza que no son los únicos en comprar y vender, pues de lo contrario podrían vender más caro y comprar a precio más bajo; los que desean que sus semejantes estén en la miseria para lucrarse vendiéndoles o comprándoles...Los médicos, que desean tener enfermos; los abogados, que anhelan causas y procesos importantes y numerosos..." (Cat. R. 3, 37).

Este mandamiento exige que se destierre del corazón humano la **envidia**. La envidia no controlada puede conducir a las peores fechorías. La muerte entró en el mundo por la envidia del diablo (cf 2 S 12, 1-4; Gn 4,3-7; 1 R 21, 1-29; Sb 2,24).

La envidia (consentida) es un pecado capital (porque lleva a muchos otros pecados, como a Caín (cf Gn 4, 3-7). (No es envidia el deseo sano de adquirir por medios legítimos lo que tiene el prójimo, como ya se ha dicho. La verdadera envidia es la que engendra tristeza y odio al prójimo, deseando hacerle daño de alguna forma).

LOS DESEOS DEL ESPÍRITU

El fin de la ley y de la gracia es apartar el corazón de los hombres de la codicia y de la envidia. En cambio, lo inicia en el deseo del Supremo Bien, lo instruye en los deseos del Espíritu Santo, que sacia el corazón del hombre.

El Dios de las promesas puso desde el comienzo al hombre en guardia contra la seducción de lo que, desde entonces, aparece como "bueno para comer, apetecible a la vista y excelente para lograr sabiduría" (Gn 3, 6).

Los fieles de Cristo "han crucificado la carne con sus pasiones y apetencias" (Ga 5,24). "Son guiados por el Espíritu" (Rm 8,14) y siguen los deseos del Espíritu (cf Rm 8,27).

LA POBREZA DE CORAZÓN

Jesús exhorta a sus discípulos a preferirle a Él respecto a todo y a todos y les propone "renunciar a todos sus bienes" (Lc 14,33) por Él y por el Evangelio (cf Mc 8, 35).

Poco antes de su pasión, les mostró como ejemplo la pobre viuda de Jerusalén que, de su indigencia, dio todo lo que tenía para vivir (cf Lc 21, 4).

El precepto del desprendimiento de las riquezas es obligatorio para entrar en el Reino de los Cielos.

El Señor se lamenta de los ricos porque encuentran su consuelo en la abundancia de bienes (cf Lc 6, 24).

"El orgulloso busca el poder terreno, mientras el pobre en espíritu busca el Reino de los Cielos" (S. Agustín, serm. Dom. 1, 3).

El abandono en la providencia del Padre del Cielo libera de la inquietud por el mañana (cf Mt 6, 25-34). La confianza en Dios dispone a la bienaventuranza de los pobres: ellos verán a Dios.

QUIERO VER A DIOS

El deseo de la felicidad verdadera aparta al hombre del apego desordenado a los bienes de este mundo, y tendrá su plenitud en la visión y la bienaventuranza de Dios.

"La promesa de ver a Dios supera toda felicidad. En la Escritura, ver es poseer".

"El que ve a Dios obtiene todos los bienes que se pueden concebir"
(S. Gregorio de Nisa, beat. 6).

PREGUNTAS:

1) ¿Qué manda el décimo mandamiento? No codiciar los bienes ajenos. Prohibe el deseo desordenado de las riquezas y del poder.

2) ¿Qué es la envidia? La envidia es la tristeza que se experimenta ante el bien del prójimo y el deseo desordenado de apropiárselo. Es un pecado capital, porque lleva a otros pecados (En cosas pequeñas es venial. Recordemos que el sentir no es pecado. Pecado es consentir o dejarse llevar del sentimiento desordenado).

3) ¿Cómo combate el cristiano la envidia? El bautizado combate la envidia mediante la benevolencia, la humildad y el abandono en la providencia de Dios.

4) ¿Es necesario el desprendimiento de las riquezas para entrar en el reino de los cielos? Sí, no se puede tener apego desordenado a las riquezas. Demuestra apego desordenado a ellas cuando uno se olvida que Dios esta por encima de todas las cosas, y cuando se cierra a las necesidades del prójimo.

REFLEXIÓN:

El desenfreno en el instinto sexual y la codicia de los bienes materiales son pecados capitales, porque son raíz o causa de otros pecados más. Revelan un corazón frío y alejado del verdadero amor a Dios y a los hermanos (cf Ef 4,19).

La Biblia dice que la avaricia es una especie de idolatría (Col 3,5; Ef 5,5). San Agustín compara el avaricioso con el hidrópico. Una persona sana calma la sed con un vaso de agua. Pero el hidrópico mientras más bebe, más sed tiene; así el avaricioso.

Son vicios muy flagelados por la palabra de Dios. También la haraganería y la mala administración de los bienes (Pr 21,25; 24, 30-34). El haragán es un egoísta, no cumple con una ley grave de Dios, el trabajo honesto; no vive del sudor de su frente, sino del sudor del de enfrente.

El haragán y el derrochador son hermanos (Pr 18,9). Lo mismo que el avaro, el haragán se coloca fuera del Reino de Dios (cf Mt 25, 24-30; 2 Ts 3, 11-14).

Cuando Jesús dice: "Bienaventurados los pobres de espíritu" (Mt 5,3), no significa ser conformista, miserable, descuidado, haragán o derrochador. Eso no. Lo que significa es que sabe trabajar honradamente para poder vivir dignamente; y que no pone su corazón en el dinero, sino en Yaveh, Dios, y sabe compartir con los demás pobres.

ACLAMACIONES:

1) Los fieles de Cristo "son guiados por el Espíritu" (Rom 8,14) y siguen los deseos del Espíritu (cf Rm 8, 27).

2) La Escritura dice que la avaricia es una especie de idolatría (Col 3,5; Ef 5,5).

3) "La raíz de todos los males está en el amor al dinero" (1 Tm 6,10).

4) "La haraganería trae muchos males (Eclo 33,29), porque la ociosidad es madre de todos los vicios" (Pr 24,30-34).

5) "El que es negligente en su labor, es hermano del derrochador" (Pr 18,9).

6) "La miseria ataca al perezoso como un hombre armado" (Pr 6,9-11).

7) "El que ve a Dios obtiene todos los bienes" (S. Gregorio de Nisa).

Salmos: 128 y 131

EJEMPLOS:

1) Una pobre mujer, muy enferma, envidiaba la suerte de un rico vecino, lleno de salud, a quien al parecer nada le faltaba. Pero

aquel rico, pocos días después se suicidó, porque con tanta salud y riquezas, ni tenía fe, ni paz en la familia. Ella, en cambio, murió tranquila (Perardi).

2) *Muchos, por el deseo desordenado de dinero, pierden la vida del cuerpo y se ponen en peligro de perder la vida del alma o la vida eterna. Cuentan que en algunas regiones de Africa hay monos que se cazan con arroz cocido. Los cazadores, en el bosque, ponen el recipiente de arroz cocido dentro de una jaula. La mano del mono, vacía, cabe por la verja de la jaula, pero no cabe con el puño lleno de arroz. Estos monos prefieren que los agarren, por no soltar el puño de arroz. Así muchos ricos prefieren perder la vida del cuerpo y hasta la del alma, por no desprenderse de esas riquezas, muchas veces mal habidas.*

Cantos: *Sí quieres ver a Dios...*

CUARTA PARTE

La Oración Cristiana

74

LA ORACIÓN CRISTIANA

Anuncio:
La oración es la respuesta que damos a Dios Padre que nos habla. Es una conversación filial con Dios, infinitamente bueno.
La oración es la respiración del alma.

Lecturas:
Génesis 18,1-15; 18,16-33; Exodo 3,1-11; 3,13-15; Jeremías 2,1-13. Mateo 6,5-15; Juan 4,1-21

Nota: En esta parte de la oración se debe tratar de aprender de memoria las diversas oraciones del cristiano.

En la primera parte del Catecismo, la Iglesia profesa "el misterio de la fe" (I), En la segunda parte, lo celebra en la Liturgia (II).

En la tercera parte trata de que los fieles conformen su vida con la de Cristo, en el Espíritu Santo, para gloria de Dios Padre (III).

En esta cuarta parte se exige que los fieles crean en este "misterio de la fe", lo celebren y lo vivan en una comunicación viviente y personal con Dios vivo y verdadero. Esta relación (o comunicación) es **la oración** (IV).

CON LA ORACIÓN ELEVAMOS EL ALMA A DIOS

"La oración es la elevación del alma a Dios o la petición a Dios de bienes convenientes", dice san Juan Damasceno.

No podemos hablar a Dios desde nuestro orgullo o egoísmo, sino desde "lo más profundo" (Sal 130,14) de un corazón humilde y contrito.

La humildad es la base de la oración. Declara san Agustín que el hombre es un mendigo de Dios.

La maravilla de la oración se nos revela junto al Pozo de Jacob, donde vamos a buscar agua. Ahí Cristo va al encuentro de todo ser humano: "si conocieras el don de Dios" (Jn 4,10).

Añade san Agustín que la oración es el encuentro de la sed de Dios y de la sed del hombre. Dios quiere que tengamos sed de Él.

LA ORACIÓN ES COMO UNA ALIANZA, EL LUGAR DEL ENCUENTRO CON DIOS

(Por la creación, Dios llama a todo ser de la nada a la existencia. El hombre, después de los ángeles, es capaz de reconocer: "¡Qué glorioso es el nombre del Señor por toda la tierra!") (Sal 8,2).

La queja del Dios vivo es que: "a mí me dejaron, manantial de aguas vivas, para hacerse cisternas agrietadas" (de aguas sucias) (Jr 2,13).

Según las Sagradas Escrituras, la oración debe brotar del alma. Es el **corazón** el que ora. Si éste está alejado de Dios, la expresión de la oración es vana.

La oración es como una alianza (de amor) entre Dios y nosotros.

La vida de oración es estar habitualmente en la presencia de Dios, Padre infinitamente bueno, con su Hijo Jesucristo y con el Espíritu Santo.

Esta comunión de vida con la Santísima Trinidad es posible, ya que mediante el Bautismo nos hemos convertido en un mismo ser con Cristo (cf Rm 6,5).

LA ORACIÓN EN EL ANTIGUO TESTAMENTO

La oración se vive primeramente a partir de las realidades de la **creación** (cf Gn 4,4; 4,26; 5,24; 8, 20; 9,17).

La oración se encuadra entre la caída y la elevación del hombre, por medio de Jesucristo (cf Jn 3, 9.13; Hb 10,5-7).

Cuando Dios lo llama, Abraham se pone en camino "como se lo había dicho el Señor" (Gn 12,4): todo su corazón se somete a la palabra (de Dios) y obedece. En la oración es esencial la obediencia del corazón a Dios que llama.

Dios purificó la fe de Abraham "que había recibido las promesas" (Hb 11,17) y le pide que sacrifique el Hijo que el mismo

Dios le había dado. Pero su fe no vacila "Pensaba que poderoso era Dios aun para resucitar a los muertos" (Hb 11,19).

La oración de Moisés es figura de la oración de intercesión que tiene su cumplimiento en "el único mediador entre Dios y los hombres, Cristo Jesús" (1 Tm 2,5). La oración de Moisés es típica de la oración contemplativa, gracia a la cual el servidor es fiel a su misión. "Dios hablaba con Moisés cara a cara, como habla un hombre con su amigo" (Ex 33, 11).

La oración del Pueblo de Dios se desarrolla a la sombra de la Morada de Dios, el Arca de la Alianza; y más tarde el Templo (cf 1 S 1, 9-18; 3,9-10; 12,23). En los salmos, David, inspirado por el Espíritu Santo, es el primer profeta de la oración judía y cristiana. Cristo revelará y llevará a plenitud el sentido de esta oración.

Los profetas son también para nosotros un ejemplo de "estar ante el Señor"' y de que "la oración ferviente del justo tiene mucho poder" (St 5,16b-18) (véase CEC n. del 2578 al 2589).

EN LA PLENITUD DE LOS TIEMPOS
JESÚS ENSEÑA A ORAR Y ESCUCHA NUESTRA ORACIÓN

Jesús, como buen maestro, nos toma donde estamos, y progresivamente nos conduce al Padre Dios.

El Hijo de Dios, hecho Hijo de la Virgen, también aprendió a orar conforme a su corazón de hombre.

Él aprende de su madre las fórmulas de oración; de ella, que conservaba todas las "maravillas" del Todopoderoso y las meditaba en su corazón.

Pero la oración de Jesús brota de una fuente secreta, distinta, como lo deja presentir a la edad de doce años: "Yo debo estar en las cosas de mi Padre" (Lc 2,49). Aquí comienza a revelarse **la oración filial**, que es la novedad de la oración en la plenitud de los tiempos.

Esa **oración filial** que el Padre esperaba de sus hijos va a ser vivida, por fin, por el propio Hijo Unico en su humanidad, con los hombres y en favor de ellos.

(Véase n. CEC del 2607 al 2611)

LA ORACIÓN DE JESÚS DURANTE SU MINISTERIO
Y EN LOS MOMENTOS DECISIVOS DE SU MISIÓN

El Evangelio de san Lucas subraya la acción del Espíritu Santo y el sentido de la oración en el ministerio de Cristo.

Jesús ora **antes** de los momentos decisivos de su misión: antes de que el Padre dé testimonio de Él en su Bautismo (cf Lc 3, 21) y en su Transfiguración (cf Lc 9, 28), y antes de dar cumplimiento con su Pasión al designio de amor del Padre (cf Lc 22, 41-44).

Jesús ora también ante los momentos decisivos que van a comprometer la misión de sus apóstoles: antes de elegir y llamar a los Doce (cf Lc 6, 12); antes de que Pedro lo confiese como "el Cristo de Dios" (Lc 9, 18-20), y para que la fe del príncipe de los apóstoles no desfallezca ante la tentación (cf Lc 22, 32).

La oración de Jesús ante los acontecimientos de salvación que el Padre le pide que cumpla es una entrega, humilde y confiada, de su voluntad humana a la voluntad amorosa del Padre.

NO BASTA CON DECIR "SEÑOR, SEÑOR"

La oración de fe no consiste solamente en decir "Señor, Señor", sino en disponer el corazón para hacer la voluntad del Padre (Mt 7, 21). Jesús invita a sus discípulos a llevar a la oración esta voluntad de cooperar con el plan divino (cf Mt 9, 38; Lc 10, 2; Jn 4, 34).

CUALIDADES DE LA ORACIÓN

S. Lucas nos ha transmitido tres parábolas principales sobre la oración:

La primera, "el amigo importuno" (cf Lc 11, 5-13), invita a una oración perseverante: "Llamen y se les abrirá". Al que ora así, el Padre del cielo "le dará todo lo que necesite", y sobre todo (le dará) el Espíritu Santo que contiene todos los dones.

La segunda, "la viuda importuna" (cf Lc 18, 1-8), está centrada en una de las cualidades de la oración: es necesario orar siempre, sin cansarse, con la paciencia de la fe. "Pero, cuando el Hijo del hombre venga, ¿encontrará fe sobre la tierra?"

La tercera parábola, "el fariseo y el publicano" (cf Lc 18, 9-14), se refiere a la humildad del corazón que ora. "Oh Dios, ten compasión de mí que soy pecador".

> La Iglesia no cesa de hacer suya esta oración: *"¡Kyrie eleison!"*. *"Señor, ten piedad"*.

(Resumiendo las cualidades de la oración: 1) Fe y confianza en Dios Padre, 2) paciencia y perseverancia, 3) humildad. Debemos sentirnos necesitados de Dios).

LA ORACIÓN DE LA VIRGEN MARÍA

La Virgen María, en la oración, coopera y se somete al designio amoroso de Dios Padre.

Esta disposición de María se ve en el anuncio del ángel Gabriel (cf Lc 1,38) y en Pentecostés, para la formación de la Iglesia, Cuerpo de Cristo (cf Hch 1,14).

El Evangelio nos revela cómo María ora e intercede en la fe: en Caná (cf Jn 2, 1-12), la madre de Jesús ruega a su Hijo por las necesidades de un banquete de bodas, signo de otro banquete, el de las bodas del Cordero que da su Cuerpo y su Sangre a petición de la Iglesia, su Esposa.

Y en la hora de la nueva Alianza, al pie de la Cruz, María es escuchada como la Mujer, la nueva Eva, la verdadera "madre de los que viven".

Por eso, el cántico de María (cf Lc 1, 46-55) es a la vez el cántico de la Madre de Dios y el de la Iglesia, cántico de la Hija de Sión y del nuevo Pueblo de Dios.

El Magnificat es también cántico de acción de gracias por la plenitud de gracias derramadas en la economía de la salvación. El Magnificat es cántico de los "pobres" cuya esperanza ha sido colmada con el cumplimiento de las promesas hechas a nuestros padres "en favor de Abraham y su descendencia por siempre".

PREGUNTAS:

1) ¿Qué es la oración? "La oración es la elevación del alma hacia Dios, o la petición a Dios de bienes convenientes" (San Juan Damasceno, f. o. 3,24).

2) ¿En qué se fundamenta la oración? En la llamada que Dios hace a todo ser humano para un encuentro con Él. En toda la historia de la salvación, la oración es la respuesta del hombre a Dios que le llama.

3) ¿Qué nos enseña la oración de Abraham y la de Moisés? Nos enseñan que la oración es una lucha por vivir la fe, en la confianza y la fidelidad a Dios. Esa oración tranquila transfigura a Cristo mediador, que intercede por nosotros ante Dios Padre.

4) ¿Cómo se desarrolla la oración del Pueblo de Israel? Se desarrolla a la sombra de la morada de Dios, el Arca de la Alianza y el Templo, bajo la guía de los pastores, especialmente del Rey David y de los profetas.

5) ¿Cuál es el llamado de los profetas? Llaman a la conversión del corazón y a buscar ardientemente el rostro de Dios, como el profeta Elías.

6) ¿Cuál es la oración principal en el Antiguo Testamento? Son los salmos, para orar personal y comunitariamente. En ellos se conmemoran las promesas de Dios, ya cumplidas, y se espera la venida del Mesías.

7) ¿Qué son los salmos para la Iglesia? Al rezarlos con referencia a Cristo, y viendo su cumplimiento en Él, los salmos son un elemento esencial y permanente de la Iglesia. Se adaptan a todos los tiempos.

8) En el Nuevo Testamento ¿quién es el modelo de oración? Es Jesús, en su oración filial a Dios Padre.

9) En su enseñanza, ¿Jesús instruye sobre la oración? Sí, Jesús nos enseña a orar con un corazón purificado, con fe viva y con perseverancia, en forma filial hacia Dios Padre, como lo indica en el Padre Nuestro.

10) ¿Cómo es la oración de la Virgen María? Es también un modelo para nosotros en su entrega humilde y generosa al proyecto de salvación, como lo demuestra en su "Fiat" (Hágase tu voluntad) y en el "Magníficat", canto de alabanza a Dios.

ACLAMACIONES:

1) Abraham es ejemplo de confianza en el Señor, porque pensaba que "poderoso es Dios aun para resucitar a los muertos" (Hb 11,19).

2) *"Dios hablaba con Moisés cara a cara, como habla un hombre con su amigo" (Ex 33,11).*

3) *"Habla, Señor, que tu siervo escucha" (1 S 3,9-10).*

4) *"La oración ferviente del justo tiene mucho poder" (St 5,16b-18).*

5) Somos de *"la raza de los que buscan a Dios, los que van tras su rostro" (Sal 24,6).*

6) *"Maestro, enséñanos a orar" (Lc 11,1).*

7) *"Padre, pase de mí esta prueba, pero no se haga mi voluntad, sino la tuya" (Lc 22,42).*

8) *"Mi alma engrandece al Señor, y mi espíritu se alegra en Dios mi Salvador" (Lc 1,47).*

Nota: En la oración se deben utilizar los salmos de diversos temas: de alabanza a Dios, de acción de gracias; de súplica; de perdón; de confianza en Dios; y de alegría por los dones recibidos de Él.

Se puede narrar la oración de algunas personas de la Biblia.

EJEMPLOS:

1) *Ana, la madre de Samuel (1 Samuel 1,10-20); el capitán (Mateo 8,5-13); la mujer fenicia (Mateo 15,21-28); el fariseo y el publicano (Lucas 18, 9-14); Jesús en el Huerto de los Olivos (Lucas 22,39-46).*

2) *En las tentaciones hay que orar de modo especial. Dice san Beda que las tentaciones y el demonio son como los ladrones que entran a robar a una casa: cuando oyen ruido en la casa salen huyendo. Así el demonio y la tentación, cuando oyen el clamor de las súplicas a Dios en un ser humano, desaparecen.*

3) *Un sacerdote, el P. Cruz, dijo un día a Lucía: ustedes los videntes de Fátima deben amar mucho a Dios, por tantas gracias que les ha concedido. Esto tocó mucho el corazón de los niños videntes, Lucía, Jacinta y Francisco, y por eso repetían con frecuencia: Dios mío, yo te amo por tantas gracias que me has concedido.*

Canto: *Hemos venido a este lugar...*

75

(LA ORACIÓN) EN EL TIEMPO DE LA IGLESIA

Anuncio:
La primitiva Iglesia se reunía para invocar a Dios. Una vez "al terminar la oración, retembló el lugar donde estaban reunidos, los llenó a todos el Espíritu Santo, y anunciaban con valentía el mensaje de Dios" (Hch 4,31).

Lecturas:
Hechos 2,41-47; 4,23-31; Efesios 1,3-14; 1 Pedro 1,3-9; Salmo 95,1-6; Lucas 18,9-14; Mateo 6,5-33; Lucas 11,2-13.

El día de Pentecostés, el Espíritu de la promesa se derramó sobre los discípulos "reunidos en un mismo lugar" (Hch 2. 1), que lo esperaban "perseverando en la oración con un mismo espíritu" (Hch 1, 14).

El Espíritu, que enseña a la Iglesia y le recuerda todo lo que Jesús dijo (cf Jn 14, 26), será también quien la instruya en la vida de oración.

En la primera comunidad de Jerusalén, los creyentes oraban y nos enseñan a orar (cf Hch 2,42).

LA BENDICIÓN Y LA ADORACIÓN

La oración de **bendición** es la respuesta del hombre a los dones de Dios: porque Dios bendice, el corazón del hombre puede bendecir a su vez a Aquel que es la fuente de toda bendición.

El alma asciende, llevada por el Espíritu Santo, por medio de Cristo hacia el Padre; o bien implora la gracia del Espíritu Santo que, por medio de Cristo, desciende del Padre (cf Ef 1, 3-14; 2 Co 1,3-7; 1 P 1,3-9; 2 Co 13,13; Rm 15,5-6; Ef 6,23-24).

LA ADORACIÓN

La adoración es la primera actitud del hombre que se reconoce criatura ante su Creador. Exalta la grandeza del Señor que nos ha hecho (cf Sal 95, 1-6), y la omnipotencia del Salvador que nos libra del mal.

La adoración es la acción de humillar el espíritu ante el "Rey de la gloria" (Sal 94, 9-10), y el silencio respetuoso en presencia de Dios "siempre mayor" (s. Agustín, Sal. 62, 16).

La adoración del Dios tres veces santo y soberanamente amable nos llena de humildad y da seguridad a nuestras súplicas.

LA ORACIÓN DE PETICIÓN

El Nuevo Testamento, al hablarnos de la oración de súplica, está lleno de matices: pedir, reclamar, llamar con insistencia, invocar, clamar, gritar, e incluso "luchar en la oración" (cf Rm 15,30; Col 4,12).

En la oración de petición mostramos nuestra condición de criaturas.

(Dice el Concilio que la criatura sin el Creador se evapora. Ahí es donde está el fundamento de nuestra humildad. Todo lo hemos recibido de Dios, y seguimos necesitando de Dios. Por eso dice Santa Teresa que la humildad es la verdad).

Pero también somos pecadores. (Y debemos pedir a Dios perdón por nuestros pecados, la gracia de la plena conversión, y el retorno a la casa del Padre Dios).

LA PETICIÓN DE PERDÓN

La petición de perdón es el primer movimiento de la oración de petición (cf el publicano: "ten compasión de mí, que soy pecador": (Lc 18, 13). Es el comienzo de una oración justa y pura.

La humildad confiada nos devuelve a la luz de la comunión con el Padre y su Hijo Jesucristo, y de los unos con los otros (cf 1 Jn 1, 7, 2-2).

Entonces, "cuanto pidamos lo recibiremos de Él" (1 Jn 3, 22). Tanto la celebración de la Eucaristía como la oración personal comienzan con la petición de perdón.

LA BÚSQUEDA DEL REINO

La petición cristiana esta centrada en el deseo y en **la búsqueda del Reino** que viene, conforme a las enseñanzas de Jesús (cf Mt 6, 10.33; Lc 11, 2.13).

Hay una jerarquía en las peticiones: primero el Reino, a continuación lo que es necesario para acogerlo y para cooperar a su venida.

Esta cooperación con la misión de Cristo y del Espíritu Santo, que es ahora la de la Iglesia, es objeto de la oración de la comunidad apostólica (cf Hch 6, 6; 13, 3).

Es la oración de Pablo, el apóstol por excelencia, que nos revela cómo la solicitud divina por todas las Iglesias debe animar la oración cristiana (cf Rm 10, 1; Ef 1, 16-23; Flp 1, 9-11; Col 1, 3-6; 4. 3-4 10).

Al orar, todo bautizado trabaja por la venida del Reino.

TODA NECESIDAD SE CONVIERTE EN OBJETO DE ORACIÓN

Cuando se participa así en el amor salvador de Dios, se comprende que **toda necesidad** puede convertirse en objeto de petición.

Cristo ha asumido todo para rescatar todo. Y es glorificado por las peticiones que ofrecemos al Padre en Su nombre (cf Jn 14,13). Con esta seguridad, Santiago y Pablo nos exhortan a orar en toda ocasión (cf St 1,5-8; Ef 5,20; Flp 4,6-7; Col 3,16-17; 1 Ts 5,17-18).

LA ORACIÓN DE INTERCESIÓN

La intercesión es una oración de petición que nos conforma muy de cerca con la oración de Jesús. Él es el único intercesor ante el Padre en favor de todos los hombres, de los pecadores en particular (cf Rm 8, 34; 1 Jn 2, 1; 1 Tm 2, 5-8).

Jesucristo es capaz de "salvar perfectamente a los que por Él se llegan a Dios, ya que está siempre vivo para interceder en su favor" (Hb 7, 25). El propio Espíritu Santo "intercede por nosotros... y su intercesión a favor de los santos es según Dios" (Rm 8, 26-27).

Interceder, pedir en favor de otro, es, desde Abraham, lo propio de un corazón conforme a la misericordia de Dios.

En el tiempo de la Iglesia, la intercesión cristiana participa de la de Cristo: es la expresión de la comunión de los santos.

En la intercesión, el que ora busca "no su propio interés sino el de los demás" (Flp 2, 4), hasta rogar por los que le hacen mal, recuérdese a Esteban rogando por sus verdugos, como Jesús: (cf Hch 7, 60; Lc 23, 28.34).

Las primeras comunidades cristianas vivieron intensamente esta forma de participación y de orar por todos (cf Hch 12,5; 20,36; 21,5; Ef 6,18-20; Col 4,3-4; Rom 12,14; 1 Tm 2,1).

LA ORACIÓN DE ACCIÓN DE GRACIAS

La oración de acción de gracias es muy propia de la Iglesia.

En la Eucaristía nos unimos a Cristo, que libera a la creación del pecado y de la muerte, para consagrarla de nuevo y devolverla al Padre.

Jesucristo es la Cabeza de la Iglesia; y nosotros, como sus miembros, participamos de esa acción de gracias (a Dios).

Las cartas de san Pablo empiezan y terminan frecuentemente con una acción de gracias, y el Señor Jesús siempre está presente en ella "En todo den gracias, pues esto es lo que Dios, en Cristo Jesús quiere de ustedes" (cf 1 Ts 5,18; Col 4,2).

LA ORACIÓN DE ALABANZA

La alabanza es la forma de orar que reconoce de la manera más directa que Dios es Dios.

Le canta por Él mismo; le da gloria, no por lo que hace, sino por lo que Él es. Participa en la bienaventuranza de los corazones puros que le aman en la fe antes de verle en la Gloria.

Mediante la oración de alabanza, el Espíritu se une a nuestro espíritu para dar testimonio de que somos hijos de Dios (cf Rm 8, 16), da testimonio del Hijo único en quien somos adoptados y por quien glorificamos al Padre.

La alabanza incorpora las otras formas de oración y las lleva hacia Aquel que es su fuente y su término: "un solo Dios, el Padre, del cual proceden todas las cosas y por el cual somos nosotros" (1 Co 8, 6).

PREGUNTAS:

1) ¿Quién enseña a la Iglesia a orar? El Espíritu Santo recuerda a la Iglesia lo que dijo Jesús, y la educa en la vida de oración,

enseñándole a orar de diversas formas: bendición, petición, intercesión, acción de gracias y alabanza.

2) ¿De dónde viene toda bendición? Dios es la fuente de toda bendición. Gracias a que Él bendice al hombre, el hombre puede bendecirle a Él.

3) ¿Cuál es el objeto de la petición? La petición tiene por objeto el perdón, la búsqueda del Reino, y todas las necesidades que tenemos.

4) ¿En qué consiste la oración de intercesión? En pedir en favor de otros, incluso de los enemigos.

5) ¿Cuáles son los motivos que nos mueven a la oración? Toda alegría y toda pena, todo acontecimiento y toda necesidad pueden ser motivo de oración; participando de la acción de gracias de Cristo, debemos llenar nuestras vidas. "En todo den gracias a Dios" (1 Ts 5,18).

6) ¿En qué consiste la oración de alabanza? En cantar para Dios y darle gloria, no sólo por lo que ha hecho, sino por lo que Él es.

ACLAMACIONES:

1) *"Ten compasión de mí, Señor, que soy pecador" (Lc 18,13).*

2) *El Espíritu Santo "intercede por nosotros... y su intercesión es en favor de todos" (Rm 8,26-27).*

3) *"Sean perseverantes en la oración, velando en ella con acción de gracias "(Col 4,2).*

4) *Alabanza al "solo Dios, el Padre, del cual proceden todas las cosas y por el cual somos nosotros" (1 Co 8,6).*
Podemos rezar el Padrenuestro, donde están contenidos los elementos esenciales de la oración.

Salmo 19 o el Magníficat Lc 1,

Canto: Alabaré...

EJEMPLOS:

1) A un pobrecito enfermo le iban a cortar la lengua porque tenía un cáncer en ella. Antes de ponerle la anestesia, el médico le dijo que pronunciara las últimas palabras, porque después no iba a poder hablar. El enfermo exclamó: ¡Alabado!, ¡Alabado! Sin duda esta alabanza fue muy grata a Dios, y le daría luego una lengua gloriosa para cantar las alabanzas a Dios por toda la eternidad.

2) Desde que los niños empiezan a hablar, los padres cristianos deben enseñarles a orar. Hace poco tiempo oí el caso de un padre de familia, quien, según los médicos, debía operarse del corazón. Su hija de tres años, ya educada en la oración, comenzó a orar por la salud de su papá. El papá volvió donde los médicos, y éstos, después de volver a examinarle, lo encontraron completamente sano.

76

FUENTES Y CAMINO DE LA ORACIÓN

Anuncio:
El que cree en Jesús, y bebe del agua que Él le da no volverá a tener sed. El agua que da el Señor se convierte en el corazón del creyente en un manantial que da la vida eterna. Se refiere al Espíritu Santo que han de recibir los que crean en Él (cf Jn 4, 14; Jn 7, 39).

Lecturas:
Juan 4, 7-15; 7, 37-39; 1 Corintios 12, 3-11; Lucas 1, 46-56.

No basta con conocer lo que las Sagradas Escrituras enseñan sobre la oración. Es necesario también aprender a orar.

El Espíritu Santo, en la "Iglesia creyente y orante" (DV 8), enseña a orar a los hijos de Dios.

LAS FUENTES DE LA ORACIÓN

El Espíritu Santo es el "agua viva" que, en el corazón orante, "brota para la vida eterna" (Jn 4, 14). Él es quien nos enseña a recogerla en la misma Fuente: Cristo.

Pues bien, en la vida cristiana hay manantiales donde Cristo nos espera para darnos a beber el Espíritu Santo.

La Palabra de Dios. Dice san Ambrosio que "cuando oramos hablamos a Dios; y escuchamos a Dios cuando leemos sus palabras".

La Iglesia recomienda insistentemente a todos sus fieles la lectura asidua de la Escritura para que adquiera "la ciencia suprema de Jesucristo" (Flp 3,8). A lo que se debe añadir la oración para que se realice el diálogo de Dios con el hombre.

La Liturgia de la Iglesia. En la liturgia sacramental de la Iglesia se anuncia, se actualiza y se comunica el misterio de la salvación. Esa obra continúa en el corazón que ora. Es la misión de Cristo y del Espíritu Santo (que actúa en la Iglesia y en nosotros).

Por la oración hacemos que la liturgia llegue a nuestro corazón. Así la interiorizamos y asimilamos durante la celebración y después de ella (por eso conviene tener breves espacios de silencio durante la celebración litúrgica).

Las virtudes Teologales. Fe, Esperanza y Caridad. Se entra en la oración como se entra en la liturgia. Por la puerta estrecha de la **fe**.

El Espíritu Santo nos enseña a celebrar la liturgia esperando el retorno de Cristo. Nos educa para orar en la **esperanza**. Al mismo tiempo la oración de la Iglesia y nuestra oración personal alimentan nuestra esperanza (cf Sal 40,2; Rm 15,13).

"La esperanza no falla, porque **el amor** de Dios ha sido derramado en nuestros corazones por el Espíritu Santo que nos ha sido dado" (Rm 5, 5).

La oración, formada en la vida litúrgica, saca todo del amor con el que somos amados en Cristo y que nos permite responder amando como Él nos ha amado.

El amor es la fuente de la oración: quien bebe de ella, alcanza la cumbre de la oración.

La oración hoy. En todo tiempo, en los acontecimientos de **cada día** y su Espíritu se nos ofrece para que brote la oración (cf Mt 6,11.34).

Orar en los acontecimientos de cada día y de cada instante es uno de los secretos del Reino, revelado a los "pequeños", a los servidores de Cristo, a los pobres de las bienaventuranzas.

EL CAMINO DE LA ORACIÓN

La Oración al Padre: No hay otro camino de oración cristiana que Cristo. Sea comunitaria o individual, vocal o interior, nuestra oración no tiene acceso al Padre más que si oramos "en el Nombre" de Jesús. La santa humanidad de Jesús es, pues, el camino por el que el Espíritu Santo nos enseña a orar a Dios nuestro Padre.

La oración a Jesús. La Iglesia también nos enseña a orar al Señor Jesús. El Nuevo Testamento y la Iglesia pone en nuestros labios las invocaciones a Cristo: Hijo de Dios, Verbo de Dios, Señor, Salvador, Cordero de Dios, Hijo amado, Rey, Hijo de la Virgen, Buen Pastor, Vida nuestra, nuestra Luz, nuestra Esperanza, Resurrección Nuestra, amigo de los hombres.

Pero el nombre que todo lo contiene es aquel que el Hijo de Dios, recibe en su encarnación: Jesús. Nombre inefable para los labios humanos (cf Ex 3,14; 33, 19-23).

Decir "Jesús", es invocarlo desde nuestro propio corazón.

La oración de la Iglesia venera y honra al **Corazón de Jesús** como invocar su Santísimo Nombre.

"VEN, ESPÍRITU SANTO"

"Nadie puede decir: ¡Jesús es Señor!, sino por influjo del Espíritu Santo" (1 Co 12, 3). Cada vez que en la oración nos dirigimos a Jesús, es el Espíritu Santo quien, con su gracia preveniente, nos atrae al camino de la oración.

Puesto que el Espíritu Santo, nos enseña a orar recordándonos a Cristo. ¿cómo no dirigirnos también a él orando?

Por eso, la Iglesia nos invita a implorar todos los días al Espíritu Santo, especialmente al comenzar y al terminar cualquier acción importante.

La forma tradicional para pedir el Espíritu es invocar al Padre por medio de Cristo nuestro Señor para que nos dé el Espíritu Consolador (cf Lc 11, 13).

Jesús insiste en esta petición en su Nombre en el momento mismo en que promete el don del Espíritu de Verdad (cf Jn 14, 17; 15, 26; 16, 13).

LA ORACIÓN MÁS SENCILLA Y DIRECTA

Pero la oración más sencilla y la más directa es también la más tradicional: "Ven, Espíritu Santo", y cada tradición litúrgica la ha desarrollado en antífonas e himnos:

Ven, Espíritu Santo, llena los corazones de tus fieles y enciende en ellos el fuego de tu amor (cf secuencia de Pentecostés).

Rey celeste, Espíritu Consolador, Espíritu de Verdad, que estás presente en todas partes y lo llenas todo, tesoro de todo bien y fuente de la vida, ven, habita en nosotros, puríficanos y sálvanos, Tú que eres bueno (Liturgia bizantina, Tropario de vísperas de Pentecostés).

El Espíritu Santo, cuya unción impregna todo nuestro ser, es el Maestro interior de la oración cristiana. Es el artífice de la tradición viva de la oración.

Ciertamente hay tantos caminos en la oración como orantes, pero es el mismo Espíritu el que actúa en todos y con todos.

En la comunión en el Espíritu Santo la oración cristiana es oración en la Iglesia.

COMUNIÓN CON LA SANTA MADRE DE DIOS

En la oración el Espíritu Santo nos une a la Persona del Hijo Unico, en su humanidad glorificada. Y con ella nos une también a la Iglesia y a la Madre de Jesús (cf Hch 1,14).

Desde el sí dado por la fe en la anunciación y mantenido sin vacilar al pie de la cruz, la maternidad de María se extiende desde entonces a los hermanos y a las hermanas de su Hijo, "que son peregrinos todavía y que están ante los peligros y las miserias" (LG 62).

Jesús, el único Mediador, es el Camino de nuestra oración; María, su Madre y nuestra Madre, es pura transparencia de él: María "muestra el Camino" ["Hodoghitria"], ella es su "signo", según la iconografía tradicional de Oriente y Occidente.

A partir de esta cooperación singular de María a la acción del Espíritu Santo, las Iglesias han desarrollado la oración a la santa

Madre de Dios, centrándola sobre la persona de Cristo manifestada en sus misterios.

En los innumerables himnos y antífonas que expresan esta oración, se alternan habitualmente dos movimientos;uno "engrandece" al Señor por las "maravillas" que ha hecho en su humilde esclava, y por medio de ella, en todos los seres humanos (cf Lc 1, 46-55).

El segundo movimiento confía a la Madre de Jesús las súplicas y alabanzas de los hijos de Dios, ya que ella conoce ahora la humanidad que en ella ha sido desposada por el Hijo de Dios.

MARÍA: LA ORANTE PERFECTA

María es la orante perfecta, figura de la Iglesia. Cuando le rezamos, nos adherimos con ella al designio del Padre, que envía a su Hijo para salvar a todos los hombres.

Como el discípulo amado, acogemos a la Madre de Jesús (cf Jn 19, 27), hecha madre de todos los vivientes. Podemos orar con ella y a ella.

La oración de la Iglesia está sostenida por la oración de María. La Iglesia se une a María en la esperanza (cf LG 68-69).

(María nos acompaña en la oración. Ella nos lleva a Jesús; y Jesús a Dios Padre, en el Espíritu Santo).

Nota : Puede verse la explicación del Ave María y la referencia al rezo del rosario en los n. del 2676 al 2678. Recordemos lo que nos enseña el Papa: que el rosario y la devoción a María es Cristológica porque nos hace meditar en los misterios del Señor; y trinitaria, porque nos lleva por medio de su Hijo al trato íntimo con las tres Personas de la Santísima Trinidad. Por eso dice el Papa que el rezo del rosario es una oración sencilla y profunda a la vez.

PREGUNTAS:

1) ¿Cómo se ha trasmitido el espíritu de oración en la Iglesia? Mediante una transmisión viva -la Sagrada Tradición -, el Espíritu Santo, en la Iglesia enseña a orar a los hijos de Dios.

2) ¿Cuáles son las fuentes de la oración? La Palabra de Dios, la liturgia de la Iglesia y las virtudes de la fe, la esperanza y la caridad son fuentes de la oración.

3) ¿A quién está dirigida principalmente la oración? La oración está dirigida principalmente al Padre; igualmente se dirige a Jesús, en especial por la invocación de su santo Nombre: "Jesús, Cristo, Hijo de Dios, Señor, ¡ten piedad de nosotros, pecadores!"

4) ¿Cómo nos mueve el Espíritu Santo? "Nadie puede decir: 'Jesús es Señor", sino por influjo del Espíritu Santo" (1 Co 12,3). La Iglesia nos invita a invocar al Espíritu Santo como Maestro interior de la oración cristiana.

5) ¿Ora la Iglesia también en comunión con María? En virtud de su cooperación singular con la acción del Espíritu Santo, la Iglesia ora también en comunión con la Virgen María para ensalzar con ella las maravillas que Dios ha realizado en ella y para confiarle súplicas y alabanzas.

ACLAMACIONES:

1) *Del corazón del que ora "brota el agua viva" "para la vida eterna" (Jn 4,14).*

2) *"En el Señor puse toda mi esperanza, él se inclinó hacia mí y escuchó mi clamor" (Sal 42,2).*

3) *"La esperanza no falla porque el amor de Dios ha sido derramado en nuestros corazones por el Espíritu Santo que nos ha dado" (Rm 5,5).*

4) *"El nombre de Jesús contiene todo: Dios y hombre, y toda la obra de nuestra creación y salvación. Decir "Jesús" es invocarlo desde nuestro corazón.*

5) *"Ven Espíritu Santo, llena los corazones de tus fieles y enciende en ellos el fuego de tu amor".*

6) *Proclamemos con la Virgen María: "mi alma engradece al Señor, se alegra mi espíritu en el Dios que me salva" (Lc 1,46-47).*

7) *Dirijámonos a María con el saludo del ángel: Dios te salve María...*

8) *Aclamemos con san Ambrosio: "Viva en cada uno el espíritu de María para ensalzar al Señor; reine en cada uno el alma de María para glorificar a Dios".*

Salmo:

Canto: *Señor, enséñanos a orar...*

EJEMPLO:

1) *En la historia ha habido mucha gente, entre ellos, artistas y científicos famosos que no sentían la fe; y empezaron o volvieron a vivir la fe al escuchar la asamblea cristiana en oración y celebrando la liturgia.*

2) *Decía santa Teresita que la oración es como una reina que siempre tiene libre entrada en el palacio del Rey; y Santiago Apóstol declara: ¿Hay alguno entre ustedes que está triste? Haga oración.*

3) *El santo Cura de Ars decía que, así como se derrite un bloque de hielo frente a un sol caliente, así se derriten nuestras penas cuando en oración prolongada nos ponemos ante Jesús Sacramentado, sol de justicia y de santidad.*

77
MAESTROS Y LUGARES DE ORACIÓN

Anuncio:
Cuando vayas a orar, entra en tu aposento, y después de cerrar la puerta, ora a tu Padre Dios que está allí en lo secreto, y Él te lo recompensará. Y no sean como los paganos que creen que por su palabrería van a ser escuchados, pues Dios Padre sabe lo que ustedes necesitan antes de pedírselo" (Mt 6,6-8).

Lecturas:
Exodo 3, 1-6; 3,7-16; Exodo 33,7-17; 1 Reyes 19,1-18; 2,11-15; 1 Reyes 8,22-30; Mateo 11,25-30; Juan 15,1-11.

La Iglesia cuenta con muchos testigos y ejemplos en la experiencia viva de la oración, que nos han precedido en el Reino (cf Hb 12,1). Sobre todo los santos que nos han dejado el testimonio de su vida, sus escritos, sus métodos de oración.

A lo largo de la historia de la Iglesia se han desarrollado diversas espiritualidades (cf PC 2). Esas diversas formas de espiritualidad son modelo y guía para los fieles.

Grandes creyentes, testigos del amor de Dios a los hombres, han transmitido su "espíritu" (de oración) a sus discípulos. Como Elías a Eliseo (cf 2 R 2,9). Y a Juan Bautista (cf Lc 1,17).

(Así mismo muchas personas orantes, fundadores de Institutos religiosos, han transmitido su forma de orar a sus hijos espirituales).

SERVIDORES DE LA ORACIÓN

La familia cristiana es el primer ámbito para la educación en la oración. Es la "iglesia doméstica", donde los hijos de Dios aprenden a orar.

Los ministros ordenados son también responsables de formar en la oración a los fieles.

Muchos religiosos han consagrado y consagran toda su vida a la oración. La vida consagrada es una de las fuentes vivas de la contemplación y de la vida espiritual de la Iglesia.

La catequesis de niños, jóvenes y adultos está orientada para que la Palabra de Dios se medite en la oración personal, se actualice en la oración litúrgica, y se interiorice en todo tiempo, a fin de fructificar en una vida nueva.

Se debe hacer que estudien el sentido de la oración y que aprendan de memoria las oraciones principales (cf CT 55).

Grupos de oración o "escuelas de oración", son hoy un signo de la renovación de la oración en la Iglesia.

El Espíritu Santo da a ciertos fieles dones de sabiduría, de fe y de discernimiento con relación a la oración. Y las almas que desean avanzar en la perfección deben ayudarse de la **dirección espiritual** (tomando un maestro sabio y prudente).

(Eso nos ha de hacer reflexionar a los sacerdotes para tomar la oración y la vida espiritual en serio. Pues si no tenemos esa vivencia es difícil dirigir a otros).

Lugares favorables para oración: La iglesia, casa de Dios; la capilla del Santísimo. Para la oración personal puede buscarse también un "rincón de oración" tranquilo (su propia habitación) (cf

Mt 6,6). En la familia cristiana un pequeño oratorio favorece la oración en común.

Los monasterios deben favorecer la participación de los fieles en la Oración de las Horas.

Las peregrinaciones evocan nuestro caminar por la tierra hacia el cielo.

(Para los que está a su alcance: el bosque, la montaña, etc, donde el Espíritu Santo nos mueve al encuentro con Dios, como a Elías y a tantos profetas y santos).

LA VIDA DE ORACIÓN

Para mantener un corazón nuevo hay que vivir de la oración. Y para mantener un frecuente "recuerdo de Dios" se deben sacar tiempos fuertes de oración (horas largas y sin prisa).

(Y se necesita recogimiento del corazón. Hay que detenerse en el tráfago de la vida, frenar la vida disipada de los sentidos y hacer un esfuerzo para concentrarse. Hay que hacer un espacio para Dios en la mente y en el corazón).

LA ORACIÓN VOCAL

La oración vocal es un elemento indispensable de la vida cristiana. A los discípulos, atraídos por la oración silenciosa de su Maestro, éste les enseñaba una oración vocal: el "Padre Nuestro".

Jesús no solamente ha rezado las oraciones litúrgicas de la sinagoga; los Evangelios nos lo presentan elevando la voz para expresar su oración personal, desde la bendición exultante del Padre (cf Mt 11, 25-26), hasta la agonía de Getsemaní (cf Mc 14, 36).

Esta necesidad de asociar los sentidos a la oración interior responde a una exigencia de nuestra naturaleza humana.

Somos cuerpo y espíritu, y experimentamos la necesidad de traducir exteriormente nuestros sentimientos.

Es necesario rezar con todo nuestro ser para dar a nuestra súplica todo el poder posible.

Esta necesidad responde también a una exigencia divina. Dios busca adoradores en espíritu y en verdad, y, por consiguiente, la oración que brota viva desde las profundidades del alma.

También Dios reclama una expresión exterior que asocia el cuerpo a la oración interior, esta expresión corporal es signo del homenaje perfecto al que Dios tiene derecho.

La oración vocal es la oración por excelencia de las multitudes, por ser exterior y tan plenamente humana. Pero incluso la más interior de las oraciones no podría prescindir de la oración vocal.

La oración se hace interior en la medida en que tomamos conciencia de Aquel "a quien hablamos" (Santa Teresa de Jesús, cam. 26). Por ello, la oración vocal se convierte en una primera forma de oración contemplativa.

(Los maestros espirituales dicen que la oración vocal, salida del corazón, es muy apropiada para personas que no pueden concentrarse mucho. Con esa oración vocal, tratando de hacerla con sentido y atención, se puede llegar a la perfección cristiana. Así, hay personas que se santifican con la meditación de los misterios de nuestra salvación, contemplados en el rezo de varios rosarios al día).

LA MEDITACIÓN

La meditación se hace generalmente con la ayuda de las Sagradas Escrituras o de otro libro. Se va reflexionando en lo que se lee (o recordando lo que ya se sabe), tratando de apropiárselo, confrontándolo consigo mismo. "Señor, ¿qué quieres que haga?"

En la meditación intervienen el pensamiento, la imaginación, la emoción, el deseo. Todo es necesario para profundizar en la convicciones de la fe, suscitar la conversión del corazón y fortalecer la voluntad de seguir a Cristo.

La oración cristiana se aplica preferentemente a meditar "los misterios de Cristo", como en la *lectio divina* (lectura pausada de la Palabra de Dios o el rosario).

Esta forma de reflexión orante es de gran valor, pero la oración cristiana debe ir más lejos: hacia el conocimiento del amor del Señor Jesús, a la unión con Él.

LA ORACIÓN DE CONTEMPLACIÓN

¿Qué es la oración? Santa Teresa responde: "No es otra cosa oración mental, a mi parecer, sino tratar de amistad, estando muchas veces tratando a solas con quien sabemos nos ama" (vida 8).

La contemplación busca al "amado de mi alma" (Ct 1, 7; cf Ct 3, 1-4), esto es, a Jesús, y en Él, al Padre. Es buscado porque desearlo es siempre el comienzo del amor, y es buscado en la fe pura, esta fe que nos hace nacer de Él y vivir en Él.

En la contemplación se puede también meditar, pero la mirada está centrada en el Señor.

(Véanse n. CEC 2709-2719).

"Yo le miro y él me mira", decía en tiempos del Santo Cura, un campesino de Ars que oraba ante el sagrario.

Con la mirada en los misterios de Cristo y de la vida de Cristo, pedimos la luz y la gracia para llegar "al conocimiento interno del Señor" para más amarle y seguirle. (cf S. Ignacio de Loyola, ex. sp. 104).

PREGUNTAS:

1) En su oración ¿a la de quiénes se asocia la Iglesia? Se asocia a la de los santos en el cielo, cuya intercesión solicita.

2) ¿Cuál es el primer lugar para educar en la oración? Es la familia.

3) ¿Quiénes otros deben ayudar a educar en la oración? Los agentes de pastoral, sobre todo sacerdotes y diáconos; las personas de vida consagrada; los catequistas y los grupos de oración.

4) ¿Cuáles son los lugares más apropiados para la oración? El templo, la capilla del Santísimo, el oratorio personal o familiar, los santuarios de peregrinación; y los lugares solitarios.

5) ¿Qué se entiende por una oración regulada, a la que la Iglesia invita a los fieles? Se entiende la oración diaria, la Liturgia de las Horas, la Eucaristía dominical y las fiestas del año litúrgico.

6) ¿Cuáles son las tres formas más importantes de la vida de oración? La oración vocal, la meditación y la oración contemplativa. En las tres formas debe haber recogimiento de corazón.

7) ¿En qué se funda la oración vocal? Se funda en la unión del cuerpo con el espíritu, se asocia a la oración interior del corazón

a ejemplo de Cristo que ora a su Padre y enseña el "Padre nuestro" a sus discípulos.

8) ¿En qué consiste la meditación? Es una búsqueda orante de Dios. En ella intervienen el pensamiento, la imaginación, la emoción, el deseo. Tiene por fin que el creyente llegue a vivir la verdad, la realidad que medita, y aplicarla a nuestra vida.

9) ¿En qué consiste la oración contemplativa? Es una mirada de fe, fijada en Jesús; una escucha de la palabra de Dios; un silencioso amor. Realiza la unión con la oración de Cristo, en la medida en que podemos participar de su misterio.

REFLEXIÓN:

Una persona de oración seria, sobre todo de meditación y contemplación, debe tomar también en serio la vocación a la santidad.
"Sean perfectos como mi Padre del cielo es perfecto" (Mt 5,48).
Todo fiel cristiano, y más un pastor o persona consagrada, debe estar siempre motivado, tener siempre vivo el deseo de la santidad.
El itinerario hacia la perfección cristiana o a la santidad va desde la primera conversión hasta la unión perfecta con Cristo. Hay que ir poco a poco, con la gracia de Dios y con nuestro esfuerzo y docilidad, desprendiéndonos de nuestra voluntad egoísta y transformándonos en la voluntad de Dios, que es perfecta. "Para mí, vivir es Cristo" (Flp 1,21).
Una vida auténtica de oración, de santidad, ha de llevar a la práctica de las sólidas virtudes humanas y evangélicas.
En este recorrido tampoco se puede descartar la espiritualidad de la cruz, lo cual no se puede entender sin mucho amor a Jesucristo.
Tenemos que asumir las astillas de la cruz de Cristo, las que nos vienen en el cumplimiento de nuestro deber, para llegar luego a la resurrección y a la gloria que el Señor quiere compartir con nosotros.

ACLAMACIONES:

1) *"Es necesario acordarse de Dios con más frecuencia que de respirar" (S. Gr. Nac.).*

2) *"Que nuestra oración se oiga, no depende de la cantidad de palabras, sino del fervor de nuestras almas" (S. Ag.).*

3) *"Señor, enséñanos a orar" (Lc 11,1).*

4) *En la oración "Él, Jesús, me mira y yo le miro" (Un campesino de Ars).*

5) *"Familia que reza unida permanece unida".*

Salmos 95, 116, 122.

Canto: Ante Tí, Señor...

Nota: Debemos insistir en que los neocatecúmenos y niños vayan aprendiendo de memoria las principales oraciones vocales del cristiano.

EJEMPLO:

Durante la última Santa Misión Popular, en que se predicó y se oró mucho, vino un jovencito a confesarse con el Obispo, y empezó diciéndole: He sentido a Dios; por eso vengo a confesarme. La auténtica oración lleva a la conversión y a sentir el amor de Dios, y a compartirlo con los hermanos.

Son incontables los casos de matrimonios o familias en tensión y conflictos que, orando juntos, Dios les ha devuelto la paz.

78

EL COMBATE DE LA ORACIÓN

Anuncio:
"¡Vaya! ¿No han podido velar ni una hora conmigo? Estén en vela y pidan no ceder a la tentación; el espíritu es animoso, pero la carne es débil" (Mt 26,40-41).

Lecturas:
Romanos 5,3-10; 8,26-30; Santiago 1,2-12; 4,1-10; 1 Ts 5,16-22;
Mateo 26,36-45; Lucas 11,5-13; Mateo 15,21-28;
Juan 17,1-11; 17,14-24).

La oración es un don de la gracia y una respuesta decidida por nuestra parte. Supone siempre un esfuerzo.

Los grandes orantes de la Antigua Alianza antes de Cristo, así como la Madre de Dios y los santos con Él nos enseñan que la oración es un combate.

¿Contra quién? Contra nosotros mismos y contra las astucias del Tentador, que hace todo lo posible por separar al hombre de la oración, de la unión con su Dios.

Se ora como se vive, porque se vive como se ora. El que no quiere actuar habitualmente según el Espíritu de Cristo, tampoco podrá orar habitualmente en su Nombre.

(Dice san Alfonso María de Ligorio que en la vida cristiana no hay personas débiles y personas fuertes, sino personas que no oran y personas que oran con humildad y perseverancia).

El "combate espiritual" de la vida nueva del cristiano es inseparable del combate de la oración.

OBJECIONES A LA ORACIÓN

Tenemos que hacer frente a **conceptos erróneos** sobre la oración. Unos creen que es una simple operación psicológica o esfuerzo de concentración para llegar a un vacío mental.

(Hay que tener cuidado con ciertos modos de meditación de tipo oriental, en que uno se concentra en sí mismo. Cosa muy diferente de la oración cristiana, en que, por medio del Espíritu Santo, en Cristo, hay un diálogo humilde con un Dios personal).

Algunos reducen la oración a simples palabras rituales. Otros creen que orar es incompatible con la vida de trabajo. No tienen tiempo. Otros se desalientan, porque ignoran que la oración no es sólo fruto de su esfuerzo, sino que viene también (y sobre todo) del Espíritu Santo.

También tenemos que hacer frente a **la mentalidad** "de este mundo" que sólo aprecia lo que ve por la razón propia y la ciencia; lo que produce y da rendimiento (económico); lo que promueve el sensualismo y el confort.

Así, creen que la oración es inútil o una huida del mundo. Ignoran que el que ora de veras no se escapa de este mundo ni puede divorciarse de la vida y la realidad (sino que además de tener los pies sobre la tierra, cuenta con la luz y la fuerza de Dios).

OTROS OBSTÁCULOS

Por último, en este combate hay que hacer frente también a los llamados **fracasos en la oración**, o sea, el desaliento ante la **sequedad** (no sentir a Dios sentimentalmente, olvidando que oramos por fe, que es una convicción, no un sentimentalismo religioso).

Así mismo hay que sobreponerse a la tristeza de dejar los apegos a las cosas de este mundo (cf Mt 10,22).

Otra dificultad es la decepción, por creer que no se es escuchado según nuestra propia voluntad. De ahí la tentación: ¿para qué orar?

(Otra barrera puede ser el no querer dejar la vida ligera y de disipación de los sentidos, así como no querer organizar la propia vida según los mandamientos, y por eso se huye de la mirada amorosa de Dios). El combate se decide cuando se elige a quién se desea servir (cf Mt 6,21-24).

Es necesario luchar con humildad, confianza y perseverancia, si se quieren vencer estos obstáculos. (Ya decía el filósofo Séneca que la paciencia es amarga, pero sus frutos son dulces).

(En la oración hay que estar dispuesto también a aceptar la prueba de los "silencios amorosos" de Dios. Lo hace para que se aquilate la persona de fe).

NECESIDAD DE UNA HUMILDE VIGILANCIA

En la oración suele venir la **distracción**. La distracción descubre al que ora aquello a lo que su corazón está apegado. Cuando el orante cae en la cuenta de la distracción, debe humildemente ofrecerse al Señor para ser purificado, y tratar de volver a concentrarse (haciendo actos de fe en la presencia de Dios, y otros actos de amor, de esperanza, de humildad, etc.).

Para todo esto se necesita la **vigilancia** (de que nos habla el Señor).

Otra dificultad, como decíamos, es la **sequedad.** Dios prueba dejando el alma con el corazón seco, sin gusto por los pensamientos, recuerdos y sentimientos espirituales. (Pero Dios sigue presente y al lado del que ora; y aunque no sienta gusto sensible, le da la fuerza para el combate cristiano).

Es el momento en que la fe es más pura, la fe que se mantiene junto a Jesús en su agonía y en el sepulcro. "Si no muere el grano de trigo, no da fruto" (Jn 12,24).

(Hay que saber distinguir la aridez o **sequedad** en la oración de la **tibieza**. En la sequedad la persona no deja la oración y se esfuerza por cumplir la voluntad de Dios, aunque sea a secas, con desgana. Decía santa Teresita que vale más ante Dios un Avemaría rezada en sequedad, que el rosario entero con gusto y consuelo propio).
(En cambio en **la tibieza** se deja la oración o no se hace esfuerzo en ella. Tampoco se pide la gracia necesaria para vivir según la voluntad de Dios, ni se hace esfuerzo por evitar las faltas. Eso a Dios le desagrada. "¿Conque no han podido velar una hora conmigo? Velen y oren para que no caigan en la tentación").

*En fin, la tentación más frecuente, más oculta contra la oración es la **falta de fe**, no estar plenamente convencido de que sin la fuerza de Dios no se puede perseverar en el bien. "Sin mí, no pueden hacer nada" (Jn 15,5).*

El desaliento es el reverso de la presunción. Quien es humilde no se extraña de su miseria; ésta le lleva a una mayor confianza, a mantenerse firme en la constancia. "El espíritu está pronto pero la carne es débil" (Mt 26,41). Recordemos la oración de la cananea (*cf Mt 15,21-28*).
Para llegar a la unión de nuestra voluntad con la de Dios, necesitamos armarnos de fe, de humildad y de oración perseverante. **La confianza filial se prueba en la tribulación** (cf Rm 5,3-5), especialmente cuando se ora pidiendo para sí o para los demás.
Hay quien deja de orar porque piensa que su oración no es escuchada. A este respecto se plantean dos cuestiones. Por qué la oración de petición no ha sido escuchada, y cómo la oración es escuchada o eficaz.

QUEJA POR LA ORACIÓN NO ESCUCHADA

He aquí una observación llamativa: cuando alabamos a Dios o le damos gracias por sus beneficios en general, no estamos preocupados por saber si esta oración le es agradable.
Por el contrario, cuando pedimos, exigimos ver el resultado. ¿Cuál es entonces la imagen de Dios presente en este modo de orar, Dios como medio, o Dios como el Padre de Nuestro Señor Jesucristo?

¿Estamos convencidos de que "nosotros no sabemos pedir como conviene"? (Rm 8,26) ¿Pedimos a Dios los "bienes convenientes"?

Nuestro Padre sabe bien lo que nos hace falta antes de que nosotros se lo pidamos (cf Mt 6,8), pero espera nuestra petición, porque la dignidad de sus hijos está en su libertad.

Por tanto, es necesario orar con su Espíritu de libertad, para poder conocer en verdad su deseo (cf Rm 8,27).

LA ORACIÓN: UNA NECESIDAD VITAL

Orar es una necesidad vital: si no nos dejamos llevar por el Espíritu caemos en la esclavitud del pecado (cf Ga 5, 16-25).

¿Cómo puede el Espíritu Santo ser "vida nuestra", si nuestro corazón está lejos de él?

Nada vale como la oración: hace posible lo que es imposible, fácil lo que es difícil. Es imposible que el hombre que ora pueda pecar (San Juan Crisóstomo, Anna 4, 5).

Quien ora se salva ciertamente; quien no ora se condena ciertamente (San Alfonso María de Ligorio, mez.).

ORACIÓN Y VIDA CRISTIANA SON INSEPARABLES

Oración y vida cristiana son inseparables, porque se trata del mismo amor y de la misma renuncia que procede del amor. La misma conformidad filial y amorosa al designio de amor del Padre. La misma unión transformante en el Espíritu Santo, que nos conforma cada vez más con Cristo Jesús. El mismo amor a todos los hombres; ese amor con el cual Jesús nos ha amado.

"Todo lo que pidan al Padre en mi Nombre, Él se lo concederá. Lo que les mando es que se amen los unos a los otros" (Jn 15, 16-17).

Ora continuamente el que une la oración a las obras y las obras a la oración. Sólo así podemos encontrar realizable el principio de la oración continua (Orígenes, or. 12).

LA ORACIÓN DE LA HORA DE JESÚS

Cuando ha llegado su hora, Jesús ora al Padre (cf Jn 17). Es la oración más larga de Jesús que nos transmite el Evangelio.

En ella Jesús se refiere a la obra de la creación y de la salvación, así como a su Muerte y Resurrección.

Al igual que la Pascua de Jesús, sucedida "una vez por todas", permanece siempre actual, de la misma manera la oración de la "Hora de Jesús" sigue presente en la Liturgia de la Iglesia.

La tradición cristiana la llama la oración "sacerdotal" de Jesús. Es la oración de nuestro Sumo Sacerdote, inseparable de su sacrificio, de su "paso" (pascua) hacia al Padre, donde él es "consagrado" enteramente al Padre (cf Jn 17, 11.13.19).

En esta oración pascual, sacrificial, todo está resumido en Él (cf Ef 1,10): Dios y el mundo, el Verbo y la carne, la vida eterna y el tiempo, el amor que se entrega y el pecado que lo traiciona, los discípulos presentes y todos lo que creerán en Él por su palabra, su humillación y su gloria. Es la oración de la unidad.

Esta oración sacerdotal de Jesús inspira, desde dentro, las grandes peticiones del Padre Nuestro: La preocupación por el Nombre del Padre, el deseo de su Reino, el cumplimiento de la voluntad del Padre, de su Designio de salvación y la liberación del mal.

PREGUNTAS:

1) La oración, ¿supone esfuerzo y lucha? Sí, la oración supone esfuerzo y lucha contra nosotros mismos y contra las astucias del tentador. Para llegar a ser personas de oración hay que disponerse al combate espiritual. Se vive como se ora.

2) Para ser personas de oración, ¿contra qué tenemos que combatir? Tenemos que combatir contra la mentalidad moderna que sólo aprecia y busca las cosas humanas, temporales, económicas y sensuales.

3) ¿Contra qué cosas también hay que enfrentarse? Contra los aparentes fracasos, la aridez o sequedad (no buscar sólo los consuelos sensibles) y el querer obtener de inmediato el resultado de lo que se pide. Hay que fiarse de Dios con confianza filial, lo cual se demuestra más en las pruebas.

4) ¿Qué remedios tenemos contra todas esas dificultades? Armarse de humildad, paciencia, confianza y perseverancia. Hay que tener fe y aceptar esas dificultades en la oración como una prueba.

5) ¿Es necesaria la oración? Es una necesidad vital. Sin oración no podemos llevar la vida cristiana, y será difícil cumplir los compromisos cristianos y morales.

REFLEXIÓN:

La oración es siempre eficaz, aunque no veamos sensiblemente y de inmediato los frutos. "La única oración inútil es la que no se hace".

Las dificultades en la oración son como el Rubicón o el túnel oscuro, la cruz, donde retroceden tantas personas buenas, incluso consagradas; y por eso no llegan a disfrutar de la verdadera oración, de la unión amorosa con Dios, por no querer aceptar la prueba en la oración.

Tampoco se saborea de veras ¡qué bueno es el Señor! Ni se experimenta el poder grande de la oración hecha con fe, confianza y humildad, capaz de trasladar montañas (cf Mt 21,21-22). Esa oración hace milagros.

Jesucristo nos dice: "Pidan y se les dará"... "Pues si ustedes, siendo malos, saben dar cosas buenas a sus hijos, ¿cuánto más su Padre del cielo dará el Espíritu Santo a los que se lo piden?" (Lc 11, 9.13)

¡Qué pena! por no aceptar el sacrificio, la paciencia, la perseverancia, la prueba que Dios Padre nos pide en la oración, se pierde el don más grande que se puede tener en esta vida: el trato filial con Dios, con nuestra Madre la Virgen María.

Para llegar a ser personas de oración hay que disponerse a ese combate. Pero vale la pena aceptarlo. Los frutos son inmensos.

A la vez, tengamos presente lo que nos enseña este mismo catecismo de la Iglesia, que **el don de la oración frecuente es uno de los secretos del Reino de Dios, revelado a los "pequeños", a los "pobres", es decir, los que se sienten "necesitados" de Dios y de su gracia,** *porque aceptan y viven humildemente su condición de criaturidad.*

Además, hay que pedir con frecuencia a Dios ese don de la oración. "Señor enséñanos a orar" (Lc 11,1).

La Escritura nos exhorta: "Oren continuamente" (1 Ts 5,17).

ACLAMACIONES:

1) *"El espíritu está pronto, pero la carne es débil"* (Mt 26,41).

2) *"Padre mío, pase de mí esta prueba, pero no se haga mi voluntad, sino la tuya"* (Lc 22,41).

3) *"Ustedes piden y no reciben porque piden mal, con la intención de malgastarlo en sus pasiones"* (St 4,2-3).

4) *"Esta es la vida eterna: conocerte a ti, único Dios verdadero, y al que Tú has enviado, Jesús, el Cristo"* (Jn 17,3).

5) *"Padre: no te pido que los saques del mundo, sino que los defiendas del maligno"* (Jn 17,15).

6) *"Padre, quiero que (los que creen en mí) estén conmigo y contemplen la gloria que tú me das"* (Jn 17,24).

Salmo:

Canto: *Padre, me pongo en tus manos...*

EJEMPLO:

1) Epicteto era pagano, pues no conoció a Jesucristo; sin embargo decía: *"Estoy siempre satisfecho de todo cuanto durante el día me acontece, porque sé que todo lo que sucede, sucede por disposición de Dios; y estoy convencido plenamente de que es mejor lo que Dios quiere que lo que yo pueda querer"* (cf S Junquera, o. e.).

2) Decía san José de Calasanz que no es amigo de Dios el que no lo es de la oración.

79

LA ORACIÓN DEL SEÑOR: EL PADRE NUESTRO

Lecturas:
Mateo 6,9-13; Lucas 11,1-4.

"Estando (Jesús) orando en cierto lugar, cuando terminó, le dijo uno de sus discípulos: Maestro, enséñanos a orar, como enseñó Juan a sus discípulos" (Lc 11,1). En respuesta a esta petición, el Señor confía a sus discípulos y a la Iglesia la oración cristiana fundamental (la oración por excelencia).

RESUMEN
DE TODO EL EVANGELIO

"La oración dominical es, en verdad, el resumen de todo el Evangelio" (Tertuliano, or. 1).

"Cuando el Señor hubo legado esta fórmula de oración, añadió: 'Pidan y se les dará" (Lc 11, 9).

"Por tanto, cada uno puede dirigir al cielo diversas oraciones según sus necesidades, pero comenzando siempre por la oración del Señor que sigue siendo la oración fundamental" (Tertuliano, or. 10).

EL CORAZÓN
DE LAS SAGRADAS ESCRITURAS

Después de haber expuesto cómo los salmos son el alimento principal de la oración cristiana y confluyen en las peticiones del Padre Nuestro, san Agustín concluye:

Recorran todas las oraciones que hay en las Escrituras, y no creo que puedan encontrar algo que no esté incluido en la oración dominical (ep. 130, 12, 22).

Toda la Escritura (la Ley, los Profetas y los Salmos) se cumple en Cristo (cf Lc 24, 44). El Evangelio es esta "Buena Nueva". Su primer anuncio está resumido por san Mateo en el Sermón de la Montaña (cf Mt 5-7).

Pues bien, la oración del Padre Nuestro está en el centro de este anuncio. En este contexto se aclara cada una de las peticiones de la oración que nos dio el Señor:

La oración dominical es la más perfecta de las Oraciones... En ella, no sólo pedimos todo lo que podemos desear con rectitud, sino además según el orden en que conviene desearlo.

De modo que esta oración no sólo nos enseña a pedir, sino que también forma toda nuestra afectividad (Santo Tomás de A., s. th. 22, 83, 9).

El Sermón de la Montaña es doctrina de vida, la Oración dominical es plegaria, pero en uno y otra el Espíritu del Señor da forma nueva a nuestros deseos, esos movimientos interiores que animan nuestra vida.

Jesús nos enseña esta vida nueva por medio de sus palabras y nos enseña a pedirla por medio de la oración. De la rectitud de nuestra oración dependerá la de nuestra vida en Él.

LA ORACIÓN DEL SEÑOR

Por eso se llama la "Oración dominical", es decir, del Señor. Él es el Maestro de nuestra oración. Con su corazón de hombre conoce las necesidades de sus hermanos y hermanas (hombres y mujeres).

Pero Jesús no nos deja una fórmula para repetirla de modo mecánico (cf Mt 6,7; R 18,26-29).

Como en toda oración vocal, el Espíritu Santo enseña a los hijos de Dios a hablar con su Padre.

Jesús no sólo nos enseña las palabras, sino que además nos da el Espíritu. "Ha enviado a nuestros corazones el Espíritu de su Hijo que clama '¡Abbá, Padre!" (Ga 4, 6).

LA ORACIÓN DE LA IGLESIA

No se pueden separar las palabras del Señor y del Espíritu Santo, que da vida en el corazón de los creyentes.

Las primeras comunidades cristianas rezaban la Oración del Señor "tres veces al día". (Eso sería una buena costumbre en nuestras familias cristianas).

Esta oración está en las oraciones litúrgicas de la Iglesia y en las sacramentos de la iniciación cristiana: Bautismo, Confirmación y Eucaristía, para que "los nuevos engendrados por la Palabra del Dios vivo" (1P 1,23), aprendan a invocar a Dios.

Dice san Juan Crisóstomo que el Señor nos enseña a decir, no "Padre mío", sino "Padre nuestro", para que sea una sola alma para todo el cuerpo de la Iglesia.

79-1 PADRE NUESTRO QUE ESTÁS EN EL CIELO

La humildad, nos hace reconocer que "nadie conoce al Padre, sino el Hijo y aquel a quien el Hijo se lo quiera revelar", es decir, "a los pequeños".

Debemos purificar el corazón de imágenes paternales y maternales. correspondientes a nuestra historia personal y cultural.

Dios nuestro Padre trasciende las categorías de este mundo creado. Orar al Padre Dios es entrar en su misterio, tal como Él es, y tal como el Hijo nos lo ha revelado.

Dice san Cipriano que cuando llamamos a Dios "Padre", debemos acordarnos que debemos comportarnos como hijos de Dios.

Ese don gratuito de hijos adoptivos de Dios exige de nosotros una conversión continua y una **vida nueva**.

Debe estar en nosotros el deseo y la voluntad de asemejarnos a Él (al Padre Dios), ya que hemos sido creados a su imagen y semejanza.

Y con un corazón humilde y confiado volver a ser como niños (cf Mt 18,3); porque es a "los pequeños" a los que el Padre se revela (cf Mt 11,25).

La Santísima Trinidad es consubstancial e indivisible. Por eso cuando oramos al Padre, le adoramos y glorificamos con el Hijo y el Espíritu Santo.

PADRE NUESTRO...

Padre **"nuestro"** se refiere a Dios. Reconocemos que todas sus promesas de amor anunciadas por los profetas se han cumplido en la **nueva y eterna Alianza en Cristo**.

Nosotros somos "su pueblo" y Él es "nuestro Dios". (cf Os 2,21-22; 6,1-6). Y todo eso se nos da en Jesucristo (cf Jn 1,17).

Y en la nueva Jerusalén (en el cielo) Dios dirá al vencedor: "Yo seré su Dios y él será mi hijo" (Ap 21,7).

"Nuestro" es una realidad común a varios. Al decir Padre "nuestro", la oración de cada bautizado se hace en esta comunión: "La multitud de los creyentes no tenía más que un solo corazón y una sola alma" (Hch 4,32).

Por eso los cristianos deben participar en la oración de Jesús por la unidad de los discípulos (cf UR 8;22).

Por último, si recitamos en verdad el "Padre Nuestro" salimos del individualismo (del egoísmo), porque el Amor que recibimos del Padre nos libera de ese individualismo.

El amor de Dios no tiene fronteras, tampoco nuestra oración debe tenerla (cf NA 5).

...QUE ESTÁS EN EL CIELO...

Esta expresión bíblica no significa un lugar ("el espacio"), sino una manera de ser. No significa el alejamiento de Dios, sino su majestad. Ese tres veces Santo está cerca del corazón humilde y contrito.

Él está en el cielo; es su morada. La Casa del Padre es, por tanto, nuestra "patria". De esa Alianza, de esa patria, el pecado nos ha desterrado (cf Gn 3).

La conversión del corazón nos hace volver hacia el Padre, hacia el cielo (cf Jr 3,19-4a; Lc 15,18.21); porque en Cristo se han reconciliado el cielo y la tierra (cf Is 45,8;Sal 85,12).

Al mismo tiempo "gemimos en este estado (la vida corporal y terrena), deseando ardientemente ser revestidos de nuestra habitación celestial" (2 Co 5,2; cf Flp 3,20; Hb 13, 14).

PREGUNTAS:

1) ¿Cuándo enseñó Jesús el Padre Nuestro? Cuándo los discípulos le pidieron que les enseñara a orar.

2) ¿Qué es el Padre Nuestro? Es la oración que enseñó el Señor, por eso se llama dominical. En ella está el compendio de todo el Evangelio. Es la más perfecta de las oraciones.

3) ¿Es fundamental la oración del Padre Nuestro? Sí, es la oración por excelencia de la Iglesia. Se recita en la Liturgia de las Horas y en la celebración de los sacramentos de la iniciación cristiana: Bautismo, Confirmación y Eucaristía. En sus peticiones manifestamos la esperanza del Señor "hasta que venga" (1 Co 11,26).

4) ¿Cuáles son las disposiciones del que reza el Padre Nuestro? La confianza sencilla y fiel, y la seguridad humilde y alegre son las disposiciones propias del que reza el "Padre Nuestro".

5) ¿Por qué podemos invocar a Dios como Padre? Podemos invocar a Dios como "Padre" porque nos lo ha revelado el Hijo de Dios hecho hombre, en quien, por el Bautismo, somos incorporados y adoptados como hijos de Dios.

6) Al orar al Padre Dios ¿qué sentimientos se deben despertar en nosotros? Orar al Padre debe hacer crecer en nosotros la voluntad de asemejarnos a Él, así como debe fortalecer un corazón humilde y confiado.

7) El Padre Nuestro ¿nos pone en comunión con la Santísima Trinidad? Sí, al decir "Padre nuestro", invocamos la nueva Alianza en Jesucristo, la comunión con la Santísima Trinidad y la caridad divina que se extiende por medio de la Iglesia a lo largo del mundo.

8) ¿Qué entendemos al decir: "Que estás en el cielo?" "Que estás en el cielo" no designa un lugar, sino la majestad de Dios y su presencia en el corazón de los justos. El cielo, la Casa del Padre (donde Dios se manifiesta a los bienaventurados), constituye la verdadera patria hacia donde tendemos y a la que ya pertenecemos.

REFLEXIÓN:

Como se nos revela y sabemos: Dios está en todas partes y sondea lo más profundo de nuestros corazones. (Véase el salmo 139 (138). Dios mora de manera especial en el corazón del justo (cf Lc 17,21).

Pero en general, llamamos cielo aquel estado de los bienaventurados en que Dios se les revela cara a cara, tal como es, y así les llena de plena felicidad. El cielo es "la morada de la luz" (Job 38,19), que ahora conocemos y esperamos por la fe, la gracia y el amor.

De todos modos, aunque sea adaptándose a nuestro lenguaje humano, Jesucristo habla del infierno como de un lugar (cf Lc 16,28). Lo mismo del cielo (cf Jn 14,2).

Dice Jesús: "En la casa de mi Padre hay muchas moradas... voy a prepararles un lugar" (Jn 14,2).

Hay diversos grados de gloria según la correspondencia y fidelidad a la gracia de Dios en esta vida de prueba.

Aclamaciones: Recitemos con fe y confianza el Padre Nuestro.

Salmo:

Canto: *Padre nuestro que estás en el cielo, gloria a Tí...*

EJEMPLO:

Un diputado incrédulo italiano se jactaba de que se había casado con una mujer indiferente, sin religión. Le oyó el célebre químico, Estanislao Canizarro, también Italiano, y le replicó: cuando su esposa sea madre ¿qué le va a enseñar a sus hijos? El diputado se quedó cortado, sin palabras. Entonces prosiguió Estanislao: yo aconsejo a su esposa que estudie el Padrenuestro y se lo enseñe a sus hijos. Es el mejor regalo que una madre puede hacer a sus hijos, para qué tengan algo de que agarrarse en los oscuros caminos de la vida (cf R. Muñana, o.c.).

LAS TRES PRIMERAS PETICIONES

Anuncio:
"El Reino de Dios es justicia y paz y gozo en el Espíritu Santo" (Rm 14,17).

Lecturas:
1 Tesalonicenses 4,1-8; Gálatas 5,13-24; 1 Pedro 1,1-12; Lucas 6,12-26; 6,27-38; Mateo 1,1-9; 6,19-24; 6, 25-34.

Lo propio del amor es pensar primeramente en Aquel a quien amamos. En las tres primeras peticiones no pedimos cosas para nosotros.

Lo que nos mueve es "el deseo ardiente", "el ansia" que tenía Jesucristo, su Hijo amado, por la gloria de su Padre (cf Lc 22, 14; 12,50).

(Con esto no aumentamos la gloria interna de Dios, que en sí no necesita de nosotros; sino su gloria externa en la tierra, en el mundo: que sea bendecido su nombre en la tierra, que se le alabe, que se le dé gracias, que todos los hombres le reconozcan como su Rey y Señor; que se haga su voluntad en la tierra como en el cielo).

Las otras peticiones son como la ofrenda de nuestra esperanza y atrae hacia nosotros la mirada del Padre de las misericordias.

La cuarta y quinta petición se refieren a nuestra vida, sea para alimentarla, sea para sanarla del pecado.

Las dos últimas se refieren a nuestro combate por la victoria de la vida, es el combate mismo de la oración.

SANTIFICADO SEA TU NOMBRE

"Santificado sea tu nombre", no en el sentido causativo (sólo Dios santifica, hace santo) sino en el sentido estimativo: que se le reconozca como santo.

Desde la primera petición a nuestro Padre, estamos sumergidos en el misterio íntimo de su divinidad y en el proyecto de la salvación de todos los hombres.

Deseando que Dios sea reconocido como santo en el mundo, nos unimos a su "benévolo designio", "para que nosotros seamos santos e inmaculados en su presencia, en el amor" (cf Ef 1,9.4).

Dios manifiesta su nombre y su gloria, su santidad, en la Historia de la Salvación, para restituir al hombre " a la imagen de su Creador" (Col 3,10) (véase CEC del n. 2807 al 2815).

VENGA A NOSOTROS TU REINO

Se puede decir Reino o reinado de Dios (nombre de acción).
El Reino de Dios está ante nosotros. Se anuncia a través de todo el Evangelio, llega en la muerte y Resurrección de Cristo. Por la Eucaristía, el Reino de Dios está entre nosotros.

San Cirilo dice que "incluso puede ser que el Reino de Dios signifique Cristo en persona (presente entre nosotros), al cual llamamos con nuestras voces todos los días y queremos apresurar su advenimiento (Su retorno). Esta petición es el "Marana Tha", el grito del Espíritu y de la Esposa (la Iglesia): "Ven, Señor Jesús".

"El Reino de Dios es justicia, paz y gozo en el Espíritu Santo" (Rm 14,17). Desde entonces está entablado un combate entre la "carne" y el Espíritu (cf Ga 5, 16-25). Esta distinción no significa separación.

La vocación del hombre a la vida eterna no suprime, sino que refuerza su deber de servir en este mundo a la justicia y a la paz.

Los cristianos deben saber distinguir entre el crecimiento del Reino de Dios y el progreso de la cultura y de la promoción de la sociedad en las que están comprometidos.

HÁGASE TU VOLUNTAD
EN LA TIERRA COMO EN EL CIELO

La voluntad de Dios Padre es "que todos los hombres se salven y lleguen al conocimiento pleno de la verdad" (1 Tm 2,3-4).

En Cristo, y por medio de su voluntad humana, la voluntad del Padre fue cumplida perfectamente, y de una vez por todas. Jesús dijo al entrar en el mundo: "He aquí que yo vengo, oh Dios, a hacer tu voluntad" (Hb 10,7; Sal 40, 7).

Jesús "se entregó a sí mismo por nuestros pecados según la voluntad de Dios" (Ga 1,4), y en virtud de esa voluntad somos santificados" (Hb 10,10).

Pedimos a nuestro Padre que una nuestra voluntad a la de su Hijo para cumplir su voluntad, su designio de salvación para la vida del mundo. Nosotros somos radicalmente impotentes para ello, pero unidos a Jesús y con el poder de su Espíritu Santo podemos poner en sus manos nuestra voluntad, y decidir escoger lo que su Hijo siempre ha escogido: hacer lo que agrada al Padre (cf Jn 8,29).

Por la oración, podemos discernir cuál es la voluntad de Dios (Rm 12,2; Ef 5,17) y obtener "constancia para cumplirla" (Hb 10,36).

Jesús nos enseña que se entra en el Reino de los Cielos, no mediante palabras, sino haciendo la voluntad de su Padre que está en los cielos" (Mt 7,21).

PREGUNTAS:

1) Las tres primeras peticiones del Padrenuestro, ¿qué tienen por objeto? En el Padrenuestro, las primeras peticiones tienen por objeto la Gloria del Padre, la santificación del nombre, la venida del Reino y el cumplimiento de la voluntad divina.

2) ¿Qué tienen por objeto las otras cuatro peticiones? Las otras cuatro presentan al Padre nuestros deseos. Estas peticiones conciernen a nuestra vida para alimentarla o para curarla del pecado, y se refieren a nuestro combate por la victoria del bien sobre el mal.

3) ¿Qué pedimos al decir "santificado sea tu nombre"? Pedimos entrar en el plan de Dios, la santificación de su nombre, revelado a Moisés y después en Jesús. Pedimos que su nombre sea santificado por nosotros, en nosotros, y en toda nación y en cada hombre.

4) ¿Qué deseamos en la segunda petición? El crecimiento del Reino de Dios en el "hoy" de nuestras vidas, así como el retorno de Cristo y la venida final del Reino de Dios.

5) ¿Qué pedimos en la tercera petición? Rogamos al Padre Dios que una nuestra voluntad a la de su Hijo para realizar su Plan de Salvación en el mundo.

REFLEXIÓN:

Conocemos la voluntad de Dios en su palabra, en sus mandamientos, por sus inspiraciones, y por el dictamen de la recta conciencia.

La voluntad del demonio es injusta; la del mundo, es vana; la de nuestra carne, es rebelde. Sólo la voluntad de Dios es santa, ordenada y busca nuestro bien.

Estas tres primeras peticiones del Padre Nuestro son verdaderos actos de amor a Dios, amor perfecto. Debemos hacerlas de corazón, pues a la vez nos santifican mucho.

Dice san Juan de la Cruz, que el acto más excelente que el ser humano puede hacer en la tierra es el acto de amor a Dios.

Las otras peticiones también nacen del amor de Dios, por la confianza que le demostramos en su bondad y misericordia.

Para llegar a la perfección cristiana debemos ir conformando nuestra voluntad con la de Dios. Lo hacemos unidos a Cristo y con el poder del Espíritu Santo. Es el camino para obtener la santidad, que consiste en la unión de nuestra mente y voluntad con la del Dios Santo.

Para eso muchas veces tenemos que negarnos a nuestra propia voluntad y gusto, como dice Jesús: "Si alguno quiere ser discípulo mío, niéguese a sí mismo, tome su cruz y sígame" (Mt 16,24).

ACLAMACIONES:

Repetir con más conciencia, fe y amor las tres primeras peticiones del Padre Nuestro.

Salmo:

Canto: *Anunciaremos tu reino, Señor...*

EJEMPLOS:

1) La Beata Soncino una vez tuvo una visión del cielo, y a muchos que había conocido en la tierra los vio elevados a la jerarquía de los serafines. Y se le reveló que esos habían sido sublimados a tan alto grado de gloria por haberse esforzado en la tierra por conformar su voluntad con la de Dios (cf S. Junquera, o.c.).

2) Jesús nos da ejemplo de pedir que se haga la voluntad de Dios Padre, no sólo en las cosas agradables, sino también en las pruebas (cf Lc 22,42).

3) Se cuenta de una persona santa que durante toda su vida repetía a Dios Padre: hágase tu voluntad; y después oyó de Dios que le decía: hágase la tuya, es decir, le concedía todo lo que le pedía.

Mucha gente suele felicitar diciendo: "Concédate Dios todo el bien que quieras". Y Plutarco, que era pagano, enseñaba que no debía decirse así, sino de esta manera: "Haga Dios que tú quieras lo que Él quiere; esto es lo que más vale" (cf S. Junquera o.c.).

81

LAS OTRAS CUATRO PETICIONES DEL PADRE NUESTRO

Anuncio:
La victoria sobre el "Príncipe de este mundo" (Jn 14,30) se adquirió de una vez por todas en la hora en que Jesús se entregó libremente a la muerte para darnos su Vida.

Lecturas:
Mateo 6,9-15; 25, 1-13; 26, 36-42; Juan 17,11-19; 2 Corintios 5,18-21; Romanos 5,1-6; 1 Corintios 10,11-13; Apocalipsis 15,13-15.

DANOS HOY
NUESTRO PAN DE CADA DÍA

"Danos": es hermosa la confianza de los hijos que esperan todo de su Padre. "Hace salir su sol sobre malos y buenos, y llover sobre justos e injustos" (Mt 5, 45) y da a todos los vivientes "a su tiempo su alimento" (Sal 104, 27).

Jesús nos enseña esta petición: Con ella se glorifica, en efecto, a nuestro Padre, reconociendo hasta qué punto es Bueno más allá de toda bondad.

Además, "danos" es la expresión de la Alianza: nosotros somos de Él, y Él de nosotros. Él es Padre de todos los hombres; por eso pedimos en solidaridad con las necesidades y sufrimientos de todos. Pedimos a Dios Padre todos los bienes convenientes, materiales y espirituales.

Esa confianza filial en la providencia de Dios Padre (Mt 6,25-34) no significa pasividad en nosotros (cf 2 Ts 3,6-13), sino que quiere librarnos de toda inquietud agobiante.

El Reino de Dios debe manifestarse por la instauración de la justicia en las relaciones personales y sociales, económicas e internacionales, sin olvidar que no hay estructuras justas sin seres humanos que quieran ser justos.

(Quiere decir que el cristiano no se justifica echando la culpa al ambiente de corrupción o situación de injusticia en que vivimos. El cristiano ha de tener una voluntad eficaz de cumplir con la justicia y hacer que se cumpla).

Ante el drama del hombre en el mundo, los cristianos no sólo deben orar, sino que tienen una responsabilidad efectiva de cooperar en suprimir esa hambre en solidaridad con la familia humana.

San Benito decía: "Ora et labora" (Reg 20;48). Ora como si todo dependiera de Dios y trabaja como si todo dependiera de ti".

Después de realizado nuestro trabajo, el alimento continúa siendo un regalo de nuestro Padre. Es bueno pedírselo y darle gracias por él. Este es el sentido de la bendición de la mesa en una familia cristiana.

El Señor advierte que "no sólo de pan (material) vive el hombre, sino también de toda palabra que sale de la boca de Dios" (Dt 8,3; Mt 4,4). También hay hambre en el mundo de oír la palabra de Dios (cf Am 8,11). Por eso los cristianos deben movilizarse para "anunciar el Evangelio a los pobres".

"**Hoy**" es también una expresión de confianza (cf Mt 6,34; Ex 16,19). "**De cada día**", es una repetición pedagógica de "hoy" (cf Ex 16,19-21). Para confirmarnos en una confianza "sin reservas"; se le pide lo necesario a la vida. También se designa el Pan de Vida, el Cuerpo de Cristo, "remedio de inmortalidad", en expresión de san Ignacio de Antioquía.

Finalmente, el sentido celestial es claro: este "día" es el del Señor, el del Festín del Reino, anticipado en la Eucaristía, en que pregustamos el Reino venidero. Por eso conviene que la liturgia eucarística se celebre "cada día".

PERDONA NUESTRAS OFENSAS ...

Aún revestidos de la vestidura bautismal, no dejamos de pecar, de separarnos de Dios. En esta petición volvemos al Padre como el hijo pródigo (cf Lc 15,11-32) y nos reconocemos pecadores ante Él, como el publicano (cf Lc 18,13). En esta petición afirmamos nuestra miseria y su misericordia.

Nuestra confianza es firme, porque en Su Hijo "tenemos la redención, la remisión de nuestros pecados" (Col 1,14; Ef 1,7).

COMO NOSOTROS PERDONAMOS A LOS QUE NOS OFENDEN...

Lo temible es que ese desbordamiento de misericordia no puede penetrar en nuestro corazón mientras no hayamos perdonado a los que nos han ofendido. El amor, como el Cuerpo de Cristo, es indivisible: no podemos amar a Dios si no amamos al hermano (cf 1 Jn 4,20).

Sólo el Espíritu, que es "nuestra vida" (Ga 5,25), puede hacer nuestros los sentimientos de Cristo (cf Flp 2,1.5) y así nos hace posible el perdonar 'como' nos perdonó Dios en Cristo (cf Ef 4,32).

Recordemos la parábola del siervo sin entrañas (Mt 18,23-35).

No está en nuestras manos no sentir ya la ofensa y olvidarla; pero el corazón que se ofrece al Espíritu Santo, cambia la herida en compasión y purifica la memoria, transformando la ofensa en intercesión (es decir, orando por los que nos han ofendido).

La oración cristiana llega hasta el **perdón de los enemigos**. Transfigura al discípulo, configurándolo con su Maestro.

NO NOS DEJES CAER EN LA TENTACIÓN

Caemos en el pecado por consentir a la tentación. Por eso pedimos al Padre que no nos "deje caer" en ella.

Dios no quiere imponer el bien: nos deja libres. Pero Dios no permite que seamos tentados sobre nuestras fuerzas; y nos da el modo de poder vencerla (cf 1 Co 10,13). Este combate y la victoria sólo son posibles con la oración.

Por medio de su oración, Jesús es vencedor del Tentador desde el principio (cf Mt 4, 11) y en el último combate de su agonía (cf Mt 26, 36-44). En esta petición a Nuestro Padre, Cristo nos une a su combate y a su agonía.
Y nos recuerda con insistencia la vigilancia del corazón (cf Mc 13,9.23.33-37).
La vigilancia es "guarda del corazón".
Hay que saber distinguir entre "ser tentado" y "consentir". (Si uno es tentado, y con la gracia de Dios no consiente, más bien gana méritos ante Dios).

(En esa "guarda del corazón" entra el evitar la ocasión ó el trato no necesario con cosas y personas que nos arrastran al pecado. Dice el Espíritu Santo que "el que ama el peligro perece en él") (Eclo 3,26).

(También hay que huir de la ocasión, evitando el diálogo con el Tentador, pues termina por seducirnos).

(Asimismo hay que evitar "las malas compañías' que corrompen las buenas costumbres" (1 Co 15,33). Orando y huyendo de la ocasión de pecado es la forma de evitar caer en él).

Y LÍBRANOS DEL MAL

La última petición a Nuestro Padre está también contenida en la oración de Jesús: "No te pido que los retires del mundo, sino que los guardes del maligno" (Jn 17,15): de "Satanás, el seductor del mundo entero" (Ap 12,9).

Esta petición implora el Espíritu de discernimiento, que descubre, quita la máscara a la mentira de la tentación. La tentación siempre se presenta como algo "bueno, seductor a la vista, deseable" (Gn 3,6), pero (dentro lleva la ponzoña, el veneno) y su fruto es la muerte.

Esta petición concierne a cada uno, pero siempre el que ora es el "nosotros", en comunión con toda la Iglesia y para la salvación de toda la familia humana.

La victoria sobre el "príncipe de este mundo" (Jn 14, 30) se adquirió de una vez por todas en la Hora en que Jesús se entregó libremente a la muerte para darnos su Vida. Es el juicio de este mundo, y el príncipe de este mundo ha sido "echado abajo" (Jn 12, 31; Ap 12, 11).

"El demonio se lanza en persecución de la Mujer" (cf Ap 12, 13-16), pero no consigue alcanzarla.

La nueva Eva, "llena de gracia" del Espíritu Santo, es preservada del pecado y de la corrupción de la muerte (Concepción Inmaculada y Asunción de la Santísima Madre de Dios, María, siempre virgen).

"Entonces, despechado contra la Mujer, se fue a hacer la guerra al resto de sus hijos" (Ap 12, 17). Por eso el Espíritu y la Iglesia oran: "Ven, Señor Jesús" (Ap 22, 17.20), ya que su Venida nos librará del Maligno.

Al pedir ser liberados del Maligno, oramos igualmente para ser liberados de todos los males, presentes, pasados y futuros, de los que el demonio es el autor e instigador.

Orando así, se anticipa en la humildad de la fe, la restauración y síntesis de todos y de todo en Aquel (Cristo) que "tiene las llaves de la muerte y del Hades" (Ap 1,8), y que es "el Dueño de todo, Aquel que es, que era y que ha de venir" (Ap 1, 8 cf Ap 1, 4).

La Iglesia ora así:

Líbranos de todos los males, Señor, y concédenos la paz en nuestros días, para que, ayudados por tu misericordia, vivamos siempre libres de pecado y protegidos de toda perturbación, mientras esperamos la gloriosa venida de nuestro Salvador Jesucristo (MR, Embolismo).

LA DOXOLOGÍA FINAL

La doxología final "Tuyo es el reino, tuyo el poder y la gloria por siempre Señor", vuelve a tomar, implícitamente, las tres primeras peticiones del Padre Nuestro: la glorificación de su Nombre la venida de su Reino y el poder de su Voluntad salvífica.

Pero esta repetición se hace en forma de adoración y de acción de gracias, como en la Liturgia celestial (cf Ap 1, 6; 4, 11; 5, 13).

El príncipe de este mundo se había atribuido con mentira estos tres títulos de realeza, poder y gloria (cf Lc 4, 5-6).

Cristo, el Señor, los restituye a Su Padre y nuestro Padre, hasta que le entregue el Reino, cuando sea consumado definitivamente el Misterio de la salvación y Dios sea todo en todos (cf 1 Co 15, 24-28).

AMÉN

"Después, terminada la oración, dices: **Amén**, reafirmando por medio de este "Amén", que significa 'Así sea' (cf Lc 1, 38), lo que contiene la oración que Dios nos enseñó" (San Cirilo de Jerusalén, catech. myst. 5, 18).

PREGUNTAS:

1) ¿Qué pedimos en la cuarta petición? Unidos a todos nuestros hermanos, pedimos al Padre del Cielo "nuestro pan", el alimento terrenal para subsistencia de todos; y también el Pan de Vida: la Palabra de Dios y el Cuerpo de Cristo, que se reciben "hoy" como anticipo del Festín del Reino.

2) ¿Qué se implora en la quinta petición? Imploramos para nuestras ofensas la misericordia de Dios la cual no puede penetrar en nuestro corazón si no perdonamos a nuestros enemigos, a ejemplo y con la ayuda de Cristo.

3) ¿Qué pedimos al decir: "No nos dejes caer en la tentación"? Pedimos a Dios que no nos permita tomar el camino que conduce al pecado. Esta petición implora el espíritu de discernimiento y de fuerza; solicita la gracia de la vigilancia y la perseverancia final.

4) ¿Qué pedimos en la última petición? En la ultima petición, ..."y líbranos del mal", el cristiano pide a Dios con la Iglesia que manifieste la victoria, ya conquistada por Cristo, sobre el "príncipe de este mundo", sobre Satanás, el ángel que se opone personalmente a Dios y a su plan de salvación.

5) ¿Qué expresamos en el "Amén"? Con el "Amén" final expresamos nuestro 'fiat" (hágase) respecto a las siete peticiones: "Así sea ".

REFLEXIÓN:

1) Repetimos algunas ideas expresadas en el quinto mandamiento sobre el perdón de los enemigos. **Perdonar de corazón es una gracia de Dios.** *De ordinario, cuando hay resentimiento o grandes heridas, hay que pedir al Señor una sanación interior. A veces es un proceso largo que va poco a poco. Ayuda mucho orar por esas personas que tal vez han sido causa de nuestro sufrimiento.*

*Recordando lo que dice el P. Ignacio Larrañaga que: "algunas veces **somos ofendidos**; pero muchas veces simplemente **nos sentimos ofendidos**, pues no ha tenido culpa el que creemos nuestro ofensor. Hay personas muy susceptibles que con todo se ofenden: sufren y hacen sufrir.*

Pero, aunque todavía se sienta la herida, se puede comulgar si no hay espíritu de grave venganza; y además se ora por esa persona, como lo explicamos en el quinto mandamiento.

A veces se puede dejar de manifestar por un breve tiempo el cariño de antes a una persona que ha hecho algo grave, no como venganza, sino para hacerlo reflexionar.

Tengamos presente lo que nos enseña la Iglesia en el Prefacio de la Misa de la Reconciliación: que el rencor y el odio no nos dejan ser felices, pues desalojan el amor y la paz del corazón.

Dice un sabio que el que odia al enemigo se coloca por debajo de ese mismo enemigo.

También todos debemos tener cuidado, sobre todo los padres de familia, de no manifestar resentimiento y odio a personas delante de los niños y los jóvenes. Eso les hace daño. Si se crían con resentimiento, nunca madurarán en un auténtico amor.

2) *Por último, tengamos presente que muchas personas se han hecho santas meditando el Padrenuestro.*

El rezo humilde y piadoso del Padrenuestro nos llena de fe, de esperanza y de confianza, nos llena de amor a Dios y a los hermanos.

ACLAMACIONES:

1) *Repetir a conciencia, con plena confianza en Dios, las últimas cuatro peticiones del Padre Nuestro.*

2) *"Tuyo es el reino, tuyo el poder y la gloria por siempre Señor".*

3) *Gloria al Padre, al Hijo y al Espíritu Santo..."*

Salmo:

Canto: *Danos un corazón grande para amar...*

EJEMPLOS:

1) *Santa Micaela del Santísimo Sacramento, un día no tenia con qué dar de comer a las niñas pobres del colegio. Fue a la capilla a rezar el Padrenuestro y a pedir el pan a Dios Padre. A poco momento entró un misionero y le dejó mucho dinero para la comida de esas niñas. Ejemplo como éste son incontables. Así como los de multiplicarse la comida, cuando es poca, y son muchos los hambrientos.*

2) *El P. Alberto Risco cuenta que una vez fue a llevar el viático a un jovencito que se moría. Antes de darle la Comunión, el padre pregunta al niño si perdonaba a los enemigos. Como el niño no entendía la pregunta, contestó por él su madre diciéndole: Padre, no tenemos enemigos, porque siempre los perdonamos a todos al rezar el* **"Padrenuestro"**.

Apéndices

APÉNDICE No. 1
"Los cielos pregonan la grandeza de Dios"
(Sal 19 (18).

"Lo invisible de Dios, es decir,
su eterno poder y su divinidad,
resulta visible para el que reflexiona sobre sus obras"
(Rm 1,20).

Si paseas por la playa un día que ha bajado la marea, conoces, por las huellas en la arena, si lo que pasó por allí antes que tu fue un hombre, un perro un pájaro.

Lo mismo vamos a hacer nosotros para averiguar la existencia de Dios. A Dios no le podemos ver, porque es espíritu; pero vamos a ver las huellas que Dios ha dejado en la creación.

Empecemos por la huella que Dios ha dejado en el cielo.

Es posible que haya otros astros habitados, pero nada sabemos; pues Dios nada nos ha dicho y no hemos podido conectar con ellos.

NÚMERO Y MAGNITUD DE LAS ESTRELLAS

El número total de las estrellas del Universo se calcula en unos 200.000 trillones de estrellas: ¡un número de 24 cifras!. Pues, si unos hoyos en la arena no se pueden haber hecho solos, ¿se habrán hecho solos los millones y millones de estrellas que hay en el cielo?

Alguien ha hecho las estrellas. A ese Ser, Causa Primera de todo el Universo, llamamos Dios.

En el cielo hay millones y millones de estrellas muchísimo mayores que la Tierra.

La Tierra es una bola de 40.000 kms. de perímetro (meridiano). El Sol es un millón trescientas mil veces mayor que la Tierra. En la estrella Antares, de la constelación del Escorpión, caben 115 millones de soles.

Alfa de Hércules, que está a 1.200 años de luz, y es la mayor de todas las estrellas conocidas, es 8.000 billones de veces mayor que el Sol.

Las estrellas en el cielo no van sin rumbo fijo. En las estrellas del cielo resplandece un orden admirable regulado por las leyes que descubrieron Newton y Kepler.
La luna está a 384.000 kms de la Tierra. El Sol a 150.000.000 de kms. Plutón a 6.000.000.000 millones de kms.

MOVIMIENTO DE LAS ESTRELLAS

Estas bolas gigantescas van a enormes velocidades. La Tierra va a 100.000 kms. por hora, es decir 30 kms. por segundo. El Sol va a 300 kms. por segundo. El Cúmulo del Boyero, se desplaza a 100.000 kms. por segundo. Por el desplazamiento hacia el rojo de las rayas en el espectro se ha calculado en el observatorio de Monte Palomar en California que hay estrellas que van a 145.000 kms. por segundo.

El movimiento de las estrellas es tan exacto que se puede hacer el calendario con muchísima anticipación. El calendario pone la salida y la puesta del Sol de cada día, los eclipses que habrá durante el año, el día que serán, a qué hora, cuánto durarán, que parte del Sol o de la Luna se ocultará, desde que punto de la Tierra será visible, etc...

Todo esto sería imposible conocerlo si el orden del movimiento de los astros no fuera matemáticamente perfecto. James Jeans, uno de los más grandes astrónomos contemporáneos, en su libro Los misterios del Universo (pag. 165) afirma que el Creador del Universo tuvo que ser un gran matemático.

Cuanto más complicado y perfecto sea el orden, mayor debe ser la inteligencia ordenadora. Construir un reloj supone más inteligencia que construir una carretilla.

Me basta contemplar—ha dicho Alberto Einstein, Premio Nobel de Física— el misterio y reflexionar sobre la maravillosa estructura del Universo, que podemos imperfectamente conocer v tratar humildemente de penetrar siquiera una parte infinitesimal de la sabiduría que se manifiesta en la Naturaleza.

La inteligencia que ordena las estrellas en el cielo y dirige con tanta perfección la máquina del Universo es la inteligencia de Dios.

EL OJO HUMANO

El invento de la máquina fotográfica supone una gran inteligencia, y los hombres han tardado muchos años en descubrirla. No se descubrió hasta el siglo XIX.

Sin embargo, mucho antes de que los hombres inventasen la máquina fotográfica—desde el principio de la humanidad— ya estaba inventado el ojo humano, maravillosa máquina fotográfica, que saca 10 fotos por segundo, no es necesario pasar el carrete y además se enfoca sólo gracias a la maravillosa constitución del cristalino, que los hombres no han conseguido fabricar artificialmente.

El inventar el ojo supone todavía más inteligencia que el inventar la máquina fotográfica.

LAS AVES

Uno de los grandes adelantos de la aviación moderna es el piloto automático.

Estos inventos suponen un prodigio de talento y de técnica. Pero los hombres no han inventado todavía ni inventarán jamás, un avión que no sólo vuela sin piloto, sino que además se busca el solo la gasolina, se hace él solo el hangar y, lo que es más, fabrica él solo otros aviones como él, que a su vez hacen otros, y así indefinidamente.

Este aeroplano maravilloso, que nos parece imposible que se invente jamás, existe desde tiempos remotísimos: son los pájaros.

El pájaro es un avión que vuela solo, se busca el solo la gasolina (alimento), se hace el solo el hangar (nido), unas veces con ramajes y otras hasta con cemento (nido de las golondrinas).

EL RADAR DE ALGUNOS ANIMALES

Los animales tienen instintos maravillosos. ¿Cómo se orienta la paloma mensajera? Los delfines localizan los obstáculos sumergidos en el agua por medio de un radar acústico similar al "sónar" que usan los barcos modernos. Un murciélago ciego vuela sin tropezar en una habitación cruzada por cables en todas direcciones. ¿Cómo se guía? El murciélago no se lo explica, pues no tiene inteligencia; pero lo sabe Dios que es quien ha hecho el murciélago y le ha dotado de una especie de radar que emite ondas ultrasonoras, según los estudios de los norteamericanos Griffin y Galambos. ¡Qué inteligencia tan grande tiene el inventor de la Naturaleza!.

LA NATURALEZA ESTÁ LLENA DE MARAVILLAS

Toda la Naturaleza está llena de maravillas. No sabe uno qué admirar más, si las maravillas grandes o las pequeñas; si el tamaño y las velocidades de las estrellas en el cielo, o la maravillosa constitución del átomo; si la exactitud del movimiento de los astros, o la agilidad de una mosca en el aire, moviendo sus alas 480 veces por segundo, o el prodigioso instinto de las abejas para hacer las celditas hexagonales de su panal con la perfección con que podría calcularlas el mejor de los ingenieros. Las abejas realizan en sus colmenas un difícil problema de estereometría con más precisión que el célebre matemático Konig, que al hacer el cálculo se equivocó por una errata en la tabla de logaritmos.

EL ORDEN Y BELLEZA DEL MUNDO SUPONEN UN CREADOR NO HAY RELOJ SIN RELOJERO

Los astros se mueven conforme a las leyes de Newton y Kepler. Pero estos dos astrónomos no impusieron esas leyes al Universo. Descubrieron unas leyes que ya existían mucho antes que ellos nacieran, y fueron puestas por otro.

Newton, hablando del cosmos dijo: "Hay que reconocer la voluntad y el dominio de un Ser inteligente y poderoso". Y en otro sitio: "¿De dónde proviene todo ese orden y belleza que vemos en el mundo? ¿Fue el ojo ideado sin ingenio en materia de óptica? ¿No aparece claro que existe un ser inteligente?"

El premio Nobel de física Alfredo Kastler declaraba en agosto de 1968: "La idea de que el mundo, el universo material, se ha creado el mismo, me parece absurda. Yo no concibo el mundo sino con un Creador, por consiguiente, Dios. Para un físico, un solo átomo es tan complicado, supone tal inteligencia, que un universo materialista, carece de sentido". (P. ROMAÑA).

Ya dice la Biblia que son insensatos los que no conocen a Dios a través de las maravillas de la naturaleza". (Libro de la Sabiduría, 13: 1ss).

(Tomado del P. Jorge Loring, s.j., del libro "PARA SALVARTE", 55.ª edición. Edibesa, Madrid.

APÉNDICE No. 2
LAS PRINCIPALES ORACIONES DEL CRISTIANO

ORACIONES PARA MEMORIZAR

LA SEÑAL DE LA CRUZ

Por la señal + de la Santa Cruz, de nuestros + enemigos, líbranos, Señor + Dios nuestro. En el nombre del Padre, del Hijo y del Espíritu Santo. Amén.

EL PADRE NUESTRO

Padre nuestro, que estás en el cielo, santificado sea tu nombre, venga a nosotros tu reino, hágase tu voluntad en la tierra como en el cielo.

Danos hoy nuestro pan de cada día; perdona nuestras ofensas, como también nosotros perdonamos a los que nos ofenden; no nos dejes caer en la tentación y líbranos del mal. Amén.

EL AVE MARÍA

Dios te salve, María, llena eres de gracia, el Señor es contigo, bendita tú eres entre todas las mujeres y bendito es el fruto de tu vientre, Jesús.

Santa María, Madre de Dios, ruega por nosotros pecadores, ahora y en la hora de nuestra muerte. Amén.

EL GLORIA

Gloria al Padre, y al Hijo, y al Espíritu Santo; como era en el principio ahora y siempre por los siglos de los siglos. Amén.

ACTO DE FE

Dios mío, creo firmemente todo lo que la Santa Iglesia Católica y Apostólica me enseña, porque tú eres la Verdad infalible y se la has revelado a Ella.

ACTO DE ESPERANZA

Dios mío, espero con firme esperanza que me darás por los méritos de Jesucristo, mi Salvador, tu gracia en este mundo, y si guardo tus mandamientos, la gloria en el otro, porque así lo has prometido y eres siempre fiel a tus promesas.

ACTO DE CARIDAD

Dios mío, te amo con todo mi corazón y más que a todas las cosas porque eres infinitamente bueno e infinitamente amable; y amo a mi prójimo como a mi mismo por tu amor.

ACTO DE CONTRICIÓN

¡Jesús, mi Señor y Redentor! Yo me arrepiento de todos los pecados que he cometido hasta hoy, y me pesa de todo corazón porque con ellos ofendí a un Padre tan bueno y a mi prójimo. Propongo firmemente, con tu fortaleza y tu gracia, no volver a pecar, y confío en que, por tu infinita misericordia, me has de conceder el perdón de mis culpas y me has de llevar a la vida eterna.

Amén.

CONFESIÓN COMUNITARIA GENERAL

Yo confieso ante Dios todopoderoso y ante ustedes hermanos, que he pecado mucho de pensamiento, palabra, obra y omisión; por mi culpa, por mi culpa, por mi gran culpa. Por eso ruego a Santa María, siempre virgen, a los ángeles, a los santos y ustedes, hermanos, que intercedan por mí ante Dios Nuestro Señor.

LA SALVE

Dios te salve, Reina y Madre de misericordia, vida, dulzura y esperanza nuestra, Dios te salve; a ti llamamos los desterrados hijos de Eva; a ti suspiramos gimiendo y llorando en este valle de lágrimas. ¡Ea, pues, Señora abogada nuestra! vuelve a nosotros esos tus ojos misericordiosos, y después de este destierro, muéstranos a Jesús, fruto bendito de tu vientre. ¡Oh clemente! ¡Oh piadosa! ¡Oh dulce Virgen María!

-Ruega por nosotros, Santa Madre de Dios.
-Para que seamos dignos de alcanzar las promesas de nuestro Señor Jesucristo. Amén.

EL CREDO DE LOS APÓSTOLES

Creo en Dios Padre Todopoderoso, Creador del cielo y de la tierra. Creo en Jesucristo, su único Hijo, nuestro Señor; que fue concebido por obra y gracia del Espíritu Santo, nació de Santa María Virgen; padeció bajo el poder de Poncio Pilato, fue crucificado, muerto y sepultado; descendió a los infiernos, al tercer día resucitó de entre los muertos; subió a los cielos y está sentado a la diestra de Dios Padre; desde allí ha de venir a juzgar a los vivos y a los muertos. Creo en el Espíritu Santo; la Santa Iglesia Católica, la Comunión de los Santos, el perdón de los pecados; la resurrección de los muertos; y la vida perdurable. Amén.

EXAMEN PARA LA CONFESIÓN

PRIMER MANDAMIENTO: AMARÁS A DIOS SOBRE TODAS LAS COSAS.

- ¿Has expresado tu fe a través de tu comportamiento respetuoso en la Iglesia, la capilla y lugares de culto?

- ¿Has respetado a la gente rezando?

- ¿Tienes interés en tu instrucción cristiana participando en conocer la doctrina?

- ¿Tienes otros dioses por los que te preocupas más que por Dios, como el dinero, los juegos, las supersticiones, el espiritismo, adivinos, brujos, magia, los placeres de la carne?

- ¿Has rezado con atención las oraciones de la mañana y de la noche?

- ¿Has hecho confesiones y comuniones sacrílegas?

SEGUNDO MANDAMIENTO:
NO TOMARÁS
EL NOMBRE DE DIOS EN VANO.

- ¿Has jurado?

- ¿Has cumplido tus votos y promesas? ¿Has dicho blasfemia o palabras irreverentes contra Dios y sus santos, su Iglesia y sus ministros? ¿Has usado el Nombre de Dios en vano? ¿Estás conforme con el mal, el pecado y la injusticia?

TERCER MANDAMIENTO:
SANTIFICARÁS LAS FIESTAS.

- ¿Has guardado los domingos para participar activa y piadosamente en las celebraciones de la comunidad o la misa, si hubo?

- ¿Has dado un buen ejemplo a tus vecinos de lo que es el día del Señor, descansando y leyendo la Palabra de Dios?

- ¿Hiciste trabajar a los demás en el día del Señor?

- ¿Has trabajado sin necesidad?

CUARTO MANDAMIENTO:
HONRARÁS A TU PADRE
Y A TU MADRE.

Los hijos para con los padres:

- ¿Has respetado, obedecido, cuidado o alimentado a tus padres?

- ¿Respetas y obedeces a tus superiores con la humildad debida?

- ¿Cumples tus obligaciones de hijo o empleado, etc.?

- ¿Les has deseado algún mal?

- ¿Te has ausentado de la casa sin permiso de tus padres causándoles angustias?

Los padres para con los hijos:

- ¿Has educado, corregido y dado buen ejemplo a tus hijos?

- ¿Has procurado que asistan a la Iglesia, a misa, al catecismo y que reciban los sacramentos?

- ¿Has apoyado a tus hijos en la vocación posible a la vida religiosa?

QUINTO MANDAMIENTO: NO MATARÁS.

- Si alguien te ha injuriado y te ha hecho mal, ¿te has mostrado dispuesto al perdón o has mantenido deseos de odio y venganza?

- ¿Has hecho daño de palabra o de obras a ti mismo o a otros?

- ¿Has dado escándalo, maldecido o deseado mal?

- ¿Has reñido o molestado, despreciado, insultado a otros, a padres, a inferiores?

- ¿Has matado a tu prójimo?

- ¿Eres de mal genio o intolerante?

- ¿Has abortado voluntariamente?

SEXTO MANDAMIENTO: NO COMETERÁS ACTOS IMPUROS.

- ¿Has dado mal ejemplo viviendo amancebado?

- ¿Has tenido relaciones sexuales fuera del matrimonio?

- ¿En tu matrimonio, has sido fiel a tu esposa, a tu esposo?

- ¿Has maltratado a tu esposa?

- ¿Has apoyado o aceptado a tus hijos en una vida de concubinato o de desorden sexual?

- ¿Has aceptado ser concubino y adúltero(a) con una persona ya comprometida con otro o con otra?

- ¿Has tenido conversaciones obscenas?

- ¿Has asistido a espectáculos deshonestos (películas deshonestas)?

- ¿Has leído novelas, revistas y libros pornográficos, obscenos?

- ¿Has hecho alguna acción deshonesta (bestialidad, homosexualidad, masturbación u onamismo)?

- ¿Te has vestido decentemente?

- ¿Estás planificando tu familia de una manera cristiana?

- ¿Has bailado de mala forma?

SÉPTIMO MANDAMIENTO: NO ROBARÁS.

- ¿Has dañado las cosas de la comunidad?

- ¿Has tomado algo ajeno?

- ¿Has pagado tus deudas e impuestos?

- ¿Has tratado de devolver a su dueño algo encontrado en la calle, dinero, objeto, etc.?

- ¿Has perjudicado a tu prójimo en sus bienes?

- ¿Ayudas a los pobres, según tus posibilidades?

- ¿Has cumplido tus acuerdos con tus patronos?

- ¿Has hecho justicia con tus empleados dándoles salarios que les corresponden?

- ¿Has cobrado más que tu beneficio normal?

- ¿Has contribuido al bien de la comunidad?

OCTAVO MANDAMIENTO:
NO CALUMNIARÁS NI MENTIRÁS.

- ¿Has mentido? ¿Has calumniado? ¿Has descubierto faltas ocultas?
- ¿Has leído sin permiso o sin justa causa cartas ajenas?
- ¿Has murmurado?
- ¿Has descubierto faltas o insinuado sospechas de otros?
- ¿Has juzgado mal sin bastante fundamento?

NOVENO MANDAMIENTO:
NO CONSENTIRÁS PENSAMIENTOS NI DESEOS IMPUROS.

- ¿Has cuidado la manera de vestir de tus hijos?
- ¿Has aceptado que tus hijos digan palabras obscenas?
- ¿Te has detenido a pensar en la manera en que estás educando a tus hijos?
- ¿Has deseado obras deshonestas o te has deleitado en pensamientos torpes?

DÉCIMO MANDAMIENTO:
NO CODICIARÁS LOS BIENES DE OTRO.

- ¿Has robado alguna cosa dentro de la Iglesia o algo que le pertenece?
- ¿Conservas en tu poder algo que no es tuyo?
- ¿Has tenido deseos de robar?
- ¿Has revelado algún secreto?
- ¿Has hablado sin motivo de los pecados o faltas ajenas?

EL SANTO ROSARIO
El Evangelio abreviado

LOS GRANDES MISTERIOS DE NUESTRA SALVACIÓN.

Misterios gozosos *(lunes y sábados)*
Primero: La Encarnación del Hijo de Dios.
Segundo: La Visitación de la Virgen María a su prima Santa Isabel.
Tercero: El Nacimiento del Hijo de Dios.
Cuarto: La Presentación del Niño Jesús en el Templo.
Quinto: El Niño Jesús perdido y hallado en el Templo.

Misterios luminosos *(jueves)*
Primero: El Bautismo del Señor en el Jordán.
Segundo: La revelación de Jesús en las bodas de Caná.
Tercero: El anuncio del Reino de Dios, invitación a la conversión.
Cuarto: La Transfiguración del Señor.
Quinto: La institución de la Eucaristía.

Misterios dolorosos *(martes y viernes)*
Primero: La Oración de Jesús en el Huerto.
Segundo: Los azotes que padeció el Señor atado a la columna.
Tercero: La coronación de espinas.
Cuarto: Jesús con la Cruz a cuestas.
Quinto: La Crucifixión y Muerte del Señor.

Misterios gloriosos *(miércoles y domingos)*
Primero: La Resurrección del Señor.
Segundo: La Ascensión del Señor a los cielos.
Tercero: La venida del Espíritu Santo.
Cuarto: La Asunción de la Virgen María en cuerpo y alma a los cielos.
Quinto: La Coronación de Nuestra Señora como Reina de cielos y tierra.

LETANIAS DE NUESTRA SEÑORA

Señor, ten piedad.
R. *(Se repite lo mismo).*
Cristo, ten piedad. R.
Señor, ten piedad. R.
Cristo, óyenos. R.
Cristo, escúchanos. R.

Dios, Padre celestial.
R. *Ten misericordia de nosotros.*
Dios, Hijo Redentor del mundo. R.
Dios, Espíritu Santo. R.
Trinidad Santa, un solo Dios. R.

(A partir de aquí, se responde: *Ruega por nosotros*).

Santa María
Santa Madre de Dios
Santa Virgen de las vírgenes
Madre de Cristo
Madre de la Iglesia
Madre de la divina gracia
Madre purísima
Madre castísima
Madre y virgen
Madre santa
Madre inmaculada
Madre amable
Madre admirable
Madre del buen consejo
Madre del Creador
Madre del Salvador
Virgen prudentísima
Virgen digna de veneración
Virgen digna de alabanza
Virgen poderosa
Virgen clemente
Virgen fiel
Ideal de santidad
Morada de la sabiduría
Causa de nuestra alegría
Templo del Espíritu Santo
Honor de los pueblos
Modelo de entrega a Dios
Rosa escogida
Fuerte como la torre de David
Hermosa como torre de marfil
Casa de oro
Arca de la Nueva Alianza
Puerta del Cielo
Estrella de la mañana
Salud de los enfermos
Refugio de los pecadores
Consoladora de los afligidos
Auxilio de los cristianos

Reina de los Ángeles
Reina de los Patriarcas
Reina de los Profetas
Reina de los Apóstoles
Reina de los Mártires
Reina de los que viven su fe
Reina de las Vírgenes
Reina de todos los Santos
Reina concebida sin pecado original
Reina elevada al cielo
Reina del Santísimo Rosario
Reina de la familia
Reina de la paz

Cordero de Dios, que quitas el pecado del mundo. R. *Perdónanos, Señor.*
Cordero de Dios, que quitas el pecado del mundo. R. *Escúchanos, Señor.*
Cordero de Dios, que quitas el pecado del mundo. R. *Ten misericordia de nosotros.*

V. Ruega por nosotros, Santa Madre de Dios.
R. *Para que seamos dignos de las promesas de Cristo.*

OREMOS

Te pedimos, Señor Dios, que nosotros tus siervos gocemos siempre de salud de alma y cuerpo, y por la intercesión gloriosa de Santa María, la Virgen, líbranos de las tristezas de este mundo y concédenos las alegrías del cielo. Por Jesucristo Nuestro Señor.
R. Amén.

EL ANGELUS

El ángel del Señor anunció a María.
R. *Y concibió por obra del Espíritu Santo*
Dios te salve, María...

He aquí la esclava del Señor.
R. *Hágase en mi según tu palabra*
Dios te salve, María...

Ruega por nosotros, Santa Madre de Dios.
R. *Para que seamos dignos de alcanzar las promesas de Jesucristo.*

OREMOS

Derrama, Señor, tu gracia sobre nuestros corazones y al reconocer, por el anuncio del ángel, la Encarnación de tu Hijo Jesucristo, conducidos por su Pasión y su Cruz, lleguemos a la gloria de su Resurrección. Por el mismo Jesucristo Nuestro Señor. AMÉN.

En el tiempo pascual se reza lo siguiente:

REGINA COELI

Reina del Cielo. Alégrate, aleluya, porque el Señor, a quien has merecido llevar, aleluya, ha resucitado, según su palabra, aleluya. Ruega al Señor por nosotros, aleluya.

PLEGARIA A NUESTRA SEÑORA DE LA ALTAGRACIA

"Virgen Santísima, Madre nuestra de la Altagracia, ampara y defiende al católico pueblo dominicano, que te proclama su única Reina y Soberana".
Ave María.

ORACIÓN PARA ANTES DE LA CONFESIÓN

Espíritu Santo, fuente de luz, ilumina mi entendimiento para conocer mis pecados tan claramente como los conoceré cuando me presente delante del tribunal de la soberana Justicia. Dígnate inspirarme el odio y horror que merecen, junto con una firme resolución de no cometerlos más; quebranta la dureza de mi corazón y mueve mi lengua para manifestarlos sin callar ninguno. Virgen Santísima Madre y abogada de los pecadores que se quieren convertir, intercede por mis pecados detestándolos con verdadero dolor. Ángel Santo de mi guarda, patronos míos, rueguen a Dios para que mi confesión sea buena. Amén.

ORACIÓN PARA DESPUÉS DE LA CONFESIÓN

¡Amorosísimo Redentor mío! Yo te suplico, por tus merecimientos y por la intercesión de tu Inmaculada Madre y de todos los santos, que tengas por buena esta confesión mía; y que cualquier cosa que, a ésta y a las demás que hice les haya faltado de la suficiente contrición, sinceridad o integridad la supla tu infinita misericordia, a cuyo regazo me acojo lleno de confianza. Amén.

ORACIÓN PARA ANTES DE LA COMUNIÓN

Creo, Jesús mío, que estás presente en el Santísimo Sacramento del altar y que voy a recibir ahora tu cuerpo, tu sangre y tu alma porque eres verdadero Dios.

Te adoro, pues, mi divino Jesús, y me postro humildemente a tus pies. No merezco acercarme a Ti y mis pecados me han hecho indigno de recibirte; pero eres Dios de las misericordias y una sola palabra tuya puede sanar mi alma.

Por tanto, ven a mi corazón, dulcísimo Jesús mío, ven a colmar mis deseos; a tomar posesión de mi alma y a purificarla con tu gracia. Amén.

ORACIÓN PARA DESPUÉS DE LA COMUNIÓN

Te adoro y bendigo mi Señor y mi Dios, te amo con todas mis fuerzas y te doy gracias por el favor inmenso que acabas de otorgarme. No sé cómo corresponder a tanta bondad, amadísimo Jesús; ayúdame tú mismo y enséñame a amarte.

Te ofrezco mi cuerpo y mi alma, mis palabras y mis pensamientos. Recíbelo todo, mi divino Jesús; y reina siempre en mi corazón y en mi alma.

Concédeme todas las gracias que necesite para perseverar en tu servicio; y ayúdame a guardar la inocencia que me has devuelto, y fortalece mi propósito de vivir y morir en tu amor. Amén.

ALMA DE CRISTO

Alma de Cristo, santifícame
Cuerpo de Cristo, sálvame
Sangre de Cristo, embriágame
Agua del Costado de Cristo, purifícame
Pasión de Cristo, confórtame
¡Oh buen Jesús, óyeme!
Dentro de tus llagas, escóndeme
No permitas que me aparte de Ti
Del enemigo maligno, defiéndeme
En la hora de mi muerte, llámame
Y mándame ir a Ti
Para que con tus Santos te alabe
Por los siglos de los siglos. Amén.

ORACIÓN A JESÚS CRUCIFICADO

¡Mírame, oh mi amado y buen Jesús! postrado en tu santísima presencia; te ruego con el mayor fervor imprimas en mi corazón vivos sentimientos de fe, esperanza y caridad, verdadero dolor de mis pecados y propósito de jamás ofenderte, mientras que yo, con el mayor afecto y compasión de que soy capaz, voy considerando tus cinco llagas, comenzando por aquello que dijo de Ti, ¡oh Dios mío! el santo profeta David: "han taladrado mis manos y mis pies y se pueden contar mis huesos".

Un Padrenuestro, Avemaría y Gloria, por las intenciones del Sumo Pontífice.

ORACIÓN A CRISTO REY

Oh Cristo Jesús, yo te reconozco como Rey universal. Todo cuanto existe ha sido creado por Ti. Ejerce sobre mí todos tus derechos.

Renuevo las promesas del Bautismo, renunciando a Satanás, a sus promesas y sus obras, y prometo vivir como buen cristiano. Y muy particularmente me comprometo a hacer triunfar, según mis fuerzas, los derechos de Dios y de tu Iglesia.

Corazón divino de Jesús, yo ofrezco mis pobres acciones para lograr que todos los corazones reconozcan tu Sagrada Realeza y que así se establezca en el mundo el reino de tu paz. Amén.

Te ofrezco, Dios mío, esta comunión, en reparación de las ofensas que recibes en el Santísimo Sacramento del Altar.

EL "ACUÉRDATE" AL SAGRADO CORAZÓN

Acuérdate, ¡oh dulcísimo Jesús!, que jamás se ha oído decir que ninguno de cuantos han acudido a tu Corazón Sagrado, implorando su ayuda o acogiéndose a su misericordia, se haya visto defraudado. Lleno de confianza bajo el peso de mis pecados, me prosterno a tus plantas. No desprecies, Sagrado Corazón, mis humildes ruegos; dígnate atenderlos favorablemente y concédeme los favores que te solicito.

Jesús, José y María, a ustedes doy el corazón y el alma mía. Jesús, José y María, asístanme en mi ultima agonía. Jesús, José y María, expire en paz con ustedes el alma mía.

ORACIÓN A SAN JOSÉ

Oh Dios, que con inefable providencia te dignaste escoger al bienaventurado José por esposo de tu Madre Santísima: concédenos que, pues le veneramos como protector en la tierra, merezcamos tenerle por intercesor en los cielos. Por Jesucristo Señor nuestro. Amén.

(Estas oraciones principales del cristiano están tomadas del Catecismo del Pueblo de Dios, ediciones MSC., Amigo del Hogar).

Índice Temático

(Los números hacen referencia a las 81 lecciones o capítulos, y a los dos Apéndices)

Aborto, 66
Abstinencia, 58
Acción de gracias, 5, 19, 75
Actividad económica, 70
Adán, 11
Adivinación, 61
Adopción filial, 20
Adoración de Dios, 75
Adulación, 71
Adulterio, 68
Alabanza de Dios, 75
Alma y cuerpo, 10
Amén, 81
Amor a Dios, 60
Amor a los pobres, 70
Amor cristiano, 56
Amor redentor de Dios, 18
Ángeles, 9, 11
Antigua alianza, 25
Anuncio del Reino, 16
Año litúrgico, 35
Apertura a la vida, 68
Apóstoles, 26
Apostolicidad de la Iglesia, 26
Apropiación injusta, 69
Ascensión de Jesucristo, 21
Ateísmo, 61
Autoridades civiles, 65
Avaricia, 73
Ayuda a la Iglesia, 58
Ayuno, 58
Bautismo de adultos, 37
Bautismo de Cristo, 36
Bautismo de niños, 37
Bautismo, 30, 36-38
Bendecir a Dios, 75
Bendiciones, 48
Bestialidad, 67
Blasfemia, 62
Búsqueda del Reino, 75
Calumnia, 71
Caridad, 53, 60, 70
Castidad, 67

Catecúmenos, 37
Catequesis, 49, 77
Catolicidad de la Iglesia, 26
Celebración del Misterio cristiano, 33-47
Cielo, 32-2
Cielos nuevos, 32-6
Circuncisión de Jesús, 15
Compromiso temporal, 38
Comunidad humana, 55
Comunión de los santos, 28
Comunión eclesial, 76
Comunión eucarística, 41
Conciencia moral, 51
Confesión de los pecados, 43
Confirmación, 39
Conocimiento de Dios, 1
Consejos evangélicos, 56
Consentimiento matrimonial, 47
Contemplación, 77
Conversión, 42
Corazón de Jesús, 13
Cordero de Dios, 18
Creación, 8, 9, 23
Credo, 1-32
Crucifixión de Cristo, 18
Cruz, 18, 21
Cuerpo místico de Cristo, 25
Culto al cuerpo, 66
Culto mariano, 29
Deberes cívicos, 65
Depósito de la fe, 3
Desaliento espiritual, 78
Descanso dominical, 63
Descendió a los infiernos, 19
Deseo de Dios, 1
Desobediencia del hombre, 18
Despilfarro, 69
Destino universal de los bienes, 69
Diáconos, 45
Difuntos, 28
Dignidad humana, 10, 50
Dinero, 70

Dios Creador, 8
Dios es amor, 5
Dios Padre, 6
Dios, objeto de la fe, 4
Dirección espiritual, 77
Divorcio, 47, 68
Doctrina social de la Iglesia, 70
Domingo, día del Señor, 63
Dones del Espíritu Santo, 53
Droga, 66
Dudas de fe, 60
Ecología, 69
Educación en la fe, 65
Encarnación, 13, 14, 24
Epifanía, 15
Eremitas, 27
Escándalo, 66
Especulación económica, 69
Esperanza, 53, 60
Espiritismo, 61
Espíritu Santo, 23, 24, 33
Esterilidad, 68
Estrellas, Ap.1
Eucaristía, 40-41
Eucaristía dominical, 63
Eutanasia, 66
Evangelizar a los hijos, 65
Exequias, 48
Exorcismo, 48
Falta de fe, 78
Familia cristiana, 47, 64-65, 77
Fe de Israel y Jesús, 17
Fe, 1-32, 34, 53, 60
Fecundidad matrimonial, 68
Fidelidad conyugal, 68
Firmamento, Ap.1
Fornicación, 67
Fraude fiscal, 69
Frutos del Espíritu Santo, 53
Getsemaní, 18
Gloria de Dios, 8
Gracia, 11
Gracia santificante, 57
Grupos de oración, 77
Guerra, 66
Hechicería, 61
Herejía, 60
Hijos, 68
Hombre, 10

Hombre y mujer, 10
Homicidio, 66
Homosexualidad, 67
Honrar padre y madre, 64
Huelga, 70
Huida a Egipto, 15
Idolatría del dinero, 70
Idolatría, 61
Iglesia, 24, 25, 26, 58
Imágenes sagradas, 61
Incesto, 68
Incredulidad, 60
Indulgencias, 43
Infancia de Jesús, 15
Infierno, 32-4
Inmaculada Concepción, 14
Inspiración divina, 3
Institutos seculares, 27
Inteligencia y fe, 4
Intercesión de los santos, 28
Ira, 66
Ironía, 71
Irreligión, 61
Jactancia, 71
Jerarquía de la Iglesia, 27
Jesucristo, 9, 12, 13
Jesús, único Mediador, 2
Juan Bautista, 24
Judíos y Muerte de Cristo, 18
Juicio final 22, 32-5
Juicio particular, 32-1
Juicio temerario, 71
Juramento, 62
Justicia social, 70
Justificación, 20, 57
Laicos, 27, 45
Legítima defensa, 66
Ley antigua, 56
Ley de Moisés y Jesús, 17
Ley divina, 55
Ley moral, 55
Ley natural, 55
Ley nueva, 56
Libertad del hombre, 57
Libertad religiosa, 61
Liturgia, 33, 36, 76
Liturgia de las Horas, 35
Llaves del Reino, 16
Lujuria, 67

Magia, 61
Mal, 8, 81
Maledicencia, 71
Mandamientos de la Iglesia, 58
Mandamientos de la Ley de Dios, 59-73
María, 24, 29
María, Madre de Dios, 14, 24
María, modelo de oración, 76
María, mujer de fe, 4
Masturbación, 67
Maternidad virginal de María, 14
Matrimonio, sacramento, 46-47
Matrimonios mixtos, 47
Medios de comunicación, 71
Meditación, 77
Mentira, 71
Mérito, 57
Misericordia, 70
Misericordia de Dios, 5, 54
Misterio de la Iglesia, 25
Misterio pascual, 34
Muerte de Cristo, 17, 18
Muerte, 31
Naturaleza creada Ap., 1
Naturalezas de Cristo, 13
Navidad, 15
Necesidad de la fe, 4
Niño perdido y hallado, El, 15
Nombre de Dios, 5, 62, 80
Nombres de los hijos, 62
Noviazgo, 67
Obediencia de Cristo, 18
Obediencia de la fe, 4
Obispos, 26, 27, 45
Obras de misericordia, 70
Odio, 66
Omnipotencia de Dios, 7
Oración, 61
Oración a la Virgen, 74, 76
Oración cristiana, 72, 74-81
Oración de intercesión, 75
Oración de petición, 75
Oración vocal, 77
Oraciones del cristiano, Ap., 2
Orden sacerdotal, 45
Padrenuestro, 79-81
Padres, 64
Palabra de Dios, 76
Papa, 27
Paraíso, 10
Parusía, 22
Pasión y Muerte de Cristo, 17, 18
Patria, 65
Paz, 66
Pecado, 11, 31, 54
Pecado de los ángeles, 11
Pecado original, 11
Pecado social, 54
Pecados del hombre, 18
Penitencia interior, 42
Penitencia, sacramento, 30, 42-43
Penitencias, 42
Perdón, 75
Perdón de los pecados, 30
Perdonar las ofensas, 81
Perfección cristiana, 57
Perjurio, 62
Persona única de Cristo, 13
Petición de perdón, 75
Pobres, 70
Pobreza de corazón, 73
Poligamia, 68
Pornografía, 67
Presbíteros, 45
Presentación en el Templo, 15
Profesión de fe, 5
Promesas, 62, 69
Propiedad privada, 69
Providencia divina, 8
Pudor, 72
Pueblo de Dios, 25
Pureza, 72
Purgatorio, 32-3
Purificación del corazón, 72
Razón y fe, 2
Redención, 11
Reino de Dios, 16, 80
Religión, 61
Religiosidad popular, 48
Religiosos, 27
Restricción mental, 71
Resurrección de la carne, 31
Resurrección del Señor, 20
Revelación divina, 2, 3, 15
Riquezas, 70
Robo, 69
Sacerdocio de Cristo, 45

Sacerdocio ministerial, 45
Sacramentales, 48
Sacramentos, 33-47
Sacrificio de Cristo, 18
Sacrificios, 61
Sacrilegio, 61
Sagrada Escritura, 3
Salario justo, 70
Salvación del hombre, 18
Salvación divina, 55
Santidad, 57
Santidad de la Iglesia, 26
Santificación, 57
Santoral, 35
Secreto de confesión, 43
Secuestro, 66
Sepultura de Cristo, 19
Simonía, 61
Sociedad y familia, 64
Sociedades vida apostólica, 27
Solidaridad internacional, 70
Solidaridad, 69
Sucesión apostólica, 2
Suicidio, 66
Superstición, 61
Templanza, 67
Tentaciones, 60, 81
Tentar a Dios, 61

Terrorismo, 66
Tibieza espiritual, 78
Tierra nueva, 32-6
Tortura, 66
Trabajo humano, 70
Trabajos mal hechos, 69
Tradición apostólica, 2, 3
Transfiguración de Jesús, 16
Trinidad Santísima, 4, 6
Última Cena, 18
Unción de los enfermos, 44
Unidad de la Iglesia, 26, 38
Uniones irregulares de pareja, 68
Vanagloria, 71
Verdad, 71
Vida consagrada, 27
Vida en Cristo, 49-71
Vida eterna, 4, 32
Vida oculta de Jesús, 15
Vida pública de Jesús, 16
Violación sexual, 67
Vírgenes consagradas, 27
Virginidad, 46
Virginidad de María, 14
Virtudes, 52-53
Virtudes teologales, 53, 56
Viudas consagradas, 27
Voluntad de Dios, 80

FONDO EDITORIAL EDIBESA • 2003

- **JUAN PABLO II Y LOS GRANDES DE LA TIERRA.** Una obra excepcional, en la que 125 reyes, jefes de estado o de gobierno, líderes políticos y religiosos hablan del personaje de nuestro tiempo: **Juan Pablo II.** 255 págs., a todo color, gran formato. 28,75 € (*).

COLECCIONES

DOCE MAESTROS DEL ARTE CRISTIANO

- 12 libros a todo color, con la biografía y la obra de: FRA ANGÉLICO, RAFAEL, BELLINI, BOTICELLI, CARAVAGGIO, GHIRLANDAIO, GIOTTO, LEONARDO DA VINCI, MANTEGNA, MIGUEL ÁNGEL, TIZIANO y FILIPPO LIPPI. Con la garantía de Scala, de Florencia. Cada libro: 12 €. Los 12: 130 €.

BIBLIOTECA MARIANA

Para saber todo sobre la Virgen: doctrina, espiritualidad, historia, devoción:
1. **María, en la Biblia y en los Padres de la Iglesia.** J. R. Flecha, Klemens Stock, S.J., J. A. Martínez Puche, O.P., ofrecen lo mejor que la Biblia y los Padres dicen de la Virgen. 391 págs. 13,25 €
2. **Documentos Pontificios Marianos.** Selección de los documentos de los Papas y Concilios, del año 268 al 2002. 467 págs. 16,50 €
3. **San Bernardo y San Alberto hablan de María.** Las *Homilías Marianas* de San Bernardo, y una selección del *Marial* de San Alberto Magno. 321 págs., 11,30 €
4. **San Luis M.ª G. de Montfort y San Alfonso hablan de María.** *Tratado de la verdadera devoción a la Santísima Virgen* y *El Secreto de María*, de Montfort, y *Las Glorias de María* de San Alfonso M.ª de Ligorio. 490 págs., 17,25 €
5. **Antología Mariana. 100 autores hablan de María.** Selección de textos de 100 autores, cristianos y no cristianos en favor de María. 421 págs., 14,90 €
6. **María, en la literatura y en el arte.** Vida de María, de fray Luis de Granada. 100 poetas y artistas honran a la Virgen: *a todo color.* 369 págs., 19,50 €.
7. **El Año Mariano**, por J. A. Martínez Puche, O.P. Cada día con María. 687 págs. 23,50 €
8. **María, Madre de la Hispanidad.** Patronas de España y de América. 635 págs. + 80 color. 24,50 €.
9-12: **Enciclopedia de la Virgen**, por J. A. Martínez Puche, Ignacio H. de la Mota y Rafael del Olmo ofrecen, por orden alfabético casi todo sobre la Virgen: doctrina y devoción, historia y leyenda, fiestas y advocaciones, personajes, países, poblaciones, patronazgos marianos, 1950 págs., 59,50 €.
- **Toda la colección: 170 €.**

NUEVO AÑO CRISTIANO

12 tomos, uno por mes, dirigido por José A. Martínez Puche: liturgia, santoral actualizado (santos, beatos, venerables, siervos de Dios), jornadas eclesiales.
1. **ENERO** (3.ª ed.), 636 págs. 20,25 € *(Cartoné: 22,25 €).*
2. **FEBRERO** (3.ª ed.) 477 págs. 15,65 € *(Cartoné: 17,65 €).*
3. **MARZO** (3.ª ed.) 422 págs. 13,50 € *(Cartoné: 15,50 €).*
4. **ABRIL** (3.ª ed.) 446 págs. 14 € *(Cartoné: 16 €).*
5. **MAYO** (3.ª ed.) 590 págs. 18,50 € *(Cartoné: 20,50 €)*
6. **JUNIO** (3.ª ed.) 559 págs. 17,50 € *(Cartoné:19,50 €)*
7. **JULIO** (3.ª ed.) 671 págs. 21 € *(Cartoné: 23 €)*
8. **AGOSTO** (3.ª ed.) 748 págs. 23,75 € *(Cartoné: 25,75 €)*
9. **SEPTIEMBRE** (3.ª ed.) 640 págs. 22,50 € *(Cartoné: 24,50 €)*
10. **OCTUBRE** (3.ª ed.) 635 págs. 22,25 € *(Cartoné: 24,25 €)*
11. **NOVIEMBRE** (3.ª ed.) 564 págs. 18,25 € *(Cartoné: 20,25 €)*
12. **DICIEMBRE** (3.ª ed.) 598 págs. 21 € *(Cartoné: 23 €)*
- **Precio de la colección: en rústica, 200 € (no 230); en cartoné: 220 € (no 254)**

---

* Los precios incluyen el IVA.

Libros

DOCE VIDAS DE JESÚS

1. **Vida de Jesucristo según el Evangelio,** del P. LAGRANGE, O.P. Obra capital entre las grandes Vidas de Jesús. XII + 545 págs. 17,45 €.
2. **La más antigua Vida de Jesús. Diatessaron de Taciano** (2.ª ed.). Los 4 Evangelios, en un solo relato en el siglo II. 259 págs. 10,50 €.
3. **Vida de Cristo,** de FRAY LUIS DE GRANADA. Profundidad, claridad, unción y la elegancia del Siglo de Oro. 370 págs. 13,25 €.
4. **Jesucristo,** de L. DE GRANDMAISON, S.J. Erudición, belleza literaria, grandes intuiciones. 638 págs. 21 €.
5. **Vida de Jesús según los Evangelios sinópticos,** de JOSÉ SALGUERO, O.P. Una obra de nuestros días. 356 págs. 13,85 €.
6. **Nuestro Señor Jesucristo según los Evangelios,** de L.-Cl. FILLION. Quizá «la Vida de Jesús más completa que se ha escrito». 447 págs. 14,45 €.
7. **Memorias de un reportero de los tiempos de Cristo,** del P. Carlos M.ª de HEREDIA, S. J. Fiel al Evangelio, se lee como una novela. 1.010 págs. 23,45 €.
8. **Vida de Nuestro Señor Jesucristo,** del P. REMIGIO VILARIÑO, S. J. La más popular en España en el siglo XX. 645 págs. 21 €.
9. **La vida de Jesús, en el país y pueblo de Israel,** de F. M. WILLAM. Seriedad del sabio sacerdote alemán, piedad, elegancia. 493 págs. 17,45 €.
10. **Vida de Jesús** de FRANÇOIS MAURIAC. Joya literaria del novelista francés, Académico y Premio Nobel. 224 págs 10,50 €.
11. **Historia de Cristo,** de GIOVANNI PAPINI (2.ª edición). Obra cumbre de Papini, el convertido deslumbrado por Jesús. 383 págs. 14,45 €.
12. **Vida de Jesucristo,** de GIUSEPPE RICCIOTTI. Para conocer con claridad todo sobre la vida del Señor. 590 págs. 19,25 €.

- **Precio especial de las 12 Vidas de Jesús:** 170 € *(no 196,50 €).*

OBRAS DE JOSÉ LUIS MARTÍN DESCALZO

- **María de Nazaret** (2.ª ed.). Comentarios y poemas marianos.140 págs. 7,85 €.
- **Yo amo a la Iglesia** (2.ª ed.). La Iglesia y sus miembros. 290 págs. 11,75 €.
- **Días grandes de Jesús** (Navidad, Semana Santa. Pascua...). 300 págs. 11,75 €.
- **Para mí la vida es Cristo** (2.ª ed.). La vida cristiana, hoy. 299 págs. 11,75 €.
- **Relatos de un cura joven.** Folletos del joven Martín Descalzo: **1.** Al filo de la Palabra, de tema bíblico. 196 págs. **2.** Cristianos para nuestro tiempo, sobre los estados de la vida cristiana. 204 págs. Cada libro: 9 €.

OBRAS DE JOSÉ MARÍA PEMÁN

ANTOLOGÍA PRIMERA. Los siete libros siguientes, de tema religioso, en bello estuche: sólo 60 € (en lugar de 75 €).
- **La Navidad de Pemán.** Poesía y deliciosa prosa ante el Portal. 130 págs. 7,25 €.
- **La Pasión según Pemán.** Profundidad, elegancia, sentimiento y fe. 147 págs.7,25 €.
- **Lo que María guardaba en su corazón,** y poemas, discursos, y artículos marianos. 348 págs. 13,25 €.
- **El divino impaciente,** *Si me quieres o me dejas, El Gran Cardenal.* Tres obras del mejor teatro. 349 págs. 13,25 €.
- **Las flores del bien,** *De la vida sencilla,* y otras obras poéticas. 317 págs. 11,75 €.
- **Los testigos de Jesús.** Personajes que cambiaron la Historia, vistos por Pemán.174 págs. 9 €.
- **A la luz del misterio.** Y escritos sobre Dios, la Iglesia, el hombre. 374 págs. 13,25 €.

ANTOLOGÍA SEGUNDA. Los diez libros siguientes en bello estuche al precio especial 90 € (en lugar de 124,45 €).
- **El Séneca y sus puntos de vista.** Artículos, filosofía popular. 189 págs. 9 €.
- **Mis mejores artículos.** Ochenta artículos que Pemán seleccionó. 325 págs. 13.25 €.
- **De las letras y las artes.** Escritores y artistas y su mundo. 395 págs. 15 €.
- **Mis almuerzos con gente importante.** Los personajes del siglo XX. 228 pág.10.50 €.

- **Mis encuentros con Franco.** Un libro prohibido por Franco. 175 págs. 9 €.
- **El Séneca en televisión.** La serie de TVE que conmocionó a España. 224 pág.10.50 €.
- **Poesía selecta.** Nueva selección poética. 225 págs. 10.50 €.
- **Teatro selecto.** «Cuando las Cortes de Cádiz», «La casa» «Edipo»... 580 pág. 18.75 €.
- **Andalucía.** «La eternamente vencedora», «Barrio de Santa Cruz», «Señorita del mar», etc. 500 págs. 17.45 €.
- **Apuntes autobiográficos.** La «Confesión general», escritos personales 221 págs. 10.50 €.

OBRAS DE MANUEL LOZANO GARRIDO (LOLO)

Libros llenos de vida y de fe, del periodista ciego e inválido de Linares. A 5,75 €:
- **Las estrellas se ven de noche:** Diario de «Lolo» 330 págs.
- **El árbol desnudo,** novela autobiográfica. 264 págs.
- **Las golondrinas nunca saben la hora.** 282 págs.
- **Dios habla todos los días.** Y te habla a ti. 251 págs.
- **Cuentos en «La» sostenido.** Cuentos deliciosos. 179 págs.
- **El sillón de ruedas.** 343 págs.
- **Cartas con la señal de la Cruz.** 284 págs.
- **Mesa redonda con Dios.** 249 págs.
- **Reportajes desde la cumbre.** 350 págs.
- **Bien venido, amor. 100 pensamientos de Lolo.** 180 págs. 1,85 €.
- **Lolo, un cristiano.** Semblanza espiritual de M.Lozano Garrido, «Lolo», por Pedro Cámara.190 págs. 2,50 €.
- **La alegría vivida en el dolor.** Vida y virtudes de Lolo, por Rafael Higueras. 270 págs. 5,75 €

1. LA BIBLIA, PALABRA DE DIOS

- **Evangelio 2004.** Texto evangélico de la misa y reflexión diaria de 2004, calendario litúrgico, santoral, oraciones y vida cristiana. 1,60 €.
- **El Evangelio.** Textos de los Cuatro Evangelios para cada día del año. 186 págs. 1 €. ¡Un millón y medio de ejemplares! (En cartoné, 3 €).
- **El Evangelio. Con «oraciones y vida cristiana».** Textos de los Cuatro Evangelios para cada día del año. 218 págs. 1,25 €.
- **El Evangelio. Recuerdo de la Primera Comunión.** Texto evangélico diario, oraciones y vida cristiana. 218 págs. 1,25 €.
- **El Evangelio. Recuerdo de la Confirmación.** Texto evangélico diario, oraciones y vida cristiana. 218 págs. 1,25 €.
- **Evangelio para cada día, (y Vocabulario evangélico popular).** Los Evangelios a lo largo del año, con índices y santoral. 326 págs. 5,75 €.
- **L'Evangeli de cada dia.** Evangelio para cada día, en catalán, con reflexión diaria, por José A. Martínez Puche, O.P. 2 tomos, 12 €.
- **Evangelio para nuestros mayores** (3ª ed.), por J. A. Martínez Puche, O.P, en letra grande, con reflexión **diaria**, encuadernado, a dos colores. 500 págs. 13,25 €.
- **El Evangelio en crucigramas,** por Lucía Caram, O.P.: crucigramas, sopas de letras, test, ejercicios, etc. 614 págs. 15 €.
- **Ejercicios y pasatiempos de «El Evangelio en crucigramas».** 310 págs. con todos los ejercicios. 2ª ed. 310 págs., 3,75 €.
- **Los Santos Evangelios,** traducción y notas de B. Martín Sánchez. 222 págs. 1,25 €.
- **El Nuevo Testamento,** traducción y notas de B. Sánchez Martín. 505 págs. 2,25 €.
- **Santa Biblia.** Edición interconfesional popular. ¡Dios habla hoy! 1.550 págs. 9 €.
- **Introducción al estudio de los Salmos.** Por Jesús García Trapiello. 190 págs. 10,22 €.
- **Evangelio según San Juan.** Introducción y comentario, por José Luis Espinel. 284 págs. 14,42 €.
- **El Pentateuco.** Historia y sentido, por Ángel García Santos. 292 págs. 15,03 €.
- **Claves para leer los Evangelios Sinópticos.** Por Gerardo Sánchez Mielgo. 280 págs. 13,82 €.
- **La Eucaristía del Nuevo Testamento:** «Una obra que honra a la exégesis española», por José Luis Espinel 300 págs. 15,03 €.

Libros

- **El otro Evangelio. Relectura de las Cartas Apostólicas,** por R. de Andrés. 372 págs. 11,50 €.
- **Tu Palabra me da vida. 1.000 pensamientos de la Biblia** (2.ª ed.), por Julio Sáinz Torres, CMF. Antología bíblica en mil puntos. 240 págs., 4 €.
- **AUDIOVISUAL: «EL EVANGELIO EN LOS MISTERIOS DEL ROSARIO». 216 diapositivas, 3 casetes** explicativos, **1 folleto** con el guión. En un estuche: 45 €.

2. DIOS, TRINIDAD, JESUCRISTO

– TRINIDAD, PADRE, ESPÍRITU SANTO

- **Padre, Hijo y Espíritu Santo.** Encíclicas de Juan Pablo II sobre Dios, Padre-Hijo-Espíritu Santo. 432 págs.5,50 €.
- **Misterio trinitario.** Dios, silencio y cercanía, por Sebastián Fuster. 298 págs. 15,03 €.
- **De la Eucaristía a la Trinidad.** (2.ª ed.), por Vincent M. Bernadot, O.P. Clásico de la espiritualidad. 227 págs. 5,15 €.
- **Eucaristía y Trinidad para el siglo XXI.** 12 catequesis, (2.ª ed.), por Sebastián Fuster, O.P. 3,75 €.
- **Más que Padre. El Dios de todos los días.** (2.ª edición) 500 textos sobre Dios Padre para los 365 días del año, por Rafael de Andrés, S.J. 386 p. 11,50 €.
- **Dios Padre. Vocabulario de Juan Pablo II.** Enseñanzas del Papa sobre el Padre, y la «Dives in misericordia», con índices. 230 págs. 3 €.
- **Dios Padre, Iglesia y misión.** Por José Luis Irízar. 270 págs. 9 €.
- **Amor y misericordia de Dios nuestro Padre.** Por Pedro J. Lasanta, según Juan Pablo II. 170 págs. 5,15 €.
- **Padre mío y Padre vuestro.** 12 catequesis. (2.ª ed.) Por Sebastián Fuster, O.P. 125 págs. 3,25 €.
- **El Espíritu Santo.** 12 catequesis, por Sebastián Fuster, O.P. 120 págs. 3 €.
- **El Espíritu que ungió a Jesús,** por Armando Bandera, O.P. La teología del Espíritu Santo. 374 págs. 17,45 €.
- **Espíritu Santo, Iglesia y misión,** por José Luis Irízar. 320 págs., 9 €.
- **Al Dios desconocido. Oraciones al Espíritu Santo,** por Rafael de Andrés, S.J. 267 p. 9,50 €.
- **Tratado del Amor de Dios,** obra cumbre de San Francisco de Sales. 774 págs. 9,75 €.

– JESUCRISTO

- **Encarnación 2000.** (280 págs.).
- **Navidad 2000.** (224 págs.).
- **Redención 2000.** (228 págs.) 3 libros: veinte siglos de doctrina, espiritualidad, poesía y arte sobre la Encarnación, el Nacimiento y la Redención, por José A. Martínez Puche, O.P. Biblia, Santos Padres, Teología, Magisterio, Poesía y un centenar de cuadros a todo color, edición de lujo. 23,50 € cada libro.
- **Jesucristo 2000:** Los tres libros anteriores, bello estuche, 47,50 € *(no 70,50 €)*.
- **Jesús, revelación del misterio del hombre.** Ensayo de antropología teológica. Por Martín Gelabert, O.P. 266 págs. 13.22 €.
- **Dios escribe y se describe con trazo humano.** Esbozo de cristología fundamental. Por Vicente Botella Cubells, O.P. 226 págs., 13 €.
- **La Cristíada,** de fray Diego de Hojeda, O.P.. Edición de lujo, con 32 láminas a todo color de la vida de Cristo. 528 páginas, con dibujos originales. 41 €.
- **Jesús, siempre y más** (2.ª ed.). Rafael de Andrés, S.J., ofrece 1.000 opiniones sobre Cristo, de todo tiempo y nación. 525 págs. 11, 50 €.
- **Jesús, cara a cara. 100 entrevistas con Cristo** (2.ª ed.), por Rafael de Andrés, S.J. Para llegar a Cristo y saber lo que piensa. 302 págs. 11,50 €.
- **Jesús, el dinero y los negocios.** Un libro luminoso sobre un tema capital, por J. Salvador y Conde, O.P. 256 págs.10,50 €.
- **El lado humano de Jesús de Nazaret,** un tema apasionante, por J. Salvador y Conde, O.P. Láminas color. 415 págs., 10.50 €.
- **Jesús. He aquí el Hombre.** Semblanzas de Jesús, por Maximiliano G. Cordero, O.P. Cómo era Jesús: su alma, su cuerpo, psicología, actitudes. 220 págs. 8,75 €.

- **Memorias de Jesús,** por Francisco de Mier, C.P. Jesús habla con los personajes de la Biblia: sus raíces, sus encuentros, sus memorias. 426 págs.15 €.
- **Memorias de María, memorias de Juan,** por Samuel Valero: la vida de Jesús, contada por la Madre y el Discípulo. 252 págs. 11, 45 €.
- **La extraña historia de un tal Jesús.** El Evangelio en lenguaje actual, por Vicente García, S.J. 256 págs. 9 €.
- **El poema de Jesús.** El Evangelio en verso, por María Teresa Reyero, clarisa. 357 págs. con láminas en color. 11,45 €.
- **Con Cristo al tercer milenio,** por Rafael Palmero, obispo. 221 págs. 9 €.
- **Corazón vivo. El Corazón de Cristo, fuente de vida,** por Francisco Cerro. 30 reflexiones: un mes junto al Corazón de Dios. 77 págs., láminas color. 5,50 €
- **Imitación de Cristo, por Tomás de Kempis** (2.ª ed.). La traducción española clásica de fray Luis de Granada. Bellamente encuadernado. 491 págs., 9 €.
- **Mi Cristo roto,** texto de las conferencias que grabó el **padre Ramón Cué, S.J.** 161 págs. 4,50 € (Disponible también en casetes, CD y vídeo).

3. LA VIRGEN MARÍA

Ver en primera página del Fondo editorial: BIBLIOTECA MARIANA
- **María, la Madre del Señor, en el Nuevo Testamento,** por Klemens Stock, S.J. La auténtica figura de María.180 págs. 9 €.
- **La Iglesia habla de María.** 50 años de documentos marianos pontificios. Índices detallados. 500 págs. 5,75 €.
- **Vida de María, de Fray Luis de Granada.** 109 págs., 5.50 €.
- **El Avemaría.** Estudio bíblico, teológico y espiritual, por Luis López de las Heras, O.P. 82 págs. 5,25 €.
- **La belleza de María.** Ensayo de teología estética, por Miguel Iribertegui, O.P. 454 págs. 19,23 €.
- **La leyenda Mariana,** por Carlos M.ª de Heredia, S.J. Igual estilo que *Memorias de un reportero de los tiempos de Cristo*. 273 págs.11,45 €.
- **El alma de la Legión de María.** Delfín Castañón, O.P. Carisma y actualidad. 110 págs., 5,25 €.
- **Adorar con María,** por Marie-Benoîte Angot. María, modelo de la oración perfecta. 145 págs., 5,25 €.
- **El Rosario, oración de un corazón en vela.** Por Emilio Cárdenas, marianista, conversa con un joven que no rezaba el rosario. 130 págs. 5,25 €.
- **El Rosario de la Virgen María** (5.ª ed.). Carta de Juan Pablo II. 2,50 €.
- **El Rosario meditado** (6.ª ed.). Una invocación para cada Avemaría, por Pascual Meseguer, O.P. A todo color, los 20 Misterios, 1,50 €.
- **El Rosario de Juan Pablo II** (6.ª ed.). El Papa comenta los 20 Misterios. 48 págs., color, 1,50 €.
- **Oraciones y vida cristiana,** con el nuevo Rosario, por J. A. Martínez Puche. 32 págs., 0,75 €.
- **El Año Mariano.** Cada día con María, por José A. Martínez Puche, O.P. 599 págs. 17,50 €.
- **Rosario bíblico,** por Salvador Muñoz Iglesias. Comentarios amplios y breves meditaciones de los 20 misterios. 178 págs. 5 €.
- **El libro del Rosario,** por J. A. Martínez Puche, O.P. Orígenes e historia, doctrina pontificia, práctica y Diccionario del Rosario. 303 págs. 12,50 €.

4. SANTOS, CRISTIANOS EJEMPLARES

- **Ángelo. Testimonio de fe de un joven con cáncer.** Por Domenico Mondrone, S.J., con prólogo del padre Mario Pezzi. A los 13 años moría «Angiolino», el muchacho italiano que vivió y murió con cáncer, dando testimonio de su fe en Jesucristo. 175 págs., 7,50 €.
- **El Padre Pío, la Madre Teresa,** por Francesco di Raimondo, colaborador médico de ambos. 214 págs., fotos color, 10,50 €.
- **San Francisco de Sales.** Biografía, mensaje de Juan Pablo II. 91 págs., 2 €.

Libros

- **Se jugaron el tipo.** Siete colosos de la solidaridad: Vicente de Paúl, Juan de Dios, M. de Porres, P. Kolbe, P. Damián, M. Teresa, Cottolengo, por Jacinto Peraire. 222 págs. 10,50 €.
- **Testigo con trece años: San Pelayo,** el niño mártir, por monseñor Rafael Palmero, obispo de Palencia. 87 págs., fotos color. 4,50 €.
- **San Pablo cuenta su vida. Su persona, su vida y cartas,** por Luis López de las Heras, O.P. 84 págs. 5,25 €.
- **Pablo, predicador del Evangelio.** Anuncio de salvación y gracia, por Miguel de Burgos. 370 págs. 19.23 €.
- **Santo Domingo y su Orden,** por el P. Lacordaire. La «Vida de Santo Domingo» y otros escritos 217 págs. 9 €.
- **San Martín de Porres,** por fray Salvador Velasco. 9.ª edición. 390 págs. 7,75 €.
- **San Pedro de Alcántara.** (1499-1999), por Baldomero J. Duque. 104 págs. 3 €.
- **Tomás de Aquino. El santo, el maestro,** por Abelardo Lobato y José A. Martínez Puche. 147 págs. 3, 75 €.
- **Tomás de Aquino testigo y maestro de la fe,** por Gregorio Celada. 308 págs. 15,03 €.
- **Catalina de Siena, doctora de la Iglesia: vida y enseñanzas.** Por J. Salvador y Conde,O.P. Doctrina por orden alfabético. 376 págs. 9. €.
- **Las intransigencias de Teresa de Jesús.** Humanidad y rectitud en la pedagogía teresiana, por Julio Rouco, O.C.D. 251 págs., 11,45 €.
- **Ignacio de Loyola.** Tras el rastro de Jesús, por William Hevett. Guía del CD y casetes «Ignacio de Loyola». 223 págs.7,75 €.
- **Vida del Padre Maestro Juan de Ávila,** por Fray Luis de Granada, 173 págs. 5,75 €.
- **San Tarsicio, mártir de la Eucaristía,** por Ignacio Domínguez. 120 págs. 5,25 €.
- **Misioneros santos.** 4 libros, por José Luis Irízar, a 7,50 € cada uno: **1. Era apostólica y martirial. Siglos I-III.** 235 págs. **2. Siglos IV-X.** 228 págs.**3. Del siglo X a 1942,** 282 págs. **4. De 1942 al siglo XXI,** 363 págs.
- **Si tú le dejas... Vida de la M. Maravillas de Jesús,** por las Carmelitas Descalzas del Cerro de los Ángeles y de la Aldehuela. 549 págs., con ilustraciones. 13,25 €.
- **Vida mística de la Madre Maravillas, su alma.** Por B. Jiménez Duque. 270 págs., 11,50 €.
- **Los frutos de la siembra de Madre Maravillas,** por Baldomero Jiménez Duque. 14 carmelitas, hijas de la B. Maravillas de Jesús,116 págs. 5,25 €.
- **Sor Teresita del Niño Jesús, O.P.:** alegría en el sufrimiento y la entrega, por Lorenzo Galmés. 120 págs. Láminas color. 5,25 €.
- **El Padre Cadete.** Carmelita ermitaño en un alcornoque de las Batuecas, por Dámaso de la Presentación y Matías del Niño Jesús. 240 págs.10,50 €.
- **Unidas hasta la muerte.** José Luis Gutiérrez García traza el perfil de las siete salesas mártires en 1936. 320 págs. con láminas en color. 13,75 €.
- **Mártires, testigos que nos comprometen,** por José Luis Irízar. Los 2000 misioneros martirizados en los últimos 50 años. 491 págs. 11,45 €.
- **Balduino. De profesión: Rey de los Belgas,** por José M.ª Salaverri, S.M. Biografía de un rey, cristiano ejemplar. 176 págs. 9 €.
- **Cuando el amor es entrega.** Vida de la M. M.ª Amparo del S. C. de Jesús, clarisa de Cantalapiedra, por Paloma Tena Revillas. 276 págs. 10,50 €.
- **Cristina de la Cruz Arteaga y Falguera,** la gran escritora y ejemplar jerónima, por Crescencio Palomo, O.P. 64 págs. 3,90 €.

– CÓMICS: VIDA DE SANTOS

Deliciosos cómics de Pilarín Bayés, con guión de M. Ángel Requena, O.P., al precio de 5.75 €.
- **Santo Domingo de Guzmán,** • **Cojeando hasta el cielo** (B. Genoveva Torres), • **San Vicente Ferrer,** • **El santo de la escoba** (San Martín de Porres), • **Santa Gema,** • **Francisco y Jacinta, los pastorcitos de Fátima,** • **El buen Papa Juan** (Beato Juan XXIII), • **San Josemaría Escrivá,** por P. de la Herrán.

5. FORMACIÓN, ESPIRITUALIDAD

- **PARA SALVARTE**, enciclopedia del católico del siglo XXI, de la eternidad de Dios al genoma y la clonación, del padre **Jorge Loring, S.J.** (55 edición), 1.250.000 ejemplares, 778 págs., 14 €.
- **EL EVANGELIO EN CRUCIGRAMAS**, por Lucía Caram, O.P.: crucigramas, sopas de letras, test, ejercicios, etc. 614 págs. 15 €.
- **VIVE TU FE ¡El Catecismo en crucigramas!** (3.ª edición). Método actual y atractivo, para aprender el Catecismo. Fichas, crucigramas, sopas de letras, tests, etc.388 págs. 13,25 €
- **LOS CINCO MINUTOS DE DIOS** (32.ª ed.), por Alfonso Milagro, claretiano. Un pensamiento bíblico y una sugestiva reflexión para cada día. 404 págs. 8 €.
- **«CAMINOS DE SANTIDAD»** 6 libros, para ayudar a seguir a Jesucristo, en cualquier estado de vida, a cualquier edad. Por Rafael Mª y Justo López Melús. Cada libro: 9 €, La colección de 6: 45 €: **I. Decálogos que dirigen**. 396 págs. **II. Semillas que dan vida**. 366 págs. **III. Destellos que iluminan**. 336 págs. **IV. Bienaventuranzas que bendicen**. 336 págs. **V. Ejemplos que edifican**. 384 págs. **VI. El reto de la santidad: Debo, puedo, y quiero ser santo**. 264 págs.
- **Ser cristiano en un mundo hostil**, por Vittorio Messori. El cristianismo actual, desde la perspectiva del siglo XIX, con F. Faà de Bruno. 198 págs. 10,50 €.
- **Los sacramentos de la Iglesia, a tu alcance**. Los siete sacramentos, por Pedro J. Lasanta. 181 págs. 9 €.
- **Guía de la vida interior**. Josep Otón Catalán, un seglar, maestro de espíritu. 231 págs., 7,75 €.
- **Sobre la marcha** (4.ª ed.) Un tetrapléjico que ama la vida: Luis de Moya. 212 págs. 11,50 €. Grabado en 6 casetes, con libro: 27 €. Vídeo: 17 €.
- **El Credo**, por Santo Tomás de Aquino. Trad. por Manuel Ortega. 84 págs. 5,25 €.
- **El Padrenuestro de Santo Tomás**. Trad. M. Ortega. 107 págs. 5,25 €.
- **Sedienta de Eucaristía**, por M. Teresa Mª Ortega, O.P. 96 págs. 5,25 €.
- **Orando entre llamas**. Por Teresa M.ª Ortega. 172 págs. 7,25 €.
- **La fuerza de ser hijos de Dios**, por Ignacio Domínguez. 124 págs. 5,25 €.
- **Testigos del Espíritu** (2ª ed.). Los líderes y sus movimientos: Kiko Argüello, Chiara Lubich, Giussani, A. Riccardi, etc. 350 págs., páginas color. 15 €.
- **Diccionario social de los Padres de la Iglesia**. La impresionante doctrina social de los Santos Padres, por Restituto Sierra Bravo. 420 págs.17,50 €.
- **Diccionario teológico-espiritual de San Juan de Ávila**. Los mejores textos de Juan de Ávila, por Pedro J. Lasanta. 550 págs. 15 €.
- **La Tierra del Maestro. Guía y espiritualidad de los Santos Lugares** (2.ª ed.), por Francisco M. López-Melús. Láminas color. 313 págs. 10,50 €.
- **Religiosidad popular. Teología y pastoral**, por Mons. Carlos Amigo, arzobispo de Sevilla, y Ángel Gómez Guillén. 284 págs.10,50 €.
- **Los ejercicios espirituales de San Ignacio de Loyola**. Comentario y textos afines. Por Darío López Tejada, S.J. 1.075 págs.29,50 €.
- **Milenarismos**. El cristianismo en la encrucijada del año 2000. Por Sebastián Fuster, O.P. 244 págs. 11,45 €.
- **En las fuentes de la alegría, con San Francisco de Sales**, por F. Vidal. Textos "salesianos" que invitan al gozo en el Señor. 494 páginas, 9,50 €.
- **La alegría del perdón**. 2000 años de doctrina sobre el Sacramento de la Penitencia. Por Julio Atienza y Pedro J. Lasanta. 290 págs. 11,45 €.
- **El Sacramento de la Penitencia**. Teología del pecado y del perdón, por Pedro Fernández, O.P. 352 págs. 18,63 €.
- **Para comprender mejor la fe**. Introducción a la teología. Por Jesús Espeja, O.P. 178 págs. 9,02 €.
- **Teología Fundamental**. Dar razón de la fe. Por Felicísimo Martínez,O.P. 280 págs. 13,52 €.
- **Dignidad y aventura humana**. Por Abelardo Lobato, O.P. 274 págs. 13,22 €.
- **Nuestro arquetipo humano**. Trazos de su razón soberana, por Eladio Chávarri, O.P. 282 págs. 3,82 €.
- **Tras la justicia**. Introducción a una filosofía política, por Rafael Larrañeta, O.P. 236 págs. 11,72 €.
- **De la utopía a la política económica**. Necesidad y método, por Jorge Arturo Chaves, O.P. 280 págs. 15,03 €.
- **La vida religiosa**. Teología y Derecho, por José J. Fdez. Castaño, O.P. 181 págs. 10,82 €.

Libros

- **Eclesiología.** Comunión de vida y misión al mundo, por Claudio García Extremeño, O.P. 348 págs.17,43 €.
- **El Vaticano II en el reto del tercer milenio.** Hermenéutica y teología, por Vicente Botella, O.P. 276 págs. 13,82 €.
- **El desafío ético de la información,** por Niceto Blázquez, O.P. 354 págs. 18,63 €.
- **Moral de convicciones, moral de principios.** Ética desde las ciencias humanas, por Esteban Pérez Delgado, O.P. 291 págs.15,03 €.
- **Teoría de los derechos humanos,** conocer para practicar. Por Antonio Osuna, O.P. 254 págs. 15,03 €.
- **El ministerio de la Iglesia.** Cambio de perspectiva, por Jesús Espeja, O.P. 226 págs., 13,22 €.
- **Inquietudes y vivencias de un seglar.** Antología espiritual de Emilio Pérez, abogado. Amplia experiencia en altos cargos eclesiales. 126 págs, 5,86 €.
- **Para encontrar a Dios.** Vida teologal, por Martín Gelabert, O.P. 295 págs, 15,02 €.
- **Ésta es tu Iglesia.** Una exposición clara y sencilla, por Jesús Álvarez Maestro, O.A.R., 243 págs. 9 €.
- **Hemos roto la cruz.** Manual de Ecumenismo para el pueblo, por Jesús Álvarez Maestro, O.A.R. 228 págs., 9 €
- **En camino.** Hacia una pastoral del mundo obrero. Por Miguel Cisteró. 443 págs.15 €.
- **Vivencias de gratuidad. Dios me salva,** por Chus Villaroel, O.P. 366 págs., 10 €
- **Síntesis de la moral católica,** por los dominicos de Bolonia.170 págs. 4,50 €.
- **Sugerencias sacerdotales,** por Baldomero J. Duque. 190 págs. 5,15 €
- **Antología poética religiosa,** por Manuel J. Núñez . 253 págs. 5,75 €.
- **Mil pensamientos para vivir mejor.** Antología de frases y citas, por Ángel Rodríguez Vilagrán. 219 págs.. 5,15 €.
- **Las tres grandes catequesis bautismales.** Por Andrés Pardo. Las catequesis de la primitiva Iglesia 92, modelo de las de hoy. 92 págs., 3,75 €.
- **Síntesis de espiritualidad católica** (6.ª ed.), por José Rivera y José M. Iraburu. En coedición con «Fundación Gratis Date», es el libro ideal para quienes quieren caminar por la senda del Evangelio de Jesús. 444 págs., 9 €.

6. PARA LA FAMILIA, NIÑOS Y JÓVENES

- **La familia cristiana.** Iglesia doméstica. Magnífica y completa obra de Atilano Alaiz, C.M.F. 350 págs. 11,50 €.
- **Quince cartas a un padre preocupado** (3.ª ed.) Venancio L. Agudo aporta soluciones los problemas de la formación de los hijos, 150 págs. 5,25 €.
- **Escuela de Padres en casa.** (3.ª ed.), por Nieves Martínez. Educación desde la familia y el diálogo. 212 págs. 7,25 €.
- **El amor humano. Su sentido y su alcance.** Por A.. López Quintás. Curso de ética basado en el amor. 256 págs. 9 €. Grabado en 12 casetes,con libro: 47 €.
- **Amor y vida. Acerca del matrimonio cristiano.** Por Florencio García Muñoz. 304 págs. 11,45 €.
- **Divorcio, aborto, natalidad y educación: Cuatro batallas ¿perdidas?** por Luis Riesgo. 219 págs. 9 €.
- **Cuatro batallas ¿perdidas?: divorcio, aborto, educación, natalidad.** Luis Riesgo habla claro. 87 págs. 3 €.
- **Oraciones y vida cristiana.** 32 págs. 0,75 €.
- **Hombres de Dios,** por Jesús Álvarez Maestro, O.A.R. Obra vocacional, para el sacerdocio o vida consagrada. 157 págs. 6 €.

7. DOCUMENTOS DE LA IGLESIA

- **Encíclicas de Juan Pablo II** (4.ª ed.). Prácticos índices, 1.578 págs., 35 €.
- **Diccionario social y moral de Juan Pablo II,** por Pedro J. Lasanta. 2.210 textos. 734 págs. 23,50 €.
- **Diccionario de teología y espiritualidad de Juan Pablo II,** por Pedro J. Lasanta. 5.000 textos, 1.268 págs., 32 €.

- **Encíclicas de Pablo VI.** Y la exhortación «Evangelii nuntiandi». 450 págs. 22,50 €.
- **Diccionario de Pablo VI,** por Pedro J. Lasanta. 870 págs. 32 €.
- **Encíclicas del Beato Juan XXIII.** Y mensajes a España y Latinoamérica. 648 págs. 21 €.
- **Documentos sinodales.** Las siete Exhortaciones Apostólicas, (Pablo VI y Juan Pablo II) y textos de los Sínodos Generales. Dos tomos.1.720 págs. 46,50 €.
- **Cardenal Rouco.** Magisterio en sus primeros años en Madrid. 1.450 págs. 33 €.
- **La Vida Consagrada,** de Juan Pablo II. 222 págs. 3,75 €.
- **El día del Señor.** Carta de Juan Pablo II, sobre el domingo. 95 págs. 2,75 €.
- **La alegría de ser cristiano,** por Pablo VI: «Gaudete in Domino», Credo del Pueblo de Dios, y Testamento 145 págs. 5,25 €.
- **Fides et ratio** (2.ª ed.), de Juan Pablo II sobre la fe y la razón, 194 págs. 4 €.
- **Evangelium vitae,** de Juan Pablo II sobre la vida humana, y «Donum vitae». 280 págs. 4 €.
- **Reconciliatio et paenitentia,** de Juan Pablo II. 160 págs. 4 €.
- **Caminar desde Cristo** (5.ª ed.). Instrucción sobre la vida consagrada en el III milenio. 63 págs. 3,75 €.
- **El Rosario de la Virgen María** (4.ª ed.). Carta Apostólica de Juan Pablo II. 47 págs. 2,50 €.
- **Las personas consagradas y su misión en la Escuela.** 48 págs. 2,50 €.

8. LITURGIA Y AÑO LITÚRGICO

- **Nueva oración de los fieles.** Por Lucía Caram, O.P. Dos tomos, a dos tintas, con las «oraciones de los fieles» más actuales • Tomo I: Domingos, festivos, especiales (408 págs., 21 €). • Tomo II: Ferial (544 págs. 24 €). Los dos tomos: 39 €.
- **Misal Dominicano.** Todo el Misal Romano, más lo dominicano. 2 tomos. 46 €.
- **Liturgia de las Horas O.P.** Propio de los santos dominicos. 2.156 págs. 30 €.
- **Celebrar, un reto apasionante.** Bases para una comprensión de la Liturgia, por José M. Bernal. 456 págs. 23,44 €.
- **El Misal de Pablo VI,** por P. Farnés, D. Borobio, etc. Estudios sobre la misa del posconcilio: lo que se ha avanzado y lo que falta. 316 págs.11,45 €.
- **Recuperar la fiesta en la Iglesia.** Talante pascual del cristianismo, por L. C. Bernal, O.P. 400 págs.11,45 €.

HOMILÍAS

- **Hijo de Dios (ciclo B),** por José-Román Flecha. 316 págs. 11 €.
- **Despertar con Dios.** Para meditación y homilía, por Ángel Galindo y monjas dominicas de Segovia. Tres tomos (ciclos A,B,C), a 11,45 € tomo.
- **A tiempo y a destiempo.** Reflexiones, ciclos A,B,C, por Manuel Elvira. 401 págs. 15 €.
- **Guiones bíblicos para homilías dominicales.** (ciclos A, B, C), por José Salguero, O.P. 754 págs., 21 €.
- **Dios con nosotros (ciclo A),** por José-Román Flecha, decano de Teología de Salamanca. 292 págs., 10,50 €

NAVIDAD

- **Contemplación de Navidad,** por Antonio López Baeza. Versos y oraciones del Enmanuel. 147 págs. 5,75 €.
- **Nos vino un Niño del cielo.** Poesía navideña latinoamericana. Antología de Miguel de Santiago y Juan Polo. 368 págs. 11,50 €.
- **La Navidad de Pemán.** Poesía y deliciosa prosa ante el Portal. 130 págs. 7,25 €.

CUARESMA, SEMANA SANTA, PASCUA

- **Via Crucis nuevo.** Itinerario de la crucifixión, por Salvador Muñoz Iglesias. 64 págs., color. 4 €.
- **Via Crucis. De la Cruz a la Luz. (16 Via Crucis),** por J. R. Flecha, y J. A. Martínez Puche. 256 pags., 6 €.
- **Las tres grandes catequesis bautismales,** por Andrés Pardo. 92 págs. 3,75 €.
- **La Pasión según Pemán.** Profundidad, elegancia, sentimiento y fe. 147 págs. 7,25 €.
- **Toma tu cruz y sígueme,** por Ricardo Cuadrado, O.P. Enfermedad, nuevo Via crucis y Via lucis. 145

págs. 5,25 €.
- **Saliendo al «paso» del Señor**. Biblia y «pasos» de Semana Santa y Pascua, por J. M. Alcácer, 187 págs. 8,15 €.
- **Semana de la vida. La primera Semana Santa.** Por Francisco de Mier, C.P. 392 págs. 11,45 €.

9. BIBLIOTECA DOMINICANA

- **A la escucha del Cardenal Congar,** por Juan Bosch, O.P. Vida y mensaje del gran teólogo dominico. Bibliografía completa: 290 págs. 11,45 €.
- **Francisco de Vitoria y su «Relección sobre los Indios».** Los derechos de los hombres y de los pueblos, por Ramón Hernández, O.P. 185 págs. 9 €.
- **Espiritualidad dominicana,** por Felicísimo Martínez. 258 págs. 11.45 €.
- **La devoción a María en la Orden de Predicadores,** por Alfonso D'Amato. 242 págs. 11,45 €.
- **Comunidad y comunión en la vida dominicana,** por Alfonso D'Amato. 194 págs. 9 €.
- **Historia de la Orden de Predicadores,** por Delfín Castañón: la Orden y sus congregaciones. 220 págs. 11,45 €.
- **La provincia dominicana de Aragón. Siete siglos de vida y misión.** 250 págs 9 €.
- **Eckhart, Tauler, Seuze.** Vida y doctrina de los maestros de espíritu, por Brian Farrelly, O.P. 358 págs. 11,45 €.
- **Dominicos que dejaron huella.** Juan Bosch (dir). 67 semblanzas de grandes dominicos. 252 págs. 11,45 €.

10. MISIONES. OTROS

- **Misión andina con Dios,** por el P. Giovanni Salerno, fundador de los Siervos de los Pobres del Tercer Mundo. 242 págs., fotos color. 11,50 €.
- **Memoria de Misión.** La gigantesca hazaña misionera de los dominicos españoles en las selvas amazónicas durante el siglo XX, por José Manuel Soria, misionero y periodista. 592 págs. 15,50 €.
- **Cartas desde Alaska.** El misionero Segundo Llorente, S.J., a las Carmelitas Descalzas. 268 págs. 9 €.
- **Recuerdos de África** Memorias de un misionero en Sierra Leona, por Santiago Marcilla, agustino recoleto (2.ª edición). 270 págs. 9,02 €.
- **Misioneros santos.** 4 libros, por José Luis Irízar, a 7,50 € cada uno: **1. Era apostólica y martirial. Siglos I-III.** 235 págs. **2. Siglos IV-X.** 228 págs. **3. Del siglo.** 235 págs.
- **Historia de las Misiones. 2000 Años de Misión,** por las Obras Misionales Pontificias **I: De la Edad Antigua a la Edad Media.** 251 págs. (9 €). **II: Bajo el Patronato Regio.** 264 págs. (9 €).
- **Ejercicios espirituales para misioneros.** Por José L. Irízar, 683 págs. 15 €.
- **Religiosos para la Nueva Evangelización.** Por Pedro J. Lasanta. Religiosas y religiosos, ante el tercer milenio. 304 págs. 11,42 €.
- **La Parroquia y el Camino Neocatecumenal,** (2ª edición), por Jesús Higueras, párroco de la Paloma, Madrid. 144 págs.7, 81 €.
- **Hacia la Parroquia del Tercer Milenio,** por Jesús Higueras, de la experiencia a la pastoral. 220 págs. 5,71 €.
- **Guía de las Cartujas de España,** por Luis Doeijo. Con ilustraciones en color. 248 págs. 8.41 €.
- **Guía Internet de la Iglesia Católica.** 4.000 recursos Web, por Juan Pedro Ortuño. 450 págs. Con CD-Rom: 16.53 €.
- **Saludablemente bien. La homeopatía y humanización de la medicina.** Para vivir con salud, equilibrio y sentido, por Lucía Caram, O.P. 305 págs. 10.52 €.
- **Milenarismos.** El cristianismo en la encrucijada del año 2000. Por Sebastián Fuster, O.P. Los milenarismos en el umbral del tercer milenio. 244 págs. 11,42 €.
- **El vacío del postconcilio,** por J. Esparza. Experiencias de un párroco rural. 310 págs. 11,42 €.
- **Seguidores de Jesús en el umbral del 2000.** Diagnóstico del catolicismo español, por Francisco Azcona, director de la Oficina de Estadística y Sociología de la Iglesia. 6,01 €.
- **La Iglesia en la prensa de España.** La Iglesia y los temas religiosos, en la prensa nacional, por José

Libros/Casetes y CD

CASETES Y CD

PARA LA ORACIÓN Y LA MEDITACIÓN
Cuando se está solo, en el coche, en casa, enfermo, en cama..., durante el trabajo manual.
• **El Rosario.** Comentario y rezo del Rosario. ¡400.000 ejemplares editados! *4 €.*
• **Sant Rosari.** Edición catalana de «El Rosario». *4 €.*
• **El Rosario del Papa.** Juan Pablo II comenta y reza en castellano el Rosario. 2 casetes, *7,85 €.* 2 CD, *17,50 €.*
• **Rosario con Juan Pablo II.** Reflexiones y rezo papal de los 15 Misterios. *5 €.*
• **Santo Rosario.** Rezo del Rosario, con meditaciones de San Josemaría Escrivá. 2 casetes con libro: *9,50 €*; 2 CD con libro: *18,50 €.*
• **Vía Crucis.** Eminentemente bíblico, plenamente actual. Con texto impreso. *6 €.* CD: *9,50 €.*
• **Los Salmos.** Los 150 Salmos, grabados en cuatro casetes y presentados en bello estuche, con folleto-guía. *16 €.*
• **Las Palabras de Jesús.** Todo lo que dijo el Señor, en 4 casetes. *16 €.*
• **Diálogos de Pasión,** de J. L. Martín Descalzo. Jesús habla con los personajes de la Pasión, con el Padre, María, Apóstoles, Satanás. *5 €.*
• **Rafael, monje trapense.** Todo lo que escribió el hermano Rafael Arnaiz, en 12 casetes, con estuche: *40 €.*
• **Hermano Rafael. Escritos selectos.** Antología, en dos casetes: *9,75 €.*

EL NUEVO ROSARIO (20 MISTERIOS) EN CASETES Y CD

• **EL ROSARIO/20.** Nueva edición ampliada de «El Rosario». Reflexión bíblica y rezo de los **20** misterios, por J. A. Martínez Puche. 2 casetes, 7 €. ; 2 CD, 13 €.
• **ROSARIO CON EL PAPA.** Nueva edición ampliada de «El Rosario con Juan Pablo II». El Papa comenta y reza en castellano los **20 misterios.** 2 casetes: 9 €. 2 CD: 16 €.
• **MISTERIOS LUMINOSOS.** Los de «El Rosario/20» y de «Rosario con el Papa/20». Casete: 4 €.

CHARLAS PARA RETIROS Y EJERCICIOS
• **Abba, Padre.** Por Pedro F. Reyero, O.P. El amor de Dios: 12 charlas, 12 retiros mensuales, 12 casetes. En estuche con guía: *40 €.*
• **Gloria al Padre, al Hijo y al Espíritu Santo.** 12 charlas de Pedro F. Reyero, Trinidad y Eucaristía en 12 casetes: para 12 retiros. *40 €.*
• **Por el camino del silencio.** 4.ª ed. 13 meditaciones para retiros o ejercicios, por el P. Jaume Boada. Estuche con 4 casetes y folleto: *16 €.*
• **Sube al monte de Dios.** 3.ª ed. Meditaciones, una experiencia de desierto, por el P. Jaume Boada. Estuche con 4 casetes y folleto: *16 €.*
• **En el corazón de la Trinidad.** 3.ª edición, por Jaume Boada. Una experiencia de desierto. Estuche con 4 casetes y folleto: *16 €.*
• **El Peregrino orante.** 3.ª edición. Una escuela de oración. 14 charlas del P. Jaume Boada. Estuche con 4 casetes y folleto: *16 €.*
• **María, siempre en el camino. Hoy en tu camino.** Quince meditaciones del P. Jaume Boada, O.P. sobre la presencia de María en la vida. 4 casetes: *16 €.*
• **Escuela de silencio.** Cuatro casetes del P. José Moratiel, en estuche. *16 €.*

CASETES y CD «AUDIOLIBRO»: LIBROS PARA OÍR
Obras generalmente clásicas (extractos), grabadas por profesionales.

ESPIRITUALIDAD
• **La Biblia para escuchar,** grabada en 48 casetes, en 4 estuches. Cada estuche (12 casetes), *42 €* Obra completa: *150 €.*
• **Los Evangelios,** texto de los cuatro relatos evangélicos. *5 €.*

Libros/Casetes y CD

- **Vida de Cristo,** de Fray Luis de Granada. *5 €.*
- **Cántico Espiritual,** de San Juan de la Cruz. 4 casetes, con estuche: *18,50 €.*
- **Libro de la Vida,** de Santa Teresa de Jesús. Es su mejor obra. 2 casetes: *9 €.*
- **Santa Teresa.** Biografía dramatizada. *5 €.*
- **Historia de un alma.** Vida de Santa Teresita. 2 casetes, *9 €.*
- **San Pablo cuenta su vida,** por Luis L. de las Heras. 2 casetes: *9 €.*
- **Confesiones, de San Agustín.** Autobiografía y doctrina. 2 casetes: *9 €.*
- **El Divino Impaciente,** obra maestra de José María Pemán sobre San Francisco Javier, en versión íntegra. 2 casetes: *9 €.*
- **Poemas eucarísticos y marianos.** Poesía española, por José L. Gago. *5 €.*
- **Diario del alma. Autobiografía de Juan XXIII.** Con texto impreso: *6 €.*
- **Es Cristo que pasa,** de San Josemaría Escrivá. Reflexiones para el año litúrgico, en 9 casetes y estuche, con libro: *35 €.* Cada casete suelta: *5 € (9 CD: 47 €).*
- **Amigos de Dios,** de San Josemaría Escrivá de Balaguer. Una de sus mejores obras, grabada en 9 casetes, con estuche y libro: *38 €. (9 CD:*
- **Las Palabras de Jesús.** Todo lo que dijo el Señor, en 4 casetes. *18,50 €.*
- **El día que Jesús no quería nacer.** Cuento de Navidad, de Antonio García Barbeito. Con librito: *6 €.*
- **San Francisco de Sales, testigo de amor.** Vida y mensaje del patriarca de la Familia Salesiana. Con texto impreso: *6 €.*
- **Santa Margarita María y el Corazón de Dios.** Vida y mensaje de Santa Margarita María Alacoque. 2 casetes con librito: *12 €.*
- **Genoveva. Una vida de sufrimiento y amor.** Vida y mensaje de la B. Genoveva Torres, por Javier Sagües, S.J. 2 casetes y libro: *12 €.*
- **Sor Teresita.** Semblanza de Sor Teresita del Niño Jesús Pérez de Iriarte, O.P., por Lorenzo Galmés. Con texto impreso: *6 €.*
- **La Madre Maravillas.** Vida y mensaje. *5 €.*
- **Sobre la marcha. Un tetrapléjico que ama la vida.** Luis de Moya cuenta su experiencia. Estuche con 6 casetes y libro: *27 €.*
- **MI CRISTO ROTO,** la joya literaria del **P. Ramón Cué, S.J.** Dos casetes: *9 €; 2 CD: 16 €.* (Disponible en vídeo).
- **Ojos que vieron a Cristo,** del **P. Ramón Cué, S.J.** Dos casetes: *9 €.* (Disponible en vídeo).
- **Yo creo en la alegría,** del **P. Ramón Cué, S.J.** Dos casetes *9 €.* (Disponible en vídeo).

LITERATURA, HISTORIA, FORMACIÓN

- **Lazarillo de Tormes. Anónimo.** Obra clásica popular. *5 €.*
- **La vida es sueño,** de Calderón de la Barca. *5 €.*
- **El ingenioso hidalgo don Quijote de la Mancha,** de Miguel de Cervantes, obra cumbre de la literatura universal. 4 casetes, con libro y estuche: *18,50 €.*
- **Cantar de Mio Cid,** en los inicios de la Lengua Castellana. *5 €.*
- **Fuente Ovejuna,** de Lope de Vega. *5 €.*
- **Los poemas de Pemán.** Los poemas que grabó Pemán con su voz. *6 €.*
- **Isabel la Católica,** promotora del Descubrimiento de América. *5 €.*
- **Historia de España,** de Teresa Uriburu. Magnífico compendio. 2 casetes: *9 €.*
- **Historia de Madrid,** de Teresa Uriburu. 2 casetes, *9 €.* Casetes con texto impreso: *11,50 €.* 2 Compact Disc más libro: *15 €.* Libro solo: *3,50 €.*
- **El amor humano.** Por A. López Quintás.12 casetes, con libro: *47 €.*
- **La grandeza del amor.** Por A. López Quintás. Amor, noviazgo y matrimonio. *5 €.*

CASETES Y CD MUSICALES

- **PANIS VIVUS. La Escolanía del Valle de los Caídos** ha grabado 19 Cantos de la Eucaristía y Sagrado Corazón, de Luis Iruarrízaga. Casete: *8,50 €.* CD: *13,50 €.*
- **A los que ama el Señor,** de J. A. Espinosa. Santos para el siglo XXI. Casete: *8,50 €.* CD: *13,50 €.* Folleto musical: *3,50 €.*
- **Al Señor del nuevo siglo.** ¡Vuelve Juan Antonio Espinosa! Canciones para nuevos horizontes. Casete: *8.50 €.* CD: *13.50 €.* Folleto musical: *3,50 €.*
- **Eres uno de los nuestros,** de Juan A. Espinosa. Casete 8,50 €. CD y folleto: *3,50 €.*
- **Contagando fe.** Canciones juveniles, con letr de M. Teresa Titos, CD: *13,50 €.*

- **Vendremos a él. Canciones de Trinidad y Eucaristía**, por José Manuel González Durán. Casete: *8,50 €*. CD: *13,50 €*. Folleto: *3,50 €*.
- **Camino de Santiago. Canciones de marcha y encuentro**, por José Manuel González Durán. Casete: *8,50 €*. CD: *13,50 €*. Folleto: *4,50 €*.
- **Al Dios de mi alabanza. Cantos para la Eucaristía**, de Antonio Gutiérrez. *8,50 €*. Folleto: *3,50 €*.
- **Salmos, remanso del alma. Los mejores Salmos**, con música actual, por Antonio Gutiérrez. *8,50 €*. Folleto: *3,50 €*.
- **Al partir el pan. Doce cantos de Eucaristía**, de Antonio Gutiérrez. ¡La Misa recupera el clima de fiesta comunitaria! *8,50 €*. Folleto *3,50 €*.
- **Alabanza de gloria**. Nuevas canciones de Vicente Borragán. Casete: *8,50 €* CD: *13,50 €*. Folleto: *3,50 €*.
- **Rosa del mundo. Homenaje a Teresa de Calcuta y su mensaje a la juventud**, por Rogelio Cabado. Casete: *8,50 €*. CD: *13,50 €*.
- **En el nombre del Padre. Cantos para el siglo XXI** de Esteban Bastida. Canta Marycarmen Martín. Casete: *8,50 €*. CD: *13,50 €*. Folleto *3,50 €*.
- **Misa del Tercer Milenio**: nuevas melodías y cantos de nuevos aires, por Antonio Gutiérrez, O.P. Casete: *8,50 €*. CD: *13,50 €*. Folleto: *3,50 €*.
- **Música, oración y calma, (1 y 2)**. La música instrumental de «Salmos, remanso del alma» y «Al partir el pan». Dos casetes, a 6 € cada una.
- **Cantos para el siglo nuevo**. Trinidad, Eucaristía, María, Año de gracia, paz y unidad... por Vicente Muñoz, O.P. Casete: *8,50 €*. CD: *13,50 €*. Folleto: *3,50 €*.
- **Dios, Padre bueno**. Doce canciones a Dios, el Padre de amor y misericordia. Letra y música de Vicente Muñoz, O.P. *8,50 €*. Folleto: *3,50 €*.
- **Anawin. Los pobres de Dios**. A tiempos nuevos, ritmo nuevo juvenil, por el grupo «Fábrica de sueños», Casete: *8,50 €*. CD: *13,50 €*. Folleto: *3,50 €*.
- **Parábola**, del grupo «Fábrica de sueños». Los nuevos aires de la canción religiosa. Casete: *8,50 €*. CD: *13,50 €*. Folleto musical: *3,50 €*.
- **Todo es por Ti**. «Fábrica de Sueños» se supera en letra y ritmo. Casete: *8,50 €*. CD: *13,50 €*.
- **Seguir a Cristo**. Canciones de P. Javier Sagüés, S.J., con letra de la B. Genoveva Torres, fundadora de las Angélicas. 2 casetes, *13,50 €*.
- **Vamos a Javier. Javierada musical**. Himnos y cantos a San Francisco Javier. Casete: *8,50 €*. CD: *13,50 €*. Folleto musical y catequético: *3,50 €*.
- **Ignacio de Loyola. Tras el rastro de Jesús**, gran musical del P. Javier Sagüés, S.J. Dos casetes con libreto: *15 €*. 1 CD: *16,50 €*. Folleto: *3,50 €*.
- **Ven, Señor Jesús**. Cantos a Jesucristo: súplica y esperanza, por Vicente Borragán, O.P. *8,50 €*. Folleto: *3,50 €*.
- **Espíritu Santo ¡ven!** Biblia y teología hechas canción para orar, por Vicente Borragán, O.P.: *8,50 €*. Folleto: *3,50 €*.
- **Cantos eucarísticos**. «Cantemos al amor de los amores», «De rodillas», y otros cantos populares y polifónicos. *8,50 €*. CD: *13,50 €*.
- **Salve Madre**. Los cantos marianos más populares y polifónicos. *8,50 €*. Folleto; *3,50 €*. CD: *13,50 €*.
- **Ofrenda musical a María** (Salve Marinera, Salve popular, etc.) Casete: 6 €.
- **María, Madre del 2000**. Canciones nuevas a Santa María, por Antonio Gutiérrez. *8,50 €*. Folleto con letra y música: *3,50 €*.
- **Cantos del Rosario. Canto de los Misterios**, por Ángel L. M. Salvat. *8,50 €*.
- **Órgano de Covarrubias**. Piezas clásicas españolas de órgano. 5 €.
- **Canciones de corro**. Las 18 canciones infantiles más famosas. *7,50 €*.
- **Domingo de Caleruega**. Cantos a Santo Domingo, a su pueblo, a su Orden, por Alberto Iglesias. *8.50 €*.
- **Santo y vasco**. Canciones de A. Iglesias a San Valentín de Berriochoa. *8,50 €*.
- **Euzkaldun-Deun**. Versión en euskera de «Santo y vasco». *8,50 €*.
- **Belén, 2000 años. Villancicos para el Tercer Milenio**, de Mercedes Glez. *8,50 €*.
- **A la lumbre del Portal-II**. Del grupo Tahona: lo mejor de la tradición navideña de Castilla y León. Casete: *8,50 €*. CD: *13,50 €*.
- **Navidad con Paul Mauriat**. Con su gran orquesta: villancicos más famosos. 8,50 €.
- **En el portal de Belén**. Los 16 villancicos más populares. Casete o CD: 6 €.

Casetes/Vídeos

- **Manos de Dios.** Una revelación musical de Abelardo de Armas, alma de la Gran Vigilia de la Inmaculada. Casete: *8,50* €. CD: *13,50* €.
- **Hijo del Hombre.** Abelardo de Armas canta a Jesucristo. Casete: *8,50* €. CD: *13,50* €.
- **Flor escondida.** Canciones a María, por Abelardo de Armas, alma de la Gran Vigilia de la Inmaculada. Casete: *8,50* €. CD: *13,50* €.

CASETES: BIOGRAFÍAS Y NARRACIONES

Dramatización de los «Forjadores del Nuevo Mundo» y otras narraciones, a *5* €.
- **Bartolomé de las Casas** (1474-1566). Dominico andaluz. **Pedro de Córdoba** (1482-152 1). Dominico andaluz. **Toribio de Benavente,** «Motolinía». Franciscano castellano. **José de Anchieta** (1534-1597). Jesuita canario. **Pedro Claver** (1581-1654). Jesuita catalán.
- **Junípero Serra** (1713-1784). Franciscano mallorquín.
- **Historia de una escoba.** Dramatización literario-musical de la vida y milagros de San Martín de Porres, contado por la inseparable escoba.
- **Los mejores cuentos mejor contados:** Caperucita, Cenicienta, Pulgarcito, Blancanieves.

VÍDEOS

Los vídeos están en sistema PAL, para España, parte de Europa y Cono Sur de América. De algunos se ha hecho edición NTSC: para América. Se indica al final de cada título.

VÍDEOS PARA CATEQUESIS Y CLASES DE RELIGIÓN

- **La Pascua de Jesús y de su pueblo.** Celebración de la Pascua, bautismos por inmersión y catequesis. 1 hora, *23* € (NTSC: 40 dólares).
- **El Paso de Jesús. De la Última Cena a la Ascensión.** Bellas imágenes. Por J. L. Martín Descalzo. 75 minutos, *23* € (NTSC: 40 dólares).
- **Lo que María guardaba en su corazón.** El Evangelio contado por la Virgen, de J. L. Martín Descalzo. *21* € (NTSC: 40 dólares).
- **Los Mandamientos. Diez caminos de libertad.** Tres vídeos, cinco horas, de J. L. Martín Descalzo. *45* € (NTSC: 90 dólares).
- **Las raíces de nuestra fe.** Los 2.000 años de cristianismo en España. Guión: J. L. Martín Descalzo y J. A. Martínez Puche. *35* €. 2 vídeos.
- **El Credo de nuestra fe.** Credo, con testimonios. Guión: J. L. Martín Descalzo. 2 horas, *35* €. 2 vídeos (NTSC: 60 dólares).
- **Los Papas de nuestro tiempo.** De Pío XII a Juan Pablo II. Imágenes históricas. Guión: J. L. Martín Descalzo. 2 horas, *29* €.
- **El arte y la fe.** Bellísimas imágenes, y poemas de J. L. Martín Descalzo. 70 minutos, *17* €.
- **Partidos políticos y cristianismo.** Los principales partidos (PSOE, PP, IU, CIU, PNV y CC), y seis coloquios con sus dirigentes. *17* €.
- **La Sábana Santa.** Estudio de la Sábana Santa de Turín, por el P. Jorge Loring, S.J. *17* €.

SERIE DE PERSONAJES DE LA BIBLIA

Con guiones de J. L. Martín Descalzo y José A. Martínez Puche, imágenes de Tierra Santa, intervención de Dolores Aleixandre (Univ. Comillas), José Román Flecha (Univ. Salamanca), Carmen de Miguel y Pedro Fernández Reyero. Además de «el Personaje» –Jesucristo, el Señor–, se ofrece el ayer y el hoy de:
María y José, Judas, Jacob, Juan Bautista, Pablo, Moisés, Pedro, Adán y Eva, David, Juan Evangelista, Noé, Judit, María Magdalena, Abraham.
Duración de cada vídeo: entre 22 y 30 minutos. Precio: *11* €.
- Edición de los 7 Personajes del Nuevo Testamento en un vídeo:
- **Los grandes Personajes de la Biblia. Nuevo Testamento.** 3 horas. *41* €.
- Edición de los 8 Personajes del Antiguo Testamento en dos vídeos:

Vídeos

- **Los grandes Personajes de la Biblia. Antiguo Testamento / 1:** Los orígenes (Adán y Eva, Noé, Abraham): *29 €.*
- **Los grandes Personajes de la Biblia. Antiguo Testamento / 2:** La historia de Israel. Jacob, Moisés, David, Elías y Judit. *35 €.*
- El Personaje, Principio y Fin, Alfa y Omega:
- **Jesucristo, el Señor**: Tres partes: Jesús, Dios se hace hombre; Cristo, el hombre que pasó haciendo el bien; Jesucristo, el que murió y resucitó. 75 minutos, *21 €.*

* También está en tres vídeos:

SERIE DE PERSONAJES DE LA BIBLIA

Con guiones de J. L. Martín Descalzo y José A. Martínez Puche, imágenes de Tierra Santa, intervención de Dolores Aleixandre (Univ. Comillas), José Román Flecha (Univ. Salamanca), Carmen de Miguel y Pedro Fernández Reyero. Además de «el Personaje» –Jesucristo, el Señor–, se ofrece el ayer y el hoy de:
María y José, Judas, Jacob, Juan Bautista, Pablo, Moisés, Pedro, Adán y Eva, David, Juan Evangelista, Noé, Judit, María Magdalena, Abraham.
Duración de cada vídeo: entre 22 y 30 minutos. Precio: *11 €.*

- Edición de los 7 Personajes del Nuevo Testamento en un vídeo:
- **Los grandes Personajes de la Biblia. Nuevo Testamento.** 3 horas. *41 €.*
- Edición de los 8 Personajes del Antiguo Testamento en dos vídeos:
- **Los grandes Personajes de la Biblia. Antiguo Testamento / 1:** Los orígenes (Adán y Eva, Noé, Abraham): *29 €.*
- **Los grandes Personajes de la Biblia. Antiguo Testamento / 2:** La historia de Israel. Jacob, Moisés, David, Elías y Judit. *35 €.*
- El Personaje, Principio y Fin, Alfa y Omega:
- **Jesucristo, el Señor**: Tres partes: Jesús, Dios se hace hombre; Cristo, el hombre que pasó haciendo el bien; Jesucristo, el que murió y resucitó. 75 minutos, *21 €.*

* También está en tres vídeos:
- **Jesús: Dios se hace hombre.** Nacimiento e infancia. *11 €.*
- **Cristo: el hombre que pasó haciendo el bien.** *11 €.*
- **Jesucristo: el que murió y resucitó.** *11 €.*

VÍDEOS DE MARÍA Y DE LOS SANTOS

Precio ordinario: 17 €

VÍDEOS MARIANOS

- **Lo que María guardaba en su corazón.** El Evangelio contado por la Virgen, imágenes de Tierra Santa. Guión: J. L. Martín Descalzo. 1 hora, *23.45 €* (NTSC: 40 dólares).
- **España, tierra de María.** Un recorrido por los santuarios marianos de las 17 Comunidades Autónomas. 92 minutos, *23.45 €* (NTSC: 40 dólares).
- **Virgen de la Candelaria.** Todo en torno a la Patrona del archipiélago canario.
- **Veinte siglos de amor a María.** Teología, arte y devoción. Guión J. L. Martín Descalzo y J. A. Martínez Puche.
- **Fátima. Historia. Actualidad. Mensaje de paz.** Ayer y hoy de Fátima, testimonios de los hermanos de los videntes. Guión: José A. Martínez Puche. Ediciones en español, portugués, francés, inglés e italiano.
- **De Fátima a Medjugorje.** Un vídeo de Giulio Frascarolo. Historia del siglo XX y los mensajes de Fátima y Medjugorje.

LOS SANTOS DE AYER Y DE HOY, EN VÍDEO

Precio ordinario: 17 €

Además de los 19 vídeos de Grandes Personajes de la Biblia, los siguientes:
- **TERESA DE JESÚS, SERIE DE TVE.** La inolvidable serie que **Concha Velasco** interpretó en TVE, ahora en 4 vídeos, 8 horas, sólo 34 €. (DVD: 68 €).

Vídeos

- **Cinco grandes santos.** Un vídeo con los cinco santos que van a continuación: Domingo, Francisco, Catalina, Antonio y Teresa. Películas de Frank Brittain. 140 minutos, *35 €*.
- **Domingo de Guzmán y los dominicos.** De Frank Brittain y J. A. Martínez Puche. 75 minutos (NTSC, 30 dólares).
- **San Francisco de Asís.** Filmado en Asís y lugares franciscanos por Frank Brittain igual que los tres siguientes.
- **Santa Catalina de Siena.** Filmado en Siena y Roma. 27 minutos.
- **San Antonio de Padua.** Filmado en el Portugal natal y en Padua.
- **Santa Teresa de Jesús.** Filmado en Ávila y lugares teresianos.
- **El Hermano Rafael.** Trapense beatificado, modelo para los jóvenes.
- **Práxedes, madre de familia.** Esposa y madre ejemplar, asturiana.
- **Manuel González, Obispo de la Eucaristía,** beatificado por Juan Pablo II.
- **Los santos que conocimos.** A los tres anteriores, se añaden dos: Montserrat Grases, joven catalana del Opus Dei, y Alberto Capellán, padre de familia, agricultor riojano. 142 minutos, *35 €*.
- **Junípero Serra, padre de California,** filmado en Mallorca y California. Por José A. Martínez Puche (NTSC: 30 dólares).
- **Sandalias de viento.** Obra de teatro musical, sobre San Vicente de Paúl, por sor María Fernández París (NTSC: 30 dólares).
- **Luisa de Marillac,** la ternura entre los pobres: lugares, historia y escritos. 56 minutos (NTSC: 30 dólares).
- **Ignacio de Loyola.** «De buscador de Dios a compañero de Jesús», por José A. Martínez Puche, O.P. 46 minutos, *35 €* (NTSC: 40 dólares).
- **San Juan de la Cruz,** por J. L. Martín Descalzo. Filmado en los lugares sanjuanistas. 66 minutos, *21 €* (NTSC: 40 dólares).
- **Pedro Poveda. El grito y el silencio.** Vida y mensaje, por Francisca Rosique (NTSC: 30 dólares).
- **La Madre Esperanza.** Esperanza Alhama, fundadora, propagó el mensaje del Amor misericordioso de Dios. 35 minutos.
- **Santa Teresa del Niño Jesús.** Una mirada, una sonrisa. Por E. T. Gil de Muro.
- **Tras los pasos de Javier.** Dos vídeos y un CD, siguiendo las huellas del Patrón de las Misiones. *30 €*.
- **Juan XXIII, el papa bueno.** *17 €*.

VÍDEOS: VIDA DE LA IGLESIA Y ESPIRITUALIDAD

Precio ordinario: 17 €

Además de la «Pascua de Jesús» y «Los Papas de nuestro tiempo». –Ver sección: Vídeos para catequesis y clases de religión–, los siguientes:

- **MI CRISTO ROTO,** las inolvidables charlas televisadas del **P. Ramón Cué, S.J.**
- **Ojos que vieron a Cristo,** del **P. Ramón Cué, S.J.**
- **Yo creo en la alegría,** del **P. Ramón Cué, S.J.**
- **El mundo de las monjas.** Vida y misión de las monjas de clausura y de las congregaciones de vida apostólica, 2 horas.
- **Familias en misión.** Familias cristianas misioneras del Camino Neocatecumenal. 2 horas, *30 €* (NTSC: 45 dólares).
- **La Renovación Carismática.** Un nuevo Pentecostés sacude a la Iglesia. Con entrevista al padre Tardiff y su carisma de curación (NTSC: 30 dólares).
- **Dominicos frente a conquistadores.** «Porque la fe no puede imponerse por la fuerza» (NTSC: 25 dólares).
- **Bartolomé de Las Casas, defensor de indios y negros.** Filmado en América y España. 55 minutos. (NTSC: 25 dólares).
- **Institutos seculares:** Nuevo estilo de consagración (NTSC: 30 dólares).
- **Hijas de la Caridad, 200 años de amor:** La mayor fuerza cristiana en el amor a pobres y enfermos. 60 minutos.
- **Viudas de España, ¡uníos!** Un camino de esperanza. 24 minutos.
- **José Luis Martín Descalzo.** Guión: José A. Martínez Puche. 55 minutos.
- **Viaje al fondo del hombre.** Diálogos de Jesús Quintero, el «Loco de la Colina», con el P. José F. Moratiel, sobre el sentido de la vida.

- **Por el silencio a la paz.** Diálogos de Jesús Quintero con el P. José F. Moratiel, sobre la felicidad y el silencio.
- **El Cardenal Tarancón.** Con imágenes de Tarancón y su tiempo.
- **Sobre la marcha.** El tetrapléjico Luis de Moya, testimonio de amor y vida.
- **Vaticano:** Juan XXIII, Juan Pablo II, Concilio Vaticano II, Nacimiento de un Estado. Pack de cuatro películas. *36 €.*
- **Juan XXIII, el Papa bueno.** Beatificado el 3 de septiembre de 2000.
- **Mercedes es tu nombre.** La Virgen de la Merced. *9 €.*

PELÍCULAS FAMOSAS

Precio ordinario del vídeo VHS: 17 €

- **Los 3 Reyes Magos.** Aventuras hasta llegar al Portal: dibujos animados.
- **El Príncipe de Egipto (Moisés),** en dibujos animados.
- **Hermano Sol, hermana Luna.** San Francisco de Asís, por Franco Zeffirelli.
- **Juan Salvador Gaviota,** de Hall Bartlett.
- **Fray Escoba.** La película sobre San Martín de Porres, por René Muñoz.
- **Marcelino Pan y Vino.** Con Pablito Calvo, su Cristo y sus franciscanos.
- **La historia más grande jamás contada.** Los Evangelios, de la mano de Charlton Heston, John Wayne.
- **El Señor de La Salle.** Mel Ferrer, como San Juan B. de la Salle.
- **Ben-Hur.** Con sus 11 Oscars, Charlton Heston, en la mejor polícula de ficción bíblica. Tres horas y media.
- **Rey de Reyes.** Vida y la muerte de Cristo, producción de Samuel Broston.
- **Balarrasa.** Fernando Fernán Gómez protagoniza al misionero en Alaska.
- **La Hermana San Sulpicio.** Con Imperio Argentina y Miguel Ligero.
- **Rosa de Lima.** María Mahor en la primera santa y patrona de América.
- **Jesús de Nazaret,** de Zeffirelli. 2 vídeos, *29 €.* 4 DVD, *62 €.*
- **Un hombre para la eternidad.** Tomás Moro, el mártir católico frente a Enrique VIII. Orson Welles, Paul Scofield.
- **Los Diez Mandamientos.** Cecil B. de Mille alcanzó su cima, con Charlton Heston y Yul Brynner.
- **La Biblia (8 vídeos).** La mayor superproducción de la historia de la televisión, con actores como Richard Harris, Bárbara Hershey, Vittorio Gassman, Christopher Lee. Ocho películas de unos 180 minutos cada una: **Génesis, Abraham, Jacob, José, Moisés, Sansón y Dalila, David** y **Salomón.** Más de 20 horas del mejor cine. *65 €.*
- **Las sandalias del pescador,** con Anthony Quinn y Laurence Olivier.
- **El Padre Pitillo.** Por Valeriano León y Aurora Redondo.
- **La Misión.** El genial Robert de Niro, en las misiones de Paraguay.
- **Quo Vadis,** con Robert Taylor y Deborah Kerr. Tres horas de la vida y martirio de los primeros cristianos.
- **Isidro el Labrador.** Javier Escrivá protagoniza a San Isidro.
- **La Túnica Sagrada.** Richard Burton y Víctor Mature, en el drama del Calvario.
- **La Historia de Ruth.** El Libro de Ruth, en cine. Director: Henry Koster.
- **David y Bathsheba.** Gregory Peck encarna al Rey David. Fidelidad a la Biblia.
- **La Biblia.** Ava Gardner y John Huston, en los orígenes de la humanidad.
- **La Canción de Bernadette.** La mejor película de Lourdes, con Jennifer Jones.
- **El cura de aldea,** por el genial Juan de Orduña.
- **Don Quijote de la Mancha,** por Rafael Ribelles y Juan Calvo.
- **Nobleza baturra,** por Imperio Argentina y Manuel Ligero.
- **El Santo Grial,** sobre el Cáliz de la Última Cena, de Valencia (DVD, 34 €).
- **El Sudario de Cristo,** sobre la gran reliquia de la catedral de Oviedo (DVD, 34 €).
- **El Hombre que hacía milagros.** Jesús, para niños y jóvenes (DVD, 34 €.
- **TERESA DE JESÚS, serie de TVE.** La inolvidable serie de Josefina Molina que **Concha Velasco** interpretó en TVE, ahora en 4 vídeos, 8 horas, sólo 34 €. 4 DVD: 68 €.

JUEGOS: YOBEL, YOBEL JUNIOR

Es un juego de mesa: tablero, fichas, dados, 200 tarjetas plastificadas con 1.000 preguntas. Los temas de las preguntas son: Biblia, Historia de la Iglesia, la Virgen María y los Santos y la doctrina cristiana. Con YOBEL se puede aprender jugando. Hay dos versiones, según el nivel de las preguntas:
- **Yobel**, para jóvenes formados y para adultos. *29 €*.
- **Yobel Junior**, para chicos y chicas a partir de la Primera Comunión, para jugar toda la familia. *29 €*.

Pedidos a: EDIBESA. Madre de Dios, 35 bis. 28016 Madrid
Tel.: 91 345 19 92 - Fax: 91 350 50 99
E-mail: edibesa@planalfa.es -
http://www.edibesa.com